U0136984

當代新儒學叢書

郭齊勇 高柏園
主編

蔣國保新儒學論文精選集

蔣國保 著

臺灣 學生書局 印行

當代新儒學叢書序

　　現當代新儒學思潮是從中國文化自身的大傳統中生長出來的、面對強勢的西方文化的挑戰應運而生的、20 世紀中國最具有根源性的思想文化的流派，是在現代中國反思與批判片面的現代性（包括全盤西化或俄化）的思想流派，也是在現代中國積極吸納西學、與西學對話，又重建傳統並與傳統對話的最有建設性與前瞻性的思想流派。這一思潮是非官方、非主流的，其代表人物都是在野的公共知識分子，故深具批判性與反思性，又是專家、學者兼教師，在哲學、史學與教育界等領域有著卓爾不群的建樹。這一思潮發揚中國傳統的人文精神，既有終極性的信念信仰，又不與自然或科學相對立，堅持社會文化理想與具體理性，揚棄工具理性，開啟了 21 世紀中國重釋、重建傳統與批判現代性弊症的文化走向，又延續至今，在中國思想文化界繼續發揮著積極健康的作用。在西化思潮席捲全球、包舉宇內的時代，國人把儒學棄之如敝屣，洋人視儒學為博物館、圖書館，當此情勢下，有現當代新儒家興焉。這一思潮的代表人物正視儒學為活的生命，真正能繼承、解讀、弘揚儒學的真精神，創造性地轉化包括儒家、道家、佛教等思想資源在內的傳統文化，把中華文明的精華貢獻給全人類，積極參與世界與中國現代文明的建構，其功甚偉！所以，這一學派雖然很小，影響力有限，在臺灣也是寂寞的，但因思想深刻，不隨波逐流，值得人們珍視。

　　現當代新儒學思潮形成於 1915-1927 年發生的東西文化問題論戰與1923 至 1924 年發生的「科學與人生觀」論戰期間。最早的代表人物是梁漱溟、張君勱、熊十力、馬一浮等。以上也可以視為本思潮發展的第一階段。以後的三個階段，時空轉移，頗有意思。第二階段發生在抗戰時期與勝利之後的中國大陸，第三階段發生在1950 至 1970 年代的臺灣與香港地區，第四

階段發生在 1970 至 1990 年代的海外（主要是美國），改革開放後又由一些華人學者帶回中國大陸。第一階段可以簡稱為五四以後的新儒學（家），第二階段可以簡稱為抗戰時期的新儒學（家），第三階段可以簡稱為港臺新儒學（家），第四階段可以簡稱為海外新儒學（家），改革開放後返輸中國大陸。其代表人物包括三代四群十六人：第一代第一群：梁漱溟、熊十力、馬一浮、張君勱；第一代第二群：馮友蘭、賀麟、錢穆、方東美；第二代第三群：唐君毅、牟宗三、徐復觀；第三代第四群：余英時、杜維明、劉述先、成中英、蔡仁厚。此外，現代新儒家陣營中，還應包括如下人物：陳榮捷、陳大齊、謝幼偉、張其昀、胡秋原等。

　　隨著對現當代新儒學思潮與人物研究的開展，兩岸三地湧現出一批專家學者及其研究成果。

　　2015 年，友人、學者高柏園教授與我商量在臺灣學生書局出版當代新儒學叢書事，他提出了本叢書的構想、計畫及兩岸三地的作者人選。當時柏園兄擔任校長職，公務繁忙，諸事請學生書局主編陳蕙文女史籌畫。陳蕙文主編很有眼光，又很幹練，很快寫出本叢書出版與編輯計畫書，全面闡述了出版緣由及具體方案，祈望本叢書的出版，能更進一步闡明現當代新儒家學說，以利儒家思想之傳播，為民族復興盡綿薄之力。

　　本叢書名為：當代新儒學叢書。叢書主編是高柏園教授與在下。擬收輯臺灣、大陸、香港、海外學者共 30 位。每本字數：25-30 萬字。叢書各冊為論文集形式，各篇論文多寡長短不限，也不論其是否曾經發表出版。每冊書後附作者簡介，與該作者新儒學研究論著目錄。

　　本叢書各冊擬於 2020 年及以後陸續出版，衷心感謝各位作者及學生書局各位同仁的辛勤付出，懇望得到學術界、讀書界的朋友們的指教！

　　是為序。

郭齊勇
2019 年夏天於山東嘉祥

當代新儒學叢書序

　　子曰：必也正名乎！今逢《當代新儒學叢書》開始陸續出版之際，正可對「當代新儒學」一名之意義做一說明，並指出其中可能的發展與價值之所在。

　　儒學可大分為三期，其一為孔孟荀為主軸的先秦儒學，其核心關懷是周文疲弊的問題。其二為宋明新儒學，牟宗三先生認為其新有二義，其一是宋明理學之伊川朱子學，此為歧出轉向之新，其二是伊川朱子學之外者，其乃調適上遂之新。宋明儒學的核心關懷是回應佛老在文化與學術上之挑戰，並積極建構儒學自身的學問系統。今日所言之當代新儒學乃是屬於中國哲學史上第三期儒學，其代表性人物有熊十力、梁漱溟、張君勱、唐君毅、牟宗三、徐復觀等人，其核心關懷乃是中國及其文化，在面對西方文化入侵與挑戰之時，如何一方面靈根自植，真實護持中國文化之價值，另一方面遍地開花，對文化、民主、科學等問題，予以全面性、整體性的批判、回應與建構。其實，這樣的關懷並非當代新儒家的專利，也是當代中國人的共同關懷，而當代新儒家之為當代新儒家，乃是對此問題有其特殊的角度與立場，此即是當代新儒學的特質所在，也可以說是當代新儒學的理論性與系統性所在。

　　儒釋道三教是中國文化的主要內容，而三教之為三教在其有各自的教相，也就有其特殊性與系統性，缺少系統性就無法成為一套特殊的立場與教相。當代新儒家的教相或系統性有三個重點：其一是道德的理想主義，理想主義可以有不同型態，而當代新儒家乃是以道德為首出的理想主義。道德的理想主義不但不排除任何客觀知識，反而是要吸收、消化客觀知識，以幫助其道德理想之實現，因此當然不是反智論。同時，道與德乃是對所有人開放

的存在，因此也沒有人有絕對的優位性去宰制他人，反而是尊重每個人對道德的體會與價值的實現，當代新儒家在此排除了良知的傲慢與文化的自大，而是重視對話、溝通與和諧。以道德的理想主義為基礎，當代新儒家特別強調生命實踐之學的重要與必要。道德的理想主義不只是一種理念，更是一種實踐的方向與內容，而此方向與內容也就落在日常生活中加以實現，也就是一種生命的學問，一種生命實踐之學。如佛經所謂「說食不飽」，生命之學不只是知道聖賢之道，而更要成為聖賢，具體真實地善化、實現、圓滿我們的生命。因為生命之學的推動，道德的理想主義才在具體的實踐中彰顯天道性命之永恆與普遍。更進一步，則無論是道德的理想主義或是生命實踐之學，都是在仁心無限的基礎上展開。仁者親親仁民愛物，其心一方面自覺、自在、自由，一方面則以一切存在為其所關懷、參與、與轉化的對象與內容，此即所謂自由無限心。此自由無限心之圓滿境界，即是天人物我合一之學，此義分四層，天是指超越界，說明儒家並非只是侷限在人間世，而保有一定的超越性。此超越性也呈現為一種無限性與絕對性，滿足儒家的宗教性。地則說明人與存在之關係，所謂「萬物皆備於我」、「大人者與天地萬物為一體」，接著強調人與自然、人與環境的本一與合一。本一就存在說，合一就價值說，其本一也。如果只是偏指自然環境，則人便是特指人文社會的存在，也就是文化的內容。孔子盛讚周文之郁郁乎文哉，其實也正是強調人文化成的價值與重要。人固然是活在自然環境之中，然而人也同時活在人文世界、意義世界之中，人是以其傳統文化為其前理解，進而與世界進行溝通與互動。而當代新儒家之重視道德，其實也就是重視文化，重視我們生命不可或缺也無可逃的前理解。這樣的態度並不是一種封閉的命定主義，而是指出歷史文化的必然影響，當我們如是說時，其實也說明我們對歷史文化已有充分的自覺與反省，這也就成為我們由繼承而創造，日新又新的動力與基礎所在。道德是自覺，而理想主義就表現為動力與目標，知行一也。知行無他，即是我之知、我之行，也就是人的主體性與主體自覺之問題。主體並非憑空而至，它乃是在歷史文化與生活世界中，逐步成長的存在。它具有歷程性、開放性與超越性，它是在我們的道德實踐的過程中，逐步形成的價值內

容的創造者與參與者，它具價值義與實踐義。所有的道德工夫修養，皆是依心而發，也就是主體性的自我實現的自覺表現。

孟子讚孔子為聖之時者，今由天地人我合一之學觀之，則當代新儒家除了繼承並發揚傳統文化之價值之外，尤其重視時代的感受與回應。21 世紀的人類文明與宗教問題，這是天；人與環境、自然之關係，這是地；人與社會、家庭之關係，這是人；人與自己的心靈、身心之關係，這是我。我想，面對 21 世紀當代新儒家並未缺席，反而更積極地參與世界的改造與進化。以中華文化、孔孟思想、宋明理學、當代新儒家為前理解，以獨特的思想提供給人類社會，這是我們的責任與義務，也是我們的價值與喜悅。

《當代新儒學叢書》得以出版，要感謝學生書局陳仕華教授的倡議，郭齊勇教授的支持，學生書局陳蕙文小姐與其團隊的努力，以及所有學者的共襄盛舉。叢書的出版一方面是總結成果之豐碩，更重要的是它將成為我們了解儒學之前理解，從而將迎來更令人讚歎的學術文化迴響，人能宏道，非道宏人。且讓我們以豪傑之士自許，雖無文王，而儒學猶興。

高柏園

序於淡江大學中文系

2019 年 8 月 1 日

蔣國保新儒學論文精選集

目　次

附　錄

後　記

馬一浮楷定「國學是六藝之學」的現代意義

　　在現代新儒家中，馬一浮與古代儒家最為接近。這就是說，在生活、交友、治學、教學等各個方面他都能鮮明地體現傳統儒家的生命本色。「千年國粹，一代儒宗」，堪當梁漱溟這一評價的，也的確祇有馬一浮一人。但馬一浮作為馬一浮之存在的意義，不在於他的「純儒」身分，而在於他在現代社會裏能以「純儒」的身分來闡發儒學的意義與價值。馬一浮對儒學之意義與價值的闡發，集中地體現在他將「國學」楷定為「六藝之學」上。問題是，他怎樣解說「國學」即「六藝之學」？他楷定「國學」為「六藝之學」的現代意義何在？對這兩個問題，學界尚缺乏基本的研究。本文希望通過我們的初步研究，引起大家的重視，以深入研究之。

一

　　有學者說，「國學」這個概念，是從日本販來的，如曹聚仁先生在其《中國學術思想隨筆》中就這樣說：「『國學』乃外來語，並非國產。日本人原有『支那學』、『漢學』這樣的名詞，因此，十九世紀後期，留學日本歸來的學人，譯之為『國學』，也就是『中國學術』之意。日譯章師的《國學概論》，便是《支那學概論》」[1]。就內涵而論，這個概念是否販自日

---

[1]　曹聚仁撰：《中國學術思想隨筆》（北京：生活・讀書・新知三聯書店，1986年），頁3。

本，可以商榷，但就這個詞本身而言，說它乃國產，卻不容置疑，因為早在二千多年前，荀悅就在《前漢紀》卷8中使用了這個詞：「八歲入小學，學六甲、四方、五行書計之事；十五入大學，學先王禮樂而知君臣之禮。其秀異者移鄉學，於庠序之異者移於國學，學乎小學；諸侯歲貢小學之異者，移於天子之學，學於太學，命曰造士，然後爵命焉。」以往學者多將我國固有的「國學」直接解釋為意指「太學」，但從荀悅的這個記載看，「國學」應是介於「鄉學」與「太學」之間的教育機構，它是由各諸侯所設立，有別於天子所設立的「太學」，故又稱為「小學」。用一個不太恰當的比方，「國學」就相當於我們現在所講的省屬大學，而「太學」則相當於我們現在所講的部屬大學。

不過，隨著封建制[2]的消失而大一統之國家的建立，「國學」也就僅僅相對「鄉學」而言，是指中央所設立的「大學」教育機構，這在《明史‧選舉志》中有明確的記載：「學校有二，曰國學，曰府州、縣學。入國學者，通謂之監生。」府州、縣學統稱「鄉學」，乃地方教育機構，國學則是中央所設立的教育機構。照陳埴所說：「古者公卿大夫士之子弟，以及萬民之子弟，生八歲而入小學，教之以幼儀；十五歲而入大學，教之以成人之事，此大小學之所由建也。其謂之國學者，即大小學之立於國中，以教公卿大夫士之子弟者也。其謂之鄉學者，即大小學之立於鄉，遂以教萬民之子弟者也」[3]，兩者的區別，不在於教育內容之深淺有別，而在於招收的教育對象不同，鄉學招收的是普通老百姓的子弟，國學招收的是統治階層的子弟。

「國學」一詞既然為我國所固有，那麼它是否也像「儒學」一詞似的，除了用以稱謂儒家學問的教育機構和從事該教育的教師（官）外，也用以稱謂儒家的學問，或曰儒家的學說？換言之，我國古代文獻中的「國學」一詞，是否也用來稱謂某種思想、某種學術、某種學說？有學者做出了肯定的回答，例如張汝倫先生在〈國學與當代世界〉[4]中指出，晚清開始流行起來

---

[2]　此採用柳宗元〈封建論〉中「封建」一詞的含義。

[3]　鄂爾泰等撰：《欽定禮記義疏》卷18〈王制第五之四〉。

[4]　張汝倫撰：〈國學與當代世界〉，《文匯報》第12版，2008年6月23日。

的「國學」概念，也並非如錢穆所說，前無所承，因為朱熹早就說過：「國學者，聖賢之學也；仲尼孟軻之學也，堯舜文武周公之學也」。如果汝倫先生引用的確不誤，這話確實為朱熹所說，那麼這句話中的「國學」含義，似同於「儒學」，是指儒家的學問。但正如劉夢溪先生在〈國學辨義〉[5]中所指，通過電子檢索，在朱熹的著作中並沒有找到那句話。由於汝倫先生在文中沒有標明他所引朱熹那段話的出處，我們在檢索不到的情況下，一時也不敢斷定那句話中的「國學」就一定是「儒家的學問」的意思。但劉夢溪先生卻推斷：那句話即便是朱熹所說，其含義也與晚清學人所謂「國學」之含義有別，當是指在「國學（教育機構）」裏接受教育者，其所學習的內容是「聖賢之學也；仲尼孟軻之學也，堯舜文武周公之學也」。與劉夢溪先生的推斷不同，我更願意做以下推測：這很可能是因為汝倫先生一時不慎，將哪位晚清學人的話錯引作朱熹的話。我所以這樣推測，是基於這樣的考慮：從晚清迄今，不斷有學者將「國學」解釋為具體指儒家的思想或學問，故晚清學人完全有可能說出「國學者聖賢之學也」之類的話。

二

上面的論述是要表達這樣的看法：晚清以後流行的「國學」概念非我國古籍中的「國學」概念之內涵上的承襲，它應該屬於現代學術範疇的概念。既然如此，如果它又非販自日本，那麼它來源何處？學者就此一時也說不出個子丑寅卯。這就難怪有學者主張拋棄「國學」的第一條理由就是其「來歷不明」（何炳松語）。儘管一時難以道明「國學」概念在晚清突然流行起來的確切來歷，但這並不妨礙學人去梳理「國學」概念的衍演歷程。在所有熱情梳理「國學」概念之衍演歷程的學者中，我認為劉夢溪先生對「國學」概念之衍演歷程的梳理最系統、最深刻。根據劉夢溪先生的梳理，晚清的「國學」概念，與「國粹」、「國故」這兩個概念有著複雜的關係：先是以「國

5　劉夢溪撰：〈國學辨義〉，《社會科學報》第6、7版，2008年8月28日。

學」等稱「國粹」，後來又以「國故」別稱「國學」，最後「國學」取代「國粹」、「國故」，成為最流行的概念。

　　最早出現的是「國粹」，據說 1887-1888 年它就已在日本流行，但中國學者使用此概念最早見於梁啟超的《中國史敘論》，時在 1901 年。這期間，他還在給黃遵先的信中提出「養成國民，當以保存國粹為主義」。翌年，黃節在〈國粹保存主義〉中這樣定義「國粹」：「夫國粹者，國家之特別精神也。昔者日本維新，歐化主義浩浩滔天，乃於萬流之澎湃中，忽焉而生一大反動焉，則國粹保存主義是也」[6]。1903 年，章太炎也是從與「歐化」對反的意義上使用「國粹」一詞：「國粹日微，歐化日熾，穰穰眾生，漸離其本」[7]；同年，他在給劉師培的信中又特別指出：「他日保存國粹，較諸東方神道，必當差勝也」[8]，這似乎又是在提醒時人應將我之「國粹」區別於日本之所謂「國粹」（神道）。梁啟超的〈論中國學術思想變遷之大勢〉，寫於 1902-1904 年，其中有謂：「近頃悲觀者流，見新學之小生之吐棄國學，懼國學之從此而消滅，吾不此之憂也。但使外學之輸入者果昌，則其間接之影響，必使吾國學別添活氣，吾敢斷言也。」這顯然是認為「西學」的輸入可以促進「國學」的昌盛。1905 年 2 月，章太炎、劉師培等創辦《國粹學報》，以「發明國學，保存國粹」為宗旨。可見，在章太炎、劉師培看來，「發明國學」也就等於「保存國粹」，說明「國學」也就是「國粹」的別稱。1906 年，章太炎提出：「用國粹激動種性」[9]。但在 1910 年，章太炎卻將他「發明國學」的第一部著作取名曰《國故論衡》[10]。此後，「國故」也就成了「國學」的別稱，證據是：1919 年下半年，胡適發表〈論國故學〉，提倡「整理國故」，後來為宣傳這一主張，他又創辦《讀書雜誌》、《國學季刊》。在〈國學季刊發刊宣言〉中，他明確地定義「國

[6]　鄧實輯：《政藝叢書》中篇〈政學文編〉。
[7]　《章太炎書信集》（長春：吉林出版集團有限責任公司，2005 年），頁 17。
[8]　同注 7，頁 71。
[9]　章太炎撰：〈東京留學生歡迎會演說辭〉。
[10]　1910 年出版於日本。

學」即「國故學」：「『國學』在我們心眼裏，衹是『國故學』的縮寫。中國一切過去的歷史文化，都是我們的『國故』，研究這一切過去的歷史文化的學問，就是『國故學』，省稱『國學』。」[11]

　　從以上梳理可以看出，「國學」開始提出時，是相對於「新學」、「外學」而言，為的是反「歐化」。相對「新學」概念者當時叫做「舊學」，而相對「外學」概念者當時叫做「中學」。所以，以反「歐化」為目的的「國學」概念的提出，起初的用意，很可能就是因為不滿意以「舊學」、「中學」之類的概念來稱謂中國固有的學問，而轉以「國學」這一概念來稱謂中國一切過去的學問。較之以「舊學」、「中學」稱謂中國一切過去的學問，「國學」概念自有其明晰之處，但由於它畢竟過於籠統，存在被任意解釋——或解釋為「國故學」、或解釋為「我國固有的學問」、或解釋為「儒家的學問」——的缺陷，所以大多數現代學人在不得已使用這一概念時，都不忘強調：就概念內涵必須十分確定而言，「國學」概念因為「聞之不知何學」並不合理，它之所以被一直使用在於它的約定俗成性。當年王國維、錢穆在使用這一概念時，都曾這麼強調過。馬一浮也不例外。當他將「國學」楷定為「六藝之學」時，他何以用這個概念的理由與王國維、錢穆等人的理由並無不同，也是認為雖然此名「其實不甚適當」，「嚴格說來，本不可用」[12]，但因為「如今國人已使用慣了」，「為隨順時人語，故暫不改立名目」[13]。

　　就背景論，馬一浮將「國學」楷定為「六藝之學」，顯然是因為對當時之泛談「國學」的做法不以為然，但他並不因此就關注「國學」概念本身的合法性問題，也不關注以「國學」稱謂「我國固有的學術」是否妥當問題，甚至也不關注別人如何定義，他衹是為了就自己的立言範圍定義「國學」，

---

[11] 以上敘述中所引原文，多轉引自劉夢溪《國學辯義》，見《社會科學報》2008 年 8 月 28 日第 6、7 版，特此說明。

[12] 劉夢溪主編：《中國現代學術經典・馬一浮卷》（石家莊：河北教育出版社，1996 年），頁 10。

[13] 同注 12，頁 10。

使人聞此概念即知它指何種學問。他強調：自己提出這個定義，不是為了從根本上否定其他定義，強人以必信己說；若有人不信其說，大可以就其立言範圍再立新定義。在說明為何不用「確定」、「假定」而祇用「楷定」一詞的理由時，他將自己的這一開放心態表白得淋漓盡致：

> 楷定，是義學家釋經用字。每下一字義，須有法式，謂之楷定。楷即法式之意，猶今哲學家所言範疇。亦可說為領域。故楷定即是自己定出一個範圍，使所言之義，不致凌雜無序，或枝蔓離宗。老子所謂「言有宗，事有君也」。何以不言確定而言楷定？學問，天下之公言。確定，則似不可以移易，不許他人更立異義，近於自專。今言楷定，則仁智各見，不妨各人自立範圍，疑則一任別參，不能強人以必信也。如吾今言國學是六藝之學，可以該攝其餘諸學，他人以為未當，不妨各自為說，與吾所楷定者無礙也。又楷定異於假定。假定者，疑而未定之詞，自己尚信不及，姑作如是見解云爾。楷定，則是實見得如此，在自己所立範疇內，更無疑義也。[14]

從這個表白可以看出，儘管馬一浮認為自己的看法不屬假定範疇，他自己確信「國學」就是「六藝之學」，但他所以不用「確定」一詞而用「楷定」一詞，就是為了表明他非但不自專己說，不拒斥「他人更立異義」，反而希望疑其說者不妨各自立範圍，各自為說。這鮮明地體現他作為現代大儒的開放的胸襟。較諸傳統儒家所喋喋於「攻乎異端」，他之不強人以必信己說的胸襟，與其說是傳統儒家「謙謙君子」人格的體現，不如說是現代新儒家心態開放的體現。

　　既然楷定「國學是六藝之學」不是為了否定以「國學」稱謂「我國固有的學術」的合法性，那麼有什麼必要非得這麼楷定「國學」呢？馬一浮回答說：「然即依固有的學術為解，所含之義，亦太覺廣泛籠統，使人聞之，不

---

[14] 同上。

知所指為何種學術。」[15]可見，他雖然沒有明確反對舊有的「國學」定義，但他認為舊有的「國學」（稱「國學」為「我國固有的學術」）定義太籠統，內涵不確定，存在使人聞之卻「不知所指是何種學術」的缺陷。他所以要楷定「國學是六藝之學」，當然是想彌補這一缺陷，希望通過他的楷定，明確地告訴國人，所謂「國學」具體指我國固有的哪一種學術。概念不明晰，同名異實，一名多實，是我國學術概念之常態，這與西方學術力求概念的明晰，形成了鮮明的反差。由此可以推論，馬一浮重新楷定「國學」概念，就「名學」（邏輯學）而論，體現了消解概念的籠統性而力求概念的具體性的學術取向。作為現代新儒家，他的這一取向應該說同整個現代新儒家的學術價值取向是一致的，因為：較之傳統儒家，現代新儒家之「現代性」的一個表現，就是他們努力謀求儒家思想的知識理性意義上的架構，而在架構儒家思想的體系過程中，明晰概念又成為他們基本的理論工作。

三

　　與他楷定「國學是六藝之學」所體現出來的現代胸襟相比較，馬一浮關於「國學」為何是「六藝之學」的解說祇可謂是「傳統的」。所以說其解說是「傳統的」，首先是因為其解說缺乏邏輯分析，夠不上論證。論證是確立命題的推論過程。可他關於「國學是六藝之學」的解說卻未有給出一個推論過程，祇能視為一種說明；其次，他的解說方式不是分析的，而是稱述的；而他所稱述的，又祇涉及當然的層次，並不涉及所以然的層次；也就是說他祇告訴人們當作那樣理解，他未告訴人們為什麼必須作那樣理解。這與傳統儒家隨機施教的方式十分吻合，但未必不與現代人的理解方式相衝突。

　　也許有學者要說我這是在曲解大師。究竟是不是曲解？要回答這個問題，必須先具體分析馬一浮是怎樣解說「國學是六藝之學」的。馬一浮在說明「國學是六藝之學」時，依次談了以下四點：六藝統諸子；六藝統四部；

---

[15] 同上。

六藝統攝於一心；西來學術亦統於六藝。其中「六藝統攝於一心」這一點，講的是「六藝」乃「一心之全體大用」[16]。「一心」是將人心從性德上規約為「仁」，所謂「從來說性德者，舉一全該則曰仁」[17]。這是講「仁」是「人心」之「一德」。「一德」為「仁」，是從「心」之「全體」層面講的。若從「大用」層面講，「一心」亦可以開出「二德」、「三德」、「四德」、「五德」、「六德」。「二德」為仁知、為仁義；「三德」為知仁勇；「四德」為仁義禮知；「五德」為仁義禮知信；「六德」為知仁聖義中和。此諸德因為是「理」[18]之自然流出，就「名之為天德」；如它們「見諸行事則為王道」[19]。而「六藝者，即此天德、王道之所表顯」[20]。從這個意義上來把握「六藝」（《詩》、《書》、《禮》、《樂》、《易》、《春秋》）之間的體用關係，則「《易》是全體，《春秋》是大用」[21]，因為歸根結底「《易》統《禮》、《樂》，《春秋》該《詩》、《書》」[22]；若再進一步以「六藝」配「六德」，則「六藝」與「性德」的比配關係也就隨著「性德」發用[23]不同而不同：「以一德言之，皆歸於仁。以二德言之，《詩》、《樂》為陽，是仁，《書》、《禮》為陰，是知，亦是義。以三德言之，《易》是聖人之大仁，《詩》、《書》、《禮》、《樂》並是聖人之大智，而《春秋》則是聖人之大勇。以四德言之，《詩》、《書》、《禮》、《樂》即是仁、義、禮、知。此以《書》配義、以《樂》配智也。以五德言之，《詩》主仁，《書》主知，《樂》主聖，《禮》主義，《易》

---

[16] 同注 12，頁 18。

[17] 同上。

[18] 馬一浮指出：當人性不雜於「氣」而處於「本然之善」的狀態，就是「純乎理者」，則「理」在他那裏，是用來稱「本然之善」狀態的人性。

[19] 同注 12，頁 18。

[20] 同上。

[21] 同上。

[22] 同上。

[23] 自「一德」依次開出「二德」、「三德」、「四德」、「五德」、「六德」。

明大本，是中，《春秋》明達道，是和」[24]。總之，就「一心」與「六德」關係講，「一心」是「因」（因德），「六德」是「果」（果德）；而就「六德」與「六藝」的關係講，「六德」是「因」，「六藝」是「果」。「因」屬總相，「果」屬別相。「總不離別，別不離總。六相攝歸一德，故六藝攝歸一心」[25]。

「六藝統攝於一心」是講「六藝」從根本歸於仁德（一德，一心），講的是何以有「六藝」，尚不是從「一切道術皆統攝於六藝」[26]的意義上談「國學是六藝之學」。「道術」一詞，取自《莊子・天下》篇。從《莊子・天下》篇所謂「道術將為天下裂」來斷，戰國學人似用之以稱謂無所不包的根本學問，但馬一浮借用這個詞卻是指某一個大類的學術。

就「一切道術皆統攝於六藝」的意義上談「國學是六藝之學」，馬一浮實際上祇談了二層：中國一切學術統攝於六藝；西方一切學術亦統攝於六藝。對於前者，他從「六藝統諸子」；「六藝統四部」這兩個方面來談。關於「六藝統諸子」，他是以「流失」立論，所謂「欲知諸子出於六藝，須先明六藝流失」[27]。馬一浮所說的諸子，是指先秦諸子，它在《漢書・藝文志》裏被歸納為十家，但在述說中他祇論及儒、墨、名、法、道五家。這五家學術如何出於「六藝」呢？馬一浮的論述祇告訴人們他的這樣一個見解：儒、墨、名、法、道各家學術與「六藝」在思想上的淵源關係是一種諸子在繼承發揚「六藝」某種學術精神的同時又損害或背離、改變「六藝」學術精神的關係。他把這種關係叫做「得失」關係。「諸子」與「六藝」思想上的「得失」關係，按他的歸納，分為四種情況：「一得多失多，二得多失少，三得少失多，四得少失少」[28]。具體而論，通「六藝」者，唯有儒家，其餘四家各為某「藝」（經）所統：「墨家統於禮，名家亦統於禮，道家統於

---

[24] 同注 12，頁 19。

[25] 同上。

[26] 同注 12，頁 18。

[27] 同注 12，頁 12。

[28] 同上。

《易》」[29]。《易》之失為「賊」（訓「害」）。道家體大，觀變最深，其於《易》之精神固然得之最多，但其將《易》化為「陰謀」說，又於《易》之精神損害最多；《禮》之失為「煩」，《樂》之失為「奢」。墨家出於《禮》、《樂》而非樂悖禮，其於《禮》、《樂》精神可謂「得少失多」；法家往往兼道家言，其於《禮》、《易》之精神亦「得少失多」；名家善辯，然無益於道，可謂「得少失少」；儒家荀子，通「六藝」，得之精神多，但他「言性惡、法後王」，又在一定程度上違背了「六藝」精神，故儒家荀子屬於「得多失少」者。可見，馬一浮關於諸子對「六藝」得失多少的分判，就是為了說明：諸子學術，雖於「六藝」精神之得失的程度各不相同，但從根本上講，皆不出於「六藝」範疇，所以他明確地斷言：「觀於五家之得失，可知其學皆統於六藝，而諸子學之名可以不立也」[30]。

　　如果說「六藝統諸子」是從「六藝流失」的角度論說諸子歸本於「六藝」，那麼「六藝統四部」則是從比照「六藝」與「四部」的著述體例來談「四部」所含各學之名「可不立也」。所謂「四部」，是我國傳統的著作分類法，即將我國古代一切著述分屬經、史、子、集四大類。「四部」內所含「子」類著述，就是指「諸子」著述。由於在「六藝統諸子」裏已談了諸子與「六藝」的關係，所以在「六藝統四部」裏，馬一浮實際上祇談了經、史、子集三大類著述與「六藝」的關係。首先談的是「經」部著述。他將「經」部著述分為三小類，除「六藝」（《詩》、《書》、《禮》、《樂》、《易》、《春秋》）外，餘下的著述分別歸入「宗經論、釋經論二部」[31]。所謂「宗經」著述，比如《論語》、《孝經》，是指依據「經」（「六藝」，或曰「六經」）的思想所創作的原創著述；而所謂「釋經」著述，比如《春秋》三傳，是指直接注解「經」的著述。這兩類著述祇是體例上不同，若從思想上講它們則又無例外地來源於「六藝」。既然如此，則

---

[29]　同注12，頁13。

[30]　同注12，頁14。

[31]　同注12，頁15。

「經學、小學[32]之名可以不立也」[33]；其次談的是史部著述。他將史部著述從體例上分為「記事」與「存言」兩小類，以說明「記事」類著述，「出於《春秋》」；「存言」類著述，「出於《尚書》」。此外，各類記載「典制」的著述，如各正史（《史記》、《漢書》等）中的諸「志」，「則出於《禮》」：「地理志祖《禹貢》，職官志祖《周官》」[34]。至於史學巨著，雖有「四通」[35]，但分其內容，也不外乎「記事」、「存言」兩類，其中「編年記事，出於《春秋》；多存議論，出於《尚書》」[36]。在這番論述之後，馬一浮又斷言：「知此則知諸史悉統於《書》、《禮》、《春秋》，而史學之名可以不立」[37]；再次談的是集部著述。集部著述，就文章體制講雖極繁複，但「皆統於《詩》、《書》」，因為「《詩》以道志，《書》以道事，文章雖極其變，不出此二門」[38]。由此不難明白：若直抉根原，知集部文章咸統於《詩》、《書》，「如是則知一切文學，皆詩教、書教之遺，而集部之名可以不立也」[39]。

　　與以「流失」說、「不立」說來論述中國一切學術皆根源於「六藝」不同，馬一浮關於西方一切學術亦統於「六藝」的論述，則主要是從學理的相通性上立論。他將西方的學術，以大要分為自然科學與社會科學（馬一浮亦稱之為「人文科學」），以便說明：自然科學，「可統於《易》」，因為「《易》明天道，凡研究自然界一切現象者，皆屬之」[40]；而社會科學，「可統於《春秋》」，因為「《春秋》明人事，凡研究人類社會一切組織形

---

[32] 即「文字學」，傳統分法是將《爾雅》、《說文解字》之類的文字學著述歸在「小學」。馬一浮認為「小學」著述亦屬於「釋經」著述。

[33] 同注 12，頁 15。

[34] 同上。

[35] 馬一浮以《通典》、《通志》、《通考》、《通鑑》為「四通」。

[36] 同注 12，頁 15。

[37] 同上。

[38] 同上。

[39] 同上。

[40] 同注 12，頁 20。

態者，皆屬之」[41]。此外，他分別予以解說，先從基本科學來論，以說明：今人所謂數學、物理學，又「皆是《易》支與流裔」[42]，因為：既然《易》講「象、數」，「凡言象數者，不能外於《易》」[43]，則言「數」的數學，言「象」的物理學也就不出《易》的範疇。再從社會科學的性質來論，以說明：既然社會科學以道名分為歸屬，則它又「不能外於《春秋》」[44]，因為《春秋》比事屬辭，其目的正在於正名分。又將社會科學分科而論，以說明：「文學藝術統於《詩》、《樂》，政治法律經濟統於《書》、《禮》」[45]，最容易明瞭。而就哲學言，哲學的思想派別雖分殊有別，各家所見深淺大小皆不同，但「凡言宇宙觀者，皆有《易》之意。言人生觀者，皆有《春秋》之意」[46]；至於說到哲學的思想形態，則可以說「本體論近於《易》，認識論近於《樂》，經驗論近於《禮》。唯心者，《樂》之遺。唯物者，《禮》之失」[47]。最後，他從價值哲學的意義上，將西方學術歸結為旨在追求真善美，以說明西方學術「皆包含於六藝之中」[48]。他申說道：「《詩》、《書》是至善，《禮》、《樂》是至美，《易》、《春秋》是至真。《詩》教主仁，《書》教主智，合仁與智，豈不是至善麼？《禮》是大序，《樂》是大和，合序與和，豈不是至美麼？《易》窮神知化，顯天道之常，《春秋》正名撥亂，示人道之正，合正與常，豈不是至真麼？」[49]

---

[41] 同上。

[42] 同注 12，頁 16。

[43] 同注 12，頁 20。

[44] 同上。

[45] 同上。

[46] 同上。

[47] 同上。

[48] 同注 12，頁 21。

[49] 同上。

四

　　從上面的論述可以看出，馬一浮關於中西方一切學術皆統攝於「六藝」的論述，是陳述式的、說教式的，而非論證式的、分析式的。陳述式的、說教式的論說，為大師所擅長，它與馬一浮「一代儒宗」的身分十分吻合，但對於「經學」學養不足的現代學子來說，就不免顯得武斷，以至於不禁要問馬一浮為什麼要這麼說，難道他竟保守到置荒謬於不顧？要回答這個問題，不能從學理層面來考慮，非要去追究他這麼說有什麼道理。而要重在探討他這麼說的目的何在。一旦從這個層面來探討，我們就會發現，馬一浮這麼說的用心所在。知悉其這麼說的用心，我們對他楷定「國學是六藝之學」的現代意義也就明白無疑了。

　　馬一浮申說「六藝統攝一切學術」，當年就為友人所批評，稱其說既不合先儒說法又「欠謹嚴」，將引起誤解。針對朋友的批評，馬一浮主動申辯，以表明自己所以這麼說的用心所在：「今舉六藝之道，即是拈出這個統類來」[50]。「統是指一理所該攝而言，類是就事物之種類而言」[51]。一類事物所以歸為一類，就在於其為一個「統」（理）所一貫。則「拈出這個統類來」云云，言下之意是說這是為治「國學」指明一個「統類」。知「統類」在馬一浮的解說裏，就是指「始條理之事」，所以他又明確說「舉六藝明統類是始條理之事」[52]。所謂「始條理」是相對「終條理」而言的，是指「智之事」。「智是見得徹」[53]。可見，被馬一浮作為見得透徹的「始條理之事」，具體就是指知「統類」，即真正認識「言必歸宗」，學有一貫。則從這個申辯可以瞭解，馬一浮所以申說「六藝統攝一切學術」，並不是為了以「六藝」取代一切學術，而是為了給方便掌握學術指明「始條理之事」。在馬一浮看來，為學，尤其是治聖人之學，如「意識散漫，無所抉擇，難得有

---

[50]　同注 12，頁 23。

[51]　同上。

[52]　同注 12，頁 22。

[53]　同注 12，頁 24。

個入處，所以要提出一個統類來」[54]。他認為先明「統類」對於治學有著重要的意義，強調如「統類」明，則不但能知悉為學的門徑，而且能掌握所學之統貫；即便對所學一時湊泊不上，由於明「統類」，先識得大體，也必定會知為學之始終之條理，決不至於「捨本而求末」、「遺末而言本」[55]，亂了為學的秩序。具體就治「國學」而言，他所以楷定「國學是六藝之學」，直接的目的，就是要為現代學人指明「六藝之學」為「國學」的統類，治「國學」當以先究明「六藝之學」，以之為門徑，否則就是「捨本而求末」。在馬一浮看來，堅持這一為學取向，就能有效地保證「國學」研究的正確性，不至於將「國學」弄成無體系的零碎片段的知識、不活鮮的呆板知識、不自然的機械的知識、不內在的分外知識。但在我們看來，這一「國學」研究取向之提出，作為當時流行的國學研究取向的反動，具有兩方面的意義：一方面反對以「小學」（文字學）作為治「國學」之門徑，將「國學」的根本定為「六藝之學」；另一方面反對以「西學」規範「國學」，而用我國固有的「六藝之學」規範「西學」。作為現代新儒家第一代宗師，馬一浮可謂以這一特殊的學術取向體現了文化保守主義的根本立場。

　　馬一浮倡言「六藝統攝一切學術」，固然旨在強調：一切學術皆源於「六藝」，「六藝可以該攝諸學，諸學不能該六藝」[56]，以便將「六藝」確立為我國學術文化的本原。這一確立，不但凸顯了「六藝」在我國文化中的巨大價值，也為發揚中國學術文化指明了現實的途徑。中國學術文化典籍汗牛充棟，如何有效地學習之、研究之？馬一浮給出的回答，就是回歸原典，從研讀原典開始。而對於中國學術文化最為重要的原典，就是《詩》、《書》、《禮》、《樂》、《易》、《春秋》（六藝），所以從研讀原典開始具體講就是從研讀「六藝」開始。以研讀「六藝」作為發揚中國學術文化之現實途徑的設想，反映了馬一浮對當時氾濫的「國學」普及現象的不滿，希望改變當時或「捨本而求末」或「遺末而言本」的「國學」研究狀況，將「國學」研究

---

[54]　同注 12，頁 22。

[55]　同注 12，頁 23。

[56]　同注 12，頁 11。

拉上明「本」知「末」、以「本」統「末」的正確軌道。這對我們今日在「國學熱」中如何處理「國學」的普及問題有現實啟迪意義：「國學」的普及決不是犧牲學術的正確性、準確性、深刻性的所謂通俗化，而必須以有效的方式以求對基本原典的準確理解。這個方式是什麼，馬一浮沒有說，但這並不妨礙他之當年的提醒對今天的我們如何普及「國學」仍有警醒作用。

　　馬一浮為了凸顯「六藝」的學術價值，曾深情地對浙江大學的學生說：「諸生若於六藝之道，深造有得，真是左右逢源，萬物皆備。所謂盡虛空，遍法界，更無有一事一理，能出於六藝之外也。吾敢斷言，天地一日不毀，人心一日不滅，則六藝之道炳然常存。世界人類一切文化最後之歸宿，必歸於六藝。而有資格為此文化之領導者，則中國也。今人捨棄自己無上之家珍，而拾人之土苴緒餘以為寶，自居下劣，而奉西洋人為神聖，豈非至愚而可哀？諸生勉之。慎勿安於卑陋。而以經濟落後為可恥，以能增高國際地位，遂以為可矜，須知今日所名為頭等國者，在文化上實是疑問。須是進於六藝之教，而後始為有道之邦也。不獨望吾國人興起，亦望全人類興起，相與坐進此道。勉之，勉之。」[57]不必深究這番話說得有無道理，我們祇須體悟它所包含的深情。我們相信，正是因為對祖國文化的真誠喜愛、對「六藝之學」的由衷信服，才使馬一浮敢於斷言「六藝之道」永恆，「六藝之學」常存，世界一切文化最後必歸宿於「六藝」，而領導世界未來文化者為中國。請不要忘記馬一浮下這一斷言時在 1938 年春夏。在那時，國難當頭，他教導學子不要以經濟落後為可恥，要相信以「六藝之學」為「本」的中國文化優於西方文化，註定要成為人類文化的最後歸宿。這一說教，在當時能起到怎樣巨大的鼓舞人心的作用，是今天的我們所難以想像的。一種學說是否有價值，一個重要的檢驗標準，就是看其有無社會影響。從這個意義上講，馬一浮關於世界一切文化最後必歸宿於「六藝」的斷言，儘管就道理論不能令人信服，但它的現實意義是難以否定的。否則，我們也就沒有必要寫這篇文章來探討他楷定「國學是六藝之學」的現代意義了。

---

[57] 同注 12，頁 22。

論馬一浮《宜山會語》之主旨
及其展開理路與意義

　　馬一浮於 1938 年在浙江大學所作的國學講演，後來輯為《泰和會語》、《宜山會語》。講演稱為「會語」，是表示其講演如同師友間平等的交談，乃大師之自謙[1]；因分別講演於江西泰和與廣西宜山，所以分開取名曰《泰和會語》、《宜山會語》。兩著於 1939 年合刊[2]，取名《泰和宜山會語合刻本》，後亦有出版者將兩著以《泰和宜山會語》一名合刊[3]，但就 1940 年的復興書院木刻本（此刻本當在馬一浮親自操持下完成）來看，兩著又分開命名為《泰和會語》、《宜山會語》。就其作為分開命名的兩著而論，以下議題——馬一浮在浙江大學本來打算怎樣講國學？泰和、宜山演講有沒有聯繫？泰和、宜山演講主旨有無不同？如何看《宜山會語》之主旨及其展開理路與意義？——就值得探討。本文的探討將涉及這幾個問題，但未必都一一細緻論證之。

---

[1] 「會語」見裴松之《三國志》注引三國魏王沈《魏書》：「公（曹操）後日復與遂（韓遂）等會語，諸將曰：『公與虜交語，不宜輕脫，可為木行馬以為防遏。』公然之。」從「公」與「諸將」的對話中可以體認「會語」意同「交語」。「交語」根據《新唐書・朱宣傳》的記載：「瓊單騎至，方交語，士突起，掖瓊以入」，猶今所謂「交談」。

[2] 此據馬鏡泉〈馬一浮先生學術年表〉。然滕復於〈馬一浮論著編年目錄〉列此刊本於 1940 年。

[3] 根據《中國現代學術經典・馬一浮卷》所附〈馬一浮先生學術年表〉，頁 752。

一

　　《泰和會語》開講於 1938 年 5 月中旬[4]，《宜山會語》則開講於 1938
年 11 月下旬[5]，前後相隔近半年[6]。客觀地看，馬一浮於 1938 年講國學實際
上是分期進行的。所以分期講國學是因為浙江大學由江西泰和再搬遷到廣西
宜山而不得已為之，並非依照馬一浮事先的安排，那麼就馬一浮事先的打算
而言，他計畫為浙江大學師生依次講哪些內容？這個問題，顯然包含以下三
點：（一）現在保存在《泰和會語》、《宜山會語》中的那些內容，是否就
是馬一浮計畫要講的內容？（二）《泰和會語》、《宜山會語》編排的先後
次序，是否就是他事先計畫中的演講之先後次序？（三）《泰和會語》、
《宜山會語》中的內容及編排次序，與他計畫中的演講內容與演講之先後次
序是否有出入？由於沒有文獻史料可供考證，對這些問題，難以有精確的回
答。但通過仔細推敲《泰和會語》、《宜山會語》中有關字句，我們還是能
夠就這些問題作出大致的回答。

　　首先，從馬一浮在宜山第一次演講的開場白可以看出，宜山所講，是繼
續泰和所講。那麼，作為泰和演講的繼續，宜山演講是不是僅僅在科目上同
於泰和演講，也就是說它同於泰和演講是否僅僅在於它講的也是國學。回答
是否定的，因為不能這麼簡單地看它們之間的關係。馬一浮說：「前在泰
和，得與諸君共論講者數月，不謂流離轉徙，今日尚能到此邊地，重複相
聚，心中覺得是悲喜交集。……校長暨諸教授先生，不以某為迂闊，仍於學
校科目之外，約某繼續自由講論。」[7]從此語中，不難推斷：宜山演講不但

---

[4]　《竺可楨日記》記有他於 5 月 14 日、5 月 28 日下午聽馬一浮演講國學。

[5]　馬鏡泉先生以為講於 8 月，不確。浙江大學由江西泰和再遷廣西宜山時在 8 月，9 月
　　下旬方到達宜山，馬一浮輾轉到達宜山更遲至 10 月 26 日，他不可能早於 8 月就在宜
　　山開講國學。

[6]　根據《竺可楨日記》的記載，馬一浮當於 11 月 23 日在宜山文廟再次開講國學，講題
　　應是收於《宜山會語》中的第一篇〈說忠信篤敬〉。

[7]　劉夢溪主編：《中國現代學術經典・馬一浮卷》（石家莊：河北教育出版社，1996
　　年），頁 49。

是泰和演講的繼續，而且作為泰和演講的接續，它是在馬一浮離開泰和到宜山之前就與浙江大學相約要自由講論的。問題是，就馬一浮而論，他在與浙江大學約定到宜山後繼續在浙江大學自由講國學時，是否已定下了要講《宜山會語》中的那些內容？這個問題也可以換一個問法：《宜山會語》中的內容，是馬一浮到宜山後臨時擬定要講的內容，還是在泰和演講之前就已擬定要講的內容？對這個問題，我之研究所得出的初步認識是：現存於《泰和會語》、《宜山會語》中的那些講題，都應當是馬一浮在泰和準備開講國學之前就已擬定了的講題。可這麼認為的根據是什麼？這祇要將《泰和會語》、《宜山會語》篇名之下的標注推敲一下就不難明白。《泰和會語》之〈理氣〉、〈知能〉篇下依次注有「義理名相之一」、「義理名相之二」；而《宜山會語》之〈說忠信篤敬〉、〈居敬與知言〉、〈涵養致知與止觀〉、〈說止〉、〈去矜上〉、〈去矜下〉這六篇篇名下，則依次注有「續義理名相之一」、「續義理名相之二」、「續義理名相之三」、「續義理名相之四」、「續義理名相之五」、「續義理名相之六」。兩廂比較，就會發現《宜山會語》如果與《泰和會語》無聯繫，則其篇名注語之「續」字就用得突兀，有違常理。要使之合乎常理，祇能這樣解釋：馬一浮特意用一「續」字是要提醒當時的聽者、後來的讀者，《宜山會語》中的那六種「義理名相」之談，本來打算依次接在《泰和會語》之「義理名相」篇──〈理氣〉、〈知能〉──之後來談。因為宜山演講距泰和演講畢竟時隔近半年，如果不用「續」字，直接以「義理名相之三」、「義理名相之四」（餘下類推）方式標注，反倒更容易引起誤會，使人不明白其接續關係。

　　其次，還有一個問題：既然馬一浮特意用一個「續」字以表示《宜山會語》中的那六種「義理名相」之談是《泰和會語》中那二種「義理名相」之談的繼續，那麼他為什麼不以「續義理名相之三」、「續義理名相之四」（餘下類推）方式標注呢？這可能出於兩種考慮：（一）「續義理名相之一」、「續義理名相之二」，視角落在「義理名相」，祇表示現在所談的是以前所談的話題──義理名相──的繼續；而非表示以前已就某話題談過了現在再接著就該話題重新續談；（二）以「續義理名相之一」、「續義理名

相之二」（餘下類推）方式，可以表示其自成的意義系統，如果以「續義理名相之三」、「續義理名相之四」（餘下類推）方式，則祇表示它從屬另一個意義系統，不足以顯示其相對獨立的意義系統。可為什麼偏要顯示其相對獨立的意義系統呢？一言以蔽之，這無非是要表示不能視《宜山會語》為《泰和會語》之簡單的繼續，它有其不同於《泰和會語》的主旨。至於其主旨是什麼，下面將論證，這裏暫且不提。

再次，也是從這個「續」字，我們大體上可以這樣推斷：《宜山會語》談「義理名相」那六篇之前的三篇，即第一篇〈說忠信篤敬〉、第二篇〈釋學問〉、第三篇〈顏子所好何學論釋義〉，並不包括在馬一浮泰和開講國學之前就已擬定的講題之內，而是他到達宜山之後準備重新開講國學時臨時添加的。可他為什麼要臨時添加這三個講題？要回答這個問題，就要分析馬一浮宜山演講的處境、目的以及《宜山會語》的主旨。這三個問題，下面的論述將不同程度地涉及，這裏亦暫且不談。

二

《泰和會語》與《宜山會語》，同屬於馬一浮 1938 年的國學講演，其聯繫不言而喻。而就馬一浮本來的打算來講，他也確實準備將他的國學演講按照以下的層次來講：先講「六藝」統攝中國四部學問（中國一切學術）、其次講「六藝」統於一心，再次講「六藝」統攝西方一切學術，又次講就「六藝」求義理。前三層，於泰和演講中已全講完。後一層，他祇講完了計畫要講的兩個講題──理氣、知能，而剩下了計畫要講的五個講題──「說視聽言動」、「居敬與知言」、「涵養致知與止觀」、「說止」、「去矜」──未講。這不能歸咎於馬一浮，而是由於為日寇侵華局勢所迫浙江大學不得不由泰和遷往宜山而使他中斷了計畫好的演講。問題是，當馬一浮在宜山恢復國學演講時，他為什麼不緊接著「知能」義理範疇依次講那五種義理範疇（視聽言動、居敬與知言、涵養致知與止觀、止、矜），而非要增加那三個講題並將之置於那五種義理範疇之前來講？個中的原因，在我看來，是因

為馬一浮的處境改變了馬一浮的心境。而他之心境的改變，又導致其思考問題之角度的改變。

　　馬一浮自己對他宜山演講時的處境與心境有交待。他說：「前在泰和，得與諸君共講論者數月，不謂流離轉徙，今日尚得到此邊地，重復相聚，心裏覺得是悲喜交集。所悲者，吾國家民族，被夷狄侵陵到此地步。吾儕身受痛苦，心忧危亡，當思匹夫有責；將何以振此垂絕之緒，成此恢復之業，拯此不拔之苦，今實未能。焉能不悲？所喜者，雖同在顛沛之中，尚復有此緣會，從容講論，得與諸君互相切磋，不可謂非幸。」[8]這是馬一浮在宜山重新開講國學時一開口便講的一段話，從中不難體察，較之在泰和講國學，他這次講國學心情更為沉重，他切身感受到了民族危亡帶給他的痛苦，卻因痛苦的感受而認真思考起「匹夫有責」大問題。這一思考，勢必使他進而追問一個問題：他之講國學對當下的民族救亡圖存有何意義。就《宜山會語》所透露出的信息來說，馬一浮追問這個問題所得出的結論是：為救國而學問當先明如何「向內求自心之義理」。為什麼要這樣做？他這樣回答：「如今一般為學方法，祇知向外求事物上之知識，不知向內求自心之義理。不能明體，焉能達用。侈談立國而罔顧立身，不知天下國家之本在身。身尚不能立，安能立國。今謂欲言立國，先須立身。欲言致用，先須明體。體者何？自心本具之義理也。義理何由明？求之六藝乃可。明六藝之道不是空言，須求實踐。實踐如何做起？要學者知道自己求端致力之方。」[9]這也就是說，在馬一浮看來，學科技對於民族救亡圖存來說並不是根本之所在，它之根本在於「求自心之義理」，因為從立國、立身、立心的關係來把握，立心即求「自心本具之義理」才是對於救亡最為根本的。

　　我們可以批評馬一浮的這一認識是多麼迂腐，但我們不可以懷疑他真誠地相信「明體」（自心本具之義理）是人之治學問的根本所在。正是出於這一真誠的信念，馬一浮在宜山講國學時才特意加上那三個講題，希望通過對

8　同注7，頁49。

9　同注7，頁51。

這三個講題的宣講，將其國學演講由闡發「六藝」及其價值轉向對「求義理」之學問的闡發。馬一浮認為，「義理」要從「六藝」求，但「明六藝之道」，於「六藝」求義理，不是虛談空言，須實踐。既要實踐，就要「知道自己求端致力之方」[10]，以「立自行己之道，即從言忠信行篤敬做起」[11]。「言忠信、行篤敬」是「求義理」亦即「務聖學」當首先端正的態度，確立了此態度之後，面對的就是如何通過「學」與「問」來「求義理」「務聖學」的問題。馬一浮之所以在〈說忠信篤敬〉之後接著〈釋學問〉、在〈釋學問〉之後又接著談顏回「所好何學」[12]，當是基於這一考慮，因為在馬一浮看來，「學是要自己證悟」，問「即是就人抉擇」，學問「雖一理而有二事」[13]，但「二事」不礙「一理」，無論是「學」還是「問」，就目的講，是一致的，都是為了學到聖人之學，達到聖學之道。

《宜山會語》正因為增加了那三個講題，使得它後面那五個講題，都歸屬於「求義理」亦即「明體」的範疇，從而使它在主旨上有別於《泰和會語》：《泰和會語》固然也談到作為義理範疇的「理氣」與「知能」，但它是作為六藝學的範疇來談；而在《宜山會語》中所談的那五種義理範疇，則是從如何求義理的意義上來談的，也就是說它們是從「明體」的實踐功夫上來談的。既然客觀上存在著這樣的不同，那麼我們如何把握《宜山會語》的主旨？《泰和會語》本著「世界人類一切文化最後之歸宿，必歸於六藝」[14]的信念，旨在論述六藝統攝中外一切學術。這一主旨，是否也是《宜山會語》的主旨？這個問題，至今似乎缺乏應有的探討。就個別學者簡單提及的見解而言，有人認為《宜山會語》是《泰和會語》的續篇，也是講「六藝之學」；有人認為《宜山會語》講的是「心性之學」，它未必同《泰和會語》密切聯繫。泛泛地講，這二種見解也沒什麼大錯，但畢竟有隔膜，看得不太

10　同上。

11　同注 7，頁 52。

12　同注 7，頁 56。

13　同注 7，頁 53。

14　同注 7，頁 22。

確切，都是我所不能認同的。因為我初步的研究是認為：《泰和會語》與《宜山會語》，因都是講的國學，不能說沒有什麼實質性的關聯，但《宜山會語》在主旨上畢竟有別於《泰和會語》，也就是說它雖然也是講國學，但它不再接續《泰和會語》「六藝」學的理路來談國學，而是轉向談如何立學、為學以及立學、為學之道。因為這一轉變，講國學在宜山演講裏實際上講成了如何學國學的功夫之談、方法之談。

三

　　要把握某著作內在展開理路，前提當然是該著作之主旨的確立。根據這個原則，如將《宜山會語》的主旨確定為「六藝之學」或「心性之學」，就很難梳理《宜山會語》九篇之理路上的內在關聯。而一旦以「學問之道」為《宜山會語》的主旨，以之貫穿該著各篇，則《宜山會語》之內在展開理路就變得易於把握：它無非是圍繞如何由「立學」到「為學」這個中心問題展開論述的邏輯理路。具體而言，可這樣看各篇的內在關聯：第一篇〈說忠信篤敬〉論為學態度，要學者知道，為學先要「知道自己求端致力之方」，也就是要知道為學「即從言忠信行篤敬做起」；接著於第二篇〈釋學問〉，它先解釋學問的本意，藉以區分：學是自己證悟，問是就人抉擇；然後闡明問答之旨，以強調「諸所不答」；再接著於三篇〈顏子所好何學論釋義〉藉對程伊〈顏子所好何學論〉的解釋，以強調：立「學」的目的在於達到「聖人之道」；因「聖學宗要在於思誠」，則為學的功夫即「誠之之功夫」。「誠之」的功夫，包括對心中「實理」的深思、篤信、篤行，具體言之，即時時處處都要做到「仁義忠信不離乎心」，保持住道德良知。問題是，如何做「誠之」的功夫，以保持住道德良知（誠者）？後六篇就是依次回答這個問題：先談聖人成德之學、學者盡能之學，「皆不離此視聽言動四事」（第四篇〈說視聽言動〉），其次論「敬」該貫「知言」，以明「體信達順之功」（第五篇〈居敬與知言〉），再次進一步論「居敬」功夫之「惟從涵養得來」，以揭示「未有致知而不在敬之義」（第六篇〈涵養致知與止觀〉）；

又次〈說止〉（第七篇），以「不遷」解「止」，實為第六篇所論及的「止觀」拓展之論：定慧兼修，「住於正念」；而第七篇之後的第八篇〈去矜上〉、第九篇〈去矜下〉，則接著第六篇所談之為學「止觀」（主敬是止，致知是觀；靜是止，慮是觀）論為學「主敬」功夫當見諸去矜去伐。矜伐「純是惡德」，學者當「去之務盡」。要盡去矜伐，「學者須是先識得矜之過患，然後方知克治除遣之法。如何除遣？先遣我人相（除遣五蘊──色、受、想、行、識），次遣功能相（除遣居功逞能表現）」[15]。「人我功能之相遣盡無餘，何處更著一矜字」[16]，則為學「主敬」功夫（誠之之功夫）也就自然見於實處，得以確立。

如再概而言之話，《宜山會語》前三篇所論可以統稱之謂「立學」，即為聽者、讀者確立其所談的「學問」（簡稱「學」）為立身的「聖學」而非純知識學。而其後的六篇，乃是圍繞如何落實與實現立身之學來展開，重在談為學功夫。此功夫，一言以蔽之，不外乎六個字：居敬、涵養、去矜。順著說，要「居敬」須「涵養」，要「涵養」須「去矜」；逆著說，「去矜」則「涵養」，「涵養」則「居敬」。順著說凸顯的是功夫本身，逆著說則突出的是功夫的效果。想必是馬一浮欲凸顯功夫本身，故他在宜山演講國學時才先講「居敬」再談「涵養」最後談「去矜」，將三者談成順勢的遞進關係。

表面看，馬一浮於《宜山會語》談的是立學、為學之道，或者說談的是立「聖學」、為「聖學」之道。但是，透過表面，可以體會：他絕不是在作純粹學術談，而是基於現實考慮──為救亡當如何治學──來談。在別人都在談科技救國之時，馬一浮卻反其道，大談以「立身之學」救國，在新派學者看來，未必不是迂腐至極。但從馬一浮作為一個儒家的立場來看，他宣導以「立身之學」救國，也是合情合理的，不足為怪，更不必嗤之以鼻，口誅筆伐。反倒是要同情地理解他的立場，從而理解他所以這麼主張必自有他的

---

[15] 同注7，頁 79。

[16] 同注7，頁 84。

道理。他說：「聖人以天下為一家，中國為一人，〈家人〉[17]之象也。始於立國，終於化成天下，須從一身之言行做起。這便是立身行己最切要的功夫。人人當下可以用力，從自己心體上將義理顯發出來，除去病痛，才可以為立身之根本。知道立身，才可以為立國之根本。一切學術以此為基，六藝之道即從此入。」[18]從這段論述，可以清楚地看出，馬一浮之所以宣導以「立身之學」救國，正是基於儒家《大學》的實踐理性（治國先齊家、齊家先正身、正身先誠意），將「明體（自心本具之義理）」學問視為人之立身成業的最根本的學問。為這一信念所驅使，他勢必這樣思考：國人處於救亡圖存的國難當頭，固然要以立國為重，然「身尚不能立，安能立國。欲言立國，先須立身」，而立身先須立體。「體者何？自心本具之義理也」[19]。因此，即便是為救亡而做學問，亦不能「祇知向外求事物上的知識，不知向內求自心之義理」[20]，而必須人人先「從自己心體上將義理顯發出來」[21]，將做人的道德本體先確立起來。對於人來說，道德本體乃人立身的根本。人祇有顯發心中的義理，「知道立身，才可以為立國之根本。一切學術以此為基，六藝之道即從此入。」[22]從馬一浮這一思考可以看出，他的思考就本質講，是純粹的儒家道德主義的思考，但就其表述其思考而論，他的做法是引佛入儒，以佛學補充和解釋儒家道德哲學所講的「明體達用」（明體致用）之學。在救亡圖存的國難當頭大談「明體達用」之學，再鮮明不過地反映了馬一浮作為現代新儒家的立場和態度。

---

[17] 原文於「家人」未標書名號。根據《周易》之〈家人〉卦之〈象〉辭：「正家而天下定矣」，〈家人〉卦卦象乃表達了天下繫於一家、國家繫於一人（一身）之意。

[18] 同注7，頁52。

[19] 同注7，頁51。

[20] 同上。

[21] 同上。

[22] 同注7，頁52。

馬一浮國學觀散論

　　現今學人喜談「國學」。然所談橫議有餘而溯源不足。這不利於我們正確的定性國學，推動國學健康發展，因為作為現代學術範疇的「國學」，其之所以產生於上個世紀初，自有其時代背景與現實目的，決不是「為國學而國學」之空談。為避免今日空談「國學」，有必要追問上個世紀初學人何以、怎樣談「國學」。而要實施這一追問，在我看來，就必須先談章太炎、馬一浮兩先生的國學觀，因為兩先生不但都是嚴格意義上的國學大師，而且都是一生志在「國學」、業在「國學」，他們的國學觀，典型地反映了上個世紀初學人何以一下子熱衷談「國學」。基於這個認識，我曾寫〈章太炎國學觀散論〉，發表在《孔子研究》2012 年第 3 期；現再寫此文，以補充與完善我對「何謂國學」問題的認識。如有不妥，敬請方家指正。

一

　　「國學」成為漢語固有名詞，始自漢代，在兩千年來的流傳中，它一直用以指稱國家設立的教育機構，而它歸屬現代學術範疇，用以指稱一種學術文化，在中國祇有百十年時間。上個世紀伊始，從日本留學回國的學人，將日本學人用以稱謂日本固有學術文化的「國學」一詞照搬過來，用以稱謂中國的固有學術文化。可當中國民眾在學人的影響下，口口聲聲談「國學」時，他們並不明白，日本學人使用「國學」一詞，本義在於用日本固有的「神道」學問以抵制和抗衡漢學（中國的學問），並不是用它來對抗西方學問（西學）。造成民眾的這一迷失，責任在從日本留學回國的學人，因為當他們將現代學術範疇的「國學」一詞輸入國內時，並沒有如實地向國人介紹

日本學人宣導和推崇其「國學」的真正目的。

日本留學回國的學人顯然是從「本國固有的學術」這個意思上搬用日本學人的「國學」一詞。問題是「本國固有」可以廣狹兩面說。廣義地說,統指中國一切傳統的學術;狹義地說,特指儒學。而就歷史事實來說,在二十世紀初期的學人中,狹義地說「國學」是極少數,大多數人都是廣義地說「國學」。廣義地說「國學」,又分泛泛地虛說與具體地實說。泛泛地虛說,例如胡適所說:「中國一切過去的文化歷史,都是我們的『國故』,研究這一切過去的文化歷史的學問,就是『國故學』,省稱『國學』」[1],是將「國學」視為關於我國「一切過去的文化歷史」的學問;具體地實說,例如章太炎先生談國學,是將「國學」談成了中國的「『四部』之學」。這祇要大致瞭解章氏從哪些方面談「國學」就很容易明白。

章太炎一生有四次較大規模的「國學」演講。他第一次講「國學」是在日本東京,時在 1908-1911 年,講的是《說文解字》、《爾雅》、《莊子》、《楚辭》、《廣雅疏證》等,似偏重於音韻訓詁和諸子方面。這個傾向,也反映在《國故論衡》[2]。《國故論衡》分上中下三卷,上卷「小學十篇」,講的是文字學,且側重講音韻方面的內容,祇有三篇講辨形釋義之訓詁方面的內容;中卷「文學七篇」,所講側重不在於中國文學的精神特徵、審美情趣,而在於文章的類型與體式;下卷「諸子學九篇」,除泛論「學」之所以起的〈原學〉外,〈原儒〉、〈原道〉、〈原名〉依次論說儒家、道家、名家,此外〈明見〉論說的是「智」見;〈辨性〉(分上下篇)論說的是「人性」問題(〈辨性〉上論五家性說,〈辨性〉下則專論人之分智、愚以及驗證人的智、愚有「六征」)。

他第二次講「國學」是在北京,時在 1913 年 12 月至 1916 年仲春,所講內容包括經學、史學、玄學、子學,而代表他這個時期的「國學」著作為《菿漢微言》。此著乃其弟子吳承仕整理,條陳章氏「國學」漫談共 168

---

[1]　胡適:〈《國學季刊》發刊宣言〉,見《胡適文存》二集卷一。
[2]　1910 年出版於日本。

（有作「167」）則，大致可作如下區分：第 1-35 則，談佛學；第 36-48 則談《易》；第 49-70 則談《老子》《莊子》（包括談老子、莊子其人）；第 71-90 則談孔子及其弟子與《論語》；第 91-98 則談諸子；第 99-112 則談宋明儒家；第 113-167 則，所談較雜，大致包括先秦以來的典籍、醫學、曆算、數學、音樂、文學、音韻、史事等；第 168 則，章氏自述其早年為學經歷及「思想遷變之跡」。

他第三次講「國學」是在上海，時在 1922 年 4 月 1 日至 6 月 17 日。這次講「國學」，分為十講，曹聚仁將其聽講的筆記整理成稿，先在報刊分別發表，後以《國學概論》書名出版。《國學概論》共分五章，章下分節，各章節的題目依次為：第一章：概論——國學的本體、治國學的方法；第二章：國學的流派（一）——經學流派：今古文之分、南北之分、宋學與漢學、今古文的復歸與衰亡；第三章：國學的流派（二）——哲學流派：先秦諸子、漢至唐的演變、宋明理學、哲學總括；第四章：國學的流派（三）——文學流派：無韻文、有韻文；第五章：結論：國學如何進步。

他第四次講「國學」是在蘇州，時在 1934 年冬至 1936 年 6 月上旬。他這次講國學的記錄，後來由其學生整理出版，在臺灣出版的取名為《國學略說》，在大陸出版的取名為《國學講演錄》。兩書的內容完全相同，不同祇在於有無章節題目：後者不分章節，祇是按照所講內容歸為五類，依次取名為〈小學略說〉、〈經學略說〉、〈史學略說〉、〈諸子略說〉、〈文學略說〉；前者則分為五章，並在各章下分節，各章節的題目依次為：第一章：小學——小學定義、文字學、音韻學、訓詁學；第二章：經學——六經大概、易經、尚書、詩經、三禮、春秋；第三章：史學——史學部類、正史、編年史、政書、治史明辨；第四章：諸子——諸子流別、儒家、道家、墨家、法家、名家；第五章：文學——著作與獨行之分、駢散之分、歷代文章盛衰、文章分類。

由以上章太炎講「國學」所講的內容來看，他也是廣義地說「國學」，但他畢竟具體以「四部之學」來說之。經、史、子、集本是中國古籍的目錄分類，當太炎先生將之作為學術分類來對待時，顯然是希望由此「分」引出

彼「合」，把「國學」作為我國固有的經、史、子、集四部之學的統稱，儘管他並沒有明確的斷言「國學」即「四部之學」。

馬一浮正式開講國學，時在 1938 年 6 月，距章太炎在日本開講國學晚了三十年。這讓我們不得不思考一個問題，即馬一浮對於「國學」的新界定，是否就是直接針對章氏的「國學就是四部之學」而發？經過認真研究，我認為，馬一浮之所以一方面接受「國學」一詞（他原以為「國學」一詞「本不可用」），另一方面又重新界定「國學」，不是關注「國學」概念本身的合法性問題，也不是關注以「國學」稱謂「我國固有的學術」是否妥當問題，而是關注如何定義「國學」使人更容易明白「國學」是什麼樣的學問這一問題。從這一關注出發，他勢必對當時之泛泛「國學」說不以為然，因而不能認同章氏的「四部之學」說，對他來說，也就在情理之中。我這樣認為，並非僅僅根據推理，也有馬一浮自己的論說為據。那麼，他是怎樣說的？他這樣說：

> 國學這個名詞，如今國人已使用慣了，其實不甚適當。照舊時用國學為名者，即是國立大學之稱。今人以吾國固有的學術名為國學，意思是有別於外國學術之謂。此名為依他起，嚴格說來，本不可用。今為隨順時人語，故暫不改立名目。然即依固有學術為解，所含之意亦太覺寬泛籠統，使人聞之，不知所指為何種學術。照一般時賢所講，或分為小學（文字學），經學、諸子學、史學等類，大致依四部立名。然四部之名本是一種目錄，猶今圖書館之圖書分類法耳。……即依時賢所舉，各有專門，真是皓首不能究其意，畢世不能竟其業。……現在要講國學，第一須楷定國學名義，第二須讀基本書籍，第三須講求簡要方法。[3]

在馬一浮生活的時代，「依四部」立「國學」者，當首推章太炎。可見，此

---

[3]　吳光主編：《馬一浮全集》第一冊上（杭州：浙江古籍出版社，2013 年），頁 8。

語中之「時賢」，除暗指章太炎外，再難找出第二人；至於此語中的將「國學」「分為小學（文字學），經學、諸子學、史學等類」的說法，對照上面所敘之章氏講「國學」所談的那些方面，也不難明白就是針對章氏而說的。既然此語中的「時賢」是暗指章太炎，那麼這段論述就是旨在強調不能照章氏所說以「四部之學」立「國學」。為什麼？為了使國學不至於變成國人不能懂的絕學。他認為如果照章太炎講的「四部之學」來學「國學」，就會將「國學」變成「皓首不能究其意，畢世不能竟其業」的學問。言下之意，是說章氏以「四部之學」立「國學」，無異於推「國學」於絕境。

二

馬一浮破章太炎的「國學」觀，當然是為了立他自己的「國學」觀。而他為立自己的「國學」觀首先做的就是「楷定國學名義」[4]。可他為什麼使用「楷定」這個別人不常用的詞？他這樣解釋說：

> 楷定，是義學家釋經用字。每下一字義，須有法式，謂之楷定。楷即法式之意，猶今哲學家所言範疇。亦可說為領域。故楷定即是自己定出一個範圍，使所言之義，不致凌雜無序，或枝蔓離宗。老子所謂「言有宗，事有君也」。何以不言確定而言楷定？學問，天下之公言。確定，則似不可以移易，不許他人更立異義，近於自專。今言楷定，則仁智各見，不妨各人自立範圍，疑則一任別參，不能強人以必信也。如吾今言國學是六藝之學，可以該攝其餘諸學，他人以為未當，不妨各自為說，與吾所楷定者無礙也。又楷定異於假定。假定者，疑而未定之詞，自己尚信不及，姑作如是見解云爾。楷定，則是實見得如此，在自己所立範疇內，更無疑義也。[5]

4　同注3，頁7。

5　同注3，頁8。

從這個解釋可以看出，儘管馬一浮認為自己的定義不屬「假定」範疇，但他所以不用「確定」一詞而用「楷定」一詞，就是為了表明他祇是就自己的立言範圍定義「國學」，並自信別人聞其定義立馬就能知曉「國學」是指何種學問。他強調自己提出這個定義，非但不拒斥「他人更立異義」，反而希望疑其說者不妨各自立範圍，各自為說。這鮮明地體現了他作為現代大儒的開放胸襟。

問題是，馬一浮怎樣楷定「國學」。他說：「國學者，六藝之學也」[6]，將「國學」楷定為「六藝之學」。他將「國學」定義為「六藝之學」，就其申明來看，顯然不是為了否定以「國學」稱謂「我國固有的學術」的合法性，那麼有什麼必要非得這麼楷定「國學」呢？馬一浮回答說：「然即依固有的學術為解，所含之義，亦太覺廣泛籠統，使人聞之，不知所指為何種學術。」[7]這表明，他所以要楷定「國學是六藝之學」，是想彌補舊有「國學」定義使人聞之「不知所指為何種學術」這一缺陷，希望通過自己的楷定，明確地告訴國人，所謂「國學」具體指我國固有的哪一種學術。

儒家所謂「六藝」，有大小之分。「小六藝」指禮、樂、射、御、書、數；「大六藝」指《詩》、《書》、《禮》、《樂》、《易》、《春秋》。馬一浮說：「六藝者，即是《詩》、《書》、《禮》、《樂》、《易》、《春秋》也」[8]，將定義「國學」之「六藝」，確定為「大六藝」。馬一浮以「大六藝」定義「國學」，並不是簡單將「國學」等同於「大六藝」，而是將中國固有的一切學術都歸本於「大六藝」。這祇要認真研讀其著《泰和會語》中的〈論六藝該攝一切學術〉，就不難明白。

馬一浮所謂「論」，其實算不上嚴格意義上的論述，因為它並沒有就「國學」何以是「六藝之學」給予分析與論證；而祇是對他如何看待「國學是六藝之學」[9]加以表述。他在《泰和會語》中關於「國學是六藝之學」的

---

[6]　同注3，頁7。

[7]　同注3，頁8。

[8]　同上。

[9]　同上。

表述，一言以蔽之，就是：如果中國學術可以統括為「四部之學」的話，那麼「四部之學」則為「六藝之學」所統攝。他從不解釋該統攝何以必要與何以可能，他所做的衹是陳述「四部」如何為「六藝」所統攝。這一陳述，在〈論六藝該攝一切學術〉中，具體分為下面兩層進行：

首先，論六藝統諸子。馬一浮將《漢書‧藝文志》諸子十家淘汰剩下儒、墨、名、法、道五家，並據此五家以說明「欲知諸子出於六藝，須先明六藝流失」[10]。此所謂「流失」是指「六藝」在傳承過程中造成的精神失落。這個含義，馬一浮解釋得十分明白：「六藝本無流失……其有流失者，習也。心習才有所偏重，便一嚮往習執一邊去，而於所不習者便有所遺。高者為賢、知之過，下者為愚、不肖之不及，遂成流失」[11]。對諸子來說，「六藝流失」意味著其對「六藝」精神的把握與傳承有「得」亦有「失」，與「六藝」精神相同者為「得」，與「六藝」精神不相同者為「失」：「因有得失，故有同異，同者得之，異者失之。」[12]而諸子對於「六藝」的「得失」不外乎四種情況：(1)得多失多，例如道家老子，觀變最深，其得《易》最多，然「流為陰謀，其失亦多」[13]；(2)得多失少，例如儒家荀子，身通六藝，可謂得之多；衹是他又言「性惡」、「法後王」，不合「六藝」要義，可謂失之少；(3)得少失多，例如墨子思想實出於《禮》、《樂》，但他又「非樂」、「短喪」，其於《禮》《樂》「是得少失多也」[14]；(4)得少失少，例如名家惠施、公孫龍「雖極其辯，無益於道，可謂得少失少」[15]。馬一浮如此分述諸子對「六藝」的「得」與「失」，就是要說明諸子思想中正面積極的精神與內容均來源於「六藝」，諸子之根本思想可以為「六藝所統攝」。正是從這個意義上，馬一浮強調立「諸子學」一名衹有形式意

---

10 同注 3，頁 10。

11 同上。

12 同注 3，頁 18。

13 同注 3，頁 11。

14 同注 3，頁 12。

15 同上。

義而無實質意義：「觀於五家之得失，可知其學皆統於六藝，而諸子學之名可以不立也」[16]。

　　其次，論六藝統四部。所謂「四部」，本是指經、史、子、集四種書籍分類。馬一浮藉以作為中國傳統學術分類：經學、史學、子學（哲學）、文學。馬一浮的四部學術分類中，本包括「子學」，但因為諸子為「六藝」所統已論述在前，所以在「六藝統四部」名下他實際所論者祇有經、史、集三部，並不包括「子部」。

　　關於經、史、集三部學問為「六藝」所統，馬一浮的說明各不相同，無統一的標準。他先是將「六經」以外的經部典籍，分為「宗經」著作與「釋經」著作。照他的解釋：「〈象〉〈彖〉〈文言〉〈說卦〉為釋經，〈繫辭〉〈序卦〉〈雜卦〉是宗經」[17]，「宗經」著作與「釋經」著作大致可以這樣區分：相對於「為理宗」[18]的「六經」，「釋經」著作是直接詮釋「六經」的著作，「宗經」著作是指非詮釋樣式的合乎「六經」思想的儒家原創著作。由此說來，以「宗經」著作與「釋經」著作所反映的「經學」，為「六經」所統攝，就是不言而喻的，所以他在將經部著作分為「宗經」與「釋經」兩大類後，就未再作任何說明，而是直接斷言「如是則經學、小學之名可不立」[19]，將「經學」統統歸於「六藝」。

　　他接著說明史部為「六藝」所統。但他不再以解「經」方式上的差異來區分史部典籍的類別，而是將史部典籍從內容上分為記「言」、記「事」、記「典制」這三大類。以此分類來劃分史部典籍，他以為「編年記事出於《春秋》，多存議論出於《尚書》，記典制者出於《禮》」[20]。基於這樣的分類與劃分，他直接斷言「諸史悉統於《書》《禮》《春秋》，而史學之名

---

[16] 同上。

[17] 同注3，頁13。

[18] 吳光主編：《馬一浮全集》第一冊下（杭州：浙江古籍出版社，2013年），頁449。

[19] 同注3，頁13。

[20] 同上。

可不立也」[21]。

　　他關於「六藝」統攝集部典籍的說明，與上兩種分類說明又不同，而是先從文章的體裁上將集部典籍分為「道志」與「道事」兩類，然後將前者歸原於《詩》，將後者歸原於《書》，斷言「《詩》以道志，《書》以道事，文章雖極其變，不出此二門」[22]；最後他根據這一歸類斷言「知其提要咸統於《詩》《書》，如是則知一切文學皆《詩》教《書》教之遺，而集部之名可不立也」[23]。

　　在馬一浮看來，經、史、子、集四部學問悉統於「六藝」，而「六藝」又統於「一心」。「一心」，就是指「仁心」，乃人的道德本體。他之所以要做這方面強調，是要人明白，「六藝」不是聖人安排出來的，「六藝之道」是從人本有的「性德中自然流出來的，性外無道也」[24]。人的性德，「舉一全該則曰仁，開而為二則為仁知、為仁義，開而為三則為知、仁、勇；開而為四則為仁、義、禮、智；開而為五則為加信而為五常，開而為六則並知、仁、聖、義、中、和而為六德」[25]。由此「一德」與「六德」關係，可明「總不離別，別不離總，六相攝歸一德，故六藝攝歸一心」[26]。

三

　　馬一浮強調，「現在要講國學，第一須楷定國學名義，第二須讀基本書籍，第三須講求簡要方法。」[27]按照這個次序，在介紹他如何將國學楷定為「六藝之學」之後，當接著討論他以為講國學須讀哪些基本書籍以及須掌握

---

[21] 同上。

[22] 同上。

[23] 同注3，頁14。

[24] 同注3，頁15。

[25] 同上。

[26] 同注3，頁17。

[27] 同注3，頁8。

怎樣的簡要方法。關於講國學須讀的基本書籍，在《復性書院講錄》卷一中，有〈通讀群經必讀諸書舉要〉，將必讀書分為十三類，每類種數各不相同：四書類 10 種、孝經類 3 種、詩類 11 種、書類 10 種、禮類 15 種、樂類 5 種、易類 19 種、春秋類 23 種、小學類 11 種、群經總義類 3 種、儒家類 37 種、諸子異家類 15 種、史部諸史類 9 種、詩文類 20 種，共 191 種[28]。這個書目，較之胡適、梁啟超所提供的國學基本書目，量並不大，但特色鮮明：(1)以經學著作為主，以子學、史學、文學著作為輔；(2)經學著作首列《四書》類著作，次之以《孝經》類著作；(3)「六經」以《易》《春秋》為重；(4)儒家尤重視宋儒著作；(5)宋儒著作中，又特別重視二程朱熹著作。這種取向，首先反映了他的儒家立場；其次反映他對二程朱熹充分肯定，以為二程朱熹著作是最精純的儒學著作。基於這一價值取向，他以為，「六經」難讀，學國學，不妨從先讀《四書》開始。他還主張，學國學，當「先讀《論語》、《孝經》」[29]。這個主張，在《四書》之外，又增添《孝經》作為學國學的必先讀的書目。問題是，他為什麼要添《孝經》？這是因為他認為《孝經》是「六藝」要義之「總攝」，較之《四書》，更容易正確有效地學到國學。

對其所提供的國學書目，他以「舉要」的形式，就每類中為何要列那幾種書以及它們各自特長之所在，講得具體而明白，而關於學「國學」究竟應求什麼樣的「簡要方法」，他從來都未給予專門的論述，祇是常常不經意地隨文提及。從他隨文提及的零散表述中，我們不難理解這個方法應該就是「會通統類」方法。何以見得？請看馬一浮是如何申說的。當年他提出「六藝統攝一切學術」時，就有友人批評其說既不合先儒說法又「欠謹嚴」，將引起誤解。針對友人的批評，馬一浮申辯說：「若祇據先儒舊說搬出來詮釋一回，恐學者領解力不能集中，意識散漫，無所抉擇，難得有個入處，所以要提出一個統類來……今舉六藝之道，即是拈出這個統類來。統是指一理所

---

[28] 詳見《馬一浮全集》第一冊上，頁 112-124。

[29] 同注 3，頁 112。

該攝而言，類是就事物之種類而言。……知天下事物種類雖多，皆此一理所
該攝，然後可以相通而不致相礙」[30]。由這個申辯可明，他為學「國學」所
指示的「簡要方法」就是「統類」方法。知「統類」，在馬一浮的解說裏，
就是指「始條理之事」，所以他又明確說「舉六藝明統類是始條理之事」
[31]。所謂「始條理」是相對「終條理」而言的，是指「智之事」。「智是見
得徹」[32]。可見，被馬一浮作為見得透徹的「始條理之事」，具體就是指知
「統類」，即真正認識「言必歸宗，學有一貫。」他認為先明「統類」對於
治學有著重要的意義，強調如「統類」明，則不但能知悉為學的門徑，而且
能掌握所學之統貫；即便對所學一時湊泊不上，由於明「統類」，先識得大
體，也必定會知為學之始終之條理，決不至於「捨本而求末」、「遺末而言
本」[33]，亂了為學的秩序。具體就治「國學」而言，他所以楷定「國學是六
藝之學」，直接的目的，就是要為現代學人指明「六藝之學」為「國學」的
「統類」，治「國學」當以先究明「六藝之學」為門徑，否則就是「捨本而
求末」。在馬一浮看來，堅持這一為學取向，就能有效地保證「國學」研究
的正確性，不至於將「國學」弄成無體系的零碎片段的知識、不活鮮的呆板
知識、不自然的機械知識、不內在的分外知識。他提出這個方法（統類），
當然是針對當時學人好籠統地講國學這一弊端而發的。在他看來，學國學，
沒有個「統類」，就會流於龐雜，「難得有個入處」，不是把握國學的好途
徑，講國學必須求其「統類」，以免將「國學」弄得十分龐雜，使人聞「國
學」而不知「國學」是什麼學問。

四

　　馬一浮對「國學」的具體貢獻，除了楷定「國學是六藝之學」外，再就

---

[30] 同注 3，頁 20-21。

[31] 同注 3，頁 21。

[32] 同注 3，頁 22。

[33] 同注 3，頁 21。

是以「宗經」著作闡發「六經」思想主旨，以求兩者在思想上的會通。這一
會通，在他的論述裏，主要的做法就是解說「宗經」著作如何體現「六藝體
要」[34]。「體要」猶「精要」，所謂「六藝體要」是指「六藝」所含之精當
扼要的義理。而他對於「宗經」著作體現「六藝體要」的論述，又是具體通
過闡發《論語》、《孝經》如何體現「六藝體要」來實現的。在眾多「宗
經」著作中，挑選這兩種著作來說明「六藝」與「宗經」著作的會通，對於
馬一浮來說，並不是隨意為之，而是與他十分推崇這兩部書有密切的關係。
在馬一浮看來，「《論語》則六藝之總匯」[35]，又是「群經之管鑰」[36]，
「治群經，當先求之《論語》」[37]，因為「《論語》無往而非六藝之要」
[38]，由《論語》即可得知群經所言莫非「六藝之要」。但《論語》對於「六
藝之要」的體現，就言說形式而論，畢竟是「散見」，不能集中地、扼要地
揭示之。這就需要在《論語》之外，另有一部「宗經」著作來集中而簡要地
揭示「六藝之要」。這部著作就是《孝經》，因為「《孝經》總攝，《論
語》散見」[39]，《孝經》較之《論語》，其長處在於它以「總攝」的方式揭
示「六藝之要」。「總攝」不同於「散見」。「散見」是隨處不集中的表現
之，「總攝」則是總體上集中表現之。對於表現「六藝體要」來說，《論
語》側重在「言」，而《孝經》側重在「行」，所以馬一浮又強調說：「言
為《論語》，行為《孝經》」[40]。

　　「六藝之要」既然「散見」於《論語》，則由《論語》把握「六藝之
要」，也就祇能用歸納的方法把握《論語》與「六藝」在根本精神上的會
通。馬一浮正是如此做的。他首先將《論語》論題歸為「三大問目：一問

---

[34]　同注3，頁223。

[35]　吳光主編：《馬一浮全集》第二冊上（杭州：浙江古籍出版社，2013年），頁387。

[36]　同注3，頁111。

[37]　同注18，頁569。

[38]　同注3，頁134。

[39]　同注18，頁585。

[40]　同注3，頁181。

仁，一問政，一問孝」[41]，以便說明「凡答仁者，皆《詩》教義也；答問政
者，皆《書》教義也；答問孝者，皆《禮》《樂》義也」[42]；然後歸《易》
《春秋》於禮樂《詩》《書》：「《易》為禮樂之原，言禮樂，則《易》在
其中……《春秋》為《詩》《書》之用，言《詩》《書》，則《春秋》在其
中」[43]，以暗示《論語》儘管未見關於《易》《春秋》的問答，但仍然體現
了《易》《春秋》義。馬一浮關於《論語》大義即「六藝」要義的逐一分
述，主要見於《復興書院講錄》卷二。在此卷中，馬一浮先「據《論語》略
說《詩》《書》《禮》《樂》義」[44]，接著據《論語》闡述《易》義，最後
據《論語》闡發《春秋》義。

　　對於孔子「仁」說即是《詩》教義，馬一浮這樣說：「滿腔都是生意，
滿腔都是惻隱，斯可與識仁，可與言《詩》矣」[45]。這個說明側重在於揭示
兩者（仁說與《詩》教）在教化方式上的相似，強調兩者都是隨機而發、依
情而起、適情而止。而他關於孔子論「政」即《書》教義的說明，卻轉而側
重在於強調兩者在思想上的相通：「《書》教之旨，以德為本」[46]，而孔子
主張「為政以德」，其論政「亦皆原本於德」[47]；至於對孔子言「孝」即
《禮》《樂》教義的說明，則又轉而側重在於解釋「孝弟與禮樂合」[48]；此
所謂「合」，是指「言孝弟則禮樂在其中矣，言禮而樂亦在其中矣」[49]。

　　馬一浮據《論語》以說《易》義又不同於上面那般說明，而是重在解說
兩者如何在「聞道」上取向一致。他具體以「朝聞夕死」章和「子在川上」
章說明之。於前者，他著重說明：「朝聞夕死」章所謂「聞道」，實質就是

---

[41] 同注3，頁134。
[42] 同上。
[43] 同注3，頁135。
[44] 同注3，頁154。
[45] 同注3，頁138。
[46] 同注3，頁139。
[47] 同上。
[48] 同注3，頁145。
[49] 同注3，頁145-146。

要人明白所以生死，而「欲明死生之故，必當求之於《易》」[50]；於後者，他則著重說明：此章所彰顯的道理，就是「於遷流中見不遷，於變易中見不易」[51]，而《易》一「易」而三義，其主旨就是「變易即不易」[52]，兩者十分相合。

　　關於據《論語》以明《春秋》義，馬一浮的說明分為三層：先說明「《春秋》大義當求之《論語》」，因為《論語》雖「無一章顯說《春秋》，而聖人作《春秋》之旨全在其中」[53]。問題是，《春秋》之旨何？馬一浮說：「凡言君子小人、義利、王霸、夏夷、人禽、聖凡、迷悟之辨者，莫非《易》與《春秋》之旨也」[54]。照此說，則由《論語》可求《春秋》大義，就是不言而喻的；再說明《春秋》大用「其要則正名而已」，而《論語》強調「必也正名」，「實《春秋》之要義」[55]；然後說明《論語》與《春秋》在「文質損益」、「刑德貴賤」、「經權予奪」之取向上的一致，以強調在處理「文質」、「刑德」、「經權」三大問題上《論語》與《春秋》取相同的思想原則。

　　「六藝之要」為《孝經》所「總攝」，是說「六藝為博，《孝經》為約」[56]，換言之，《孝經》不外乎「六藝體要」之概括。問題是，如何概括？馬一浮說：「六藝之教，總為德教。六藝之道，總為性道。《孝經》則約此性德之發現而充周者舉示於人，使其體認親切，當下可以用力，踐形盡性之道即在於是」[57]。從此語可明，他是從「修德行道」來概括的。修德在先，行道在後。修「德」是立「仁」，行「道」是踐「孝」。《孝經》之所

50　同注3，頁156。
51　同注3，頁158。
52　同上。
53　同注3，頁160。
54　同注3，頁162。
55　同注3，頁165。
56　同注3，頁219。
57　同注3，頁186。

以「文甚約而義至大」[58]，就在於「一切行門皆從孝起，大用無盡，會其宗趣，皆攝歸於孝也」[59]。

在馬一浮看來，《孝經》無非是將「性德之發現而充周者舉示於人」。換言之，馬一浮認為，《孝經》所舉示於人的無非是那些有普遍實踐意義的道德。《孝經》共十八章，可馬一浮並沒有逐章就這個意義來談《孝經》為「六藝」之「總攝」（有時亦曰「總持」），他祇是「釋至德要道」、「釋五孝」、「釋三才」、「釋明堂」與「原刑」。前二釋，涉及《孝經》前六章，後三釋，依次涉及《孝經》第七章、第九章、第十一章，餘下九章[60]，未專題論述。可他為何祇取此九章為說？反覆推敲其說，可明其致思理路當是：先釋「至德要道」是為了「明宗」，次釋「五孝」是為了「辨用」[61]。「辨用」是「述其行相，以辨其力用」[62]，而接著「說三才」則是「復攝用歸體，明天、地、人總為一體」[63]。第七章〈三才〉為「總說」，緊接其後的第八章〈孝治〉、第九章〈聖治〉則「為別說」：「貫三才是攝用歸體，即總顯體大，以下〈孝治〉章又攝前五孝，顯此即體之用大，〈聖治〉章復攝三才，顯此即體之相大」[64]。《孝經》提及「明堂」者為〈聖治〉章，說「明堂」所以能知「聖人之根本大法」是因為「凡今人所名為倫理、教育、政治、經濟、法律以至軍事，在古制皆攝在明堂之中。一有違失，則倍於禮度而為不順」[65]。〈聖治〉章顯「即體之相大」，此下九章「俱是廣明行相」[66]。「廣明行相」如「約義說，並屬《禮》《樂》教」[67]。「禮」意味

---

[58] 同注 3，頁 179。

[59] 同注 3，頁 165。

[60] 即第八章、第十章加上十二至十八章七章。

[61] 闡述從天子到庶人五大階層如何具體實行體現人之性德的孝道。

[62] 同注 3，頁 199。

[63] 同上。

[64] 同注 3，頁 206。

[65] 同注 3，頁 212。

[66] 同注 3，頁 214。

[67] 同上。

著以「孝」為體，「樂」意味著順「孝」而為。反順「孝」而為「則有刑生，明刑亦樂之反也」[68]。馬一浮以〈原刑〉結束他關於「孝經大義」的論述，其用意就在於藉之以強調：「刑德得並存也。以是二義求之，則於群經說刑德互異處，悉可圓融無礙。然《孝經》之旨，準此以談，在明宗中，是唯德無刑；在簡異中，則是施刑為德。亦是二門並用也」[69]。

五

在馬一浮看來，「六藝」不但統攝中國一切學術，進而還可以統攝「西來一切學術」[70]。可他關於「六藝」統攝西方一切學術的陳述，不是像陳述「六藝」統攝中國一切學術那樣，以「統類」的手段，將中國的「四部之學」統屬於「六藝」；而是以「會通」的手段，將西方學術與「六藝之學」從根本上說成並無二致。他首先將西方學術分為自然科學與社會科學[71]，然後指出：自然科學可統於《易》，社會科學可統於《春秋》，因為自然科學「以數學、物理為基本科學」，而「凡言象數者，不能外於《易》」；社會科學「以道名分為歸」，而「凡言名分者，不能外於《春秋》」[72]；然後他就社會科學分述某個學術為某「經」所統：「文學、藝術統於《詩》《樂》，政治、法律、經濟統於《書》《禮》……宗教雖信仰不同，亦統於《禮》……哲學思想派別雖殊，淺深小大亦皆各有所見，大抵本體論近於《易》，認識論近於《樂》，經驗論近於《禮》；唯心者《樂》之遺，唯物者《禮》之失。凡言宇宙觀者皆有《易》之意，言人生觀者皆有《春秋》之意，但彼皆各有封執而不能觀其會通。」[73]馬一浮關於「六藝」統攝「西來

---

68 同注3，頁216。

69 同注3，頁217。

70 同注3，頁7。

71 馬一浮自注「或人文科學」。

72 同注3，頁18。

73 同上。

一切學術」，除了說到這層意思，還將「六藝」分別對應西方的真、善、美學問，明確指出：「西方哲人所說的真、善、美，皆包含於六藝之中，《詩》《書》是至善，《禮》《樂》是至美，《易》《春秋》是至真。《詩》教主仁，《書》教主智，合仁與智，豈不是至善麼？《禮》是大序，《樂》是大和，合序與和，豈不是至美麼？《易》窮神知化，顯天道之常；《春秋》正名撥亂，示人道之正，合正與常，豈不是至真麼？」[74]此外，他沒有再進一步就「六藝」何以能統「西來一切學術」展開論證，但他特別強調，當西方人將學術分門別類時，他們忽視各類學問在根本上彼此是可以會通的，所以西方人儘管在學術上「或得或失皆在六藝之中，而不自知其為六藝之道」[75]。

　　以上是對馬一浮「六藝」統攝「一切學術」說的客觀地敘述。現在須追問的是，馬一浮在闡述其國學觀時，為何強調「六藝不唯統攝中土一切學術，亦可統攝現在西來的一切學術」[76]。要回答這個問題，必須瞭解馬一浮講國學的動機。馬一浮在泰和開講國學時，首先強調講國學必須先具有一種信念——「信吾國古先哲道理之博大精微，信自己身心修養之深切而必要，信吾國學術之定可昌明，不獨要措我國家民族於磐石之安，且當進而使全人類能相生相養而不致有爭奪相殺之事。」[77]這其實也就是他自己的信念。他樹此信念講國學，就是為了昌明我國學術，進而實現我國學術的世界意義。當他強調「六藝」統攝中國一切學術時，其直接目的是為了反對當時泛談甚至空談「國學」的傾向，將「六藝之學」（六藝之教），說成是「中國至高特殊之文化」[78]，為昌明「國學」設定明確而具體的途徑；而當他進而強調「六藝」統攝西來一切學術時，其直接的目的是對抗以西學曲解國學、否定國學，為「國學」之世界意義的實現提供一種在他看來是必走的路向。這對

74　同注 3，頁 19-20。

75　同注 3，頁 19。

76　同注 3，頁 17。

77　同注 3，頁 3。

78　同注 3，頁 19。

於「西化派」學者來說，無異於天方夜譚，但他毫不諱言，明白無誤地公開道出其講國學的這個目的：「今日欲弘六藝之道，並不是狹義的保存國粹，單獨的發揮自己民族精神而止，是要使此種文化普遍的及於全人類，革新全人類習氣上之流失，而復其本然之善，全其性德之真。」[79]他對中國「六藝」文化之世界意義的實現信心滿滿，以至於一時忘卻儒雅身分，豪邁放言：「吾敢斷言，天地一日不毀，人心一日不滅，則六藝之道炳然長存。世界人類一切文化最後之歸宿必歸於六藝，而有資格為此文化之領導者，則中國也。」[80]

「六藝之學」的確立，等於中國學術的昌明；中國學術的昌明，則代表著全人類未來文化發展方向；由此可以斷定中國人在人類未來文化建設中居領導地位。這就是馬一浮講「國學」所希望傳布給世人的他的信念。人們當然有理由批評他這是一種空想，甚至是妄想，但當人們這麼批評他時，請不要忘記他下這一斷言時在 1938 年春夏。在那國難當頭時候，他的這一信念，能起到怎樣巨大的鼓舞人心的作用，是今天的我們所難以想像的。當我們批評他的信念無異於空想時，我們更應該從這種空想中，清醒地認識、真切地感受馬一浮作為現代新儒家大師的純粹的儒家立場與情懷。

---

[79] 同上。

[80] 同注 3，頁 20。

方東美哲學思想的儒家精神
——兼與胡軍教授商榷

　　將方東美列為現代新儒家，一再遭到詰難。有些學者，看到方東美輕《論語》、反「道統」、贊道家、批「後儒」（泛指從兩漢到明清的儒家），且強調儒道釋可以融通互補，就斷然否認方東美哲學思想的儒家精神實質，以為視方東美為現代新儒家實屬誤解。這種見解的代表之作，在我們看來，要數胡軍教授的〈方東美哲學思想的道家精神〉[1]，因為在此文中胡軍教授不是一般地闡述不應當將方東美視為現代新儒家，而是極力證明「方東美是一位地地道道的當代新道家」[2]。「地地道道」這一定語，徹底否定了方東美哲學思想的儒家精神性質，不啻向學界申明我們視方東美為現代新儒家是完全誤解了方氏哲學思想的性質。為了準確地判斷方東美哲學思想的屬性，也為了就我們自己的見解作一點辯白，我們覺得有必要發表這篇商榷文章，以便進一步求得胡軍教授的賜教。

　　方東美究竟是不是現代新儒家，這個問題，迄今學術界仍在爭論，一時似難以取得共識。有學者認為，方東美應該屬於廣義上的現代新儒家。有的學者則認為，視方東美為現代新儒家是誤解方東美思想的性質，其實方東美並不是現代新儒家，而是「一位地地道道的當代新道家」。還有學者卻強調，無論是將方東美視為一代大儒、一代大佛還是將他視為一代道家，對方東美「而言都是非常不公平的」，因為方東美在思想上早已超越了上述各

---

[1]　見《中國哲學史》2000 年第 1 期。以下凡引胡軍教授語，均出自此文。

[2]　也有別的學者這麼主張，例如曾師事方東美先生的陳鼓應先生，他曾親口對我說，他的老師方東美屬於道家，不應劃歸現代新儒家。

派，可以說他「亦儒、亦道、亦佛，但同時也非儒、非道、非佛」[3]。這些看法，哪一種更接近方東美思想的實際，不是我們遽下斷言就能使大家信服的。但我們既然是將方東美作為現代新儒家來研究，那麼我們就有責任來說明為什麼方東美堪當現代新儒家。為了凸顯這一論旨，在這篇論文裏，將主要論述三個問題：首先論述方東美的儒學觀，從正面揭示方東美的儒家情懷以及其思想所體現的儒家精神；其次駁斥「方東美是當代新道家」說，間接證明方東美本質上不屬於道家，祇能屬於儒家；再次論述方東美在文化選擇上如何堅持儒家的價值取向，以揭示方東美與其他現代新儒家所堅持的文化選擇的價值取向是相同的。

一

祇要我們熟讀方東美的論著，就不難發現他的確輕《論語》、反「道統」、贊道家、批「後儒」（泛指兩漢以後的儒家），而且主張儒釋道三家融通互補，反對以儒家一家思想代表中國文化的最高成就。

在現代新儒家中，方東美的心態最開放。出於開放的心態，方東美的確反對獨尊儒家，強調予道家等各派以應有的肯定，對各家各派在思想文化上的貢獻作客觀的評價。就儒家和道家而論，他認為兩家的思想之產生，「都是從中國遠古的文化理想裏面得到啟發」[4]，皆源於對中國遠古文化傳統的反思。但是，他並不因此而籠統地宣稱儒家和道家在發揚文化傳統問題上做出了同樣大的貢獻，而是具體地分析了儒道兩家如何基於對傳統文化的不同態度而對文化傳統作出了不同的選擇。儒道兩家所反思的傳統文化，是指周代文化。在周代，掌握歷史文獻的是「王官」，則根據劉歆和班固的說法（諸子皆出於王官）及章學誠的說法（六經皆史），居於周代「王官」地位的是道家創始人老子，而非儒家的創始人孔子，因為老子乃周朝「守藏室之

---

[3]　朱傳譽主編：《方東美傳記資料》（一）（臺北：天一出版社，1985 年），頁 31。

[4]　方東美撰：《原始儒家道家哲學》（臺北：黎明文化事業股份有限公司，1983 年），頁 192。

史」，掌管周代的六經典籍；可就儒本是「司徒之官」、而「司徒之官」即「師氏」（職掌道德教育）與「保氏」（職在傳授六藝之學）來說，孔子的先世與「師氏」、「保氏」毫無關係，他不是「王官」之後，也不曾居「司徒」之位，他不可能得周代文化的正統之傳。由此看來，儒家可能非周代文化之傳承的正統，真正得六經正統之傳的可能不是儒家而是道家。問題是，以老子為首的道家雖然得周代文化的正統之傳，但由於老子主張「為學日益，為道日損」[5]，以期通過對文化的逐次超越來達到對永恆價值境界的體悟，故道家視文化為導致人喪失本性的禍根，走向了文化虛無主義。這就使得道家對捍衛自己的文化正統地位不感興趣，失去了整理周代文化典籍的熱情，未能擔當起傳承和發揚傳統文化的歷史使命。相反，在「王官」之學衰微之後，未得周代文化正統之傳的孔子卻由衷地感歎「鬱鬱乎文哉！吾從周」[6]，對周代文化產生了濃厚的興趣，自覺地承受了往昔的「絕學」，以布衣的身分擔當起整理周代文化典籍的使命。基於這一史實的把握，方東美強調說：「傳承古代中國文化的並不是周室守藏史的老子，而是由民間崛起的孔子──尚書這部中國最古的歷史乃是他刪定的，而詩經也是他收集的，他除了傳詩、尚書，再把各國歷史折中之成為春秋，至於三禮，也是儒家整理後才傳下來的。」[7]正因為是儒家傳承了周代文化，所以儘管方東美認為老子年長孔子一、二十歲，作為「顯學」，老子學說比孔子學說的影響在時間上更早，但在「談中國哲學思想的起源」[8]時，他仍然不贊成胡適等人從老子開始講中國哲學的做法，而是堅持「先談儒家」[9]。在他看來，「先談儒家」對於把握中國哲學的起源意義重大：(1)「儒家最注重歷史變遷的發

---

[5]　王弼注：《老子道德經》第 48 章，《二十二子》（上海：上海古籍出版社，1988年），頁 29。

[6]　楊伯峻撰：《論語譯注》（北京：中華書局，1998 年），頁 28。

[7]　同注 4，頁 47。

[8]　同上。

[9]　同注 4，頁 46。

展與歷史的統一性，歷史的承續性」[10]，故「先由儒家學派說起」[11]，有助於準確把握中國哲學精神的發展歷程；(2)不能因為老子年長，「就認為道家先於儒家形成完整系統」[12]，實際上像孔子思想所顯示的那樣，由《尚書》傳統轉向《周易》傳統的思想體系，更能體現中國哲學在形成初期所具有的完整性。

　　方東美認為，儒道兩家的哲學思想，不僅是受周代文化啟發的產物，而且更意味著對周代文化的「哲學的制定」。周代文化是「早熟的文化」。其文化的早熟體現在宗教神秘文化尚未充分發展的時候就已經將神秘宗教轉變為理性支持的道德文化。在這個由神秘宗教轉變為道德文化的中國古代文化的轉型過程中，儒道墨三家分別代表了不同的文化價值取向。其中，「墨家是宗教的還原，道家是哲學的還原。而在兩者之間的就是中國古代儒家的思想」[13]。「宗教的還原」，「最能保持中國原始思想」，因為它在對周代文化進行「哲學的制定」時，注重「尚同一義於天」，「把哲學世界還原到宗教世界」[14]，將世界歸本於有意志的「天」。「哲學的還原」，則是對任何世界都採取否定的態度，把他反過來，以求將「現實世界、現象世界剖開至其根本」[15]。至於所謂「在兩者之間」，顯然可以作兩種理解，一種是指儒家的還原，是介於宗教的還原與哲學的還原之間的還原。若作這種理解，則按照方東美關於精神文化的價值秩序的規定，它就是指道德的還原。另一種是指儒家的還原，既是宗教的還原，具有承續傳統的保守的一面；又是哲學的還原，具有革新傳統的創新的一面。對於究竟應作何種理解，因方東美沒有作任何說明，不必在這裏硬作臆測。但不論作哪一種理解，都不難看出方東美對儒家的還原給予了充分的肯定：如果把它理解為是指道德的還原，那

---

[10]　同上。

[11]　同注 4，頁 48。

[12]　同注 4，頁 47。

[13]　同注 4，頁 103。

[14]　同上。

[15]　同上。

麼他顯然是在強調惟有儒家的還原才更能體現中國文化的特質，因為他一再申明中國文化是「倫理文化」；如果把它理解為既指宗教的還原又是指哲學的還原，那麼他顯然是在強調惟有儒家的還原既帶有墨家還原的性質又帶有道家還原的性質，是全面的「哲學的制定」，所謂「貫通老墨得中道者厥為孔子」[16]，正可以作這一種理解的注腳。

　　在方東美的論述裏，比較儒道墨三家對於周代文化的還原，目的是凸顯儒家還原的意義。而通過對儒家還原意義的揭示，他斷定儒家哲學思想從源頭起就包含兩個思想傳統，即「一方面守舊，二方面創新」，或曰「一方面注重傳統，一方面又注重創造」[17]。他認為《論語》不足以體現儒家思想的這兩個傳統，要把握這兩個淵源流長的儒家思想傳統，必須追溯到《尚書·洪範》和《周易》。具體地講，他認為儒家思想中的守舊傳統源於〈洪範〉，而儒家思想中的創新傳統則源於《周易》。

　　《尚書·洪範》篇有兩個思想體系，一個是「五行」，另一個是「皇極」。「五行」說不為以孔子為首的原始儒家所推崇，所以〈洪範〉對於儒家思想的意義，實際上主要是指「皇極」思想對儒家精神之傳承的重要性。從現代比較民俗學的視角看，「皇極」「根本就是原始時代思想上的大符、宗教符號、哲學符號，把宇宙及人類世界的一切，凝聚於一個中心，然後把它升到超越世界天神的所在，發掘一個宇宙的中心，以之為真相價值的標準，支配整個宇宙中人類生活的一切」[18]。而儒家思想同「皇極」思想的聯繫，就在於它透過「皇極」大符的宗教內涵，側重拓展「皇極」大符所包涵的倫理含義。經過儒家的拓展，「皇極」對於儒家來說，「已非一抽象的本體論、價值之標準，同時在人類的現實生活中也成為最高的道德標準」[19]。雖然儒家通過這一拓展「把秘密世界投入這個理性世界」[20]，但儒家既然是

---

[16] 方東美撰：《生生之德》（臺北：黎明文化事業股份有限公司，1979 年），頁 141。

[17] 同注 4，頁 46。

[18] 同注 4，頁 79。

[19] 同上。

[20] 同注 4，頁 99。

通過拓展「皇極」內涵來奠定其思想基礎，則他們在思想上就難免受傳統思想的羈絆，難以徹底走出「神秘世界」。

　　在方東美看來，原始儒家的一大貢獻，就是使儒家「由尚書之傳統轉到周易之傳統」[21]，所以在儒家思想傳統的這兩個起源中，他更看重體現儒家創新傳統的《周易》。他認為，《周易》屬於周代文化系統，與以殷代文化為背景的《歸藏》、以夏代文化為背景的《連山》不同，具有濃厚的父系社會的文化色彩。他根據《禮記·王制》篇關於中國古代社會結構的演變層次的記載，說明「八卦」的演變並不是神秘的、偶然的，「而是根據古代民族在原始社會中血液的流通，近鄰到遠鄰，從家庭形成氏族，從氏族擴大成為鄉黨，以至於成為中央政府的統一帝國，叫做『王畿』」[22]。他指出，儘管《周易》的符號系統的演變反映的是中國古代社會結構的演變，並不神秘，但它長期以來被人為的神秘化，成為巫覡與天帝溝通的橋樑，所以在孔孟之前《周易》的宗教意義遠遠超過它的哲學意義。改變這一狀況的功勞要歸於孔孟學派，因為在孔子、商瞿作《十翼》之後，《周易》才由符號系統變成了「周易的哲學與周易的歷史」，才「有真正的哲學」[23]。所謂「周易的哲學」，在方東美的論述裏就是指廣大和諧的宇宙生命哲學，它包含「大生之德」與「廣生之德」這兩層意思，或者簡稱為「生生之德」。他強調，《周易》這一生生不息的宇宙生命精神，正是儒家思想的根本精神。這個精神，以後在《中庸》內得到了進一步的發展，雖不為董仲舒所接受，卻在宋明新儒家那裏得到了恢復和發揚。

二

　　雖然方東美充分肯定儒家對促進古代神秘文化轉向理性文化的巨大作用，但在把握中國文化的精神成就時，他卻旗幟鮮明地反對「獨尊儒術」，

---

[21]　同注 4，頁 82。

[22]　同注 4，頁 147。

[23]　參見《原始儒家道家哲學》第三章〈易經部分〉。

不贊成僅以儒家精神代表中國文化精神的最高成就。他所以堅持強調這一點，在胡軍教授看來，是因為他站在道家的立場上，以為「道家哲學要高於儒家哲學」。其實，方東美反對「獨尊儒術」，並非旨在推崇「道術」[24]，而是基於這樣的認識：無論是儒家思想還是道家思想，都不足以代表中國文化精神的最高成就，因為足以代表中國文化精神之最高成就者，祇能是儒釋道共融互通的那些思想。對此，方東美說得十分明確，不容別人有任何誤解。在《中國人生哲學概要》中，他指出：「這三大宗雖然各有不同的旨趣，但是如果把他們融貫起來，實可代表中國哲學家最完美的思想」[25]。該著出版於 1937 年，那時他所謂「三大宗」，是指老子、孔子、墨子。時隔二十年，在《中國人生哲學》一書中，他更明確地說：「我一向認為儒、道、墨三家之會通處，才是中國思想的最高成就」[26]。在發表諸如此類言論時，他顯然沒有考慮中國大乘佛學對中國哲學精神之豐富與發展的貢獻，而一旦考慮到中國大乘佛學的貢獻，他便強調中國思想的最高精神或曰中國哲學精神的通性體現在儒釋道思想之會通處。在晚年，當他對自己關於中國哲學的認識進行最後總結時，他在《中國哲學之精神及其發展》中把中國哲學精神從總體上分為四大精神傳統，即原始儒家、原始道家、中國大乘佛學、新儒家，強調體現這四大精神傳統之會通的中國哲學之通性[27]才足以代表中國思想的最高成就。

　　從上面的論述不難看出：方東美關於中國哲學精神的最高成就體現於諸

---

[24] 這是借用《莊子・天下》篇中的概念，以特指道家的學說。

[25] 方東美撰：《中國人生哲學概要》（臺北：問學出版社，1980 年），頁 7。

[26] 方東美撰：《中國人生哲學》（臺北：黎明文化事業股份有限公司，1982 年），頁 191。

[27] 方東美將此通性歸納為三點：1、旁通統貫論。即以宇宙為生命流行的境界，在強調以「生命為中心」、以「價值為中心」的前提下，堅持機體主義的方法，摒棄「二分法」，視世界為渾然圓通的「旁通系統」；2、殊異道論。就是在視宇宙為旁通統貫的機體時，再去追求它的內容，以揭示宇宙「一以貫之」的生命本體與生生不已的生命流行過程；3、人格超升論。就是說視個人之品格發展均可層層上躋、地地升進，臻於種種價值崇高之理想。

家思想之會通處的認識，是一貫的，不曾改變。據此，我們有理由推斷胡軍教授所以斷言「在哲學的境界上，至少從方東美的眼光看來，道家要高於儒家」，是因為他忽視了方東美在中國哲學史觀上所堅持的一個根本原則，即他不贊成僅以某一家作為中國思想的主流、主幹，而堅持從諸家的會通處去把握中國哲學精神的發展趨勢。在他看來，強調「中國最高智慧祇有儒家」[28]固然是偏狹的見解，而認為惟有道家才代表中國最高智慧未必不是偏見。正確的做法，祇能是先在堅持各家相通的前提下把握各家的相異，再從各家的相異處尋找各家互補的可能性，然後確立各家共同提高的新途徑。如果僅從各家的不同處來判斷究竟哪一家的貢獻大的話，那麼我們可以斷言：方東美實際上是認為對於中國哲學思想的發展來說畢竟是儒家作出了重要的、甚至可以說是主要的貢獻。

然而胡軍教授卻不這麼看，他一再指出方東美「實際上是把道家置於儒家之上」，以為「道家包容儒家，又要高於儒家」，道家對於中國哲學思想的貢獻比儒家的貢獻大。那麼，我們的看法與胡軍教授的看法究竟哪個更符合實際呢？要弄清這個問題，不能各持一辭，公說公的理，婆說婆的理，作無謂的爭論，應「拿出證據來」，看看方東美自己究竟是如何講的。為此，下面將具體從六個方面展開討論：

其一，儒道兩家究竟誰包容誰？就方東美的論述來看，對這個問題的討論應作嚴格限定，即這裏所謂「儒道」不是泛指而是特指原始儒家與原始道家。而在究竟是原始儒家包容原始道家還是原始道家包容原始儒家這個問題上，任何企圖代方東美作答的巧說妙解都是徒勞的，因為在這個問題上方東美自己說得既明確又明白，沒有留下任別人推測或曲解的餘地。在《哲學三慧》中，他說：「老顯道之妙用。孔演易之『元理』。墨申愛之聖情。貫通老墨得中道者厥為孔子」[29]；在《新儒家哲學十八講》中，他又說：「孔子對於九流——以後班固所分的九流，也是無不接納其中的學術優點。所以才

28　方東美撰：《方東美先生演講集》（臺北：黎明文化事業股份有限公司，1978年），頁53。

29　同注16，頁141。

能以儒家為主體的精神中心，而包容百家，匯通眾流」[30]；在題為〈儒家哲學：孔子哲學〉的講演中，他還說：「儒家同道家大可以貫穿起來。……墨家許許多多的思想，還是從儒家——孔子這一方面得來靈感。由此可見，先秦的大儒思想，可以容納有道家、墨家的地位，並且大可以會通；……在先秦時代的儒家，像孔子的思想，他可以統貫道家、墨家、形名家的優美智慧類型。」[31]這些論述，或發表於早年或宣講於中晚年，它表明方東美一生始終認為以孔子為代表的原始儒家思想不僅包容道家思想，甚至包容墨家、名家等諸家思想。

　　其二，道家在何種意義上超過儒家？在方東美的論述裏，的確可以看到道家超過儒家之類的話語。這些話語，在胡軍教授看來，就成為方東美應是新道家的有力證據。可一旦作具體地分析，就會明白這類話語祇是他對儒道思想作比較時用來說明儒道兩家同中有異，決不意味著他站在道家的立場上而特意強調道家處處超過儒家。例如，他固然一再講道家在藝術才情上超過儒家，但他所以這麼講，並不是為了強調儒家根本不具有藝術才情，而是旨在說明在藝術才情上道家比儒家略勝一籌。在他看來，「儒家精神是陽剛雄健，道家精神是陰柔慈惠」[32]，但儒道兩家都是「以藝術的情操發展哲學智慧」[33]，「都是透過中國人共同的才情來點化宇宙」，都是「以藝術的才情，把有限的宇宙點化成無限的境界」[34]。道家的老莊固然「透過詩意的創造的幻想來看人性的缺陷，使之美化了，從而寬恕欣賞」[35]，而儒家的孔孟，「尤其是孔子，他也是這一種精神」，也是「透過詩的語言，來看宇宙人生」[36]。可相比較的話，應當如實承認「道家特別富有這一種精神」[37]，

---

[30] 方東美撰：《新儒家哲學十八講》（臺北：黎明文化事業股份有限公司，1983年），頁17。

[31] 同注28，頁160。

[32] 同注26，頁190。

[33] 同注4，頁14。

[34] 同注4，頁184。

[35] 同注30，頁86。

[36] 同上。

因為：儒家在生活上面太入世，且道德觀念很重，很難做到超脫解放，「把
人展開在廣大的藝術世界裏來看」，卻不得不「把人集中了，在形上界的原
則的支配之下，然後再落到道德的體系裏面看人」[38]；道家則不然，他們看
重的是「人格上面的精神的解放同精神的尊嚴」[39]，追求的是不受現實束縛
的超脫解放的精神，因而即便現實要約束他們，他們也會像太空人一樣，
「在廣大的宇宙裏面開闢一個空闊的境界，而在那個地方縱橫馳騁，仍然不
受現實的束縛」[40]。由此可見，祇是從道家比儒家更富有「超脫解放的藝術
精神」[41]這層意思上，方東美才強調「就中國哲學家的藝術才能看起來，我
們可以說，道家遠超過墨家，甚至於超過儒家」[42]。

　　需要進一步指出，在方東美的論述裏，「超脫解放的藝術精神」並不代
表價值哲學上的最高層次。價值哲學的最高層次，他稱之為「價值統會」。
所謂「價值統會」，是指真、善、美貫通相合。從「價值統會」層次來看，
正如方東美所強調的，「在美學秩序這方面是中國古代儒家的貢獻比較大」
[43]，能貫通道德價值與藝術價值者非道家而是儒家。因為孔子講「志於道，
據於德，依於仁，游於藝」[44]，要求儒家從價值哲學的系統上把握道德價值
與藝術價值的關係，不僅要重視道德價值，而且要真正瞭解「藝術精神和道
德精神是可以貫通的」，力求把道德和藝術「擴大成為價值精神」，在價值
上實現「盡善盡美」[45]。

　　其三，儒道兩家究竟誰影響誰？無庸諱言，方東美確實講過「道家精神

37　同注 4，頁 184。
38　同注 30，頁 86。
39　同注 4，頁 186。
40　同上。
41　同注 4，頁 184。
42　同注 4，頁 185。
43　同注 4，頁 157。
44　同注 6，頁 67。
45　同注 4，頁 157。

可以補儒家之不足」[46]、道家可以糾儒家之弊之類的話。問題是，我們究竟
如何去理解他的這些說法。照胡軍先生的理解，這些說法足以證明方東美由
衷地認為道家在哲學智慧上高於儒家。其實，這些說法，都有特定的含義，
不能將它們理解為泛指道家智慧高於儒家智慧。就智慧的境界而論，他總是
強調「老莊與孔孟都是大氣磅礴的精神氣魄」[47]，「道家精神同儒家精神可
以說幾乎是一致的」[48]。如果硬要在原始儒家與原始道家中定高下，看看究
竟誰對誰的影響大，那麼他實際上是認為在先秦時代主要是原始儒家影響原
始道家而不是原始道家影響原始儒家。道家哲學，在方東美的論述裏，實際
上特指老莊哲學。與老子相比，莊子對道家哲學的特殊貢獻，就在於他克服
了老子哲學中的種種困惑，把道家的哲學智慧推向了極至。由於莊子的理論
創造，道家哲學在本體論上由老子祇求「超越本體」轉向既求「超越本體」
又求「內在本體」；在宇宙論上由老子祇講「向下流注」轉向兼顧「向下流
注」與「向上提升」；在價值蘄向上由老子祇重視「單回向」轉向並重「雙
回向」。這幾個方面的轉向，對於道家意義重大，因為祇有經過這些轉向，
道家哲學才有可能與中國哲學[49]相吻合，成為中國哲學的有機組成部分。可
我們不禁要問，承續老子思想傳統的莊子何以能超越老子作出如許大的貢
獻？方東美明確指出，這是因為莊子深受孔孟思想的影響所致：「莊子之所
以能有如許成就，乃是因為他不僅僅是個道家，而且受過孔孟的相當影響」
[50]。正是基於「莊子可以說又深得儒家的精神」[51]這一認識，方東美甚至斷
定「莊子是道家兼儒家的雅儒」[52]。所謂「雅儒」，是指「能通六藝」[53]。
若具體問儒家陣營中誰堪當「雅儒」，那麼當首推荀子。荀子在儒家中也是

---

[46] 同注 28，頁 251。

[47] 同注 30，頁 248。

[48] 同注 4，頁 221。

[49] 按照方東美的解釋，中國哲學可以從本質上概括為「超越而內在」之形上學。

[50] 同注 4，頁 242。

[51] 同注 4，頁 280。

[52] 同注 4，頁 134。

[53] 同注 28，頁 154。

大家，但與作為「大儒」的孔孟相比，他的生命境界畢竟要低一個層次。莊子既然被定為「雅儒」，那麼莊子在中國哲學史上的地位祇相當於荀子，而難以比肩孔孟。

其四，原始儒道兩家究竟誰對宋明新儒家影響大？在分析宋明新儒家之形成與演變的原因時，方東美的確這麼強調：儘管宋明新儒家標榜自己拒斥釋道，但他們實際上深受道家和佛家的影響，其思想中「已有若干道家思想成分在內」[54]。因此，「若不瞭解道家與宋儒的關係，宋儒的許多學說不能瞭解」[55]。在我們看來，方東美之所以如此強調，旨在將宋明新儒家與原始儒家區別開來，以便瞭解宋明新儒家「不免援道證儒，變亂孔孟儒家宗旨」[56]。可在胡軍教授看來，這表明方東美實際上認為新儒家所以形成和發展應歸功於道家思想的「神奇作用」。其實，方東美祇是認為由於道家的影響新儒家在思想上與原始儒家有相當的差距，並不認為對形成新儒家來說道家的影響最為根本。所以，他一再強調以下觀點：宋明新儒家雖綜合佛道，「然其大要則仍以歸趨原始儒家為主旨」[57]，因為「他們遠承孔孟緒餘，不難把他們生命投入時間創造不已的過程中，以體察天地生物之心以為心」[58]；「宋儒發揮『備天地、府萬物』的精神，而把它在生命上面表達出來，成為所謂『以天地萬物為一體之仁』。這是儒家的根本精神。」[59]

其五，儒道兩家對中國人成功地消化佛教誰的貢獻大？在這個問題上，胡軍教授祇強調一點，即方東美認為道家對中國人消化佛教起到了關鍵作用。這沒有全面反映方東美的觀點。在方東美看來，中國人能成功地消化佛教，將印度佛學變為「中國的佛學」，把外來的思想變作「真正中國精神裏

---

[54] 同注 28，頁 114。

[55] 同注 30，頁 66。

[56] 方東美撰：《中國哲學之精神及其發展》上（臺北：成均出版社，1984 年），頁 14。

[57] 同注 56，頁 207。

[58] 同注 28，頁 100。

[59] 同注 30，頁 73。

面的獨特智慧」[60]，變成「純粹中國人的根本思想」[61]，起先固然「是以道家老莊思想為媒介」[62]，「所資於道家之思想之激揚與充援者實多」[63]。但這祇是「格義學」意義上的援引道家，它對於佛學生根於中國人的心靈裏，祇起到了方便瞭解佛學的作用，不具有實質性的影響。所以佛學要在中國再發展，「僅僅接受道家的精神並不夠，還要同儒家的精神也貫串起來，這樣才能生根。因為中國整個的社會，從家庭到社會、到國家，根本是一個儒家的體制。假使對於儒家的體制全盤不接受的話，要想在這裏面成立體大思精的佛學那是不可能的」[64]。而隨著時間的進展，中外高僧「不久即看出儒家思想中之種種優點，並發現其中與佛學思想在精神上有高度之契合：儒家當下肯定『人性之可以使之完善性』，佛家則謂之『佛性』，而肯定為一切眾生所同具者」[65]，也就有意識地以儒學貫通佛學。由此可見，方東美無論講「沒有道家的精神，佛學起不了作用」[66]，還是講僅有道家精神，佛學不能在中國人的心靈裏生根，都是旨在強調一個觀點，即佛學這種外來思想雖「先受道家的影響」，但祇有「再同儒家結合」，「才在中國人的心靈裏面生了根」[67]，「完全變成中國的智慧」[68]。他所以一再強調這個觀點，顯然是為了表明：對於佛學變成中國的智慧來說，儒家的影響比道家的影響更具有實質性的作用。

其六，道家的形上學與儒家的形上學哪個邏輯層次高？這個問題，在方

---

[60] 方東美撰：《中國大乘佛學》（臺北：黎明文化事業股份有限公司，1984 年），頁 33。

[61] 方東美撰：《華嚴宗哲學》下（臺北：黎明文化事業股份有限公司，1981 年），頁 27。

[62] 同注 30，頁 53。

[63] 同注 56，頁 212。

[64] 同注 60，頁 41。

[65] 同注 60，頁 47。

[66] 同注 4，頁 12。

[67] 同注 60，頁 37。

[68] 同注 4，頁 12。

東美的論述裏其實並不存在，它是我們為了同胡軍教授商榷而不得不提出來的問題。胡軍教授認為，方東美之所以強調在哲學上道家智慧高於儒家智慧，是因為他認為儒家哲學祇講「本體論」，而道家哲學則進一步講「超本體論」。為什麼講「超本體論」就一定比講「本體論」的智慧要高，胡軍教授沒作任何說明，我們也就不好硬求的解。但就方東美的論述來看，他如此區分儒道兩家的形上學，目的不在於證明道家的形上學在智慧上要高於儒家的形上學，而是為了通過對儒道兩家在形上學方面的差異的說明，「勘破孔老原始儒道兩家形上學方面種種疑難」[69]，從而揭示中國形上學不同於西方形上學的主要特徵。他把西方的形上學稱為「超絕形上學」，把中國的形上學稱作「超越形上學」，指出兩者的區別在於：一個（超絕形上學）將本體世界與現象世界打成兩橛，以為本體世界獨立、超絕現象世界；一個（超越形上學）強調本體世界不離現象世界、本體世界寓於現象世界，現象世界與本體世界圓融和合、體用不二。「超越形上學」從不主張形上世界與現實世界脫節、與現實人生脫節，卻強調形上學「在現實人生中可以完全實現」[70]。從這個意義上，方東美最終將中國形上學從本質上概括為「既超越又內在」、「即內在即超越」[71]。既然它是作為對中國形上學基本特徵的概括，則表明「流行在儒、道、佛、新儒家之中的都是『超越形上學』，承認這個世界可以有價值，而這個價值是由理想世界上流行貫注下來的，連成一系」[72]。可見，方東美根本不會將儒家形上學與道家形上學分高下。而他之所以分別以「本體論」、「超本體論」稱謂儒家形上學、道家形上學，僅僅是為了說明儒道兩家追尋形上世界的途徑有所區別：儒家的「本體論」途徑「祇是向前創進不回顧」[73]，直線地「從有而及於更廣大的有」[74]，也就是說

---

[69]　同注 56，頁 8。

[70]　同注 56，頁 16。

[71]　同注 56，頁 3。

[72]　同注 4，頁 18。

[73]　同注 4，頁 223。

[74]　同注 4，頁 221。

「從『有』出發,再以更大的『有』,更深的『有』,更遠的『有』,向後面追求」[75];道家的「超本體論」途徑則「反過來追求」,「是自『有』至『無』」,「把本體論再向上面追求,變作『超本體論』,變作『非本體論』,認為那個宇宙之後、之外、之上,有更深的、更高的、更遠的宇宙根本真象」[76]。

三

無庸諱言,方東美雖然對儒家的精神成就給予充分的肯定,但對儒家思想上的不足與缺失他也給予了批評。問題是,對他批評儒家如何看?在胡軍教授看來,他所以「不能同意把方東美劃歸為新儒家」,一個重要的原因就是方東美批評儒家。這個邏輯(批評儒家者就不是儒家)假如成立的話,那麼試問如何解釋中國哲學史上一個眾所周知的事實:儘管荀子嚴厲地批評了子思、孟子,把他倆視為誤導俗儒曲解孔子思想的罪人,但大哲學史家們都不曾因此把荀子驅除儒家陣營。既然荀子批評思孟仍不失為儒家,那麼方東美對儒家的批評也就不能作為證明他不是現代新儒家的理由。要判定他不是現代新儒家,必須進一步以翔實的材料來證明他批評儒家的目的在於徹底否定儒家。但是,從胡軍教授的文章中,我們祇能看到一些斷言,諸如方東美有時對儒家持「否定態度」、方東美「完全站到了道家」的立場上批評儒家,而看不到足以使我們信服這些斷言的具體論證。既然如此,為了說明方東美究竟該不該劃歸現代新儒家,我們必須具體分析他在哪些問題上批評儒家、他是否站在道家的立場上批評儒家、他批評儒家是否為了徹底否定儒家,因為:一個對儒家有所批評的人,未必沒資格作為儒家;但這並不等於說,一個徹底否定儒家的人,有資格當儒家。

在論及他所以「反道統」的動機時,方東美說了這麼一段話:「研究哲

---

[75] 同注 4,頁 202。

[76] 同注 4,頁 203。

學的人應當以學術良心，把歷史的真情實況還出來，則任何時代的學說都有利弊，都可以批評，而批評須根據真正的學術理由，以這種眼光批評孔子孟子，誰也不能反對。」[77] 從這段話可以看出，方東美對儒家的批評，所恪守的是學術良心，所依據的是真正的學術理由，而決不是基於道家立場。正因為他不是站在道家的立場上批評儒家，所以當他激烈批評儒家的「道統說」時，他總是不忘申明其擁護孔孟儒家：「我平常講中國思想，雖然擁護孔孟，但對於漢代的『罷黜百家，獨尊儒術』，我不贊成」[78]。

　　現在要提出的問題是，作為一個現代新儒家，方東美為什麼要反對儒家所護衛的「道統」觀念？他「反道統」，動機顯然不在於否定儒家的思想傳統，而是為了清除「道統」觀念對發展儒家思想傳統的負面影響。他指出，並不是說不能談「道統」，如果有人像孟子，的確才學兼備，識見超群，「也未嘗不可談『道統』」[79]。但從儒家學術思想史來看，由於後儒都不具備孔孟那般高的才學與識見，所以他們從狹隘的衛道精神出發所虛構的「道統」觀念，衹能是「虛妄的」。自西漢起，正是因為護衛這種「虛妄的道統觀念」，不但導致了儒家精神的虛脫，也「斫傷了西漢以來蓬勃發展的文化精神」[80]，導致了中國文化精神傳統的價值失落。因此，「道統」觀念不拋棄，不僅會窒息儒家學說的生命力，也會阻礙中國文化精神的健康發展，因為無論是發展儒學還是發展中國文化，都衹能是建立在各家各派的融通互補上，而絕不可能形成不受別派任何影響的所謂「思想的孤立系統」[81]。而「道統」觀念堅持的所謂儒家思想的純粹性、所謂儒家思想的正統性，正是為了排斥所謂「異端」，否認道釋思想可以補儒家思想之不足。

　　反「道統」卻擁護孔孟，這不但是方東美始終堅持的立場，也是他批評儒學的一個基本原則。可以說，他對儒學的所有批評，都是基於這個原則。

---

[77] 同注 4，頁 136。

[78] 同上。

[79] 同注 30，頁 22。

[80] 同注 30，頁 16。

[81] 同上。

何以見得？請看以下分析。方東美對儒家的批評，具體區分的話，可以歸納為三類，一是對先秦儒家的批評，另是對兩漢儒家的批評，再就是對宋明清新儒家的批評。對於先秦原始儒家，他是很推崇的，但他並不認為原始儒家的代表人物具有同等的崇高地位。他認為相對孔孟大儒來說，荀子祇能屬於雅儒；而孔孟相比的話，雖兩人都是大儒，但在境界上孔子要高於孟子。這顯然是為了凸顯孔子在儒家中的最崇高的地位。而他所以這般推崇孔子，並不是僅僅看重孔子是儒家的創始人，而是因為在他看來孔子有「開闊的心胸」：「曾經適周問禮於老子……又學琴於師襄，師事於萇弘。不僅如此，對於蘧伯玉、鄭子產，也都認為有很多值得學習的地方。他從來沒有板起面孔，說別人的學說是異端邪說，而去排斥它。孔子在學術上面的虛心坦懷，相容並包的宏大氣魄，可以說是春秋以前一般的學術風氣。」[82]同孔子相比，孟子由於對自己的道統觀念和歷史觀念執持很深，便以衛道者自居，斥異端攻邪說，成為護衛「道統」觀念的始作俑者。但方東美同時強調，孟子不是出於功利目的而硬以衛道者自居，而是為了解救儒家的危機而不得不這樣做。在孟子的時代，道家演變為法家的趨勢很顯著；楊朱個人主義思想大為盛行；墨家聲勢已凌越儒家，構成了對儒家的嚴重威脅。孟子敏銳地看出了儒家的這個危機，不得不站出來斥「邪說」以捍衛儒家學說。[83]同孟子相比，荀子所以不夠資格當大儒，就在於他不是為了解救儒家的危機而批判諸子，而是因為心胸不夠闊大，不但難以容忍道墨的思想，連本門的思孟的思想也不能接受，非要給予批判，以便把自己的一派確立為儒家的正統派。

　　相對而言，受到方東美較嚴厲批判的是作為漢儒代表的董仲舒。方東美對董仲舒的批判，主要集中在二點：其一，董仲舒的學識還不如司馬遷，本來不具備談「道統」的資格，但為了應付漢武帝，他提出了「罷黜百家，獨尊儒術」。「獨尊儒術」固然確立了儒家精神的正統地位，形成了儒家獨霸學壇的局面，但卻把儒學引向了利祿之途，其結果不但喪失了原始儒家精

---

[82]　同注 30，頁 6。

[83]　胡軍教授在他的文章中稱方東美對孟子「有很嚴厲的批判」。就這裏的論述來看，此斷語無史料根據。

神，也幾乎斷送了中國文化發展的生命力。一個顯著的例子，就是在「獨尊儒術」的氛圍裏產生的「漢初經生之業」，其性質已變成了以取仕為目的的曲意逢迎，「祇曉得逢迎皇帝，諂諛取仕」。這就是漢代儒家嚴守「師法」與「家法」，不要說容忍別派，就連自家一派也紛紛立門戶、相攻相訐的原因；其二，董仲舒打著儒家的招牌，但他實際上是個雜家，對於原始儒家的主要經典，尤其是《周易》，他不瞭解，祇曉得一味地將陰陽家、神仙家的思想引入儒家思想，其結果改變了儒家思想的性質。需要在這裏指出的是，儘管方東美對以董仲舒為代表的漢儒給予了較嚴厲地批判，可他不但沒有全盤否定漢儒，反倒一再指出：董仲舒自有他的努力、自有他的學問，也有他人格的優點，並不能一概抹殺[84]；漢儒「心在利祿」，可以從總體上劃歸「俗儒」，但「漢儒也無可厚非」，他們中有些人算得上「真正的儒家」，雖在生活人格上飽受摧殘，然而「在治學方面卻卓有成就」；而就治學的經驗來講，「漢儒的精神是我們不能否認的」[85]。

　　方東美對宋明清新儒家的批評，情況更為複雜，難以一言以蔽之。但祇要認真研讀他的論著，仍然可以看出他的批評主要是為了說明新儒家「不能代表原始儒家」：新儒家以儒家正統自居，極力護衛「道統」觀念，但同原始儒家相比，他們心量狹窄，有違忠恕之道，不但難以容忍道釋的生命精神，而且輕視人的情感生活，使原始儒家開闊的心胸日趨收斂。但他同時指出，這也不能一概而論，因為有些新儒家，例如張載，心胸闊大，氣魄恢弘。他雖然批評新儒家「產生道德偏見」，但他充分肯定他們的道德人格，特意指出新儒家「人格上很高尚」[86]。他雖然批評新儒家「束書不觀」，「敢說大話，肯說大話」[87]，但他並不否認新儒家在文化上「卓越的成就」，強調新儒家不朽的工作成就在於他們將五代的文化精神之墮落恢復起

---

[84]　參見方東美撰《新儒家哲學十八講》，頁 8。

[85]　參見方東美撰《新儒家哲學十八講》，頁 4-10。

[86]　參見方東美撰《新儒家哲學十八講》，頁 150。

[87]　同注 30，頁 280。

來，實現了中國文化的復興[88]。

上面的論述說明，方東美批評儒家固然是事實，但他對儒家的批評決不是站在道家的立場上徹底否定儒家，而是為了「化道統為學統」[89]，確立「儒家思想本原」[90]，以彰顯原始儒家精神。從動機上講，方東美反對「獨尊儒術」，「化道統為學統」，並非如胡軍教授所強調的，祇是為了證明道家思想比儒家思想高明，而是出於三個考慮：既是為了確立儒家思想在中國學術史上的「重鎮」地位，也是為了「引出道家在中國學術應有的重要性」[91]，更是為了有別於牟宗三一派復興儒學的價值取向，即不贊成將儒學的現代復興追溯到新儒學，而主張直接尋求原始儒家思想的現代復興。

四

胡軍教授認為，方東美當劃歸「當代新道家」，不僅是因為他批判儒家，還因為他予道家以「極高的讚揚和十分熱烈的歌頌」，而對道家「全無批評」。胡軍教授的這個理由，同樣難以令人信服，因為從方東美的論著中既不難發現他極力讚揚和歌頌儒家的話語也不難發現他批評道家的話語。為了說明這一點，在結束本文之前，有必要簡略分析一下方東美的道家觀。

方東美說：「道家這個字我是不敢亂用的，真正的道家是老子、莊子」[92]；又說：「老莊的哲學智慧叫做『道家』」[93]。對這二句話，不能輕看，通過它，才能準確地把握方東美在什麼意義上使用道家概念、評價道家貢獻。在方東美看來，「真正的道家」祇能是老子和莊子。與老子、莊子相比，魏晉時代的新道家，隋唐時代的道教，都非「真正的道家」。道教「思

88　參見方東美撰《新儒家哲學十八講》，頁66。
89　同注30，頁51。
90　同注30，頁8。
91　同注30，頁105。
92　同注30，頁10。
93　同注30，頁178。

想本身就是駁雜的東西」，它的思想裏既有戰國時候的「神仙家言、方士家言」，亦有「漢初即流行的黃老之術」，還有對佛教的生硬模仿。因而道教雖「偽託老莊道家」，但它的思想「不是真正道家精神」[94]。如果說道教是道家的「旁枝末流」的話，那麼魏晉時代的新道家，如王弼之流，其思想雖可算作「道家思想的餘波」[95]，但他們把老莊原來很高的智慧「多變作世俗上庸俗的見解」，「貶損了道家哲學應有的價值」。「像竹林七賢號稱莊子之徒，但那是『頹廢派』。另外像郭象，他本身也有思想，但他注莊子時，卻是把莊子當作一個注腳，來說明他自己的思想」[96]。

　　正是基於這一認識，方東美在論及道家的哲學智慧與學術貢獻時，總是強調要嚴格區分道家與新道家、道家與道教。方東美之所以十分重視區分道家與新道家、道家與道教，是因為在他看來惟有老莊思想才代表道家哲學最高智慧，而無論是新道家還是道教，其思想非但不足以反映老莊思想，反倒意味著老莊精神的蛻變與墮落：「道家的思想表現在老子、莊子裏面，可以說是很高的哲學智慧；但是這個很高的哲學智慧，在歷史上面往往被另一種思想夾雜進來，攪亂了原來的哲學智慧，變更了智慧的實質，甚至變成迷信」[97]。由此可以看出，方東美把整個道家思想演變的歷史視為老莊精神日趨衰落的過程。他的這個看法，與他將整個儒家思想的發展視為原始儒家思想逐漸衰落的歷程的看法，有驚人的一致。不過，他亦強調說，原始儒家思想的逐漸衰落在宋明新儒家那裏出現了復興的轉機，而原始道家思想卻一直衰落下去，再不曾出現復興的轉機。

　　方東美不但批評新道家對老莊思想的詮釋其實「腐蝕了道家高尚的哲學智慧」[98]，而且對以老莊為代表的原始道家也給予了批評。他認為老子哲學有別於孔子哲學，孔子哲學屬於「變易哲學」，老子哲學則屬於「永恆哲

---

[94] 參見方東美撰《新儒家哲學十八講》，頁212-220。

[95] 同注30，頁220。

[96] 同注30，頁180。

[97] 同注30，頁177。

[98] 同注30，頁178。

學」。老子的「永恆哲學」，固然有很高的智慧，但其中也存在「種種困惑」，並非完美無缺。老子哲學上的「種種困惑」為莊子所化解。通過化解老子哲學上的困惑，莊子在哲學上達到了道家智慧的頂峰。然而，莊子固然能以藝術家的才情將生命精神「超脫解放到自由之境」[99]，但「超脫之後會有看不起世界的危險」[100]。從對老莊哲學的這一認識出發，方東美批評道家「祇談超脫解放，不談現實」，「對於人類社會、現實問題的處理，沒有儒家認真」[101]。基於這個批評，方東美斷言：「中國思想中，主要是儒家指導中國人的生活；至於道家，像在漢代社會腐化、崩潰之時，也曾出而拯救，使現實可以趨入理想，但真正道家、藝術家卻會以此世為無用、為累贅而不願回顧。」[102]

　　方東美批判後儒，是為了突出孔孟；而批評孟子，是為了突出孔子。而他批判道教和新道家，是為了突出老莊；批評老子，是為了突出莊子。由此可以看出，對儒家，他最推崇的是孔子；對道家，他最推崇的是莊子。儘管他十分推崇莊子，但當他將莊子與孔子作比較時，他仍然申明道家的莊子在人格上祇相當於儒家中的「雅儒」。「雅儒」在生命境界上難以與「大儒」比肩。孔孟是大儒，則莊子的生命境界儘管在道家中是最高的，但畢竟沒有孔孟的生命境界高。如果方東美是當代新道家，他是基於道家的立場，以道家的情懷來評判儒道兩家生命境界的高低，那麼他對儒道兩家的生命境界作出這樣的評價，就很難作出合理的解釋。

---

[99] 同注 30，頁 41。
[100] 同上。
[101] 同注 30，頁 133。
[102] 同注 30，頁 41。

中國傳統文化的現代走向
──方東美論著抉奧之一

　　方東美，安徽桐城人。一生執教五十餘年。著述十餘種。畢生致力於比較文化學、比較哲學的研究，形成了獨特的東西文化觀。本文僅就方東美對中國傳統文化現代化的論述，作客觀的評介，以就教大方。

一

　　方東美真誠地維護、熱忱地宏揚中國傳統文化，在港臺乃至美國學術界都是著名的。但他治學的路子卻與牟宗三等人不同。牟氏可謂始終沿著中學的路子走向對中國傳統文化的摯愛，而他卻是從西學返回到中學，在對中西文化的比較研究過程中，逐步加深了對於中國傳統文化的厚愛。方東美自己對此有過表白：「我從小三歲讀詩經，在儒家的家庭氣氛中長大，但是進了大學後，興趣卻在西方哲學，後來所讀的書和所教的書多是有關西方哲學的。直到抗戰時，才有了轉變，覺得應當注意自己民族文化中的哲學，於是逐漸由西方轉回東方。」[1]促成他這一學術興趣的轉向，蓋有二因。一是面對日寇侵華之罪行，他覺得自己有責任激發國民「熱愛國家民族及中華文化之精神」[2]；二是有感於印度學者拉達克里斯南的挑戰。作為方東美這一學術轉向之標識的著作即《中國人生哲學概要》，它與僅限於探索希臘及近代

---

[1]　方東美撰：《原始儒家道家哲學》（臺北：黎明文化事業股份有限公司，1983年），頁 1-2。

[2]　方東美撰：《中國人生哲學概要·前言》（臺北：問學出版社，1980 年），頁 1。

歐洲思想發展流變的《科學哲學與人生》相比，顯著的特點是「傾心談論中國人生哲學」[3]。這之後發表的《哲學三慧》，從比較文化學、比較哲學的視角，對希臘、歐洲、中國智慧進行比較研究。雖然旨在通過比較，尋求二者「自救、它助」之道，以圖創建「三者合德」的「超人文化」，但字裏行間透露出作者認為中國文化超勝希臘、歐洲文化的真摯感情。可以這樣看《哲學三慧》的意義：它基本上確定了方東美以後宏揚中國文化的視角。

　　然而，方東美在抗戰期間的學術轉向，祇可就基本的意義上看而不能從徹底的意義上講，因為正如他所說：「初到臺大時，我教的仍以西方哲學為主。」[4]儘管如此，但他從此便開始了宏揚中國文化的工作卻難以置疑。可在怎樣宏揚中國文化這個問題上，方東美的認識前後稍有差異。在早期，他把宏揚中國文化視為祇是用西方文字介紹中國文化。然而，自 1966 年方東美從美國返回臺北後，才發現臺灣的思想界「偏差很大」[5]（指不重視中國文化），使他認識到宏揚中國文化已不僅僅是用英文向世界介紹中國文化，而且迫切需要向國人宣傳中國文化之精神，否則，由於歐風美雨而導致的對於中國文化之淡漠就會加劇，使本來已經衰敗的中國文化徹底崩潰。

二

　　方東美由西學返回中學，說明他對中國傳統文化的摯愛。而他這種深厚的情感，是建立在理性的認識之上，是他對東西方文化進行深入地比較研究的必然結果。所以我們應當進一步分析方東美以比較文化學的視角進行研究而形成的東西文化觀。而這又必須自他的文化觀談起。

　　文化，是一個極容易被泛化的概念，人類一切有意或無意發生的行為之痕跡（結果）、行為之軌跡（過程）以及行為之本身（技能之運用），皆可以其冠之。這個傾向當英國「人類學之父」泰勒在其著名的《原始文化》內

---

[3]　同上。

[4]　同注 1，頁 3。

[5]　同上。

給文化下定義時，就已經表現出來了。方東美認為整全地界說文化很難，所以在他的著作內很難找到關於文化的總體界說，但通過他的有關論述，我們仍不難弄明，他所謂文化，與這種逐漸為許多人所接受的泛文化觀相比，在外延上要狹窄些。他在談希臘文化成就時，僅列四項：「古希臘民族的文化成就，那時在哲學、文學、藝術、科學方面，都了不起地表現了文化的光明。」[6]他似乎也承認文化包括制度，因為他在談中國文化成就時就談到了「制度的建立」，但他從「機體主義」（縱橫渾融、旁通統貫）出發，強調要把握「整個文化之理論結構」[7]。為了把握「文化之理論結構」，他認為除了要注意從各方面的精神價值來把握某一文化外，也要特別注意「文化的決定因素」[8]。就「文化的決定因素」這個意義上講，他認為文化表現為宗教、哲學、藝術三要素的有機結構。在一次演講中，他明確地指出：「從歷史上面看，許許多多最好的文化，代表文化的優良精神，第一層是宗教，第二層是哲學，第三層是藝術。」[9]方東美指出，宗教、哲學、藝術，「這些都是高尚的精神構成的形而上境界」[10]。因此，與通常視文化為物質文化、制度文化、精神文化之複合整體的泛文化觀相比，方東美所謂文化，主要涉及的是「精神文化」這個層面，換言之，方東美注意的祇是文化中的「精神」。

　　方東美認為構成文化結構的宗教、哲學、藝術，如同一切事物皆有不同的價值領域一樣，亦有各自不同的價值領域。關於「宗教」，他說：「作為一種崇高的精神生活方式，宗教乃是人類虔敬之心的表達，人借著宗教可以發展三方面的關係——首先是與神明之『內在融通』的關係，其次是與人類

6　方東美撰：《方東美先生演講集》（臺北：黎明文化事業股份有限公司，1978年），頁4。

7　方東美撰：《生生之德》（臺北：黎明文化事業股份有限公司，1979年），頁146。

8　同注1，頁4。

9　同注6，頁12。

10　同上。

之『互愛互助』的關係，第三是與世界之『參贊化育』的關係。」[11]這就是說宗教對於形成人與自然、人與人的和諧，造就崇高的人格，具有重要的價值。宗教甚至能起到高尚人的動機的作用，從而避免人與人的疏離。但宗教靠感情支撐，因此它往往與理性格格不入。正是在靠感情體悟而不是靠理性把握玄秘境界這一點上，宗教顯然不同於哲學：「在人類文明的啟蒙時期宗教出現稍早，每易混雜過量的情感而與理性格格不入；這理性卻正好構成哲學的本質。哲學，特別在它後期的發展中，常喜與科學，尤其自然科學深相結納，以致不時陷於機械的還原論與獨斷的唯物論，而損及宗教經驗中至為重要的精神價值。」[12]這裏提到的被哲學所損傷的「至為重要的精神價值」，是指人的生命精神價值。方東美顯然是就近代歐洲哲學來談的，因為他認為近代歐洲的哲學精神即所謂「科學的唯物論」，把人視為物質世界微小的顆粒，甚至採取數量分析的方法研究人的心理，從根本上抹殺了人的生命精神。他認為哲學同自然科學結合，如果一味地按照純理性的路子發展下去，就會造成「文化中的實感取向」，從而形成人與自然、人與人疏離的文化危機。所以方東美強調「生命精神才是哲學」[13]，以「人本主義」作為求哲學的「唯一可以積健為雄的途徑」[14]。他一再重申「生命精神」所具有的「宇宙創生」的內容，以為「吾人的生命」「貫穿起宇宙生命全體」[15]。他說：「哲學家的生活不應被低層物質的世界所擾亂。而應該『體天地之心』、『體天地生物之心』，為了拯救全體人類的生命和命運而從事生活，一切哲學思想亦應以此為大前提來形成一個系統。」[16]這是主張哲學在內容上要講「情」、在形式上要講「理」。他因此不贊成從科學或從宗教求哲學，而是強調從二者的結合中求哲學。在《哲學三慧》中，他明確地闡明了

---

[11]　同注 7，頁 323。

[12]　同注 7，頁 335。

[13]　同注 7，頁 7。

[14]　同注 7，頁 85。

[15]　同注 7，頁 10。

[16]　同注 7，頁 37。

這一看法：「情理為哲學名言系統中之原始意象。情緣理有，理依情生，妙如連環，彼是相因，其界系統會，可以直觀，難以詮表。」[17]「總攝種種現實與可能境界中之情與理，而窮其源，搜其真，盡其妙，之謂哲學。」[18]「哲學意境內有勝情，無情者止於哲學法門之外，哲學意境中含至理，違理者逗於哲學法門之前。兩俱不入。」[19]「衡情度理，游心於現實及可能界，妙有深造者謂之哲學家。」[20]

　　既然哲學有「情」的一面，則哲學不但與宗教「相輔相成」，而且也同藝術相關。在《科學哲學與人生》的緒論中，他說：「哲學家的心情是強烈而溫存的。就此點言，哲學家顯與文藝家較為接近。」[21]方東美所謂「文藝」，等於我們通常所講的狹隘的「文化」。我們現今所謂「文化人」，他叫「符號人」。方東美認為：「符號人」所創造的「藝術世界」構成了「形而上世界的開始」。但他們僅憑藝術家「主觀的感受」把握的「形而上世界」，「在價值上面不能代表美滿」[22]。藝術家價值世界需要向上提升，由「藝術文化」變成「品德文化」，以成就「道德人格」。而這恰恰是哲學的意義之所在：「哲學問題之中心便集中於人類精神工作之意義的探討，文化創造之價值的評判。」[23]可見，在三要素的文化結構中，「哲學」為核心，所以方東美說：「哲學實為民族文化生活之中樞。」[24]這說明方東美的文化觀，是一種哲學文化觀。

---

[17] 同注 7，頁 138。

[18] 同上。

[19] 同上。

[20] 同上。

[21] 方東美撰：《科學哲學與人生》（臺北：黎明文化事業股份有限公司，1980 年），頁 15。

[22] 同注 6，頁 20。

[23] 同注 21，頁 9。

[24] 同注 7，頁 156。

三

　　方東美所謂「文化結構」是指宗教、哲學、藝術「三者合德」的整體結構。但人類迄今所創造出的文化，無論哪一種似乎都未能達到這樣完美的程度。相反，每一個民族因為其自身的地理的、歷史的、甚至人種的原因，其文化的萌生、建設與發展，必然要突出其中的某一方面，從而形成文化的民族特色。希伯萊的宗教文化、印度的種姓文化、古希臘的哲學文化、中國的倫理文化、近代歐洲的科學文化，諸如此類，色彩各異。方東美說：「從本身看起來是通性，同其他的思想體系比較起來又構成了特點。」[25]因此，在方東美看來，要認識中國文化的特點，就必須將它與世界其他民族的優秀文化作比較。

　　納入方東美比較文化學範疇內的文化形態，主要是四種，即古代希臘文化、近代歐洲文化、印度文化、中國文化。他把前兩種統稱為西方文化，而把後兩種統稱為東方文化。他認為西方文化同希伯萊文化有著密切的聯繫；東方的印度文化與希伯萊文化亦有一定的聯繫；唯獨不受希伯萊文化影響而發展的文化是中國文化，「中國在遙遠的古代，在對外隔絕，未曾受到一點外來文化的影響下，早就發展了一種中國文化最大特色，就是能觀照在人和世界中生命的全面。」[26]所以在方東美的比較視角裏，中國文化往往等同於東方文化，換言之，他視中國文化為東方文化的典型形態。

　　希臘文化是歐洲文化之源。但在方東美看來，歐洲文化，尤其近代的歐洲文化，既承襲了希臘文化又拋棄了希臘文化之精神。被近代歐洲文化所拋棄的希臘文化精神，就是那些與東方文化精神相通點。關於希臘文化精神與中國文化精神之相通，方東美歸納了以下幾點：(1)視科學為宇宙內在次序的理性說明：「希臘人視科學為宇宙內在次序的理性說明，如果科學也祇指

---

[25]　同注6，頁101。

[26]　同注7，頁258。

此而言，則中國確實有科學」；[27](2)以萬物有生論解釋宇宙：「中國人和希臘人的宇宙觀大部分可以拿『萬物有生論』來解釋，這幾乎成了一個通則」[28]；(3)以為惡起源於逆情悖理：「希臘人與中國人認為罪孽出自逆情悖理，假使人能擺脫罪孽，則將自證圓成實性而重返神明之境」[29]；(4)歸根結蒂即「觀念的文化取向」相同：「中國的古代和希臘的古代都有一個共同點，那就是把社會國家當作一個心靈的典型和文化的領域，不僅從政治制度及現實去發展，要拿很高的智慧、高超的理想來指導生活，這樣哲學才產生。這個哲學產生就把哲學家的人格——內在的精神顯現在他的哲學，這是中國思想的特色。」[30]正因為有這些相通點，故希臘文化與中國文化表現出了相同的特色——體現了高度的哲學精神與高度的藝術精神相配合。基於這一認識，方東美認為，古代希臘文化與古代中國文化，假如能直接接觸的話，世界將出現一個文化上的新局面。但是由於東西方交通在漢初那個時候沒能打通——中國的西域開發沒能到達地中海、西方亞歷山大的東方遠征止於印度五河流域，使這兩個優秀民族的文化失去了直接接觸的機會，造成了以下結果：希臘文化借希伯萊文化之助而流變為歐洲中世紀的宗教文化；而「中國近代傳統文化沒有外來新的力量衝擊，才構成宋元以後，中國的文化從高潮這一方面漸漸的走下坡路，落到明清時代不可收拾的下坡路。」[31]

　　方東美認為，近代歐洲拋棄了古希臘的文化精神即「觀念的文化取向」的同時，繼承了它隱含的危機，並加劇之使之現實化。希臘文化的內在危機，被叫做「惡性的二分法」：「希臘人深通二分法，遂斷言『存有』高居超越界，不與表象世界相涉。」[32]這種將本體界與現象界劈成兩橛的心態，

---

[27]　方東美撰：《中國人生哲學》（臺北：黎明文化事業股份有限公司，1982 年），頁100。

[28]　同注 27，頁 117。

[29]　同注 7，頁 337。

[30]　同注 6，頁 76。

[31]　同注 6，頁 11。

[32]　同注 7，頁 338。

使希臘文化內在地重「超越」而輕現象,「希臘文化,它演變到了末期,可以看不起這個物質世界,認為這個物質世界是罪惡的淵藪,所以精神要逃避它。」[33]而當歐洲人尤其近代歐洲人繼承了希臘人的這一消極的文化傳統時,已經不能像希臘人那樣「從心所欲」,而是走向它的反面:「不能從心所欲」,「希臘之悲劇變無入有,故能從心所欲;歐洲之悲劇,運有入無,故不能從心所欲」[34]。正因為不能隨心所欲,故歐洲人在對世界採取虛無主義的態度的同時,迸發出競爭精神,強烈地願望戕役萬物、主宰宇宙。方東美把這稱為「進取的虛無主義」[35]。受這種文化精神支配,近代歐洲人「把正常的人變成倒栽跟頭一個顛倒離奇的生命。然後,這一個離奇顛倒的生命,把種種昏念妄動當作一個權力,發洩這個權力來支配其他的人類」[36],由崇尚知識、技能、自然科學而發展到把「一切知識變成毀滅性的技巧」[37]。方東美借用德國哲學家凱塞林(Hermann Keyserling)的用語,稱這種文化為「能力文化」。由希臘「契理文化」向近代歐洲「尚能文化」的這一流變,被方東美斷為「觀念的文化取向」為「文化中的實感取向」所取代。而這種取代,是導致當今世界文化危機的根源:「這種風潮下產生出幾種政治怪物,以其狂妄信念形成制度,支配全世界:現在的政治都是黑暗的權力政治……一百、二百、三百年後再寫這個世紀的歷史,一定會把十九世紀末加於中世紀的『黑暗時代』一詞加於今天這個時代。今天人類在精神的各方面無一不墮落,哲學上也儘是些膚淺的知識,面對這種時代精神,實在令人垂頭喪氣。」[38]

方東美用以同西方文化進行比較的東方文化,即是指印度文化和中國文化。印度文化由於同西方文化早有接觸,故具有一些歐洲文化的特徵。這主

---

[33] 同注 6,頁 13。

[34] 同注 7,頁 66。

[35] 同注 7,頁 69。

[36] 同注 6,頁 64。

[37] 同上。

[38] 同注 1,頁 39。

要表現為(1)語言上的聯繫，同屬印歐語系；(2)印度婆羅門文化含有歐洲文化重「知識分析」的一面；(3)在對人性的看法上甚至沒能擺脫「神魔同在」（即「善惡二分」意）的束縛。儘管如此，在體現「東方智慧的基本精神」上，印度文化與中國文化是吻合的：「不祇中國人如此，視自然、人、與歷史渾然一體，浩然同流，諸位在某些印度思想中也可看到。」[39]方東美這樣概括東方文化的精神特點：(1)機體主義的認識方法：「東方人採取機體主義的途徑去探究事物，運用統觀的直覺，就是說假定了徹底的分析、再超越其限制，庶幾乎對於神、人，與世界得到一個旁通統貫的理解。」[40]；(2)從視宇宙渾然一體的心態出發，強調人與人的和諧，「人的疏離」是「強加於我們東方人身上的」[41]；(3)視宇宙為生化歷程：「中國人與印度人則相信機體主義的生化歷程，使『存有』能夠衍貫於萬事萬物」[42]；(4)重視「內證聖智」：「東方哲學所講的智慧是『內證聖智』，外在的經驗和事實祇能助其發展。東方哲學首先當有內在精神」[43]。

　　由於東方文化視宇宙渾然一體，強調人的生命精神必須貫注於自然，從而形成了東方人那種以「內在精神」為重的文化價值判斷。而這種價值取向，勢必將文化的建設與發展引向道德方面，形成凱塞林所說的「品德文化」。方東美認為，「這種文化本身，便蘊藏著對人生偉大的理想」的東方文化形態，其「品德」在中國文化裏得到了典型的反映。他指出，中國文化是「早熟文化」[44]。中國文化的「早熟」體現在中國文化缺乏宗教上。這不是說中國文化中無宗教、無神話，而是說中國原始宗教從一開始即被倫理化，成為倫理化的宗教理性，而沒有形成一個像西方那樣僅憑信仰情感支撐的宗教發展階段。正是在這個意思上，方東美稱中國文化為「倫理文化」，

---

[39] 同注 27，頁 93。

[40] 同注 7，頁 321。

[41] 同上。

[42] 同注 7，頁 338。

[43] 同注 1，頁 2。

[44] 同注 1，頁 15。

它以高度的哲學精神與高度的藝術精神相配合，反映了「生命精神」。這種文化，不是將世界視為罪惡的淵藪，而是在本質上認為世界是美好的，屬「無罪文化」；這種文化，絜幻歸真，屬「妙性文化」；這種文化，追求「把人的生命展開來去契合宇宙」[45]，故非但不輕視物質世界，而且把物質世界作為生命精神提升的起點。但這是就把世界作為人的生命流貫的境界來說的，並非主張像西方文化那樣把物質世界作為戡役施威的對象，故這種文化的精神體現在一個「中」字：「中字代表中國整個的精神」[46]；反映在一個「愛」字：「太始有愛，愛贊化育；太始有悟，悟生妙覺，是為中國智慧種子」[47]；這種文化，直覺地體悟「生命精神的流露」，故重「內在觀照」而輕「外在觀察」。這些特點都與中國人的「天人合一」或叫「天人合德」的基本心態相關。而「天人合德」的心態，又造成了中國文化的固有缺陷：(1)強調整體的旁通統貫而缺乏「清晰的邏輯分析」；(2)強調直覺體悟而輕視「知識信念」；(3)強調「參贊化育」而忽視戡役自然。這些因素決定了在中國文化裏，科學未得到應有的重視。

　　方東美說：「西方人的理性在根本上是矛盾的，我以為中國哲學能救此病。」[48]但是，具有諷刺意味的是，本有高度精神的中國文化，在近代反倒因為西方文化的衝擊，走到了徹底崩潰的邊緣。究其原因，方東美認為這是由於在近代，中國人並沒有學到「西方最精華的思想」[49]，反倒接受了西方科學文化的錯誤態度：對一切價值都採取「中立主義」。他說：「近代科學之長足進步，應用到哲學上採取的是部分分析而非徹底分析，抽象的分析而非具體的瞭解，再加上透過錯誤的態度，就是對一切神聖的價值、真善美的價值都採取中立主義，結果一切價值幾乎都不能談。如此，除了走向極端的

---

[45] 同注 6，頁 102。

[46] 同注 1，頁 10。

[47] 同注 7，頁 140。

[48] 同注 7，頁 268。

[49] 同注 1，頁 38。

科學唯物主義這條路去，在思想上是完全不能展開新的局面的。」[50]而近代中國人在羨慕西方物質文明的心理驅使下，所接受的就是這種「極端的科學唯物主義」，並且因此逐漸淡漠了自己民族的文化傳統。這除了丟掉自己民族固有的高度的文化精神，不會給中國文化帶來生機。

四

　　方東美從文化的比較研究中所得出來的結論是悲觀的——把當今時代視為文化上的「黑暗時代」[51]。在這樣一個時代，不但中國青年「文化意識、民族精神、人格尊嚴都喪失殆盡」[52]，西方青年也「祇好轉向其他國家的月亮，去學習片面的印度哲學、中國的寒山，而形成嬉皮文化膚淺萎靡的信念。」[53]因此，所謂「復興文化」，在方東美看來，就不僅僅指中國文化傳統的復興，也是指恢復西方的文化傳統。也就是說在西方要復興古希臘文化所開創的「觀念的文化取向」，重新確立人在自然中的崇高價值；在東方的中國要重振民族文化精神——生命精神，重新樹立原始儒家、原始道家、大乘佛家所追求的理想人格。這種從古代文化尋找現代文化出路的想法，不啻為文化上的復古主義。但是，方東美認為，文化上的復古，並非錯誤的歷史觀。他反對那種現在必定勝過過去、將來必定勝過現在的看法，認為這種視歷史為「直線進程」的觀念，是西方「錯誤的歷史觀念」[54]。他認為迄今的人類的文化發展尚沒有達到「軸心時代」所達到的文化成就。所謂「軸心時代」是借用德國哲學家雅士培（Jaspers）的用語，是指「紀元前第六世紀，

---

[50]　同注 1，頁 24。

[51]　同注 6，頁 3。

[52]　同注 1，頁 38。

[53]　同注 1，頁 39。

[54]　方東美撰：《中國大乘佛學》（臺北：黎明文化事業股份有限公司，1984 年），頁 10。

或者再長一點，可以從紀元前八、七世紀一直發展到第六世紀」[55]。方東美說：「從整個世界歷史看起來，還沒有哪一個時代可以拿來同人類在紀元前六世紀的時代相比，當時各方面的天才都湧現出來，形成各民族裏面最高度的文化精神成就。以後的人類還沒有第二個時期，像那一時代在希臘、埃及、印度、中國，有那麼光輝燦爛的高度的文化同高度的哲學，同時出現。」[56]所以，歐洲當代文化恢復到古希臘，中國當今文化恢復到先秦，在方東美看來，未必不是拯救當代文化危機的現實途徑。

　　但是，方東美所謂的「文化復興」，既然有著拯救當今文化危機的現實的目的，那麼它就不等於文化上的簡單復古，而是必然要導向對於文化重建的追求。他說：「今天我們必須重新開闢精神上的光明境界，透過哲學智慧重新創造一新的世界，形成統一的科學思想體系、統一的宇宙構造理論、完整的哲學體系，終至道德、藝術、宗教領域之次第完成。如此，黑暗時代才有可能重見光明，假使能到這一天，未始不是現代人之福。」[57]方東美指出，這一新文化的創建，離不開世界各主要文化傳統的互補。他論這種互補說：「古代希臘人──我是指他們的靈魂──應當紆尊降貴到凡俗世界，以拯救俗世之表象。中國人應當從形上與道德的層次落實到自然世界的層次，以學習欣賞現代科學的成就。印度人應當破除種性階級制度之妄執，以了悟眾生平等之真正要義，如大乘佛學家所曾極力宣揚的。現代西方人應當引導群眾在人生奮鬥中走向較高尚的水準，以明瞭並理解精神價值，那些價值在古典時代是全世界各民族所曾致力實現的。」[58]在《哲學三慧》內，方東美指出，文化復興有「自救」與「它助」二途。所謂「自救」，即：「希臘人應據實智照理而不輕生，歐洲人當以方便應機而不誕妄，中國人合依妙悟知化而不膚淺，是為自救之道。」[59]較之「自救」，「它助」卻「尤為切

---

[55] 同注 54，頁 8。

[56] 同上。

[57] 同注 1，頁 39。

[58] 同注 7，頁 339。

[59] 同注 7，頁 157。

要」，因為每個民族的文化所固有的缺陷，「各有歷史根由深藏於民族內心，僅憑自救，或難致果」[60]。那麼何謂「它助」？他說：「希臘之輕率棄世，可救以歐洲之靈幻生奇，歐洲之誕妄行權，可救以中國之厚重善生，中國之膚淺蹈空，又可救以希臘之質實妥帖與歐洲之善巧多方，是為他助之益。」[61]而在方東美看來，無論是「自救」還是「它助」，都是為了尋求傳統文化的現代出路，使現代人擔當起「文化大責任」，創造一種把以往優秀文化傳統包容在內而又「創造新奇境界」的所謂「超人」文化。

中國文化要參與世界大文化的創建，如同其他民族為此目的而要「自救」與「它助」一樣，也要克服自身的不足和吸收別人的長處，以實現傳統文化的現代化。方東美說：「中國文化典章制度、學術，都有現代化的必要。」[62]但是，他指出這決不能如有些人所理解的那樣，「把現代化祇看成西方化」[63]。即便是「談西化」，也「應當原原本本地由希臘到中世到近代到當代」[64]，從西方的根源——文學、藝術、哲學、宗教——談起，不應該祇從外表去看，祇是注意西方的政治、經濟、商業等物質文明。他強調要以「真正的東方心態」去「研究西方」，認為祇有這樣才能在向西方學習時做到：「一方面要學它的好處，另方面更要避免孤立系統、形成偏見的危機。」[65]譬如他反對效法西方的民主制——他稱其為「個人主義的民主制」，是因為他認為這種「惡的組制」，與中國人所追求的「天下為公」的社會組織模式，存在著難以相容的心理衝突。

牟宗三等人也反對把中國傳統文化現代化等同於西化，但他們的出發點和歸宿是為了捍衛和繼承儒家文化的「道統」。方東美不贊成將中國傳統文化現代化引向「衛道統」。他強調，當今講復興中國文化，應當有更寬廣的

---

[60] 同上。

[61] 同上。

[62] 同注1，頁3。

[63] 同上。

[64] 同注1，頁4。

[65] 同注1，頁23。

心胸，儒家文化，「自然不能讓它毀壞」，道家思想，佛家思想，也要留心去維護。他說：「在現代講文化復興，我們要留心中國整個文化的發展。凡是對於這整個民族文化有光榮與偉大貢獻的思想，我們須是一體欣賞，千萬不能抱持一個偏見，而陷入錯誤的道統觀念。」⁶⁶

五

在尋求中國傳統文化現代化的途徑問題上，方東美同樣不贊成牟宗三的設想。牟宗三從捍衛與繼承儒家「道統」的立場出發，提出了以「開新外王」為求中國傳統文化現代化的途徑的主張。按照牟宗三等人的解釋，儒學本身內在地包含「內聖」與「外王」兩面，衹因宋明儒家片面地強調「內聖」一面，而忽視了「外王」一面，才致使後人覺得儒家精神似乎不重視「外王」。而他們所推行的「儒學第三期發展」，就是要把被宋明儒所忽視的「外王」精神重新開出來。他們所說的「新外王」，是指西方的「科學與民主」。這種在堅持儒家倫理價值的前提下提倡西方科學與民主的主張，在方東美看來也不屬於「真正的東方心態」⁶⁷。方東美認為「內聖外王」是儒家成就「完美的人格」的道德修養工夫，它的基本含義是講人的內在的崇高精神要外發為「完美的人格」。正是在「內外合一」這個意義上，「內聖外王」這一儒家思想的精髓，體現了中國人的心性，與西方科學思想和戡天役物精神格格不入。他認為，在不改變「內聖」的前提下改變「外王」，衹能犧牲中國文化固有的優點而蹈陷於西方「淺薄的利用主義」，絕對不可能開出中國文化的新局面。

那麼，方東美認為通過什麼途徑可以實現中國傳統文化的現代化呢？他說：「我們承受中國的文化傳統，應當在這種優美的精神傳統中，先自己立定腳跟，再在自己的立場上發展內在的寶貴生命和創造精神，然後培養成內

---

⁶⁶ 同注 6，頁 119。

⁶⁷ 同注 1，頁 4。

在的智慧，虛心反省自己的優劣，再原原本本地去看西方文化，以取法乎上，得乎其中。」[68]他按照這個精神為中國傳統文化現代化設計了一張藍圖，稱為「人與自然在理想文化中的藍圖」[69]。這張藍圖的設計，體現了方東美一再重申的「超越的形上學」或叫做「高度心理學」的精神、內容及構架。方東美自己聲明，「若要恰當地闡釋此表，勢需若干卷帙的比較哲學，目前不可能詳作申論」[70]，故我們衹能根據他在〈中國哲學對未來世界的影響〉[71]內的扼要說明，給予介紹。

這個圖的設計以「真實而有價值的世界」[72]為客體，「以有智慧的人類作主體」[73]，採取佛教「上下回向」的「雙軌路徑」，架構成了一個旨在強調向上層層提升人的生命精神以達盡善盡美境界、再由這個至善境界向下逐次落實生命精神於現實的價值社會。也就是說，方東美所謂「超越的形上學」，主張「把這個物質世界當做是人類生活的起點、根據、基礎。把這一層建築起來之後，才可以把物質點化了變成生命的支柱，去發揚生命的精神；根據物質的條件，去從事生命的活動。發現生命向上有更進一層的前途，在那個地方去追求更高的意義、更高的價值、更美的理想。這樣把建築打好了一個基礎，建立生命的據點，然後在那裏發揚心靈的精神；因此以上回向的這個方向為憑藉，在這上面去建築藝術世界、道德世界、宗教領域；把生命所有存在的基礎，一層一層向上提高、一層一層向上提升，在宇宙裏面建立種種不同的生命領域。所以，在建築圖裏面是個寶塔型，以物質世界為基礎，以生命世界為上層，以心靈世界為較上層，以這三方面，把人類的軀殼、生命心理同靈魂都作一個健康的安排，然後在這上面發揮藝術的理想，建築藝術的境界，再培養道德的品質，建立道德的領域，透過藝術與道

---

[68] 同上。

[69] 同注 7，頁 341。

[70] 同注 7，頁 340。

[71] 收入《方東美先生演講集》。

[72] 同注 6，頁 12。

[73] 同上。

德，再把生命提高到神秘的境界——宗教的領域。」[74]

　　方東美把上述人的生命精神提升分為五個層次，每一個層次代表一種人格。首先是自然人，他「最大的特點」就是「能力就是行動」[75]，憑藉行動，即使沒有世界，他也可以開闢一個物質的領域，「這就是行動人」[76]。但「自然人」所具有的行動能力，尚處在物質境界。「假如我們要把這個生命存在領域從物質境界提升到真正生命的境界裏面」[77]，就需要有所謂「瘋狂行動的人」[78]。這種人「善於行動」[79]，但若受不正當的才能牽引、支配著，其行動就是昏念妄動，可以說是「瘋狂的行動」[80]。這種瘋狂的行動，會把生命引到危險或死亡的歧途，所以必須修正他，使之變成有創造性、有創造能力的人。「這是第二種在行動上表現創造才能的這麼一種人」[81]，他不是將生命引向死亡，「而是發揚生命精神，把他指點到真相世界、更高的意義境界、更有價值的境界，向上面創造」[82]，把「物質世界提升變成生命的領域」[83]，從物質存在領域變成生命領域、再變成創造的生命領域。但這仍屬低層次的生命領域，尚需再提高一層成為第三種人，他「側重理性的表現，以理性為指導形成各式各樣的系統知識，然後一個人在他的一切生命的活動裏面，他不是盲目地創造，他是經過理性考慮、理性支配、理性決定所指定出來的真理世界，以知識為基礎，把他的生命安排在真理世界上面」[84]。以上三種人，即行能的人，創造行能的人；知識合理的人，結合起來就

---

[74]　同注 6，頁 14-15。

[75]　同注 6，頁 15。

[76]　同上。

[77]　同上。

[78]　同注 6，頁 16。

[79]　同注 6，頁 15。

[80]　同注 6，頁 16。

[81]　同上。

[82]　同上。

[83]　同上。

[84]　同上。

構成了所謂「完滿的自然人」[85]。大科學家堪當這種人，他有「健康的身體，又有偉大的生命活動力，再有開明的知識」[86]，可以開創一種自然界出來，「這個自然界就是今天我們二十世紀的人到處歌頌的世界，這個世界是構成為普遍的科學文化所建立起來的自然界」[87]。

但是，假如到達「完滿的自然人」的境界就此停止的話，則「我們祇可以有科學的文化，但是不能夠有哲學的文化」[88]，所以還要提升向上，由「形而下的境界」提升到「形而上的世界」[89]。這是一個「人性也向上面發展」[90]的提升過程，它直接成就了第四種人性，叫做「符號人」，他「能夠運用種種符號，創造種種語言，在語言上面發現種種複雜的語法，委婉曲折，把它當做一個符號，然後象徵第四種世界裏面的一切秘密……從這個裏面就可以把尋常的自然界，透過種種符號象徵那裏面美的境界、美的秘密。拿藝術家的才能做更高的創造，創造了藝術上面美的世界——所謂藝術世界。這個是形而上的人，這一種就是各種類的藝術家，就像詩人、畫家、建築家、雕刻家、文學家」[91]。但是，藝術家的感受是主觀的。他也可能喪失理性，使自己的藝術創造變成瘋狂行動，形成瘋狂的藝術世界，因此有必要使藝術家的品格「再向上點化」[92]，提升他的成就，變成「道德人」，「那就是具備優美品德，優美人格的這麼一種人，是道德的主體，這樣子就可以把這個藝術再點化了成為中國文化裏面主要而高度的『道德文化』」[93]。這就是哲學家的人格追求，「因為哲學家要透過藝術靈骨的陶冶，然後養成一

---

[85] 同注 6，頁 20。

[86] 同注 6，頁 16。

[87] 同注 6，頁 16-17。

[88] 同注 6，頁 17。

[89] 同注 6，頁 20。

[90] 同上。

[91] 同上。

[92] 同注 6，頁 21。

[93] 同上。

種高尚的道德品格、道德人格」[94]。

　　方東美認為，生命經歷以上五個層次提升而達到的境界，就是宗教意義上的「全人」[95]，如儒家所謂「聖人」，道家所謂「至人」，釋家所謂「覺者」，就「是人類的最高理想」[96]。如以塔型組織擬之，此境界可謂達到了塔頂。然而，正如塔頂之上尚有無窮無盡的蒼天，在這個理想境界之上當有「無窮的神奇奧妙的境界」[97]，所以人的生命精神在提升到「聖人」境界以後，還須「在上面再超越向上追求」[98]，一直追求到無止境，即所謂「玄之又玄」或叫做「皇矣上帝」[99]的境界。這是所謂神的境界。生命精神一旦達到神的境界，就會「有無窮的力量發洩出來」[100]，使之以「下回向」的路徑再把它貫注到一切人性上面，「就是道德的人格、藝術的人格、宗教的人格，一直到自然人，一切的知識活動，行動的人一切的動作裏面」[101]。人接受這麼一個精神力量的貫注以後，那麼這個人的素質裏就有了神的素質，「如此，自然人宗教化、精神化之後，在他的一切活動中，假使他有行動，他不僅僅是拿行動人的資格，他是拿神聖行動人的資格，他不僅僅創作，而他創作的目的是要提升整個世界的價值，他不僅僅有知識，而他這個知識的限制可以補救，把有缺陷的知識變成完美的知識」[102]。這就是說，他的精神力量在客觀方面「又滲透到宇宙的境界裏面變做一個決定的力量，變做一個具體的力量。這樣，不僅僅在他生命活動的裏面具有神聖化的作用，而宇宙萬有在這個宗教的領域、道德的領域、藝術的領域乃至自然界裏面，這個

---

[94] 同上。

[95] 同注6，頁22。

[96] 同注6，頁23。

[97] 同注6，頁24。

[98] 同上。

[99] 同上。

[100] 同注6，頁26。

[101] 同上。

[102] 同上。

精神力量仍舊是貫注下去，變做無所不在。」[103]

　　以上是方東美設計中國傳統文化現代化建築藍圖的基本思想。儘管我們一時還難以發現它對於實現中國傳統文化現代化有什麼現實意義，然而方東美卻把中國文化甚至世界文化的復興與否，歸諸於是否實施他的這一藍圖。

六

　　方東美通過文化的比較研究，破除了各種立場的「文化中心說」，從各民族文化的優點之互融互補尋求世界文化的未來發展，這就決定了他在對中國傳統文化現代化的看法上，必然地突破「西化派」和「中國本位派」的偏頗的思維格式，站在世界大文化的高度，設計他的文化復興的理想模式。如同上面所分析的那樣，他所設計的那個文化復興藍圖，既然以強調通過提升生命精神來解決文化危機作為基本點，那麼就必然因此產生它固有的理論缺陷：(1)以為精神可以凌駕一切，似乎一切文化問題包括物質文化問題，皆可以通過振興人的精神求得徹底解決；(2)相對地輕視科學尤其自然科學的價值而誇大宗教、哲學、藝術這類精神文化的價值。但是，我不想在這篇文章的簡短的結語內分析這些得失，我祇想側重地指出一點：就方東美「超越的形而上學」體系本身來看，它是否解決了方東美主觀上願望解決的矛盾？我認為方東美沒有實現他的心願。方東美認為中國文化精神與西方近代文化精神的差異，根源於中國人與西方人的心態上的差異。因此，他一方面說要靠中國人的心態（天人合一）去克服西方人理性上的固有矛盾（天人二元對立）；另一方面又說如果中國人不改變自己的心態，就會同西方近代科學文化格格不入。儘管他認識到了這一點，但他卻找不出解決這個矛盾的辦法，於是他祇好回避這個問題。所以當他設計他那個理想藍圖、強調它要包容一切優秀文化傳統時，他所做的祇是把體現西方心態的科學文化與體現中國人心態的倫理文化，分置於「形而下」與「形而上」這兩個不同層次，而並沒

---

[103] 同注6，頁28。

有交待它們是否可以如此簡單地調和在一起。他更沒有說明，當他強調「形而下」要向上提升到「形而上」時，他是否考慮過在沒有改變「心態」的前提下，西方文化精神又怎樣提升到中國文化精神的高度？我們這樣提出問題，不是苛求於方東美，硬要以他是否徹底解決問題來評價他的學術思想的價值。我們之所以這樣提出問題，是基於這樣的考慮：究竟有沒有可能按照方東美的思路去尋求問題的徹底解決？

宗教：詩化的哲學
——方東美論著抉奧之二

　　方東美一生重在研究文化哲學。他的文化哲學，就價值層面講，是一種「觀念取向」的文化價值觀，所注重、所提倡的是文化內在精神價值。所謂文化內在精神價值，是指文化的「價值統會」[1]。文化的「價值統會」，也就是文化的價值本體，其內在的邏輯架構，按照他的解釋，呈現為藝術、哲學、宗教三者合一的機體結構。在文化價值方面，「主要的決定因素」[2]，固然是哲學，但哲學對象既然「不外乎情理的一貫性」[3]，那麼就「情」的一面看，它既與藝術相近，也與宗教相通，所以他說「真正具有文化理想者，應當具有高度的宗教信仰，同高度的哲學智慧」[4]。文化本體既然是指藝術、哲學、宗教三者合德，則他的宗教哲學也就是構成他的文化哲學的一個重要層面。所以要全面、準確地把握其文化哲學，就必須深入探討其宗教哲學。

---

[1]　方東美撰：《生生之德》（臺北：黎明文化事業股份有限公司，1979 年），頁 336。

[2]　方東美撰：《原始儒家道家哲學》（臺北：黎明文化事業股份有限公司，1983年），頁 198。

[3]　方東美撰：《科學哲學與人生》（臺北：黎明文化事業股份有限公司，1978 年），頁 24。

[4]　方東美撰：《華嚴宗哲學》上（臺北：黎明文化事業股份有限公司，1981 年），頁 212。

一、「萬有在神論」的宗教立場

　　方東美曾在題為〈中國哲學對未來世界的影響〉的演講中申明他在宗教上所持的基本立場：「我不曉得各位對宗教情緒是採取怎麼的一個立場，遵守哪一個教派。但兄弟採取的既不是 Deism，也不是 Theism，而是 Pantheism。」[5]Deism 意為「自然神論」；Theism 意為「有神論」或「一神論」；Pantheism 意為「泛神論」。那麼，根據這一申明，把方東美的宗教立場斷為「泛神論」的立場，當無可置疑。問題是，他如何界說「泛神論」的內涵？他認同「泛神論」基於什麼樣的理論和情感需要？

　　方東美認同「泛神論」，並不屬於文化選擇上的簡單的是非取捨，而是屬於比較宗教學意義上的價值抉擇。他將相對於啟示宗教的理性宗教從理論層面簡約為「三種形式」：一曰「自然神論」；二曰「有神論」[6]；三曰「泛神論」。「自然神論」認為「神」祇是作為非人格的世界始因而存在的同時，更強調「神」並非直接干預自然界及人類社會生活[7]。對於十七、十八世紀產生和流行於英法的這種宗教學說，方東美明確表示不能認同，因為他認為「自然神論」將「神」視為抽象的世界始因的同時，又否認「神」能干預世界的觀點，是將「神」超絕化，在哲學上是荒謬的，他說：「依極端超絕的自然神論所見，神是高居皇天的至尊，她對低處凡俗的人與世界毫無助益，因為人間一切終歸虛無。這也就是阿奇勒斯（Archilles）所謂『神明高居皇天，人間萬事皆非』。這種觀點在健全的哲學家看來純屬愚妄。」[8]

---

[5]　方東美撰：《方東美先生演講集》（臺北：黎明文化事業股份有限公司，1978年），頁 25。

[6]　方東美所謂「有神論」往往特指那種視世界為一個至高無上的主宰者所支配的「一神論」。

[7]　譬如，伏爾泰認為上帝雖然創造了世界，但在它給世界以最初的推動力之後，就不在干預世間的事情了；又如，盧梭承認上帝是推動自然界運動的第一原因而拒絕回答上帝究竟是什麼。他反對把上帝看作是一個人格化的神，認為把上帝人格化是「褻瀆神的本質」。

[8]　同注 1，頁 335-336。

　　這說明他對「自然神論」的把握，所注意的是「神」不「干預世界」這一觀點，而沒有涉及「神」究竟是什麼這個問題，也就是說他對「自然神論」認定「神」是非人格的世界始因並不感興趣。這樣當他把「自然神論」納入「有神論」而駁斥其把「神」視為超絕的存在時，就意味著他忽視了以感覺論建立起來的「自然神論」實際上是企圖擺脫傳統神學世界觀的一種嘗試，是哲學本體論發展的一種進步。

　　當方東美把「自然神論」納入「有神論」時，他並沒有走向對於「有神論」的肯定，而是強調他在宗教上同樣不能認同「有神論」。但他對於「有神論」的否定，不是基於「無神論」的立場，而是基本上遵循他駁斥「自然神論」的思路。在他看來，「有神論」的不足取，不在於它承認「神」的存在，而在於它把「神」作為人格化的超自然存在。超絕自然的至高無上的主宰神，卻憑藉其超凡的理性創造世界、統治世界的這一觀點，仍然是他所不能接受的，因為他既否定「神」的人格化亦否定「神」的超絕性。從這一點看來，他之否定「有神論」，實質是不能認同「一神論」。「神」作為宗教的核心概念，其基本的含義就是指超自然體中的最高者。但「神」的觀念，卻由最初眾多的自然神經歷多神、主神而趨於一神。多神到一神（即主宰一切的至高神）的確立過程，也就是使「神」日益超絕自然、日益人格化的過程。這個過程反映了這樣一個事實：由至高神及其下屬等級繁多的諸神所構成的神界體系，祇不過是人間階級等級的折射而已。既然基於等級意識的「一神論」強調「神」在天國的結構中都有自己固定的位置，其位置決定了它的功能與作用——至高神處在超絕一切的位置上，故它支配包括諸神在內的一切，那麼它就是「位格有神論」。「位格有神論」往往「限制神之萬能性，而將神聖實有約化為一人格神存在，無論對其尊之如何也，或奉為『天父』，總不免沾染過多之擬人化意味」[9]。「神」本來應是至善至美的象徵，一旦被過多地擬人化，它就難免「牽絆於人類因襲的各種限制，終無法

---

[9]　方東美撰：《中國哲學之精神及其發展》上（臺北：成均出版社，1984 年），頁 89-90。

企及神明本有的至美至善」¹⁰。

　　方東美之所以對「自然神論」與「有神論」（一神論）均不能認同，從上面的闡述來看，主要因為二點：一是不能同意視「神」為超絕自然的存在；二是不能同意視「神」為人格化的存在。他認為，假如把「神」視為超絕自然的存在，則從根本上否定了「神」之存在的價值；如果把「神」當作人格化的存在，就從根本上抹殺了「神」的完美性。正是基於這一認識，他指出，「自然神論」與「有神論」（一神論）這兩種宗教哲學，雖然都努力「用理性解說神明的性格，以便滿足人類的道德需要」¹¹，但實際上不但沒有起到這個作用，反倒損及了人類的道德需要，因為作為一種宗教，它們不但都沒能為人類找到通向「神人合一」境界的理想途徑，而且由於它們武斷地視「神」與「一切事物完全疏離」，使得「人與世界歸於虛無」¹²。這是一種「終極的疏離」觀念。從這種觀念出發，必然要導致「人的疏離觀念」¹³，因為人的疏離從根本上講便是起因於這種將人寄託於神的「自我否定」¹⁴，「它造成了人與神，人與他人，終至人與自我之疏離」¹⁵。

　　方東美認同「泛神論」，與他不能認同「自然神論」、「有神論」（一神論）可以說基於同樣的思想基礎，就是說他取「泛神論」的立場，並不是意在提倡宗教上的多元價值取向¹⁶，而是因為在他看來，與「自然神論」、「位格有神論」（一神論）必然導向神與自然、神與人疏離不同，「泛神論」的導向為人類指明了到達神與自然、神與人合一境界的理想途徑。他對於「泛神論」價值的這一體認，所注意的顯然不是「泛神論」強調「神」乃非人格化本原這一點，而是「泛神論」主張「神」不在自然界以外、「神」

---

¹⁰　同注 1，頁 336。

¹¹　同注 1，頁 330。

¹²　同注 1，頁 333。

¹³　同上。

¹⁴　同上。

¹⁵　同上。

¹⁶　Pantheism 一詞含「對一切神的崇拜」之意。

與自然界等同、「神」融於自然界這一點。他的這一取向，意義究竟何在？
「泛神論」作為一種宇宙觀，就歐洲哲學史講，可以說以布魯諾和斯賓諾莎
的論述為典型形態。如果說布魯諾的「泛神論」重在將「神」規定為自然本
身，強調自然界不是別的，就是事物中的「神」的話，那麼斯賓諾莎往往把
萬物究極的實體叫做「神」，強調實體無所不包、絕對無限、自身乃自身的
原因，既不依靠別的東西存在，也不可能再有什麼東西來限制它。可見，否
認「神」是超絕世界的至高無上的主宰，堅持從事物本身去探尋「神」之存
在的根據，主張「神」是非人格化本原，並強調這一本原不在自然之外，就
在自然之中，是他倆認識上的共同點。這說明「泛神論」即便形式上仍然採
用「神」這一概念，但與其說它是「有神論」的一種形式，不如說它是「無
神論」的一種表述。但是，方東美強調說：「祇要我們接受泛神論對神明存
在的肯定，自然就能領略有神論的韻味」[17]，反而將本應納入「無神論」範
疇的「泛神論」納入了「有神論」的範疇。

　　方東美忽視「泛神論」所蘊涵的「無神論」性質並不奇怪，因為他無論
是否定「自然神論」還是否定「有神論」，都不是旨在提倡「無神論」，而
是為了貫徹他的「神人合一」的思想。為了證明「神」與自然、「神」與人
的圓融合一，他既要首先承認「神」的存在，又要特別強調「神」不是人格
化的主宰，因為假使「神」被人格化，則「神」即便與自然與人構成聯繫，
也是一種支配與被支配的關係，不屬於一體圓融的關係。這樣的致思方向，
給方東美建構理論體系造成極大的困難，迫使他一方面承認「神」的存在，
另一方面又有意識地回避「神」究竟是什麼這一本體論問題，強調無需刻意
去證明「神」的存在，祇要「肯定神明普遍照臨世界，肯定聖靈寓居人心深
處」[18]便可。他因此也就祇能遵循所謂「超本體論」去解決問題。結果，他
在取消了「神」的人格性的同時，又將宇宙生生不息的創造功能逐步神化，
強調「神」祇能是「功能性的神」[19]。

---

[17]　同注1，頁 329-330。

[18]　同注1，頁 329。

[19]　同注4，頁 30。

　　方東美所謂「神」，不是指「有限的本體」，而是指「無窮能力」[20]。就「此神性乃是無窮的創造力」[21]而言，「功能性的神」並非對於有限領域之外的無限境界的界說，而是對於無限境界裏面的無窮能力源泉的界說。這也就是說，與「一神論」把整個宇宙裏面的理性的次序當作「神」不同，他是把宇宙機體結構所蘊的「創化動力」叫做「神」。他解釋說：「在神明的原始統會與世界的龐雜之間，有其相連之處，就是諸般創化的環節所構成的宇宙秩序。哲學家擴張理綱包通萬有，建立(1)一套本體論系統與(2)一套宇宙發生論系統，藉以說明整體實在，並指出其創生的途徑。自然界展布於時空之中，遙伸於遠離神性根源之機械性質所構成的廣漠地平線上，此時亦祇有『如何』可資敏銳的觀察者就近加以研究了。於是科學帶著幾套清晰明瞭的觀念與次級的原理原則施施然登場，從事於理性的解釋。神明的創化動力顯然退處低潮；神性的豐盈價值竟然遭受漠視。」[22]

　　方東美經常將所謂的「神」稱作「哲學上的神」[23]，強調它是「內潛於理性」中的「奧秘」[24]。他這樣規定，並不是提倡採用理性的方式去證明神的存在，祇是為了將「神」的觀念從「哲學上的神」提升到更高的宗教領域。他認為「哲學上的神」僅僅意味著「神」的觀念走出了「啟示」的領域，然而尚未走進高級宗教的領域。在整個宗教領域內，把「神」哲學化為「哲學上的神」這一理性宗教，屬於中間層次，它高於神話，而低於高級宗教。高級宗教本質上是超理性的。所謂「超於理性」，固然有強烈的排斥科學理性的意思，但就其正面的含義講，意在強調高級宗教的形成是一個非理性的情感投入和轉化的過程。這一過程，具體的講，就是將「哲學上的神」人化之後又將「人化」的「神」轉變為作為一個「價值統會」的「至高無上

---

[20]　方東美撰：《華嚴宗哲學》下（臺北：黎明文化事業股份有限公司，1981 年），頁 131-132。

[21]　同注 1，頁 271。

[22]　同注 1，頁 337-338。

[23]　同注 1，頁 336。

[24]　同注 1，頁 324。

的神」。將「神」人化，並不是把「神」確立為一個人格化的本原，而是把由人到神（將神精神化）規定為純情感的投入。這種情感投入，作為一個「密契神明之境界」[25]的過程，其實就是主體自身熾烈凝煉情感經驗的深度轉化，是把「無限的愛」作為主體自身價值上的終極寄託。所以他說：「神決非一樣事物；它是一種能力，一種創造力；它是一種精神，充滿了無限的愛，將宇宙萬有消融於愛的汪洋中。人是神的媒體或鏡子，能把神性的至美至善展現於人性的美善品格中」[26]，強調主體一旦在情感上體悟了「無限的愛」，也就實現了人性到神性轉化，達到了神明境界。

　　一方面將神界說為「一種創造力」，另一方面又將它界說為「一種精神（無限的愛）」，這在外人看來是相悖的，但在方東美那裏，卻蘊涵著更為深刻的意義，它實際上反映了儒家文化傳統對他的巨大影響。在儒家文化裏，尤其在宋明新儒家的思想中，一直綿延著一個重要的思想傳統，就是將萬物之生生之能界說為「仁」，強調人之愛心或曰仁心，既是繼生生之功能而來，也是它的體現。生生之德與博愛之心是一致的，仁愛的最高境界，即意味著主體無限的愛心與客體不息的生生之德相通。方東美既然以「創造力」與「無限愛」的合一來揭示他所謂「神」的基本內涵，那麼說明他遵循的正是儒家的這一思想傳統。所以，就總體上把握，他所謂的「神」，就是指一種「超本體論」的精神境界（或曰理想生命境界）。這個境界是指主體在價值上實現了熾烈凝煉的情感經驗與客體的生生不息創造力的高度和諧，即「無限仁愛」「挾其溥博深厚的同情交感與天地合而為一」[27]。這是一個「宗教的全愛境界」[28]，它不但要求將無限的愛心施於人，而且要求將無限愛心施於一切生靈及萬物。

　　這種人與神「合一」的意識是精神的。方東美之所以要將傳統本體論上的「神」精神化為「超本體論」上的「神」，從根本上講，就是為了把「人

---

[25]　同上。

[26]　同注 1，頁 326。

[27]　同注 1，頁 356。

[28]　同注 1，頁 351。

理想化，變成主動的、絕對的精神自由自在的本體」[29]。在這個他謂之「普遍生命」的精神本體的世界裏，人與神的「合一」，是指主體的生命精神對宇宙一切的生命形式表示相同的敬意，也是指將隔閡不復存在的廣布的仁愛與同情精神普遍地實踐。總之，是將宗教領域中精神存有之終極關懷，落實在人與天地萬物交感，落實在一切人類崇高生命的圓滿實現。

方東美認同「泛神論」，正是基於這一人與神「合一」的認識，因為在他看來，「泛神論」的真理，「就是肯定神明普遍照臨世界，肯定聖靈寓居人心深處」[30]。但是，也正是從人與自然、人與人、人與神合一的意義上，他強調說：「『萬有在神論』一詞應優於『泛神論』一詞。」[31]一個（泛神論）祇強調「神」與自然的同一，一個（萬有在神論）卻強調「神」與萬有旁通交感。旁通是橫向的聯繫，交感是彼此的互感，則後者較之前者更能揭示神與自然、神與人的圓融一體的關係。因此，嚴格地講，他在宗教上所堅持的基本立場是「萬有在神論」的立場，「肯定永恆潛存界與變動不居之自然界及人生存在界徹通不隔。神明之道，自然之道，與人之道，三者蟬聯一貫；神、自然，與人相待互攝，蘊涵一套機體主義哲學，肯定普遍生命大化流行，於大宇長宙中一脈貫通，周運不息。萬物一切，沈潛涵孕其間，現為天地生物氣象，生機盎然，淋漓充沛；天地間任何生命個體存在皆可契會神明，徹通無礙；蓋神明者，普遍生命之原始本初與無盡源泉也」[32]。

二、蘄向「神」的途徑

儘管方東美從「萬有在神論」的宗教立場出發而強調否認「神」的存在是不可設想的事，但他並不贊成刻意從方法論上去證明「神」的存在。他指出，如果說「神」之存在的本體論證明是基於「聖言」的權威的話，那麼

---

[29] 同注 20，頁 133。

[30] 同注 1，頁 329。

[31] 同注 1，頁 358。

[32] 同注 9，頁 102。

「神」之存在的宇宙論的證明則基於教會所代表的「理性」權威，都不免獨斷。他借用弗洛姆的說法，稱之為「權威化的宗教」[33]。他分析說不要去證明「神」，因為就任何證明必須分析而任何分析都始於懷疑而言，任何關於「神」之存在的證明，非但不足以證明「神」的存在，反倒容易使人懷疑「神」。他說：「任何由絕對懷疑論著手證明神存在的企圖，若其論證不能完備周密使人信服，就很可能歸結到無神論。」[34]既然任何證明都因其預先的懷疑前提而必然難以完備周密，那麼以不完備周密的證明去說明十分周全完美的存在（神），其結果勢必使人由懷疑「神」的完美性而導致對於「神」之存在的否定。「神」之存在無需去證明，是因為就「神」的本性而言，「神」也用不著去刻意證明。證明是屬於主體對於外在的存在的把握，而「神」並不是一個外在於我們自身的存在。「神」就存在於我們自身固有的愛德中，「對於那些知道如何生活在無限愛德中的人，神是極為親密友善的」[35]。

假使我們不用證明便完全相信「神」的存在，那麼我們通過什麼途徑去接近「神」或者說與「神」溝通呢？關於如何接近「神」，蒂利希[36]在他的《文化神學》內提出了人所藉以會遇「神」的兩種途徑：一是「克服隔閡」；另是「會遇陌客」。「第一種途徑，人在發現神的同時也發現『自己』；他發現某物無限超越他，而又與他相合為一；某物與他雖有隔閡，卻不曾也不能與他完全分離。第二種途徑，人之會遇神等於會遇一位『陌客』。這種會遇是偶然發生的，因為根本上他們彼此互不相屬。他們可能透過試探與揣測而成為朋友，但是這位陌客並無確定實性可供指認，他隨時可能隱沒於無形，關於他的性質祇能作概然的陳述。」[37]方東美認為蒂利希這一提法，旨在把宗教哲學中「本體論方法」與「宇宙論方法」加以區分，以

---

[33] 同注1，頁 326。

[34] 同注1，頁 326。

[35] 同上。

[36] 在方東美的論著裏譯作「田立克」。

[37] 轉引自《生生之德》，頁 325。

前一種途徑「象徵宗教哲學中的本體論方法」[38]；以後一種途徑「象徵宗教哲學中的宇宙論方法」[39]，而蒂氏自己則堅持前一種途徑，「主張祇有本體論方法才能促進哲學與宗教之協調」[40]。方東美進一步分析說，蒂利希的這一取向，是繼承了托瑪斯學派[41]。

在將哲學與神學相結合這一點上，奧古斯丁的亦即稍後方濟各的思想傳統和托瑪斯學派的思想傳統是相通的，一個（奧古斯丁）提出「理解為了信仰，信仰為了理解」，主張把哲學和神學結合起來；一個（托瑪斯學派）強調以理性為本的哲學與啟示為本的神學不應有矛盾，主張哲學服從神學。但是，奧古斯丁從新柏拉圖主義出發，在哲學與神學之間，不明確劃定誰居於首位，而托瑪斯學派則改造亞里斯多德學說，把神學置於首位，認為啟示高於理性，神學高於哲學。由此看來，當方東美斷定蒂利希所堅持的是奧古斯丁的傳統時，他就把蒂氏的《文化神學》的立場看作一種價值上的調和導向，祇強調哲學與神學相結合而不斷定兩者誰更為重要。他評論說，既然蒂利希「以思辨認知問題環繞著神的週邊，而不去深究神明的本質」[42]，則「從知識論的立場看來，這一點顯示：田立克的說法較接近一種柏拉圖式的唯實論，而不是一種帶有唯心論色彩的亞里斯多德主義」[43]。

方東美的文化哲學在價值上正是重在提倡哲學與宗教相結合。那麼，蒂利希的《文化神學》的價值導向，他理應接受。但由於他不贊成以理性的方式去證明「神」的存在，故蒂氏所堅持的接近「神」的途徑仍然不為他認可。他要提倡被蒂氏遺忘而恰恰是通向「神」的最重要的第三種途徑，「那就是人經由發現自己而發現神」[44]。他分析說，既然「神並非如第二種途徑

---

[38] 同注 1，頁 326。

[39] 同上。

[40] 同上。

[41] 在方東美的論著中譯為多瑪斯學派。

[42] 同注 1，頁 326。

[43] 同上。

[44] 同注 1，頁 325。

所云的一位陌客。人之發現神也不是發現『與他隔閡的某物』」[45]，而是以一種充滿了無限的愛的精神，「將宇宙萬有消融於愛的汪洋中」[46]，則「人是神的媒體或鏡子，把神性的至美至善展現於人性的美善品格中，這種美善品格雖屬各個人所獨有的，但是也能大而化之，擴而充之成為普遍的人性典範」[47]。

　　某些宗教家為了強調「神」的超絕性、至上性，習慣將人與神視為對立的兩極，以自我否定的方式來證明神的價值，以人之卑劣來襯托神之崇高，以神之偉大預言人類的前途。方東美主張「人經由發現自己而發現神」，把通向神的前提落在人必須發現自己固有的美德上，正顯示了與這種宗教觀的尖銳對立。他不但不掩飾自己同宗教家們的這一對立，而且旗幟鮮明地批評他們「似乎忘了一件重大真理，就是神以豐盈的光明創化天地，並且以自己的形象造了人。人既生於偉大，那麼為何不能『實現』肖似於神、而自成其偉大，就如奧義書的思想家、孔子與後代儒家、以及許多大乘佛學家的一貫主張？身為神明的傑作，人為何要白白浪費他的創造能力，而自甘於虛擬的罪人、永無止期的等待他力救贖。」[48]

　　方東美反對人通過「自我否定」[49]的方式蘄於神，而主張經由人發現神，實際上也就是提倡從「人類所秉持的希望、理想、和高尚的志向去理解神明」[50]。如果這也可以叫做證明的話，那麼它就是「人性論的證明」[51]。這種證明，是以人性說明神性，其理論前提必須是以人性為善，而且有極其明確的目的，「以其啟發人類向上升進」[52]，所以它又可以稱為「目的論的

---

[45] 同上。

[46] 同注 1，頁 326。

[47] 同上。

[48] 同注 1，頁 333。

[49] 同上。

[50] 同上。

[51] 同上。

[52] 同注 1，頁 333-334。

論證」[53]。就目的論必然事先預設價值導向而言，以人性證明神性，其目的在於發現人自身的偉大。就是說發現神並不是這種證明的最終目的，人走向神，以人性之偉大證明神性之崇高，最終不是為了使神性超絕人性，而是使人性賦有神性。人性賦有神性，也就意味著神人一體，則神性崇高最終被用來證明人性之完美。既然這種證明的起點、歸宿都在於「人」而不在於「神」，那麼其所要證明的就是神從屬於人而非人從屬於神。他正是基於神從屬於人這一認識，肯定了費爾巴哈[54]關於「神是人的形象」這一觀點，指出「我們若恰當理解人的本性，對於這一點尚可再加闡發」[55]。不過，他同時強調，像費爾巴哈那樣，把人的整個身體視為人的本質是錯誤的。這表明他不同意費爾巴哈「自然人性論」的觀點，而堅持從人的精神層面把握人的本質，並進而從人的本質去規定神的本質。從這裏我們不難發現他將神界說為「一種精神」的認識根源。

　　一方面用理性的方式刻意證明神的存在而終究斷定神是一種超絕人的存在，忽視了「神」的人間性：另一方面將「神」拉回到人間，用人的自然屬性去說明神性而抹殺了神性之完美性，這可以說是近代宗教哲學相對立的兩大思想傳統。這一對立，就其作為一種方法論原則而言，就是本體論方法和人本主義方法的對立。從方東美反對以本體論方法證明神而主張經由人發現神這一導向來看，他繼承的正是人本主義的思想傳統。但從他反對以人的自然屬性去規定神性來看，他又不是簡單地返回到傳統的人本主義，而是經由傳統的「以人為中心」走向「價值中心觀的人性論」[56]，「主張人在大宇長宙的萬象運化中，能夠不因其事功、便因其健行而與至高上天相垺相抗，進而參贊化育，靜觀自得」[57]。人的罪孽並非根源於所謂「原罪」，而是出自

---

[53] 同注1，頁333。

[54] 在方東美先生論著中譯為費而巴赫。

[55] 同注1，頁334。

[56] 同注1，頁293。

[57] 同注1，頁337。

逆情悖理，「假使人能擺脫罪孽，則將自證圓成實性而重返神明之境」[58]。

瑜伽行和法相宗的宗教理論的中心觀念是「三性」（又稱「三自性」）說。作為「三性」之一的「圓成實性」，是指在認識上排除客觀實有觀念——「人我」、「法我」雙遣，體認一切唯有識性。方東美既然把通向「神」的人本主義途徑規定為主體「自證圓成實性」，那麼他必然要強調憑藉主體生命直觀去會遇神並使之實現。由於這一過程被嚴格地規定為是指主體生命精神直接感悟客體創造力，並且反對將客體創造力人格化為超絕人的終極實體，故它實際上祇是將主體的「生命精神形於外」，變主體愛心為普遍的「愛的精神」，使「所有生命的完成，與所有價值的實現，都得透過『愛』的精神」[59]。他說：「愛的感情取象於宇宙的變易，宇宙在一陰一陽之道中建立萬有之情，優美的生命才能於焉實現。」[60]這說明在他看來主體會遇「神」的過程與主體實現自身生命價值的過程，就其同是「展開生命」而言，實質上是相通的，因為會遇「神」並使之實現其實也就是指主體生命精神在價值上不斷追求最高的精神境界。

三、宗教的本質與作用

方東美將主體生命精神所追求的最高價值境界確立為宗教境界。宗教「作為一種崇高的精神生活方式」[61]，它「乃是人類虔敬之心的表達，人藉著宗教可以發展三方面的關係——首先是與神明之『內在融通』的關係，其次是與人類之『互愛互助』的關係，第三是與世界之『參贊化育』的關係。藉著神，我們得以存在於世，並且提升人性；在神之內，我們得知泛愛萬有、尤其普愛人類；經由神，我們更能關照大千世界的無窮義蘊。要言之，宗教生活就是以熾烈凝煉的情感投入玄之又玄的奧秘之中（Mysteriously

---

[58] 同上。

[59] 方東美撰：《中國人的人生觀》（臺北：幼獅文化事業公司，1980 年），頁 47。

[60] 同上。

[61] 同注 1，頁 323。

mysterious mystery），那麼奧秘是超乎理性的。有時亦是內潛於理性的。任何人，無論其天生資質有何不同、知識程度有何不同、文化背景有何差異，就其為『人』而言，都是平等的面對這最偉大的奧妙，在它跟前一切眾生同具相等的價值與尊嚴——祇要他們能入於熾烈凝練情感經驗的深處，即可由各種途徑、各個方向，臻於密契神明之境界。」[62]這是他關於宗教本質與作用的最扼要的論述，如果作一些闡釋的話，則不難瞭解它包含以下幾層意思：

其一，宗教作為一種意識形態，在精神上所蘄求的是玄之又玄的奧秘世界。就這個世界既超越理性又內潛於理性之中的特徵而言，宗教所要確立的最高境界，並不是傳統啟示宗教所確立的境界，也不是理性宗教所確立的「哲學上的神」，而是超本體論意義上的靈性感受的最高領域。這個領域，「對於整個世界是一個秘密」[63]，即便拿人類一切智慧才性去探索，究竟不能夠通達到其一切深微奧妙的妙處，所以其內潛於理性之中的真正含義祇是指它是價值意義上的神秘又神秘的神秘、真實又真實的真實。這個真實，「上帝不足以形容」，「因為它的真相、價值，統攝宇宙一切真相，統攝宇宙一切價值而為價值最高的結晶」[64]。這就是說，作為一種崇高的價值境界，宗教的根本意義在於引導人們在價值上「無止境地向上面提升」。

其二，宗教作為一種崇高的精神生活，其精神投入的方式，不是經驗方式，也不是理性方式，而是直觀的情感方式，就是說直接以熾烈的情感去體悟玄密世界。這種情感，就其本質上屬於生命精神之展開而言，它並非指心理學意義上的喜怒哀樂之情的自然流露，乃特指基於虔敬心態而以信念或信仰方式表現出來的情感執著。他指出，「在宗教上面，第一個就要談宗教信仰」[65]，但在談信仰問題上，非本體論的「高級宗教」與推崇主宰神的「啟示宗教」有著顯著的不同。「啟示宗教」所謂「信仰」，是指人以自我否定

---

[62] 同注 1，頁 323-324。

[63] 同注 5，頁 25。

[64] 同注 5，頁 24。

[65] 同注 4，頁 19。

方式體現對於神及宗教權威的絕對屈服。而「高級宗教」所謂「信仰」，是指「宗教的情感性與宗教虔敬的自發表現」[66]，非但主張不否定人是信仰神的前提，反倒強調充分認識人的偉大、體會人的美德是發現神、信仰神的基礎。

其三，宗教作為一種生活方式，其作用在於它可以協調三個關係，即人與神的「內在通融」、人與世界的通融、人與人的通融，一言以蔽之它有助於實現人與神、人與自然、人與社會的圓融和諧。就邏輯講，這三層融通關係並不對等，而是互為關聯基礎上的層層遞進。如果說人與人的疏離的終極根源是人與神的疏離的話，那麼人與神的內在融通——人的生命精神在理想境界裏實現了情感世界與奧秘世界（崇高的價值世界）的高度一致，就是實現人與自然、人與人融通的基礎。人一旦與神融通，便具備永恆的愛心。將此愛心推及自然，便形成人與自然的和諧；將此愛心推及他人，便形成人與人的和諧。

其四，宗教作為一種崇高的精神境界，其價值在於落實人與人平等的神聖性。既然人與神根本就是融通的關係，那麼在蘄求神、通向神這一點上，一切人，不論其貴與賤、富與貧，在價值上都具有同等的尊嚴。由人走向神是人的權利。這個權利對任何人都是同等的。人的不平等觀念從根本上背離人與神的內在融通，因為在可以將「人格」轉化為「神格」這一點上，人與人之間並不存在分等級的疏離關係。

近現代宗教哲學家在理論上不同於古代宗教學家的一個顯著表現，就是他們不像古典宗教學家那樣，把宗教聖情與理性精神尖銳對立起來，而是在強調宗教聖情並不意味著排斥理性精神的同時，竭力把宗教聖情與理性精神調和起來。這一調和，從根本上講，就是實現道德理想化。當方東美著眼從崇高的精神生活層面去揭示宗教的本質與作用時，他顯然遵循了這一思路，注重分析「神秘宗教變為倫理文化型的理性化宗教，宗教變為理性化的道

---

[66] 同注1，頁325。

德」[67]。他認為,「理性化宗教」不同於「神秘宗教」,在於它不像神秘宗教那樣,將被神秘化的自然作為神秘對象來屈服和信仰,而是將本體論意義上的最高神作為信仰對象。儘管這一信仰也是指在價值上認同「神」,但與神秘宗教對於神的盲目屈服不同,是將對於「神」的信仰建立在主體自身積極地體悟之上。這一體悟的先驗性雖然也表現為主體自身的情感執著,但它不是基於一種恐懼心態(神秘宗教迷信神秘對象的心態),而是基於一種虔敬心態。恐懼心態必然導致消極屈服,而虔敬心態必然轉為積極地蘄向。一種蘄向,就其總體趨勢而言,是指不斷向崇拜對象靠近的過程中在價值上認同崇敬對象,從而確立一種價值境界。所以就積極蘄向價值世界而言,道德哲學與宗教哲學是相通的。理性宗教將宗教變成「理性化的道德」,正凸現了宗教的道德內涵,其意義在於將「啟示宗教」以戒律約束所維持的外在的規範化的生活變成道德生活上的真正自覺的內在精神要求。

　　方東美由於關注理性化宗教與理性化道德的相通,故當他探討宗教本質與作用時,自然既崇揚「宗教的情操」對於宗教生活的意義,又強調「宗教智慧」對於「宗教情緒」的意義。所謂「宗教智慧」,按照他的解釋,「實質在使自然人在自然界中抑制自然衝動,企仰道德自由,而起超詣之行以鄰於理想」[68]。這表明他明確地從道德哲學的層面來界說「宗教智慧」,把它解釋為以自覺的道德要求抑制本性的自然衝動,使人的行為超詣拔俗、追求理想,不至於囿於世俗生活而不能自拔。「宗教智慧」的意義既然在於保證實現道德化的生活,那麼,因為道德化的生活所追求的是「理想生命」,所以從根本上講,它的意義就是保證「理想生命」的實現。理想的生命,也就是指不斷提升生命精神以至不斷接近至善至美的價值境。由於他把這一境界規定為祇有靠宗教聖情才能體悟的超經驗、超理性的玄密世界,故「理想生命」的全部意義就在於在宗教聖情裏把理想價值世界會歸到生命中心裏面來,在物質基礎與價值理想兩重力量的交叉點上,以道德化的生活來展開

---

[67]　方東美撰:《新儒家哲學十八講》(臺北:黎明文化事業股份有限公司,1983年),頁57。

[68]　同注1,頁168。

「生命的進程」。正因為他一方面將生命的理想境界規定為真善美「價值統會」境界，另一方面又把這一最高的精神境界規定為唯有宗教聖情才能接近的境界，所以他強調不必將宗教神秘化，「其實倘有一種思想能導入於真、善、美、聖的不可思議的境界，你也可以稱為宗教了」[69]。

四、宗教與哲學、藝術的同異

按照方東美文化哲學所強調的「生命是思想的根身，思想是生命的符號」[70]的原則來推論，「宗教智慧」的作用既然在於使人超越低層次的物質世界，不斷提升生命精神以期到達崇高的精神世界（理想的價值世界），那麼宗教所蘄求的「理想」與藝術、哲學所追求的「理想」，應該說不存在什麼本質上的差異，所以他再三地強調藝術、哲學與宗教三者都是旨在提升生命精神以期走向「理想生命」。就推進生命進程以求實現理想生命這一目的而言，宗教不但與藝術相近[71]，而且與哲學密切相關：「離開哲學的智慧，宗教精神無從體驗；離開宗教精神，哲學智慧也不能夠達到最高的玄妙境界」[72]。一方面哲學智慧不輔以宗教精神，則會將生命精神局促在物質世界，使生命精神不能由形而下的物質世界向形而上的價值世界提升；另一方面宗教精神不借助於哲學智慧，就會使生命精神走向超絕，不可能將崇高的宗教精神轉變為道德理性，落實在人世間。總之，「宗教、哲學、與詩在精神內涵上是一脈相通的：三者同具崇高性，而必藉生命創造的奇跡才能宣洩發揮出來」[73]。

就藝術、哲學、宗教同為形而上的精神文化而言，它們之間的相通，是

---

[69] 同注 4，頁 2。

[70] 同注 3，頁 138。

[71] 在方東美先生的論著裏，這通常被表述為宗教與詩相近。

[72] 方東美撰：《中國大乘佛學》（臺北：黎明文化事業股份有限公司，1984 年），頁 267。

[73] 同注 1，頁 394。

指價值取向上的相容無礙、圓融合德。但是，方東美同時強調說，就價值結構的層次上講，藝術、哲學、宗教畢竟分屬不同的層次，居於較低者為藝術，居於核心層次為哲學，居於最高層次為宗教。之所以造成這一差異，是由於它們蘄向「理想生命」時精神投入的方式不同。

　　哲學與宗教相比，儘管「哲學所建立的理想生命，和宗教所啟示的神聖生命，是交融互徹，一體不分的」[74]，但從精神投入方式上講，「兩方面的實質究竟不同」[75]，一個（哲學）「要透過理性的超升，才能瞭解宇宙的最高秘密」[76]；一個（宗教）「不是由理性裏透露出的秘密，而是由情緒、情感裏透露出的宇宙秘密」[77]。哲學之理性超升，猶如剝筍，是運用邏輯的方法層層剝落、層層抽象；而宗教的情感透露，則直接通過主體心靈直悟，是基於人之心靈的向上性而自覺不斷地向玄密世界接近。他認為宗教這種精神投入方式，較之哲學的理性超升，更適合通向玄密世界，因為從「萬有在神論」立場講，人的「自性中含有神性」。「由於人同具理性與神性，所以他對神和人性的瞭解是直接的，而非推論的；是親切的，而非隔膜的；是直覺的，而非分析的」[78]。

　　宗教與藝術相比，就兩者都透露出熾烈的情感來看，它們十分相近，宗教情操之重情與藝術情操之陳情，亦交融互徹、圓融無礙。但藝術之言「情」，畢竟更接近哲學之言「情」。哲學作為形而上文化的核心，就體現在情理兼顧，「情理一貫」，不但陳情而且重理。哲學之重「理」，又與科學（形而下文化的典型形態）之重「理」十分接近，其「要義不外就繁賾的現象中用分析的方法尋出事理的脈絡」[79]。那麼，藝術與哲學相通，也就意味著它也像哲學一樣，並不因重「情」而排斥科學理性，因為不合理的情緒

---

[74] 同注 1，頁 279。

[75] 同注 2，頁 232。

[76] 同注 4，頁 158。

[77] 同注 2，頁 95。

[78] 同注 1，頁 271。

[79] 同注 3，頁 120。

化的所謂藝術，祇是一種狂妄的主觀感受的發洩，並不能體現藝術的高尚價值。正是在是否排斥科學理性這一點上，宗教之重「情」與藝術之重「情」，表現出了明顯的差異，因為宗教之重情雖然可以與道德理性圓通相融，但它畢竟與科學理性尖銳對立：「近代科學所發展的自然理性（Natural reason），對於宗教實質卻毫無啟發；而宗教所依據的神聖理性（Divine reason）反倒輕視科學所最關心的物質世界的一切自然形態」[80]。

藝術、哲學、宗教三者合德、圓融相通，就以上的分析來看，其內在的關聯顯然在於一個「情」，就是說作為指導生命活動的一種價值導向，它們都推崇和提倡一種進取、向上的生命情趣。不過，藝術之「渲情」，重在「生命之美化」，將醜陋、平庸的客觀世界在主觀上轉化為美的世界，其生命情趣是在價值上提倡「美」。所以以描寫世界醜惡為樂的藝術家不配當藝術家。與藝術重在美化世界不同，哲學之「衡情」，重在將高尚的智慧落實在對於事理作價值評估，其生命情趣是在價值上提倡「真」。所以不但違理逗於哲學法門之前，而且無情亦止於哲學法門之外。宗教作為不同於藝術、哲學的一種生命情趣，其所崇尚的「聖情」，重在化解生命之痛苦，「最終目的都是要救人救世」[81]，追求「極樂」。這就是說宗教所崇尚的生命情趣是在價值上提倡「善」。所以不具備憐人的慈悲心懷就不配當高僧。

藝術、哲學與宗教既然圓融合德，則「偉大的宗教必須是偉大的哲學，偉大的哲學又必須是與詩相接」[82]。所以，我們不妨將宗教視為「詩化的哲學」。這不但有助於我們加深認識宗教與藝術、哲學何以相通，而且有助於我們去認識這樣一個道理：宗教作為一種崇高的精神，其價值導向，一方面是將哲學的高尚的智慧轉變為一種慈悲為懷的道德理性，另一方面又以道德理性落實美化世界的藝術情操，它是人類精神生活在價值上所寄託的終極關懷。

---

[80] 同注1，頁267。

[81] 同注72，頁458。

[82] 同注4，頁153。

道家精神與中國文化傳統
——方東美論著抉奧之三

　　中國文化傳統的主要體現乃儒家精神，這已成為學術界的傳統觀念。但現今有人針鋒相對地提出中國傳統文化的主流非儒家思想而是道家學說，向這種傳統觀念提出了挑戰。但是，這兩種觀點，又都基於相同的視角，即依據其學說的影響程度之大小、影響範圍之廣狹、影響歷史之長短，將體現中國文化傳統的學說作主次區分。雖然強調「主」就邏輯講並不等於輕視「次」，但它在價值觀上的確又是崇尚「主」而貶黜「次」，而且從客觀效果上講，也委實存在著這種可能。問題是，這種將中國傳統文化分出主次的文化選擇導向，究竟是否有益於我們科學地把握傳統文化精神，就很值得研究。既然大家都承認中國文化是中華民族集體智慧的產物，那麼足以反映中國文化根本價值[1]的學說，也衹能是那種足以全面反映中華民族生命精神的學說。一說到「全面」，某一種學說便難以體現。相反，正如莊子所謂「道術將為天下裂」[2]，諸家學說之互舛，對於全面體現整個文化精神來說，既是必然的，也是必要的。從這個意義上講，無論是以儒家精神代表中國文化傳統還是以道家精神代表中國文化傳統，都不足以準確地概括中國文化精神，因此為了科學地把握中國文化精神，我們有必要放棄這種分主次的思維格式，去尋找解決問題的新途徑。基於這一認識，我們注意到了方東美的觀點。方東美因為一貫主張中國傳統文化的最高價值（或曰最高成就）應當從

---

[1]　文化傳統，歸根結蒂也就是滲透於文化之中、體現文化之精神、決定文化之生命的文化的根本價值。

[2]　曹礎基撰：《莊子淺注》（北京：中華書局，1982 年），頁 494。

原始儒家、原始道家、中國大乘佛家、新儒家思想的會通處去把握，所以他關於道家精神對於中國文化傳統之形成與發展意義的探討，也就緊緊圍繞這個基本觀點來展開。他的這一思路，對我們進一步研討道家精神與中國文化傳統這個問題或許有啟發。

一

作為一種思想範疇，學術界通常認為道家應包括道教。這種觀點，不為方東美所取，於是他特別指出，要探討道家思想，應當注意劃分二個主要方面：先將原始道家與新道家區別開來，再將道家與道教嚴加區分。而他自己論著中所謂道家，實際上特指「原始道家」。他使用「原始道家」這個概念，按照他自己的解釋，祇是為了有別於學術界通常將道家、新道家、道教混為一談。然而需要注意的是，他對「原始道家」的詮釋，雖就廣義講是指以老莊為代表的學派，卻又常常僅以老莊指稱，例如他論「原始道家哲學」[3]，所闡述的內容卻祇包括二個部分，一個是「老子部分」，另一個是「莊子部分」。這是因為在他看來道家思想「很高的哲學智慧」[4]就表現在老子、莊子裏面，老莊思想完全可以包容整個道家精神，所以，「老莊的哲學智慧叫做『道家』」[5]。

但是，道家很高的哲學智慧，在戰國時代卻同「神仙家混在一起」[6]。神仙家本來是想求自身生命永生，但遷就現實之後，他們卻以「把握別人的生命」[7]為能事。既然要控制別人的生命，則勢必要講權、術、勢，「以至

---

[3] 方東美撰：《原始儒家道家哲學》（臺北：黎明文化事業股份有限公司，1983年），頁178。

[4] 同注3，頁177。

[5] 同注3，頁178。

[6] 同上。

[7] 同上。

於神仙家的思想很容易同法家的思想合起來」[8]。原始道家思想自從混入了神仙家思想、進而又混入了法家思想之後，便「變更了智慧的實質」[9]，在秦漢之際由高度的哲學智慧衰變為重在講「黃老之術」的「黃老之學」。「黃老之術」對道家高尚的哲學智慧是個腐蝕，已不足以發揚光大「原始道家」精神。到魏晉時代隨著儒家的衰退而興起的「玄學」，儘管他們自我標榜傳承道家，但由於他們實際上是崇尚「黃老之學」，並非真正接續原始道家的思想傳統，所以祇可稱其為「新道家」。「新道家」的代表人物是王弼、何晏。正如何晏號稱「儒已入道」那樣，他們都企圖調和儒道。但像王弼透過道家的解釋對儒家的《易經》完全誤解那樣，他們又未能真正融合儒道[10]。

　　「新道家」大多是「頹廢派」，他們利用「黃老之學」將原始道家思想變作世俗上庸俗的見解，已使原始道家思想衰變為「沒落的學說」[11]。待到魏晉至六朝末年道教起而取代「新道家」而再返漢初的「黃老之學」時，又將神仙家的思想極端化，終於使道家的思想「變成迷信」[12]。所以道教「雖然也號稱與道家有關，但是沒有哲學智慧」[13]，不能與有很高的哲學智慧的道家混同。

　　基於對道家精神衰變歷程的分析，方東美強調他所崇尚的道家精神，特指原始道家精神即老莊精神。因此，他關於道家精神對於中國文化傳統之意義的論述，實際上也就是旨在說明老莊精神對於中國文化傳統之形成與發展的特殊意義。

---

[8]　同上。

[9]　同注 3，頁 177。

[10]　方東美認為新儒家完成了融合儒道的歷史使命。對此，作者準備在〈新儒家哲學與中國文化傳統〉一文中論述，這裏不便贅敍。

[11]　同注 3，頁 180。

[12]　同注 3，頁 177-178。

[13]　同注 3，頁 178。

二

方東美關於中國文化特徵的一個基本觀點，就是認為中國文化是「早熟的文化」[14]。這是他從東西文化比較研究中得出的結論。他將中國文化與埃及、古希臘、印度文化加以比較，發現假如將世界這四大古老文化追溯到它們各自的遠古時代的話，那麼中國文化較之其他三大古老文化，顯然具有早熟的性質。這表現在：(1)中國文化不像其他三大古老文化，都經歷了漫長的神話時代，而是「相當缺乏神秘經驗」[15]，因此在中國並沒有像其他民族那樣經歷了靠純粹宗教情感支配人心情緒的漫長時代，「在中國，宗教的本質就是倫理，一開始便是以理性開明的倫理文化代替神秘宗教，而中國文化思想早在春秋戰國時代便已大致定型了：以理性的道德支配人心的情緒」[16]；(2)中國文化實現由神秘宗教向理性文化的革命，比其他三大古老文化實現這一變革在時間上早了幾個世紀。埃及、古希臘、印度文化，都是直到紀元前八、九世紀才逐漸由神秘宗教變革為開明理性，而中國在紀元前十一世紀的商周之際，就顯現出一個理性文化的初期，在理性之光的照耀下揭開了宇宙的秘密。

殷周之際的「理性文化」是當時政治思想大革命的產物。這場革命，直接的體現便是政治上以「德治」取代「神權政治」。中國的原始宗教，不是單純的「一神教」，而是「萬有在神論」[17]。「萬有在神論」相信「宇宙萬有皆在神聖之中」[18]，認為「假使把世界當作宗教的領域，則整個世界是神聖的，神聖的價值貫注在太空裏、在山河大地裏、在每人的心裏，在每一存

---

[14] 同注 3，頁 15。

[15] 同上。又案：方東美同時強調，這不是說中國沒有神話，而是說像《山海經》《楚辭》這些神話系統都出現於春秋戰國以後，不是哲學、藝術的前奏。

[16] 同注 3，頁 15-16。

[17] 同注 3，頁 112。

[18] 同上。

在的核心裏」[19]。由此看來，中國原始宗教後面隱藏了一種「精神的民主」[20]。既然如此，那麼中國古代的神權政治，就不能不體現這一宗教的民主精神，把順應時代及民心的要求視為體會神意、承天之命掌握政權。然而以實現宗教民主精神為理想政治的古代神權政治，在殷商末期遭到破壞。殷紂王拋棄了古代宗教民主精神，作威作福，荒淫無度，不僅使殷商大帝國遭到毀滅，而且也造成了普遍的宗教危機。崛起於宗教危機時代的周朝的開國君主，有見於商朝滅亡，也就很自然地「從宗教之衰退中產生道德之純真」[21]，使他們在取代商朝政治統治的鬥爭中，一方面以道德的革命來拯救當時宗教衰微所造成的文化危機，另一方面隨著奪取政權的鬥爭的勝利，逐步將道德革命的成果在制度上加以鞏固，從而確立了「道德為本」的價值體系。在這個體系內，道德價值為最高理想，由道德的最高理想轉而為政治信念再轉而為文化教育措施，一切都被化為道德的領域。在道德理想的標準下，透過理性所顯現的文化建設，也就祇能在文化上構成一個道德理性的時代。

　　周初道德革命所開創的道德文化之繁榮，在春秋戰國之際由於社會動亂而開始衰落。這是中國文化史上一次巨大的衰變，它意味著「宗教與道德兩方面的革命都失敗」[22]，在文化上出現了「根本的危機」[23]。但是不能容忍「春秋以來整個中國精神的衰退」[24]的哲人們便起來拯救這一危機，於是產生了「哲學的革命」[25]。

　　春秋戰國之際的「哲學的革命」，本質在於將道德革命時代為政治而尋求道德之本轉變為尋求整個世界的哲學本體，就是說旨在追究「宇宙的歸趣與人生的歸趣」[26]。在通過這一「哲學的制定」[27]以求終極的本體世界、價

---

[19] 同注3，頁113。
[20] 同注3，頁112。
[21] 同注3，頁79。
[22] 同注3，頁81。
[23] 同上。
[24] 同注3，頁82。
[25] 同上。
[26] 同注3，頁103。

值世界、道德世界、藝術世界的目的與願望上，當時的儒道墨三家可以說不
謀而合地形成了一致的看法。但他們所遵循的「哲學的制定」之途徑，卻各
不相同，「墨家是宗教的還原，道家是哲學的還原，而在兩者之間的就是中
國古代儒家的思想」[28]。

　　墨家企圖「尚同一義於天志」[29]，希望由一個宗教之精神力量來維繫一
切，在當時的「哲學的革命」這一思想運動中，「與其說是革新，不如說是
復古」[30]。儒家強調以「倫理道德的文化來維繫人心」[31]，其思想既有「復
古的一面」又有「創新的一面」，這是因為儒家在精神上除了承受了《尚
書‧洪範》的精神傳統之外，又重新承受了《周易》的精神傳統。道家既不
同於墨家也不同於儒家，其對於夏商周以來的文化，祇是「接受其境界而反
對其權威」[32]。而且道家在接受傳統的「境界」時，不是走墨家的復古道
路，企圖將已死的上帝復活；也不是走儒家返本開新的路子，力圖把傳統重
新納入「時間之創化過程」[33]，而是「要透過時間之幻想，將世界向高處、
向過去推，推到人類無法根據時間生滅變化的事實以推測其秘密，而進入一
永恆世界」[34]。不過，道家的永恆世界，又異於古代宗教意義上的永恆世
界。古代宗教所謂永恆世界，必定強調有一個「皇天上帝在支配一切」[35]，
而道家將世界向上推到永恆世界，並非主張以宗教上的精神力決定一切，而
是要以永恆的哲學代替宗教上的永恆概念，「使宗教上的上帝觀念，轉變為
哲學上的至高無上的精神」[36]。可見，在當時的「哲學的制定」這一思想變

---

[27] 同注 3，頁 100。

[28] 同注 3，頁 103。

[29] 同上。

[30] 同注 3，頁 86。

[31] 同注 3，頁 82。

[32] 同注 3，頁 83。

[33] 同上。

[34] 同上。

[35] 同上。

[36] 同注 3，頁 85。

革的過程中，較之墨家之「復古」的文化選擇導向以及儒家之「返本開新」
的文化選擇導向，道家的「哲學還原」（就其提倡接受傳統的境界而反對傳
統權威這一文化選擇導向而言）更能鮮明地體現了當時的時代精神的特徵，
因為當時是一個「哲學的革命」的時代。

三

　　「哲學的革命」是對傳統文化的「哲學的制定」，它非但沒有拋棄傳統
文化，而且推動了傳統文化的新發展，開創了一個百家爭鳴的文化繁榮時
代。照理講，以儒道墨三家為代表的「哲學的革命」既然在學術上開創了各
家平等、同列「顯學」的生動局面，那麼經過這場革命，中國文化理應在春
秋戰國以後走向各家互補、諸學會通這一新的發展歷程。但遺憾的是，儒道
墨三家所開創的思想傳統，非但沒有被他們的後學引向通融，反倒被引向尖
銳對峙。這種對峙，不但不利於各自精神的拓展，而且也不利於共同抗衡異
質文化。於是在後漢當因外來文化輸入而使中國文化發生又一次危機時，已
經難以出現儒道墨三家共擔歷史重任、一同起來解救文化危機這一局面。

　　別墨雖然一度企圖恢復「五行」中的科學思想[37]，將墨子恢復古代神秘
宗教的導向轉向恢復古代科學，但秦漢畢竟不是科學發達的時代，所以這一
努力起不了作用。別墨的努力失敗後，墨家思想中「有關神秘經驗的迷信之
說又興起了」[38]，但這一次卻處在中國文化如何回應外來文化的挑戰以求長
足進步的形勢下，它因此已徹底地失去了拯救中國文化危機的作用，祇能最
終歸於消滅。儒家固然最有資格起來擔當解救文化危機這一重任，但儒家自
從漢武帝採納了董仲舒「罷黜百家、獨尊儒術」的建議、成為封建官方哲學
代言人之後，便「墮入利祿之途」[39]，收斂了其開放民主的博大精神，以至

---

[37]　方東美認為「五行」既是古代自然宗教，又是古代科學萌芽。

[38]　同注 3，頁 75。

[39]　方東美撰：《新儒家哲學十八講》（臺北：黎明文化事業股份有限公司，1983
　　年），頁 12。

於當中國文化面臨外來佛教文化的衝擊，需要有人果斷地站出來為維護中國文化傳統、維護中國學術生命而奮鬥時，儒生們卻在那裏雕琢虛文、推敲文句，並不把文化道統、國計民生放在心上，結果也沒能肩負起解救中國文化危機的使命。此時站出來維護中國文化的反倒是那些打著道家招牌的道士，例如寇謙之就站在民族立場來反對佛教文化，說動了魏武帝，殺和尚、毀寺院，一舉削平了佛寺中的武力，保障了國家安全。

　　道士們挺身出來為維護中國文化所做的一切，還是一種基於民族立場的排佛行為，然而因佛教文化的衝擊而形成的中國文化危機，並不是簡單地拒斥佛教所能解救的，此時的中國文化危機真正得到解救靠的是道家精神。這體現在三個方面：其一，是道家的語言，維護了中國文字的純潔性。北方淪入鮮卑人的統治後，鮮卑人使用鮮卑語作國語，強迫漢人在語言上鮮卑化，這真正是文化上莫大的危機。但是對此儒家一籌莫展，袛有仰仗外來的佛教來挽救中國文字，因為正是靠大量的佛教經典的翻譯，才使佛教的漢譯文字大量流行，從而「把北魏朝廷提倡為『國語』的鮮卑語打倒了」[40]，「終於保全了漢文方塊字，解除了這個文化上的重大危機」[41]。然而借助大量的佛教經典的漢譯而保全了中國文字這一點，歸根結蒂應該屬於原始道家的功勞，因為當時佛教大師翻譯佛教經典所使用的語言，不是當時白話文的儒家語言，而是原始道家所使用的典雅的文言文。其二，當時的知識分子靠道家思想成功地消化了佛教思想。印度佛教之所以能傳入中華，並很快地植根於中華文化，成為中國文化內在的有機成分，是因為無論是接受者還是傳播者都有意識地將它與道家學說聯繫起來看。一方面當時的中國知識分子以道家思想來理解佛教思想，並基於道家的立場來接受佛教，如果沒有道家哲學，佛家的思想便難以輸入，即便靠武力強行輸入，也必然要遭到中國知識界的拒斥而難以生根；另一方面當時佛教大師精通老莊思想，特意用道家術語詮釋佛家名相，用道家思想闡釋佛家教義，而這種「格義」方法旨在「方便善

---

40 同注 39，頁 16。

41 同上。

巧，誘使中國智識分子進入佛教之神秘玄境」[42]。其三，道家思想對中國佛學影響極深，「中國佛學之形上思想所取資於道家精神之激揚與充援者實多」[43]。魏晉時代，老子本無之說成為道安般若學及「六家七宗」之要素。莊生玄風，始則掀動支道林、繼乃深入鳩摩羅什學派，而激起僧肇在中國前期大乘佛學中所成就之玄言妙義。同時，道生所揭示之般若哲學，一則與道家玄風深相結納，而終又與儒家人性純善之說若合符節。此後隋唐時代大乘佛學諸宗，唐代禪宗，以及宋明性理之學，俱與此頗有淵源。

　　中國文化精神之發展，按照方東美的解釋，不是一個直線的過程，而是呈曲線的軌跡。在先秦處於高潮，進入漢代漸入低潮。自魏晉到唐代重新進入高潮，到五代又逐漸走向低潮；從北宋到明代形成第三次高潮，待到明末到清代中葉，逐漸由衰退走向死亡。這個過程可以比喻為「不規律、三節步之詩行」[44]。第一音步屬「揚抑抑」（重輕輕）格，「其重輕部分分別代表儒道墨三家所發展之諸理論系統」[45]；第二音步屬「抑抑揚」（輕輕重）格，「其中足以覘見傳統儒道兩家盈虛消長，終於逐漸讓位於大乘佛學諸宗」[46]；第三音步屬「抑揚抑」（輕重輕）格，此「為形上學之再生期，表現為三種型態之新儒家，俱受佛道兩家影響」[47]。從這個過程看，道家對於中國文化傳統之形成與發展的特殊貢獻，不但體現在他們的思想屬於春秋戰國時代對於夏商周文化的「哲學還原」，而且體現在他們的思想既是當時學人消化外來佛教的酵母也是形成中國佛學的理論源泉，還在於他們的思想不僅對解救魏晉時代的文化危機發揮了關鍵作用，而且對宋明新儒學的形成與發展產生了巨大的影響。

---

[42] 方東美撰：《中國哲學之精神及其發展》上（臺北：成均出版社，1984 年），頁214。

[43] 同注 42，頁 212。

[44] 同注 42，頁 33。

[45] 同注 42，頁 34。

[46] 同上。

[47] 同上。

四

宋明新儒學標誌著中國文化精神之發展形成了第三次高潮，然而新儒學的產生與發展，道家思想仍然起到了至關重要的作用。因為新儒學在思想上雖然以儒家思想為主，也難免受佛家思想的影響，但從根本上講，它畢竟是「古典儒家與古典道家的結晶」[48]。新儒家企圖繼承先秦儒家思想，但受時代的限制，必須要以南方的經學為媒介，由於南方經學的顯著特徵是「透過老莊道家的子學來瞭解經學」[49]，所以新儒家實際上是借助原始道家思想來把握原始儒家思想。新儒家之所以要沿著這個路數去發展儒學，完全是因為他們在理論創造上需要這個導向：(1)新儒家在哲學上有一個共同的主張就是要「以天地萬物為一體之仁」[50]，但他們又認為僅僅以「仁」為宇宙的中心，尚不足以發皇「仁」道的真精神，真價值，還應把「仁」的精神擴大，「深透到宇宙萬物的全體裏面，然後再回轉向內，把宇宙萬物攝取回來，在自己的心性上面來觀照、來體現」[51]。這恰恰是道家「府天地、備萬物」[52]的精神。所以新儒家必然先以道家的這一精神為導向，然後再進一步接受先秦儒家「天人合德」以及漢人「天人合一」的主張以形成其「天人不二」[53]的思想體系。(2)宋儒承接五代之衰世，卻又要實現儒家的「天人合德」[54]這一根本精神，便在理論上感到有很大的困難，因為儒家儘管有很崇高的學術精神、很純潔的道德人格，但是他們面對如五代似的罪大惡極的世界，在態度上很難容忍，一旦與此罪惡世界接觸，他們便極易憤世嫉俗，而想與它對抗，誓不共存。因此，宋儒要想正視人生，就必須克服與罪惡世界不相容的

---

[48] 方東美撰：《生生之德》（臺北：黎明文化事業股份有限公司，1979 年），頁 345。
[49] 同注 39，頁 72。
[50] 同上。
[51] 同上。
[52] 同上。
[53] 同上。
[54] 同上。

心態。而要克服這種心態，道家思想便能起到很大的助力，因為祇有借助道家的超脫精神，透過審美的眼光欣賞現實社會，才可能對塵世間一切痛苦和罪惡採取寬恕態度而以「天人不二」的心態包容塵世的一切。(3)宋人在哲學上是執持理性，但是理性卻無法兼管到情感生活這一方面。宋人覺察到了這一點，於是「以道德理想融和了道家的藝術精神」[55]，最終從價值上確立了文學藝術的高境界。這種境界，在當時天才的藝術家的作品中，就表現為以道家超脫精神將宇宙點化為至高無上的純美的世界。在這個世界上面，「美」已經變作倫理價值，「因此，到了宋代中葉以後直至南宋，當哲學家進入這個世界時，祇要懷抱著道德價值的理想，就能立即同藝術上美的境界聯貫起來。這就是北宋理學也能興盛的原因」[56]。

　　中國學術從源頭上看存在著兩個相反的思想傳統，一個是《尚書》「洪範九疇」，尤其是其中的「皇極」與「五行」。這個傳統從哲學上看，屬于「永恆的哲學」的系統；另一個是《周易》，「它是講社會的變遷、制度的演化、生命的發展、時間的流變，是全然趨向於活躍創造的系統」[57]。這兩個系統在春秋戰國時代終於分道揚鑣，一直到漢代都未能結合起來。待到漢末，儒家的經學由「官學」而「私學」，復由「私學」走向與南方的楚文化合流，「因而引出道家在中國學術上應有的重要性」[58]；而且在經學方面也就逐漸出現了以子學為中心的傾向，重視以子學義理來說明經書的微言大義，如王弼、何晏等對儒家《周易》的詮釋。儘管他們的詮釋各有側重，一個（王弼）是把儒家的系統落到道家的系統裏去，一個（何晏）是把道家的系統落到儒家的系統裏去，但他們的做法畢竟說明了對於上述兩支相反的學術傳統，當時有了結合的企圖。

　　在這種情況下，王弼講《周易》，就不從〈乾〉卦講起，也不從〈坤〉卦講起，而是從〈復〉卦講起。為什麼要從〈復〉卦講起？就是因為他利用

55　同注 39，頁 79。

56　同注 39，頁 80。

57　同注 39，頁 105。

58　同上。

了老子的思想中所謂自無而至有、自有而復歸於無、「歸根復命」[59]而返於無為的衍變邏輯。王弼想由此把儒家思想落到道家思想裏面，然後把時間的生滅變化的過程轉向，使它回到永恆的一方面去。

在這種情況下，儒家在講《周易》方面又形成了另外的一派。這一派儒家一方面講《周易》的創造過程及其生滅變化，另一方面他們還要講「歸根復命」，先返回到寂然不動的宇宙根源，然後從永恆的根源再引導出時間上的生滅變化。他們想說明人之「由永恆靜止的性，發而為感通不已的情欲」[60]也是遵循了這一變化規律。

但是，無論是從道家方面講還是從儒家方面講，這種要把古代兩大學術思想傳統結合起來的企圖，在宋代以前的中國思想史上並沒有產生多大影響。後漢以降，道家自是道家，儒家自是儒家，依然各說各的話，「一直到北宋，這種結合周易與尚書兩大思想系統的努力，才再度盛行起來而獲得巨大的效果」[61]。例如：在周濂溪的著作中，就可以看到這兩個學術系統漸漸結合為一；待到張載一方面講「太和」，另一方面講「太虛」，終於把儒道兩家的思想融會貫通「成為一體，而擺在一個統一的思想結構裏面」[62]。很顯然，新儒學的產生，從學術史來看，意味著古代兩大學術思想傳統由分途發展重新走向結合，而這個結合的過程實際上也就是通過「把儒家思想落到道家思想裏面」[63]而實現了儒道融通的過程。

五

道家思想對於中國文化傳統之形成與發展的特殊意義，固然體現在它對中國思想史上的其他學說的巨大影響上，但更為重要的是：作為中國哲學思

---

[59] 同注 39，頁 106。

[60] 同上。

[61] 同上。

[62] 同注 39，頁 308。

[63] 同注 39，頁 106。

想的四大主潮之一（另三大主潮為原始儒學、中國大乘佛學、宋明清新儒學），其精神對於結構中國文化傳統之精神內核至關重要。要瞭解這一點，須從方東美的文化觀談起。他的文化觀，不妨稱為哲學文化觀，因為他強調文化精神的內核就是哲學。他將文化從總體上區分為兩大層次，一個是形而下層次，另一個是形而上層次。形而下層次的文化以科學為最高形態。但文化的發展，並非如同科學主義者所斷定的是以科學文化為頂點，還必須由形而下層次上升到形而上層次。形而上層次文化包含三大因素，依次為藝術、哲學、宗教[64]，「這些都是高尚的精神構成的形而上境界」[65]。由此看來，方東美視為理想的文化整體結構，是指建築在科學文化之上的藝術、哲學、宗教「三者合德」的有機結構。但在這個「三者合德」的結構中，起核心作用的便是哲學，所謂「哲學是民族文化生活的中樞」[66]。哲學的這一作用，是由形而上文化的特殊性所決定的。形而下的科學文化是價值中立的文化，形而上文化則相反，不存在所謂價值中立，都屬於一定的價值系統，也就是說它們都須是一種價值評估。而哲學在形而上文化中之所以具有核心地位，就是因為「哲學問題之中心便集中於人類精神工作之意義的探討、文化創作之價值的評判」[67]，它屬於對文化價值評估本身的價值評估。

　　哲學是對生命精神的把握，所謂「生命精神才是哲學」[68]。「生命精神」是指「生生之德」，既是講客體的自然創造力，也是講主體的能動的創造力，但嚴格地規定的話，係指主體創造力與客體創造力相貫通所產生的一種本體論意義上的世界終極創造力。從這個意義上講，方東美所強調的每個民族的文化都有其哲學，其根本的含義是說每個民族都具有其獨特的創造世

---

[64]　係指理性宗教，非指通常所講的信仰性質的宗教。

[65]　方東美撰：《方東美先生演講集》（臺北：黎明文化事業股份有限公司，1978年），頁12。

[66]　同注48，頁156。

[67]　方東美撰：《科學哲學與人生》（臺北：黎明文化事業股份有限公司，1980年），頁9。

[68]　同注3，頁7。

界的生命精神，而決不是說每個民族的文化都以哲學為主導。這是因為各個民族的心態不同，其生命精神之表現也就各異，所以每個民族的文化之決定因素也就不盡相同。就歷史來看，「各主要文化的決定因素，在希臘是哲學，在印度是宗教與哲學，在中國是藝術與哲學」[69]。

中國文化的決定因素既然是「哲學與藝術」，那麼中國文化就其本質特徵而言，乃屬於高度的哲學智慧和高度的藝術才情相結合的文化。這種文化「總體須有高度的形上學智慧、高度的道德精神之外，還應該有藝術的能力貫穿其中，以成就整體文化」[70]。所以對中國文化來說，哲學智慧的形成並非單獨的成就，哲學的高度發展總是與藝術上的高度精神相配合，與審美的態度、求真的態度貫穿成為一個不可分割的整體，將哲學精神處處安排在藝術境界中。從中國文化這一本質特徵來看，中國人的才能，不是寄託在科學的理性思想裏，也不寄託在宗教情緒的熱誠上，而是寄託在一種超脫解放的藝術精神中。

在價值上追求高度的哲學智慧與高度的藝術精神相結合，這是中國文化的共性，對儒道墨三家都適應，因為「不管是儒家也好，道家也好，或者是先秦的墨家也好，都是透過中國人共同的才情來點化宇宙。這個共同的才情是什麼呢？就是藝術的才能，以藝術的才情，把有限的宇宙點化成無窮境界」[71]。但是，儒家太拘泥於道德理性，其審美的主要意向都是要直透宇宙中創造的生命，而與之合流同化，據以飲其太和、寄其同情，在超脫解放的藝術精神方面畢竟缺乏高度。墨家因為受到了宗教性的功利主義的影響，美感大為沖淡，以至於在三家中藝術傾向最少的要數墨家。唯獨道家，特別富有超脫解放的藝術精神，因為道家所講的「道」就是超脫解放之道，旨在強調先把形象上面有礙的東西統統剷除，然後展開一種開放的自由精神境界。這個境界，在道家看來，是一個無窮空靈的境界。生命精神在這個境界裏面縱橫馳騁一直到達超脫解放的最高度的時候，就會再回向人間世，以同情瞭

---

[69]　同注3，頁4。

[70]　同注3，頁70。

[71]　同注3，頁184。

解的精神，來把他所接觸的現實世界，都變作理想世界的化身。如此一來，一切人類都變作精神自我的顯現。可見，「就中國哲學家的藝術才能看起來，我們可以說，道家遠超過墨家，甚至於超過儒家」[72]。

　　道家的超脫解放精神儒家不容易做到，因為儒家在生活上面太入世。儒家的倫理都流露著政治、藝術、文學的思想，乃至於社會的典章制度所構成的一種社會的、政治的和歷史的世界；而在這個世界裏面所成就的主要價值，就是家庭、社會、國家的制度裏面所流行的人類創造出來的價值即人文世界。正因為太過於人間化，儒家遂拘於道德價值，久而久之也就由對於個人道德價值之崇高感的關注而走向道德優越感，從開放漸漸變成拘束，整個的價值程式不是開展而是收縮。這從道家的思想看起來，儒家所要保持的那種價值，不是向上面發展而是逐漸向下面枯萎。最高的道德理想一旦失掉了之後，儒家在價值上面便祇能採取保守的態度。但是這個保守的態度根本不能夠保住價值本身。所以道家在強調要不斷提升生命價值的同時，又將一切爭議不決之價值品級、一切爭論不已之道德德目，「悉化為無謂之談」[73]，以期「顯發無窮圓滿之價值」[74]。既然道家與儒家在價值理想方面的差別如此顯著，那麼認為中國最高的智慧唯儒家所有就委實是一個很偏狹的見解，因為「道家的精神至少可以糾正儒家的弊端。所以講中國文化祇講儒家而抹殺道家，不是智慧」[75]。

　　道家精神，不但從歷史上看起到了糾正儒家的弊端、彌補儒家的不足、解救儒家的危機的作用，而且也是當代恢復儒家精神、發展中國文化、進而解救世界文化危機所必需的「精神力量」。在人類文化史上，當代是一個突變的時代，面臨許許多多的危機。人類要解救其面臨的文化危機，就必須借助中國文化精神。但在中國文化精神也面臨衰退的現今，迫切要做的事就是從中華民族優秀的靈魂中鉤出民族精神來振興真正的中國文化。而要做到這

---

[72] 同注 3，頁 184-185。

[73] 同注 42，頁 38。

[74] 同上。

[75] 同注 65，頁 52。

一點，實在需要先在精神上重新振作，將精神向崇高的境界提升。為了提升精神，就要借助於道家的精神力量，因為正如莊子在〈逍遙遊〉中所論，道家主張先將精神提升到「寥天一」的高度，然後再回向下界，將高度的精神逐步貫注於人間世的每一個層面。借助道家的精神力量使生命精神提升到價值的最高度之後，再在上面發揮儒家的精神，開出新的境界；然後把這一新境界落實到現實社會裏面，透過現代種種的理論科學與應用科學，把握被中國人喪失而為西方人所掌握的「戡天役物」精神。這是振興中國文化精神的必由之路。中國文化精神一旦復興，就可以「拿中國復興的哲學思想去面對西方，也促進西方衰退的哲學精神能夠復興」[76]。

六

　　方東美探討道家精神與中國文化傳統這個問題所遵循的思路，對我們超越「主次」對峙的視角，從新的角度研究中國文化精神及其體現，無疑有積極的啟迪作用。因為在我們看來，先從諸家的會通處揭示中國文化精神的最高成就，然後運用比較哲學的方法具體分析儒佛道各家對於形成與發展中國文化最高精神所作出的特殊貢獻的做法，實際上所堅持的是由抽象到具體的思維方法，它對於比較文化研究來說，不失為一個有效的方法。但是，研究方法上的新思路，並不一定保證在分析具體問題時必定會解決老問題。實際上，與成功地運用了他的新方法比較起來，方東美對一些具體問題的解決，卻留下了很多的疑問。且不說他在文化選擇上推崇先秦而輕視漢唐，也不說他在學術上推崇理學而貶斥漢學，即便就他所特別關注的中國文化之精神價值這個方面看，他的分析仍然不免陷入思想矛盾：一方面講高度的哲學精神與高度的藝術精神相配合是儒道墨三家思想的共同體現，另一方面又講墨家缺少藝術才情；一方面說中國文化的決定因素是哲學與藝術，所以中國文化是高度哲學精神與高度藝術才情相結合的文化，另一方面又說中國文化是倫

---

[76] 同注65，頁12。

理文化。他之所以陷入這種思想困境，與其說是由於他論述問題的方法不嚴密，不如說是由於客觀上根本就不可能像他那樣以美學的眼光處理問題，因為他既然以美學的眼光把握道家精神，又以道家的眼光把握中國文化精神，就勢必在文化選擇上推崇和提倡玄妙浪漫精神的文化，這樣他就很難在他的文化選擇的價值導向下將中國文化中各種價值理想真正統一起來，於是當他不得不對一些具體學說作出說明或評價時，也就難免不與他關於中國文化精神之總體把握相矛盾。所以我們認為，方東美關於道家精神與中國文化傳統的思想，仍然有待我們去研究。

「機體主義」與「二分對立」的精神悖反
——方東美論著抉奧之四

　　方東美一生都熱中於東西哲學之比較研究。但他的東西哲學之比較研究，早期和晚期有顯著的不同，早期側重於探討東西方文化當歸於不同的智慧類型，晚期則側重探討東西方哲學精神的根本差異。為篇幅所限，他關於東西方文化何以分為不同的智慧類型的分析，容另文專論，本文僅分析他有關東西方哲學精神之根本差異的論述。

一

　　方東美東西哲學比較研究的視角正式確立於《哲學三慧》。較之於早期在《哲學三慧》中側重比較東西方文化不同的智慧類型，他晚年的比較哲學研究就更多地關注東西哲學在對一些根本性哲學問題的看法上的差異，並通過此類差異的比較來凸顯東方哲學的精神特徵，以說明西方哲學惟有向東方哲學學習才能從根本上克服其缺陷，走出困境。

　　對哲學具有根本意義的問題，不外乎指本體究竟是超絕的還是內在的、知識究竟是真實的還是虛妄的、方法究竟是融貫的還是分裂的、人性究竟是善的還是惡的這類問題。既然如此，當方東美從哲學問題的角度來比較東西方哲學精神之差異時，他便很自然地將比較的眼光集中在這四個問題上。其一、探討本體之超越性或內在性，在方氏看來，是「形上學」的任務，而「形上學」對哲學來說最為根本，因為哲學說到底就是「究極之本體論也，

探討有關實有、存在、價值等」[1]。中外形上學從形態上分可歸為三類，分別稱為超自然（即超絕）形態、超越形態、內在形態。東方「形上學」與西方「形上學」的區別，不在於是否承認世界存在著究極本體，而在於對該究極本體的存在方式作出了不同的解釋。西方「形上學」認為，究極本體是超絕的存在，它是作為外在於世界的力量來決定世界的存在。與西方的超絕形態的「形上學」相比，東方的「形上學」可稱作超越形態的「形上學」，一方面強調本體界與現象界的圓融無礙，另一方面又強調本體界在價值層面超越現象界，成為現象界所以存在的決定者。就東方「形上學」的根本特性來講，印度形上學和中國形上學是相通的，但較之印度形上學，中國形上學因為更強調本體界的「內在性」而可以稱作「既超越又內在之形上學」[2]。這些觀點，在方氏的著作[3]裏很容易找到，這裏不再贅引。

「本體界」無論是超越的還是內在的，都是相對「現象界」而言的，超越是指超越現象界；內在也是指內在於現象界。現象界作為經驗世界的統稱，當然包括自然界。自然界是相對人類社會而言的，所以哲學又勢必關注自然和人類的關係問題，從本體論走向宇宙論，形成一定的自然觀和人生觀。既然如此，方東美在對東西方「形上學」作比較的同時，又常常很自然地對東西方自然觀和人生觀加以比較。就宇宙觀講，方東美認為，「中西自然主義彼此之間顯有一大差異：後者恆標榜價值中立，而中國哲人則於宇宙觀、及人性觀上無不係以價值為樞紐」。[4]他論述道：「從我們中國固有的文化來看，宇宙真實存在常是負荷著真美善的價值，所以我們把握存在，同時便能欣賞價值。近代西洋人割裂自然界，漫將客觀的存在與寶貴的價值區分為二而斷其連貫，揆其究竟，宇宙的終極目的，人生的至善理想往往浮游

---

[1] 方東美撰：《中國哲學之精神及其發展》上（臺北：成均出版社，1984 年），頁 28。

[2] 同上。

[3] 例如〈中國形上學中之宇宙與個人〉、〈中國哲學之精神及其發展〉。

[4] 同注 1，頁 18。

無據，頻於幻滅」[5]。西方人從價值中立的立場看自然，自然要麼是罪惡的淵藪，要麼是功利的園地，勢必走向淺薄的功利主義；而東方人從價值化的自然觀看世界，自然界不衹是時空數量物質之存在，也是鳥魚花香之藝術欣賞的園地，充滿詩情畫意，啟人美感，令人興奮，勢必走向高尚的理想主義。西方人從價值中立的立場看人生，人生不是罪惡便是痛苦，勢必走向頹廢的虛無主義；而中國人從價值化世界觀看人生，人生因美善真實而幸福，勢必走向積極的人文主義。

　　其二、人之對於人生意義和人生價值的認識，取決於其關於人之本性的認識。從這個意義上講，方東美認為，東西方人之所以產生迥然不同的人生觀，應歸根於其在人性觀上的相異。西方人從原罪意識出發，否認神性與人性的內在聯繫，斷言人性本惡，走向盲目的等待救贖；中國人從「天人合德」的觀念出發，否認神性與人性的疏離，強調人性本善，走向自覺的道德踐履。這一認識，方東美在他的論著裏時有論及，但就系統性而言，要數《中國人的人生觀》中的論述較詳細。在此著中，方東美分析說，作為西方哲學源頭的古希臘哲學，在人性問題上，幾千年來都持「先天性惡論」，貶抑人性。希臘人的「先天性惡論」是以「人性原罪的學說」[6]為理論源頭，因而它後來很容易便「轉變成宗教上的性惡論」[7]，與希伯萊對人性的看法共同構成西方哲學人性論的理論基礎，從根本上決定了西方人將「整合的人性淪為一種『惡性二分法』」[8]，以為「此世的肉身純為罪惡，而善良的靈魂屬於他世」[9]，形成了西方人性論兩種基本思想：「第一，人性被貶抑為先天性的惡，自從生命有肉體以來就是如此，除非死亡不能解脫，因此，物

5　方東美撰：《方東美先生演講集》（臺北：黎明文化事業股份有限公司，1978年），頁193。

6　方東美撰：《中國人的人生觀》（臺北：幼獅文化事業公司，1980年），頁57。

7　同注6，頁7。

8　同注6，頁8。

9　同上。

質世界與肉體一樣，都成[10]了罪惡的淵藪；第二，唯有肉體因罪而亡時，精神生命才能因上帝的賜予而展露出來，並皈依於基督」[11]。而作為東方智慧之典型的中國哲學，「其中絕無任何對人性的咒詛」[12]，在人性論上始終堅持「性善論」。問題是，就中國哲學史而論，中國哲人關於人性的看法，大致有五種學說，即(1)性善論，(2)性惡論，(3)性無善無惡論，(4)性有善有惡論，(5)性三品論。那麼，方東美從什麼意義上強調中國哲學之人性論始終堅持「性善論」呢？他通過對各家性說的具體分析，以證明：荀子的「性惡論」，是將「性」和「情」混為一談，是從「情惡」推出「性惡」，其主張實際上祇是一種「情惡論」；而「性無善無惡論」，是一種價值中立論，不是從價值方面肯定人生的意義，不代表中國哲人在人性問題上的主流認識，因為中國哲人大多是價值化的世界觀，從不「將價值漂白了變成中立」[13]；至於「『性有善有惡論』及『性三品說』，都不曾直透人性之本源，而祇是就後天習氣著想，強為分別罷了」[14]。基於這一證明，方氏強調，以天心貫人心、以仁心究人性、以義理為性的「人性本善論」才屬於中國哲學之人性論的根本精義。

其三、哲學對知識問題的探討，在方東美看來，解決認識的真偽並不十分重要，關鍵在於如何解決「境」的認識與「情」的發洩的關係，轉識成智，把單純的「境」的認識轉變作「情」感貞定，將知識層面的瞭解轉為智慧層面的境界。從這個意義上來看東西方哲學在知識論上的差異，他認為兩者最主要的不同在於：西方哲學定限於科學，東方必訴諸情感。限於科學定唯理是顧，凡違理者皆止於哲學法門之外，勢必將哲學視為一種知識系統；訴諸情感必察理衡情，凡悖情者皆逗於哲學法門之前，勢必將哲學看作一種智慧學說。他就此論述道，從事哲學的人要講心量，不能學西方人的做法，

---

[10] 原作「能」，此為引者據文中意思改。

[11] 同注 6，頁 58。

[12] 同注 6，頁 8。

[13] 同注 6，頁 67。

[14] 同上。

祇把哲學「當作知識來販賣」[15]，必須瞭解智慧、培養智慧。祇販賣知識而不培養智慧，則勢必樣樣學西方，而「對於東方的東西可以說沒有沾到邊」[16]。就成就知識的路徑看，東西方人所走的路亦不同。西方人「從方法學的起點、原理、過程，一直到結果都是『一條鞭』之路。這一條鞭所走的路都是偏鋒的路。……但是在東方的哲學方面，他的路不是那『一條鞭』的路，他要體認許多路，在許多的路裏面，他都可以走；……把多元的知識系統的路徑都走過之後，再彙集起來，形成一個『大本』、『達道』。那個『大本』、『達道』不僅僅是偏頗的知識、專門的知識，而是旁通統貫的智慧；縱之而通，橫之而通，這麼一個廣大的知識所形成的一個高度智慧」[17]。東西方人在成知路徑上的這一差別，說到底也就是轉識成智與由知到知的區別，由知到知看重的是知識的量的積累，轉識成智則著重將知識轉變（上升）為智慧境界，反映了東西方人對自己生命精神的不同體悟：一個（西方人）將哲學（生命精神才是哲學）看作「一套專門技術性的學說」，一個（東方人）將哲學視為一種生命精神境界。正是從這個意義上，方東美強調，將哲學看作生命精神的學說還是看作專門技術性的學說，是東西方人在哲學觀上的一個明顯的差別：「從希臘以前到近代歐洲哲學這一方面，哲學是一套專門技術性的學說。在這裏面，都把產生這一套哲學的人隱藏在背後。人都隱藏汨沒了，所顯現出來的都是哲學的思想系統，而這個哲學的思想系統不代表人的精神，假使就這一點看起來，東西方的哲學成了一個很大的對比」[18]。

　　其四、相對於上面各方面的比較，從方法論的層面把握東西方哲學的差異，應該說更為方東美所重視。他之所以重視對東西方哲學思維的特徵作比較，是因為他認為惟有作這樣的比較才有可能把握東西方哲學所以存在種種差異的認識論根源。既然是為了找出東西方哲學所以存在種種差異的認識論

---

[15] 同注3，頁55。

[16] 同上。

[17] 同注5，頁56。

[18] 同注5，頁73。

根源，那麼他之關於東西方人思維特徵的比較，就不會拘泥於具體方法的面面俱到的類比，而必然直指主旨，緊緊抓住東西方人思維方法的根本特徵。雖然他為了直透主旨而難免忽略論證，使人存疑有餘而信服不足，但透過他那些毫不含糊的論述，我們真實地感到他真誠地希望人們相信這一點：東方思維是融貫型的思維，西方思維是分離型的思維，東西方哲學所以存在種種差異，正因為他們以根本不同的思維方式處理哲學問題。

為了凸顯東方人、尤其是中國人的思維方式，方東美後來一般以「機體主義」來概括東方人的思維特徵。對「機體主義」，他先後在〈中國形上學中之宇宙與個人〉、〈從歷史透視看陽明哲學精義〉、《中國哲學之精神及其發展》第一章中作過三次解說。這三次解說，意思大致相同，但說法詳略各異。從他關於機體主義的三次界說來看，機體主義的方法論意義就在於反對二分法，提倡以渾融的眼光看世界，將世界視為旁通統貫、重重統貫、圓融一貫、彼是相因、交融互攝、浹而俱化、創進不息、生生不已的廣大和諧系統。儘管人們未必相信方氏所說，但他自己堅信機體主義為「為中國哲學主流和特色」，足以成為中國「一切思想型態之核心」[19]。既然機體主義足以代表中國哲學的根本特色，那麼從中國哲學乃東方智慧的典型體現這個意義上講，它也可以視為整個東方哲學的根本特色，從而與視世界為分離、矛盾、孤立系統的西方哲學形成鮮明的對比。在方東美的東西方哲學比較研究中，時常強調這種對比對於從根本上認清東西方哲學所以存在種種差異的意義。在他看來，正因為「西方的觀念是條理清晰的，中國的觀念卻是渾融一片的」[20]，所以「西方學者對於中國人的心境常常格格不入」[21]，總以為中國人的渾融觀念不合理性，「在邏輯上是欠通的」[22]。

---

[19] 方東美撰：《生生之德》（臺北：黎明文化事業股份有限公司，1978 年），頁 368。

[20] 同注 19，頁 363。

[21] 同注 19，頁 263。

[22] 同注 19，頁 264。

二

　　方東美在早期認為東西方哲學通過各自的「自救」以求「它助」就能實現雙方的融通互補。在晚年，他雖然沒有公開申明放棄早先以「自救」求「它助」這一東西哲學會通的立場，但卻時常強調這麼一個理念：東西方哲學要想真正實現互補融通，關鍵在於西方人應首先改變其心態，放棄分離型的觀念，認同東方人的融貫型的世界觀。

　　這個理念的確立，對方東美晚年的東西哲學之比較研究意義重大。因為正是為這一理念所驅使，他晚年的東西哲學之比較研究才更關注西方哲學中某些與東方哲學精神有可能相通的哲學，希望以這類非西方主流形態的哲學思想與東方主流哲學精神的一定程度的相通來證明東西哲學之間的可比性，從而說明以東方哲學精神拯救西方哲學精神之危機的理想具有現實的可能性。

　　西方哲學，從發展歷程講，分為古希臘哲學、中世紀哲學、近代歐洲哲學、現代西方哲學。但中世紀哲學，被視為祇是亞里斯多德哲學的翻版，沒被納入比較視野，因此他關於西方哲學自身的比較，就主要涉及希臘和近代歐洲哲學以及希伯萊哲學。希伯萊哲學本屬於東方，它之作為西方哲學成分納入比較哲學範疇，是因為方東美認為它流傳到西方以後同希臘哲學精神相融合而成為西方哲學的重要的源頭。而它之被引入西方哲學範疇，用以同古希臘哲學相比較，顯然是為了凸顯古希臘哲學的缺陷，以說明古希臘哲學發展到末期，就勢必要設法「同 Hebraic religion（希伯萊的宗教）再結合起來」[23]。至於現代西方哲學，往往被他視為對西方哲學主流傳統的反叛，而這一反叛，從某種意義上講意味著西方哲學發展最終在精神上要認同東方哲學、尤其中國哲學的精神傳統。

　　在方東美看來，西方哲學從它的源頭古希臘哲學開始，便存在著其自身

---

[23]　方東美撰：《華嚴宗哲學》上（臺北：黎明文化事業股份有限公司，1981 年），頁331。

無法克服的缺陷，即始終無法化除「二元對立的世界觀」[24]。「譬如在希臘哲學上面，便區分為物質世界與精神世界的二元對立，這在希臘哲學上是始終沒有解決的大問題」[25]。當希臘哲學在後期吸納希伯萊宗教哲學以圖新發展時，其本意未必不是解決這個難題，但由於希伯萊宗教是純粹的宗教，在它裏面所包含的哲學的成分卻比較淡薄，而且它自身也存在著善惡二元、神魔同在的理論缺陷，所以從希臘末期到羅馬時代，一直延續到以後的中世紀，西方哲學並沒有真正解決這個大問題。而走出中世紀的西方近代哲學，雖然擺脫了在本體論上的「形上」和「形下」的糾纏不清，開創了哲學上的認識論時代，但從笛卡爾開始，歐洲哲學又陷入了新的「二元對立」，將本體論意義上的物質與精神的對立變成了認識論意義上的主客對立，「在知識上，面臨主體客體的對立、內界外界的對立，劃了一道鴻溝」[26]使得「這二元對立性的問題根本沒有解決的可能，而且還產生了更大的錯誤理論」[27]。

　　儘管近代的西方哲學家，一直都企圖解決他們所面臨的「二元對立」，但到休謨尚認為這不可能解決，終於逼出了康德。康德自己認為他是從休謨的懷疑主義所引起的獨斷論美夢中覺醒，他要以知識論去解決思維哲學裏面的二元對立。但在他的「哲學領域中，一方面是不可知的物自體，二方面又是主觀的感性知識、理解知識、理性知識（睿智知識），對於這兩方面的中間這一道鴻溝，始終都無法跳過去，也不能在其間架設橋樑」[28]，他同樣沒有解決這一對立。在康德以後，黑格爾則將主觀精神變成客觀精神，提出了「絕對精神」。他的「絕對精神」，固然可以說是徹底的一元論，但他持的這個徹底的一元論，是先把握住一個最高的最後的統一，然後強調相對於這

---

[24]　同注 23，頁 333。

[25]　同上。

[26]　方東美撰：《中國大乘佛學》（臺北：黎明文化事業股份有限公司，1984 年），頁 50。

[27]　方東美撰：《華嚴宗哲學》下（臺北：黎明文化事業股份有限公司，1981 年），頁 8。

[28]　同 23，頁 336。

個最高最後的統一，下面的現象世界的雜多就變成了幻象，因此「他是犧牲『多數』來成就『一』」[29]，並沒有真正克服本體世界與現象世界的二元對立。在黑格爾之後，德國哲學家們大聲疾呼要「回到康德」，以重建唯心論的新壁壘；其後不久，隨著形式邏輯，尤其是數理邏輯驚人的進步，許多哲學家又同聲呼號要「超越康德」。但無論是走實證論的路子以「超越康德」，還是走唯心論的路子以「回到康德」，西方哲學就其主流而言，可以說它一直發展到現代「對於二元對立性的鴻溝，便始終無法求得解決」[30]。

　　方東美之所以通過對歐洲哲學源流正變的梳理以說明直至現代西方哲學始終無法解決「二元對立性」問題，就是要強調西方哲學通過自身不可能消除其精神危機，西方哲學欲消除其精神危機，就「應當向東方看齊」[31]，認同東方的哲學精神。東方哲學就主流而言，可以說是機體主義哲學，它的基本精神，正如華嚴宗哲學所體現的，是一種廣大和諧的精神，視宇宙為交相互攝、旁通統貫的系統。因此在東方哲學看來，「整個的宇宙，就仿佛在生命領域裏面的各種神經系統、消化系統、循環系統、肌肉系統，都是牽一髮而動全身。因為它們彼此是相對待的，是互相扶持、互相貫通、互相維護，而不是衝突與矛盾的。」[32]西方人如果能拿這種精神去思維，「可以說對於西方哲學上所產生的知識論上的困難、宇宙論上的困難、本體論上的困難問題，都可以對症下藥而一一給予醫治。換言之，這一套機體統一的哲學，可以把一切二元對立的問題裏面的癥結一一給予打破。」[33]

三

　　可見，方東美藉東西方哲學之比較想告訴西方人的道理就這麼簡單：祇

---

[29]　同注 27，頁 481。
[30]　同注 23，頁 493。
[31]　同注 27，頁 133。
[32]　同注 27，頁 345。
[33]　同上。

有走東方機體主義哲學的路子，才可以解決其始終無法解決的「二元對立性」問題。但正如他自己所認識到的，由於東西方人的心態畢竟不同，「東方哲學同西方哲學，究竟相隔一級」[34]，要想讓自命甚高的西方人「回過頭來看看東方的哲學家們是怎麼說的」[35]，不啻幻想。或許出於這一認識，方東美晚年的東西哲學之比較研究十分注意以下問題：對東方哲學，在揭示其相通性的同時，尤其重視揭示印度哲學與中國哲學的差異性；對於西方哲學，在揭示其古今之差異性的同時，尤其重視揭示其古今之相通性。前者是為了說明，「在印度原始的宗教或原始奧義書的哲學裏面，並沒有犯下像希臘哲學以來的那種二元對立性，或者像近代歐洲的二元對立性」[36]，待發展到部派佛學和大乘始教階段，印度哲學就將「一個完整統一的世界」，「變成二元分歧的世界，再從二元分歧的世界裏面表現出它們的對立」[37]，出現了「二元對立性問題」[38]，因此印度哲學從總體上講不足以成為東方哲學的典型。東方哲學的典型祇能是中國哲學，因為在中國哲學裏講「天人合一」、「天人合德」，以為「人總是同天合起來成為不可分割的整體」[39]，不存在所謂的「二元對立性問題」；後者則是為了說明，儘管西方哲學在整體上與中國哲學本質相異，但就希臘哲學的某些成分以及西方現代某些哲學家的思想而言，西方哲學也有同中國哲學相通之處。如果說希臘哲學與中國哲學在否定人性本惡的認識上「確實是具有很大的默契之處」[40]的話，那麼中國哲學與某些西方現代哲學家的思想相通就表現在視世界為和諧統一的機體。

這兩種說明，雖然視角各異，但殊途同歸，目的相同，即通過揭示中西

---

[34] 同注 23，頁 297。

[35] 同上。

[36] 同注 27，頁 13。

[37] 同注 27，頁 122。

[38] 同注 27，頁 13。

[39] 同注 27，頁 101。

[40] 同注 27，頁 106。

方哲學的相通性以說明西方人認同中國哲學的可能性。同早期相比，他晚年關於中西哲學相通性的說明顯然不是為了證明東西哲學有可能互補，而是為了證明西方人為什麼有可能認同中國哲學。在他看來，祇要證明了西方哲學也能生長出與中國機體主義哲學性質一樣的哲學，那麼西方人認同中國哲學，豈不就等於發現其自身哲學中那些非主流哲學的價值而予以肯定。當然，方東美在他的著作裏並沒有對此作任何明確的申明，但我們堅信，這個認識實際上左右其晚年東西哲學之比較研究，否則他不可能從機體主義的視角來比較中西哲學的相通性。

　　從機體主義的視角來比較中西哲學，從方東美關於東西方哲學性質根本不同的觀點看，祇能得出中西哲學相異性的結論來，那麼他晚年就機體主義的視角比較中西哲學的相通性，豈不意味著他已放棄了其觀點，不再將是否堅持機體主義的立場視為東西哲學的根本差別？這個問題，很難簡單的回答。首先，我們必須明確的說，方東美始終都認為是否堅持機體主義的立場是東西方哲學的根本不同之所在，但我們同時也要強調：在堅持這一認識的前提下，他並不否認某些現代西方哲學家的思想與東方機體主義哲學相通。這種相通，之所以不足以改變東西方哲學在性質上的根本差異，是因為對於西方主流哲學來說，某些與東方機體主義哲學相通的哲學，在整個西方哲學中祇是一個「例外」。而方東美所以要重視這些「例外」一類的哲學，就是因為在他看來，惟有通過這類「例外」哲學，才有可能讓西方人信服東方的機體主義哲學。

　　被方東美列為「例外」的哲學，主要指柏格森的「生命哲學」、胡塞爾的「現象學」，海德格爾、懷德海的「歷程哲學」。所以他晚年的比較哲學研究，也就重在說明，對於西方哲學來說，這四人的哲學如何是個「例外」；而對東方哲學來說，這四人的哲學又在什麼意義上與中國哲學相通。

　　方東美沒有對這四人在哲學上的同異性作具體的比較，但歸納其零散的論述，不難看出，他將西方的機體主義哲學追源到柏格森，而將它的成熟歸

於懷德海「機體主義的形上學」[41]。柏格森的生命哲學,將生命視為永不停息衝動和變化過程。生命在衝動變化的過程中,形成了不同階段,構成了不同層次,產生了不同物體。這種以「生命」為宇宙之流動之實體的哲學論證,在方東美看來,涉及了構成世界機體聯繫的「關係的關係又是什麼」[42] 這一機體主義哲學必須證明的問題,故他斷言柏格森關於生命本體的論證「就首先提出這個問題」[43]。

同柏格森相比,胡塞爾所設計的現象學的辦法,不在於確立生命本體與流變的現象世界的機體關係,而是通過對於現象世界之現象的層層剝離以確立「純理智的統一」。現象學「並不否定一切不可靠的知識,可是卻完全要把它擺在現象學的括弧裏面去,然後在這些現象學的括弧內所括不掉的部分,便可以得到一個純淨的意識。對於這個純淨的意識,必然會產生兩個觀點:一個是能,一個是所。一個是 noesis 便會與 noema 產生一種不可分的統一,即 noetic(純理智的),noetic unity(純理智的統一)」[44]。現象學如此確立「純理智的統一」,同中國大乘佛學確立「般若真智」的辦法很相似,故他又斷言:從中國大乘佛學詮示「最高精神統一」[45]的觀點來看西方哲學,「便會發現『現象學』糾正了康德哲學的某一部分的缺點」[46],因為康德的「超越自我」,在達到理性知識頂點的同時,也把「真正是宇宙根本真相的(實體),也一同化到他的自然體系之外,化到合理體系之外,這是大失」[47]。

海德格爾的「存在哲學」,顯然是要推進現象學,但當「海德格[48]把現象學變成『實存論』的時候,便馬上產生了很大的困惑,這個困惑是因為它

---

[41] 同注 27,頁 10。

[42] 同注 27,頁 210。

[43] 同上。

[44] 同注 26,頁 332。

[45] 同注 26,頁 331。

[46] 同注 26,頁 332。

[47] 同上。

[48] 此係海德格爾的另一音譯。

是從一個基本概念所謂眼前的存在世界所產生的」[49]。他的「實存論」是想「盡其一切生命的可能要想產生一大套的生命計畫，要把生命投到時間裏面去，把生命投到歷史的洪流中去。但這時他又發現，時間也是一個大的天羅地網，它不僅僅可以支配著現在一切生命的存在，而且對於未來的一切的生命轉變，也都會受到未來的時間所支配」[50]。「因此海德格爾便把生命展開來，從過去的三世到現在的三世，再到未來的三世……這樣子一直演變下去，時間是無窮的，而無窮盡的時間在那個地方不斷的展開，可以吞沒世界上的一切生命」[51]。既然「我們不得不把生命投到時間領域中去，不能夠不投到歷史的發展史觀去觀照，但是就歷史世界來說，它是時間的天羅地網，可以決定一切生命的命運，最後是趨向死亡」[52]，「這樣子一來，就形成他的雙重苦悶的主要原因，即人所存在於[53]世間，卻又百般渴望要逃離世間。倘若他想與眾人共同生活，卻又心懷罪咎地要避開他們。他宣稱要為他純真自我的獨特存在而活著，卻又因處於一個他自己所選擇的塵俗世界而退居自我疏離的困境」[54]。海德格爾生前為他所遭遇的雙重苦悶不得化解而苦惱，他曾問中國學者蕭師毅，「是不是東方的哲學領域上面可以開出一條新路來解決存在主義者的煩惱與苦悶」[55]。蕭師毅如何回答海德格爾方東美無從知曉，但在方東美看來，海德格爾所以苦悶是因為海氏要維護他們的個人主義而產生一個大的我執所致，所以他明確的說，「假使海德格問到我的話，我一定會站在佛學的觀點給他開出兩個藥方：第一個藥方是法無我（dharma-nairatmra），另一個就是人無我（Pudgala-nairatmya）」[56]。

　　在方東美看來，說柏格森、胡塞爾、海德格爾三人的思想與中國哲學思

---

[49]　同注 26，頁 557。

[50]　同注 26，頁 559。

[51]　同注 26，頁 560。

[52]　同上。

[53]　本為「的」字，此係引者據前後文意思改。

[54]　同注 26，頁 561。

[55]　同注 26，頁 576。

[56]　同上。

想貼近，主要是就以生命為超越的本體、生命本體顯為流變歷程這個意義上強調的，尚未涉及生命機能與生命歷程相統一這個機體主義哲學的核心問題。從這個核心問題來講，在西方現代哲學家中，同中國哲學最為相契的哲學當數懷德海[57]的「機體主義的形上學」。所以他強調說，假如從西方哲學的立場來看華嚴宗哲學（方氏認為它是體現中國機體主義哲學的典型形態），「那麼最低限度也要採取懷德海的立場」[58]。所謂懷德海立場，就是「機體主義哲學」的立場，它「針對各種科學上面的孤立系統，便想辦法要打破這些孤立系統，然後便在哲學的領域內另外成立一個所謂 organic philosophy（機體主義哲學）。就是要把森羅萬象的許多差別境界的孤立系統給予打破，然後在它們之間建造一個理論的橋樑，要把它們都溝通起來」[59]，形成包容各種科學體大思精的機體主義哲學。從機體主義哲學的觀點看，「整個宇宙可以看出它的有機統一（organic unity）。換言之，整個的宇宙可以說是一個橫跨時空的有機體，而且它們之間的層次分明，隱顯也互異，脈絡也相通，就好像指與臂是互相依存」[60]。由此看來，經由斯賓諾莎、萊布尼茲而發展起來的懷德海哲學，「與中國在唐代所形成的所謂華嚴宗的哲學，有許多地方是可以相通的」[61]。

　　方東美認為「以西方觀點來研究中國哲學便會產生很大的隔閡」[62]，但他的中西哲學之比較，似乎也不能完全避免以西方哲學的觀點來看中國哲學。不過，他在主觀上的確希望改變這一西方中心主義的比較文化學的傳統，在比較哲學研究中，反其道而行之，堅持以中國哲學的觀點來看西方哲學、評價西方哲學。他這樣做，當然是受其理想（以中國哲學精神拯救西方哲學的精神危機）所圍而不得已為之，但正因為他不願放棄他的這個理想，

---

[57]　方東美有時又譯為懷特海。

[58]　同注 23，頁 31。

[59]　同注 23，頁 340。

[60]　同注 23，頁 341。

[61]　同上。

[62]　同注 23，頁 142。

他的東西哲學之比較研究，又具有強烈的東方中心主義的色彩，使他的中西哲學之比較研究，不能從根本上背離中國文化本位論者的立場，達到全球意識的高度。這是一個遺憾，但它畢竟是包括方東美在內的現代新儒家難以超越的認識局限。

方東美論儒釋道會通

　　方東美曾說：「余數十年來潛心研究東西哲學思潮，冀能瞭解其源流正變」[1]。而他研究東西哲學思潮的方法，主要就是比較哲學方法。他的哲學比較，大體上可以分為三個方面：東西哲學之比較；西方哲學自身之比較；東方哲學自身之比較。這三個方面的比較側重點各異：東西哲學之比較側重揭示西方哲學與東方哲學本質上的差異，即「二元對立」與「機體主義」的悖反；西方哲學自身之比較重在說明「二元對立」代表西方哲學精神之正統、主流，而懷德海等人的「機體主義」哲學則屬於非正統、非主流，然而正是這種非正統、非主流的哲學，卻與東方哲學的「機體主義」特性相吻合，而這一吻合似乎預示著哲學的未來發展可能走向「機體主義」哲學；東方哲學自身之比較，實際祇涉及印度哲學與中國哲學之比較。這一比較的直接目的在於確立唯中國哲學為東方哲學的典型。所以這方面的比較，最終走向了中國哲學自身之比較。與東西哲學之比較、中印哲學之比較注重點不同，方東美關於中國哲學自身之比較，注重在於揭示儒釋道三教思想上的相通性。可見，論述儒釋道思想上的會通，是方東美比較哲學研究的重要方面。那麼，方東美如何通過儒釋道之比較以揭示儒釋道之會通？這就是本文所要論述的。

一

　　方東美雖然是現代新儒家的重要代表，但他關於儒家（儒學）的認識，

---

[1]　方東美撰：〈簡要自述〉，《哲學與文化月刊》第 4 卷第 8 期（1977 年），頁 2。

卻與其他現代新儒家有許多不同之處。歸納一下，他與傳統儒家以及其他現代新儒家的不同之處主要有這麼幾點：(1)反「道統」。他認為孔子並沒有樹立所謂的「道統」觀念，「道統」觀念的苗頭起於孟子，祇是個「虛妄的道統觀念」[2]。由於思想上守著這一「虛妄的觀念」，孟子的胸襟比不上孔子寬容博大。孟子以後的儒者，胸襟更比不上孟子，卻以護「道統」為己任，這就導致了儒家思想在漢唐時代的衰微。宋明理學家以復興原始儒學為己任，立志要扭轉這一衰微，重新提升儒家精神，但因固守「道統」觀念，其所確立的精神境界，仍然達不到孔孟的精神境界的高度；(2)輕《論語》。他不將《論語》作為反映孔子儒家思想的根本經典來看待，他認為《論語》屬「格言學」[3]，作為「人生經驗的結晶」[4]，可謂言簡意賅，字字珠璣，「對於實際的人生是非常寶貴的」[5]，但從哲學的視角看，「它即使充滿了豐富的人生智慧」[6]，仍不足以代表孔子儒家的根本思想。代表孔子儒家思想源頭者是《尚書・洪範》篇與《周易》。他認為儒家思想有兩個傳統，所謂「一方面守舊，二方面創新」，或曰：「一方面注重傳統，一方面又注重創造」[7]。而《尚書・洪範》與《周易》就分別為這兩個淵源流長的儒家思想傳統的源頭：〈洪範〉是守舊傳統的思想源頭，《周易》是創新傳統的思想源頭；(3)反對獨尊儒家。方東美雖屬現代新儒家，但他明確反對獨尊儒家，始終強調要予儒道釋各家以應有的肯定，不可偏向其中的任何一家。有學者因此否定方東美思想的儒家立場，以為方東美為「世界主義者」

---

[2]　方東美撰：《新儒家哲學十八講》（臺北：黎明文化事業股份有限公司，1983年），頁16。

[3]　同注2，頁26。

[4]　同注2，頁25。

[5]　同上。

[6]　同注2，頁25-26。

[7]　方東美撰：《原始儒家道家哲學》（臺北：黎明文化事業股份有限公司，1983年），頁46。

的哲學家，其思想亦儒亦道，亦中亦西，不是儒家思想所能歸納的。[8]這個看法有商榷之必要。在我看來，方東美思想不能簡單地歸納為儒家思想，與方東美持儒家立場、其思想具有儒家性質是不矛盾的，因為方東美即便從儒家的立場出發，但他為了會通各家，就必須平等地看待各家思想貢獻，予儒道釋各家以應有的肯定與客觀的評價。這樣一來，其思想就必然具有亦儒亦道亦釋的色彩。不僅如此，他的思想甚至可以說亦中亦西，但這也不是因為他是什麼「世界主義者」，而是因為他所從事的中西哲學之比較要求他必須予中西思想以客觀的評價，不可以偏向「中」或「西」。不偏向「中」或「西」，顯然不妨礙他是站在「中」的立場上去從事中西哲學之比較，也就是說其中西哲學之比較，就目的講，是為了凸顯中國哲學在世界文化之林中的意義與價值。

　　儘管方東美之反「道統」、輕《論語》、反對獨尊儒家在正統儒家看來有些「異樣」，但因此否定方東美思想的儒家性質卻未必有助於我們準確把握方氏思想的實質。就方東美思想的實際而言，其關於儒家的種種「異樣」的論說，都是他對儒家思想的客觀評說，所以不能據之以否定方東美是基於儒家立場來從事儒釋道之比較。問題是，何以見得方東美雖批評儒家卻堅持儒家的基本立場？我曾在〈方東美的儒學觀〉[9]一文中，就方東美當屬於儒家提出五點理由：(1)雖然方東美認為儒家思想不足以代表中國精神文化的全部，但他肯定了儒家思想乃中國精神文化的主流之一；(2)他認為對於中國政治思想來說儒家思想始終是主要的；(3)他認為儒家思想對於指導中國人的生活是第一位的；(4)他認為儒家人格乃中國人純正的代表；(5)他強調恢復原始儒家精神與復興中國傳統文化的一致性。既然由這五點可以確定方東美的儒家身分，那麼我們就沒有理由說一個儒家身分的學者卻站在非儒家的立場去從事儒釋道之比較研究。

8　參見宛小平撰《方東美與中西哲學》之〈緒論：作為「世界主義者」的方東美〉（合肥：安徽大學出版社，2008 年），頁3。

9　見方克立主編《現代新儒學研究論集》〈二〉（北京：中國社會科學出版社，1991年》。

二

　　方東美雖然站在儒家的立場上從事儒釋道之比較，但他的這一比較卻不是僅僅為了確立儒家思想的獨特性，而是為了揭示儒釋道三教的會通。他之所以要以此作為其比較儒釋道的目的，是因為他始終認為儒家思想不足以代表中國思想的一切，應該從儒道釋各家思想的「會通處」發掘中國思想的「最高處」、顯示其永恆的價值。因此，他堅持對儒道釋三家的思想進行比較研究，從中發現他們的通性與個性。通過比較研究，方東美認為儒道釋所共同代表的中國思想之精神或曰中國哲學之精神的通性在於：首先是把宇宙視為生命流行的境界。所以中國哲學從春秋便集中到以「生命為中心」[10]。中國哲學既然是「一套生命哲學」[11]，則必然把宇宙的一切都化為生命的價值領域，所以也可說中國哲學以「價值為中心」[12]。這就決定了中國哲學在方法論上的兩大特點：其一謂「機體主義的形而上學」：「一向不用二分法以形成對立矛盾，卻總是要透視一切境界，求裏面廣大的縱之而通、橫之而通，藉周易的名詞，就是要造成一個『旁通的系統』」[13]；其二謂「超越而又內在的形而上學」：「它不像西方的科學，從下層的物質世界出發，也不從精神主義──從憑空的一個所謂天國出發，它居於中間，這所謂之『中間』，是宇宙廣大生命流行的境界，同時又向下回顧，並不是回顧生命，而是追尋生命活動所憑藉的條件，這許多條件都是物質性的」[14]。這種「尊重生命再追索它憑藉的條件」[15]的過程，乃「雙回向」過程，它是先把物質世界提升到終極真相的價值世界，然後再把外在世界拉回到內在世界。因此，中國的人生哲學，必然注重「人格的超升」，不斷地從「宇宙生命的情感裏

10　同注7，頁158。

11　同上。

12　同注7，頁159。

13　同注7，頁22。

14　同注2，頁298。

15　同上。

面，明瞭到你個人的生命，他人的生命，人類集體的生命，乃至萬物大而化之集體的生命」[16]，從而形成儒家所說的「聖人」、道家所說的「至人」、釋家所說的「覺者」這類以「至善」作為人生價值目標的理想人格。

　　方東美指出，對於中國哲學精神之形成，儒家做出了重要的、甚至可以說是主要的貢獻。這不但表現在儒家所本乃「廣大悉備的生命精神」[17]、儒家的立場「是生命的立場」[18]、儒家的根本精神「就是訴之於創造性生命」[19]；而且還表現在儒家堅持「把一種創造的精神生命貫注宇宙之一切」[20]，由此而形成的儒家的「天地之心」也就臻於情意理三者充量和諧，而這種和諧正體現了中國思想的偉大成就；再就是體現在儒家哲學的兩大特色上。這兩大特色為：「第一，肯定天道之創造力，充塞宇宙，流衍變化，萬物由之而出〔易曰：『大哉乾元！萬物資始，乃統天』〕；第二，強調人性之內在價值，翕含闢弘，發揚光大，妙與宇宙秩序，合德無間；〔易曰：『大人者，與天地合其德；與日月合其明，與四時合其序，與鬼神合其吉凶，先天而天弗違，後天而奉天時』〕。簡言之，是謂『天人合德』。此兩大特色構成全部儒家思想體系之骨幹，自上古以迄今日，後先遞承，脈絡綿延，始終一貫。表現這種思想最重要者莫過於易經。孟子與荀卿繼起，踵事增華，發揚光大，除了補充一套極富創造性的形上學思想之外，更發揮了一套『哲學的人類學』之基本理論。」[21]

　　對於上述「整個儒家形上學創造體系的精神」[22]，方東美曾以唐代詩人司公圖《詩品》中的如下詩句來讚頌：「行神如空，行氣如虹。巫峽千尋，走雲連風。飲真茹強，蓄素守中。喻彼行健，是謂存雄。天與地立，神化攸

---

[16]　同注 2，頁 298。

[17]　同注 7，頁 28。

[18]　同注 7，頁 176。

[19]　同注 7，頁 231。

[20]　同注 7，頁 28。

[21]　方東美撰：《生生之德》（臺北：黎明文化事業股份有限公司，1979 年），頁 288-289。

[22]　同注 7，頁 11。

同，期之以實，御之以終」[23]，並以他特有的詩人哲學家的氣質稱此為「儒家之大合唱」[24]。以這種精神作為「一貫之道」的儒家，也很自然地把注意力「集中在行動上」，一方面重歷史變遷發展的統一性、歷史的繼承性，另一方面注意從傳統引進創造、形成崇高的理想。所以在儒家看來，創造生命世界與安排人的生活是統一的，也就是說儒家「把整個宇宙的秘密，人生過程展開在時間的變化、發展、創造、興起中」[25]。正是從這個意義上，方東美把儒家稱為「時際人」，他說：「儒家若不能把握時間的秘密，把一切世間真相、人生的真相在時間的歷程中展現開來，使它成為一個創造過程，則儒家的精神就沒有了。所以我說儒家由孔子、孟子到荀子，都可稱為『時際人』」[26]。

而相較於孔孟荀原始儒家，宋明清新儒家，則可謂「兼綜的時空人」[27]。這樣稱之是因為宋明清新儒家在思想上具有「時空兼綜的意義」[28]。這也就是說宋明清新儒家在思想上不但繼承了儒家思想，同時又承受了道家思想、佛家思想（特別是禪宗），思想旁雜不純，所以他們在哲學上主張人為宇宙樞紐，生命與宇宙配合，於宇宙萬物感天理，精神與物質合一，形成天地人一體境界。對於宋明新儒家的這一思想境界，方東美曾以唐代詩人司公圖《詩品》中的如下詩句來讚頌：「乘之愈往，識之愈真，如將不盡，與古為新」，並稱之為「新儒家之大合唱」[29]。

---

[23] 方東美撰：《中國哲學之精神及其發展》上（臺北：成均出版社，1984 年），頁 23。

[24] 同上。

[25] 同注 7，頁 49。

[26] 同注 7，頁 42。

[27] 同注 2，頁 44。

[28] 同上。

[29] 同注 23，頁 25。

三

　　方東美並不是籠統地談道家，他在談道家時，將道家與道教嚴格區別開來。在他看來，「真正的道家」祇能是老子和莊子。與老子、莊子相比，魏晉時代的新道家，隋唐時代的道教，都非「真正的道家」。方東美之所以十分重視區分道家與新道家、道家與道教，是因為在他看來惟有老莊思想才代表道家哲學最高智慧，而無論是新道家還是道教，其思想非但不足以反映老莊思想，反倒意味著老莊精神的蛻變與墮落：「道家的思想表現在老子、莊子裏面，可以說是很高的哲學智慧；但是這個很高的哲學智慧，在歷史上面往往被另一種思想夾雜進來，攪亂了原來的哲學智慧，變更了智慧的實質，甚至變成迷信」[30]。由此可以看出，方東美把整個道家思想演變的歷史視為老莊精神日趨衰落的過程。他的這個看法，與他將整個儒家思想發展歷史視為原始儒家思想逐漸衰落的過程這一看法，驚人的一致。不過，他亦強調說，原始儒家思想的逐漸衰落在宋明新儒家那裏出現了復興的轉機，而原始道家思想卻一直衰落下去，再不曾出現復興的轉機。

　　在方東美看來，以老莊為代表的真正道家，可稱為「太空人」，其「遊心太虛，騁入太虛，振翮沖霄，橫絕蒼冥，直造乎『寥天一』之高處，而灑脫太清，洗盡凡塵，復挾吾人富有才情者與之俱遊，縱橫流眄，據高臨下，超然觀照人間世界之悲歡離合，辛酸苦楚，以及千種萬種迷迷惘惘之情，於是悠然感歎芸芸眾生之上下浮沉，流蕩於愚昧與詰慧、妄念與真理，表相與本體之間，而不能自拔，終亦永遠難期更進一步，上達圓滿、真理、與真實之勝境」[31]。這一藝術化的「道家高尚的哲學智慧」[32]，可以彌補儒家過度執著現世的精神缺陷與不足。但是，正如莊子哲學所顯示的，一方面莊子哲學化解了老子哲學上的「種種困惑」，在哲學上達到了道家智慧的頂峰；另

---

[30]　同注 7，頁 177。

[31]　同注 23，頁 170。

[32]　同注 7，頁 178。

一方面莊子以藝術家的才情將生命精神「超脫解放到自由之境」[33]，可「超脫之後會有看不起世界的危險」[34]，走向了與現世超絕的虛幻世界。從對老莊哲學的這一認識出發，方東美批評道家「祇談超脫解放」[35]，「不談現實」[36]，「對於人類社會、現實問題的處理，沒有儒家認真」[37]。基於這個批評，方東美斷言：「中國思想中，主要是儒家指導中國人的生活；至於道家，像在漢代社會腐化、崩潰之時，也曾出而拯救，使現實可以趨入理想，但真正道家、藝術家卻會以此世為無用、為累贅而不願回顧」[38]。

　　方東美固然認為道家高度的藝術精神可以彌補儒家過度執著現世的精神缺陷與不足，但他並不從道家智慧高於儒家智慧的意義上論證道家思想對儒家思想具有彌補之功。有學者指出，方東美認為在哲學上道家智慧高於儒家智慧，理由是：方東美認為儒家哲學祇講「本體論」，而道家哲學則進一步講「超本體論」。這是值得商榷的。在我們看來，方東美用「超本體論」與「本體論」來界定道家與儒家哲學，目的並不在於證明道家的形上學在智慧上要高於儒家的形上學，而是為了通過對儒道兩家在形上學方面的差異的說明，「勘破孔老原始儒道兩家形上學方面種種疑難」[39]，從而揭示中國形上學不同於西方形上學的主要特徵。他把西方的形上學稱為「超絕形上學」，把中國的形上學稱作「超越形上學」，指出兩者的區別在於：一個（超絕形上學）將本體世界與現象世界打成兩橛，以為本體世界獨立、超絕現象世界；一個（超越形上學）強調本體世界不離現象世界、本體世界寓於現象世界，現象世界與本體世界圓融和合、體用不二。「超越形上學」從不主張形上世界與現實世界脫節、與現實人生脫節，卻強調形上學「在現實人生中可

---

[33] 同注 7，頁 41。

[34] 同上。

[35] 同注 7，頁 133。

[36] 同上。

[37] 同上。

[38] 同注 7，頁 41。

[39] 同注 23，頁 8。

以完全實現」[40]。從這個意義上，方東美最終將中國形上學從本質上概括為「既超越又內在」、「即內在即超越」[41]。既然它是作為對中國形上學基本特徵的概括，則表明「流行在儒、道、佛、新儒家之中的都是『超越形上學』，承認這個世界可以有價值，而這個價值是由理想世界上流行貫注下來的，連成一系」[42]。可見，方東美根本不會將儒家形上學與道家形上學分高下。而他之所以分別以「本體論」、「超本體論」稱謂儒家形上學、道家形上學，僅僅是為了說明儒道兩家追尋形上世界的途徑有所區別：儒家的「本體論」途徑「祇是向前創進不回顧，」[43]，直線地「從有而及於更廣大的有」[44]，也就是說「從『有』出發，再以更大的『有』，更深的『有』，更遠的『有』，向後面追求」[45]；道家的「超本體論」途徑則「反過來追求」[46]，「並不陷在本體論裏面，而是自『有』至『無』，把本體論再向上面追求，變作『超本體論』，變作『非本體論』，認為那個宇宙之後、之外、之上，有更深的、更高的、更遠的宇宙根本真象」[47]。

　　這裏有必要補充一點，即如何從生命的境界層面看，方東美非但不認為道家生命境界高於儒家，反倒認為孔孟的生命境界要高於老莊的生命境界。這可以從兩方面來證明。首先，儘管方東美十分推崇莊子，一再強調莊子哲學代表道家哲學最高智慧，但當他將莊子與孔子作比較時，他仍然申明道家的莊子在人格上祇相當於儒家中的「雅儒」。在方氏的論述裏，「雅儒」在生命境界上難以與「大儒」比肩。他以孔孟為大儒，而以莊子為「雅儒」，這顯然是要表明這樣的一個看法：儘管莊子的生命境界在道家中是最高的，但莊子的生命境界畢竟沒有孔孟的生命境界高；其次，方東美認為生命精神

---

[40] 同注 7，頁 16。

[41] 同注 23，頁 3。

[42] 同注 7，頁 18。

[43] 同注 7，頁 223。

[44] 同注 7，頁 221。

[45] 同注 7，頁 202。

[46] 同上。

[47] 同注 7，頁 203。

循「雙回向」的路向提升其境界，道家精神代表生命精神超越的「上回
向」，儒家精神則代表生命精神下落的「下回向」，而就生命精神提升的過
程來說，僅僅「上回向」的生命精神之提升不代表生命精神的最高境界，祇
有當生命精神提升由「上回向」再轉為「下回向」並循「下回向」逐一落實
所提升起來的生命精神時，才代表生命精神的最高境界。正是從這個意義
上，方東美強調，未來中國文化復興的必由之路當是：先要以道家精神提升
當下的中國人的生命精神，然後以儒家入世的態度與精神來落實已提升起來
的高度的中國人的生命精神。

　　方東美關於儒道兩家的比較，不是為了確定儒道兩家的高低，而始終是
為了說明其對中國文化精神形成與發展所做出的不同貢獻。這一貢獻，就其
思想上的傳承來區分的話，差異是明顯的。方東美認為，儒道兩家哲學不僅
是受周代文化啟發的產物，而且更意味著對周代文化的「哲學的制定」。周
代文化是「早熟文化」[48]。其文化的早熟體現在宗教神秘文化尚未充分發展
的時候就已經將神秘宗教轉變為理性支持的道德文化。在這個由神秘宗教轉
變為道德文化的中國古代文化的轉型過程中，儒道墨三家分別代表了不同的
文化價值取向。其中，「墨家是宗教的還原，道家是哲學的還原。而在兩者
之間的就是中國古代儒家的思想」[49]。「宗教的還原」，「最能保持中國原
始的宗教思想」[50]，因為它在對周代文化進行「哲學的制定」時，注重「尚
同一義於天」[51]，「把哲學世界還原到宗教世界」[52]，將世界歸本於有意志
的「天」。「哲學的還原」，則是對任何世界都採取否定的態度，把他反過
來，以求將「現實世界、現象世界剖開至其根本」[53]。至於所謂「在兩者之
間」，顯然可以作兩種理解，一種是指儒家的還原，是介於宗教的還原與哲

---

[48]　同注 7，頁 15。

[49]　同注 7，頁 103。

[50]　同上。

[51]　同上。

[52]　同上。

[53]　同上。

學的還原之間的還原。若作這種理解，則按照方東美關於精神文化的價值秩序的規定，它就是指道德的還原。另一種是指儒家的還原，既是宗教的還原，具有承續傳統的保守的一面；又是哲學的還原，具有革新傳統的創新的一面。對於究竟應作何種理解，因方東美沒有作任何說明，不必在這裏硬作臆測。但不論作哪一種理解，都不難看出方東美對儒家的還原給予了充分的肯定：如果把它理解為是指道德的還原，那麼他顯然是在強調惟有儒家的還原才更能體現中國文化的特質，因為他一再申明中國文化是「倫理文化」；如果把它理解為既指宗教的還原又是指哲學的還原，那麼他顯然是在強調惟有儒家的還原既帶有墨家還原的性質又帶有道家還原的性質，是全面的「哲學的制定」。

四

　　方東美的儒釋道之比較，固然以儒道比較為重點，但也包含儒道與佛教之比較。他認為，相對於儒家是「時際人」、道家是「太空人」，佛家可以稱為「交替忘懷的時空人」[54]。這就是說他認為佛家既有別於入世的儒家也有別於出世的道家，它既有儒家的情懷亦有與道家同樣的化現世為虛幻的精神蘄求，祇是與道家化現實世界為藝術化的虛幻世界不同，佛家的化現世為虛幻的精神蘄求重在將人的生命化為「輪回的圈套」。大小乘佛學解釋世界，都擺脫不了「輪回的圈套」[55]，不同的祇是：小乘佛學看世界，「整個世界都是無常，都在時間變化中，看不出其歸宿，祇能看到輪回中的束縛，煩惱、痛苦」[56]。但是「大乘佛學卻把人的生命經驗依輪回的圈套順流，順流之後，……然後再反過來，使時間逆流，把時間之流變系統導引到永恆系統」[57]。可見，在小乘佛學強調的是「忘掉永恆」，「祇曉得生命在時間中

---

[54] 同注 7，頁 43。

[55] 同上。

[56] 同上。

[57] 同上。

輪回」[58]，等小乘超脫解放到大乘佛學時，它「又忘掉變化」[59]，「把時間之流彈指間變成了永恆的真理」[60]。所以方東美說將「佛學家之大小乘合而觀之可謂為『交替忘懷的時空人』」[61]。

　　方東美將儒道與佛教加以比較的直接目的，是為了說明中國佛教思想是中國思想文化的重要組成部分。但佛教畢竟產生於印度，不能因為它在中國流傳就斷言它為中國思想文化的組成部分。為了證明中國佛教思想是中國思想文化的重要組成部分，方東美首先就印度佛教傳入中國的特殊性來分析，以說明中國對於外來佛教的接納，可以說在開始階段便主要是指採納大乘佛學，尤其是大乘空宗思想。但大乘佛學也產生於印度，不能因為中國主要採納的是大乘佛學，就把產生於印度的大乘佛學叫做中國大乘佛學。方東美之所以把中國大乘佛學納入中國宗教範疇，並以它為例來揭示中國宗教精神對於加深和豐富中國文化傳統的意義，當然不是因為在他看來中國對於產生於印度的佛教主要採納的是大乘佛學，而是因為他認為中國大乘佛學與印度大乘佛學在精神上存在著重要的差異。方東美所進行的中國佛學與印度佛學的同異之比較，基於他關於佛學精神特徵的把握。學術界對於佛學精神特徵的體認以如下兩種觀點最有代表性。一是大乘非佛說。此說認為大乘佛學精神不足以代表佛教的原始宗教精神。方東美不認同這一觀點。他認為佛學精神應有不同的價值和理論層次，不能因為大乘佛學理論上的高層次，就在價值上否定其宗教性質，否則就不可能正確地解釋大乘與小乘以及大乘各派在教義上的衝突矛盾。另是佛教非宗教非哲學說。此說的基本論據是：宗教多為他律，而佛教是自律的；哲學是以知識論為中心的知性主義，而佛學智慧卻是由內心所彰顯，則根據矛盾律，佛教既非宗教亦非哲學。對於歐陽竟無先生所堅持的這一觀點，方東美亦不首肯。他指出，歐陽氏以佛學為「非哲

---

[58]　同注 7，頁 44。

[59]　同上。

[60]　同上。

[61]　同上。

學」，「是因為他對西方哲學沒有系統的瞭解」[62]，他所瞭解的西方哲學，僅僅是指近代以知識論為中心的哲學，「無法概括西方的全體哲學」[63]。其實從全面看，西方哲學不光是知識論，也「有 ontology（本體論）、有 cosmology（宇宙論）、有 axiology（價值論）」[64]，「而知識論祇不過是這些思想中的一個重要的趨勢而已」[65]；歐陽氏以佛學為「非宗教」，是因為他祇看「自律」與「他律」的劃分，而未能認識到「倘若有一種思想能導入真、善、美、聖的不可思議的境界，你也可以稱為宗教了」[66]這一道理。在否定上述兩種佛教觀的同時，方東美確立了他自己關於佛教精神特徵的認識，指出「佛學是亦宗教，亦哲學」[67]。就它的最後歸宿來說，它屬於宗教的實踐與體驗，但談那個宗教目的時，它要透過學問的發展過程、思維的推理過程來談。佛學正是具足了這一個特徵。方東美關於佛教精神特徵的體認，為他比較中國佛學與印度佛學之同異找到了具體的方法，使他在這一比較研究中得出了這樣的結論：較之印度佛學，中國佛學更能充分體現佛教「亦宗教亦哲學」這一精神特徵。他說：「平常西方講佛學，以為印度的佛學，就是中國的佛學，或者以為中國的佛學沒有新奇的地方，就是原來印度的佛學。這都是根本錯誤的。我們所談的大乘佛學，不管三論宗、天台宗、法相唯識宗、禪宗或華嚴宗，可以說都是真正中國精神裏面獨特的智慧，都是經過融化、經過批評之後，再發揚光大的。它與印度本土原來的空宗、有宗在精神上面完全不同。」[68]

　　方東美對他的中國佛學與印度佛學在精神上完全不同的觀點，當然作了論述。如果歸納其論述的要點的話，主要有三點：其一，中國佛教以人性為

---

[62] 方東美撰：《華嚴宗哲學》上（臺北：黎明文化事業股份有限公司，1981 年），頁 1。

[63] 同注 62，頁 2。

[64] 同上。

[65] 同上。

[66] 同上。

[67] 同上。

[68] 同注 21，頁 37。

純善，而印度佛教尚含有人性善惡二元論成分，如法相宗的「阿賴耶識」即意味著「如來藏」與「藏識」合而一體；其二，中國大乘佛學是印度佛教思想與中國老莊精神相結合的產物。佛教傳入初期，中國學人通過「格義」才接納它。而所謂的「格義」其實就是以道家精神提升佛學智慧，從而深化了佛學精神。這主要體現在克服了印度佛教所存在的「永恆」與「變易」兩大精神系統的矛盾衝突，將這兩大精神系統有機地聯繫在一起。偽書《大乘起信論》之所以重要，正在於它企圖化解有宗之重「永恆」與空宗之重「變易」的對立，為後來中國佛學成功地融合這兩大精神傳統鋪設了橋樑。其三，中國佛教與印度佛教兀自不同。「作為一派宗教，中國佛教之所以超乎印度佛教者，在能百尺竿進，另有一套理性神學。作為一派理性思想，中國佛學抑又另采一種高層次哲學型態，與印度佛學之為一完成之哲學系統者，適成對照。就邏輯上觀之，印度佛學所表達之真理適以組成一套完整之『客體、對象語言』，而中國佛學則適以凌駕乎其上，構成另一套『高層次、後設語言』，以新句法系絡而闡述之」[69]。

　　對於中國佛學精神特徵的獨特體認，決定了方東美在把握中國佛學時注意從價值層面排列各宗的高低層次。就中國佛教史來看，「隋唐之際，中華佛學十宗並建」[70]。十宗之說，係大小乘合觀之，其中大乘共六宗，即三論、天台、法相、華嚴、禪宗、密宗；小乘共四宗，即俱舍宗、成實宗、淨土宗、律宗。中國佛教雖有十宗之多，但十宗之中，小乘各宗因其不具有哲學內涵，自然不被方東美所重視，至於真正具有哲學智慧的大乘各宗，在方東美看來，其智慧的高低也有層次之分，不能等同視之。密宗講究修持，重不立文字的秘密法，層次較低，受到輕視，自不言待。即便被譽為中國佛教最後發展臻於高潮的禪宗，也因為其講究宗教的實際經驗，「諸家多對境隨意馳騁機鋒，閃爍靈明，莫由劃歸統一理趣，故暫存而不論。」[71]可見，他

---

[69] 同注 23，頁 246。

[70] 同注 23，頁 243。

[71] 方東美撰：〈中國哲學之精神及其發展中文摘要〉，見《中國文化論文集》（三）（臺北：幼獅文化事業公司，1981 年），頁 123。

所真正重視的祇是密宗和禪宗之外的大乘其他四宗，即三論宗、天台宗、法相宗、華嚴宗。關於這四宗，儘管他一再籠統地指出他們共同體現了中國大乘佛學精神，但具體分析時，仍然從「把印度佛學的發展歸之於印度，中國佛學的發展歸之於中國」[72]的原則出發，將法相宗與其他三宗加以區別，強調：中國佛學精神的真正體現者，嚴格地把握的話，祇能是三論、天台、華嚴三宗。在這三宗中，與牟宗三出於肯定「一心開二門」之理論上的需要而推崇三論宗不同，方東美更推崇華嚴宗。

　　問題是，方東美為什麼推崇華嚴宗哲學？他推崇華嚴宗哲學，既為了以華嚴宗來證明中國佛學精神與中國文化最高精神何以會通，也為了說明中國大乘佛學何以具有拯救世界文化危機的價值。在他看來，四大學說（原始儒家學說、原始道家學說、中國大乘佛學、宋明清新儒學）會通處所體現的中國文化最高成就，雖然以「旁通統貫論」、「殊異道論」、「人格超升論」[73]為具體的表現形式，但若把握其根本精神，也可以說就是「廣大和諧精神」。因此，華嚴宗「無礙哲學」所體現的廣大和諧精神，也就典型地體現了中國哲學的廣大和諧之道。既然華嚴宗哲學典型地反映了中國文化最高精神，那麼靠中國文化精神拯救西方文化內在的精神危機，克服其本體論、知識論、價值論上普遍存在的「二元對立」觀，也就可以具體地落實在以華嚴宗哲學拯救西方文化危機。換言之，西方人瞭解華嚴宗「無礙哲學」之後，如果能以華嚴宗的「圓融無礙」觀去克服「天人疏離」的心態和糾正「二元對立」的文化模式，就可以在克服西方宗教弊端的基礎上糾正西方文化之弊病。在我們看來，方東美對於中國大乘佛學精神之價值的這一斷定，似乎情感的成分多於理性的成分，但方東美真誠地申明，在東西方宗教精神本質上不可調和的情況下，西方宗教要從東方宗教尋找解決自己精神危機的出路，唯有先認同華嚴宗哲學之廣大和諧精神才不失為理想的途徑。

　　印度佛學所以變為「中國的佛學」，外來的思想變作「真正中國精神裏

72　方東美撰：《中國大乘哲學》（臺北：黎明文化事業股份有限公司，1984 年），頁33。

73　同注 23，頁 4。

面的獨特智慧」[74]、變成「純粹中國人的根本思想」[75]，變成中國思想文化
中的重要成分，當然是因為中國人成功地消化了印度佛學。問題是，在中國
人消化印度佛學的過程中，儒道兩家起到了怎樣的影響？方東美認為，中國
人消化印度佛學，起先「是以道家老莊思想為媒介」[76]，「所資於道家之思
想之激揚與充援者實多」[77]。但這祇是「格義學」意義上的援引道家，它對
於佛學生根於中國人的心靈裏，祇起到了方便瞭解佛學的作用，不具有實質
性的影響。佛學要在中國再發展，「僅僅接受道家的精神並不夠，還要同儒
家的精神也貫串起來，這樣才能生根。因為中國整個的社會，從家庭到社
會、到國家，根本是一個儒家的體制。假使對於儒家的體制全盤不接受的
話，要想在這裏面成立體大思精的佛學那是不可能的」[78]。而隨著時間的進
展，中外高僧「不久即看出儒家思想中之種種優點，並發現其中與佛學思想
在精神上有高度之契合：儒家當下肯定『人性之可以使之完善性』，佛家則
謂之『佛性』，而肯定為一切眾生所同具者」[79]，也就有意識地以儒學貫通
佛學。由此可見，方東美無論講「沒有道家的精神，佛學起不了作用」[80]，
還是講僅有道家精神佛學不能在中國人的心靈裏生根，都是旨在強調一個觀
點，即佛學這種外來思想雖「先受道家的影響」，但祇有「再同儒家結
合」，「才在中國人的心靈裏面生了根」[81]，「完全變成中國的智慧」[82]。
他所以一再強調這個觀點，顯然是為了表明：對於佛學變成中國的智慧來
說，儒家的影響比道家的影響更具有實質性的作用。

---

[74]　同注 72，頁 33。

[75]　方東美撰：《華嚴宗哲學》下（臺北：黎明文化事業股份有限公司，1981 年），頁
27。

[76]　同注 2，頁 53。

[77]　同注 23，頁 212。

[78]　同注 72，頁 41。

[79]　同注 72，頁 47。

[80]　同注 7，頁 12。

[81]　同注 72，頁 37。

[82]　同注 7，頁 12。

　　對於方東美來說，就中國大乘佛學各派加以比較，與其說是為了梳理中國大乘佛學的精神發展歷程，不如說是為了證明中國大乘佛學的意義與價值。可他究竟如何把握中國大乘佛學的意義與價值？在這個問題上，他的價值判斷實際上是依據他預先設定的標準，即從儒道釋相通處來把握中國大乘佛學的意義與價值。儒道釋三教在精神上的會通處，在方東美看來，可以歸納為三點：(1)旁通統貫論。即以宇宙為生命流行的境界，在強調以「生命為中心」、「以價值為中心」的前提下，堅持機體主義的方法，摒棄「二分法」，視世界為渾然圓通的「旁通系統」；(2)殊異道論。就是在視宇宙為旁通統貫的機體時，再去追求它的內容，以揭示宇宙「一以貫之」的生命本體與生生不已的生命流行過程；(3)人格超升論。就是說視個人之品格發展均可層層上躋、地地升進，臻於種種價值崇高之理想。堅持這樣的標準，方東美對中國大乘佛學的研究，實際上也就是對他關於儒道釋會通處代表了中國文化最高精神成就這一見解的印證。既是印證，則難免取捨上的主觀性。所以，當他需要說明中國大乘佛學具有高度的精神成就時，他勢必輕視禪宗、輕視法相宗，祇以三論宗、天台宗、華嚴宗為例來論證中國大乘佛學精神，因為他認為禪宗的棒喝不代表高度的哲學智慧，而法相宗完全繼承印度有宗「唯識」的精神傳統，都不足以與三論、天台、華嚴三宗的精神高度相比，不能用來說明中國文化的最高精神成就。可當他需要從總體把握中國大乘佛學的發展歷史時，他又不得不承認禪宗和法相宗也體現了中國大乘佛學的精神，因為中國大乘佛學的發展畢竟經歷了法相宗和禪宗的發展階段。像這樣，隨著主觀需要的變動而改變研究視覺的做法，不可能不造成立論上的矛盾。可方東美為什麼沒有覺察他立論上的矛盾之處？論證這個問題超出了本文立論的範圍，祇能留待他日分析說明。

評方東美對熊十力的批評

　　熊十力長方東美十五歲，方東美和他比，當屬後學。但倆人曾訂下忘年之交，並將他們的友誼延續了十幾年。但後來由於他們在學術上發生了一場爭論，他們之間的友誼未能繼續發展下去。學術爭論，對學者來說，是再正常不過的事。既然他倆因學術爭論而中斷了他們十幾年的友誼，則說明這場爭論對他倆的影響是巨大的。本文旨在分析這場學術爭論的實質，希望通過具體分析方東美對熊十力的批評，以說明方氏與熊氏的分歧是傳統儒學固有的「道問學」與「尊德性」對立在現代文化背景下的繼續。本文相信，揭示這一分歧，不僅有助於準確把握方氏與熊氏各自的思想特徵，而且有助於準確把握現代新儒家的思想路線。

一

　　方東美在給熊十力的一封信中曾明確說道：「美之獲交熊先生，遠在十四年前」[1]。但在一次講課中他又說：「我與熊先生是這樣的，在民國十三年時我就跟他同事」[2]。這兩種說法，存在著差異，則哪一種說法可信呢？我們認為第一種說法可信。第一種說法講於民國二十七年（1938 年）十一月三十日，此年方東美三十九歲，應不會出現記憶上的差誤。問題是，對第一種說法，顯然可以作兩種不同的理解，一種是理解為由 1938 年向後倒退十四年，即將所謂「遠在十四年前」理解為實指 1924 年（民國十三年）；

---

[1]　方東美撰：《中國大乘佛學》（臺北：黎明文化事業股份有限公司，1984 年），頁654。

[2]　同注 1，頁 342。

另一種是徑直理解為民國十四年（1925 年）。雖然作前一種理解可以化解上述兩種說法的差異，使前後兩種說法相吻合，但我仍認為應作第二種理解，理由是：據陳朋〈方東美先生大事年表〉[3]載，方東美於 1923 年（民國十二年）6 月尚在美國威氏康辛大學作博士論文答辯。儘管一答辯完博士論文他便匆匆束裝回國，但乘船回國[4]最快也祇能在該年的秋季回到祖國。回到祖國後，他的行蹤固然不能一一詳考，但有一點可以肯定，即他在 1924 年 9 月已就任武昌高等師範大學[5]哲學副教授，而且任教於武昌高等師範大學是他在回國後所謀得的第一個職業。因此，他不可能在民國十三年與熊十力成為同事。何以見得？這祇要看看熊十力該年的行蹤便明。根據郭齊勇〈熊十力年表〉載，民國十二年熊十力在北京。民國十三年的夏天，熊十力到了山東曹州，年底又由曹州去了濟南。既然如此，則方東美根本不可能在此期間（民國十二年冬季至民國十三年冬季）與熊十力相遇訂交，因為照情理講他回國後當由上海經南京抵故鄉桐城然後再赴武漢任教，毫無理由非要一回國就先去北京然後去山東的曹州或濟南。方東美與熊十力既然不可能訂交於民國十三年，那麼方東美為什麼要明確講他與熊十力同事始於民國十三年呢？這祇能解釋為方東美記錯了。此話講於民國六十四年（1975 年）三月六日，此年方東美已七十六歲，出現記憶上的差誤是正常的。

可見，方東美與熊十力祇能訂交於民國十四年。那麼，什麼因緣促成了他倆的結交呢？照方東美自己的說法，這是因為他倆是「同事」，便於結交。方東美與熊十力曾先後兩度同事[6]，前一次共事是在武漢大學，後一次共事是在中央大學。倆人在中央大學的共事始於何時、終於何時，已難詳考，但大體上可以推定在民國十八、十九年，依據是：民國十七年（1928 年），當熊十力應湯用彤邀請在中央大學講學時，方東美尚任教於中央黨務

---

[3]　朱傳譽主編：《方東美傳記資料》〔一〕（臺北：天一出版社，1985 年），頁 2-8。

[4]　方東美所以不待拿到博士學位證書便匆匆回國，一個主要的原因就是囊中羞澀，由此可以推測他應乘船回國。

[5]　武漢大學前身。

[6]　1938 年在重慶方東美邀請熊十力到中央大學哲學系作短暫講學未計。

學校及金陵大學，還未返回中央大學。而當方東美於民國十八年正式任中央大學教授、哲學系主任時，熊十力個人已移居西湖廣化寺。他個人雖移居杭州，但他的家眷直至民國十九年（1930 年）仍居住於南京，他不可能不返回南京，故他仍有機會到中央大學講學。至於倆人在武漢大學的共事卻可以作如下明確的斷定：始於民國十四年春、終於民國十四年冬，時間較短。這個斷定主要依據郭齊勇和陳朋的有關史料記載。郭齊勇在〈熊十力年表〉中記載：民國十四年春，「武昌高等師範大學改為武昌大學，石蘅青（瑛）任校長。熊應邀任教，同事有李璜、方東美、郁達夫等，學生有胡秋原等。是秋，武大校長易人，十力返北大」[7]。以郭教授的這一記載較諸陳朋〈方東美先生大事年表〉中的記載：「九月任國立武昌高等師範大學副教授，住武昌董士坡梁園至一九二五年九月」[8]，可明方東美與熊十力祇能訂交於民國十四年春季，而且倆人第一次共事時間不長，至多半年。

　　方熊倆人訂交時，方東美才二十六歲，熊十力已四十一歲，一個青年，一個中年，可謂忘年之交，然倆人「相談甚歡」[9]，似無學術及情感上的隔閡。尤其是熊十力，雖長方氏十五歲，非但不以前輩自居，反倒待方氏「甚高」[10]，主動將自己的著作《破破新唯識論》、《佛家名相通論》[11]贈方氏以徵求意見。而方氏對熊十力的人格魅力更是深為敬佩，曾真誠地稱讚熊氏之「難及處」就在於他「托命於高慧，宅心在赤誠，絕無世間謊罔虛偽習氣」[12]。照此看來，倆人的友誼若一直發展下去，定會成為中國現代學術史上的佳話。但遺憾的是，由於倆人在抗戰期間發生了一場學術爭論，他倆用十幾年時間培育起來的友誼未能再繼續發展下去。學術爭論對學者來說是再正常不過的事，方熊倆人既然因學術爭論而斷絕多年的友誼，那麼不難推

---

[7]　郭齊勇撰：《熊十力及其哲學》（北京：中國展望出版社，1985 年），頁 152。

[8]　同注 3，頁 3。

[9]　同注 1，頁 342。

[10]　同注 1，頁 653。

[11]　前者出版於 1933 年，後者出版於 1936 年。

[12]　同注 1，頁 654。

想：儘管倆人之間的學術爭論未在現代中國學術史上產生什麼影響，甚至不為大多數現代學人所知，但對他們自己思想創造上的影響一定是巨大的。方東美晚年仍重談這場爭論，仍然對熊十力當年的言行予以批評，應該說就是這一影響長久不絕的證明。

　　方東美與熊十力之間的學術爭論發生於 1938 年，其緣由及過程，據方東美的說法[13]，大體如下：熊十力與方東美訂交之後，始終認為方東美祇研究西方哲學，並不瞭解方氏研讀了許多佛家經典，因此他每見到方東美便問「為什麼不研究佛學」[14]，希望方氏也像他一樣潛心研究佛學。以往這麼問，方氏因覺得對佛學體會不深便不作回答，1938 年當他在重慶見到熊十力時，熊氏又這麼問他，他便就勢提出佛學上的幾個問題向熊氏請教[15]，因會晤時間有限而不便深談，方氏遂對熊氏說：「等你回去之後，我再寫信給你，專門討論這些問題」[16]。熊氏回到壁山之後，方氏果然給他寫了一封信，就佛學上的幾個重要問題向熊氏請教。熊氏回信作答。方氏覺得熊氏回答等於放空炮，便又就熊氏信中所談的幾個要點，提出質疑。這封質疑信引起了熊氏的誤解，熊氏於該年十月二十日回信說方氏的質疑「真可怪詫」[17]，是有意誣他「未解佛義，為糊塗，為籠統，為混淆」[18]；又說他一向待方氏甚高，方氏之所以向他發難殊非其所料；甚至說「公自恃聞見之多，與某既不能湊泊，某固知難與公言」[19]。這些說法表明熊氏實際上已不將方氏視為自己學術上的同道，但他仍在信中告誡方氏虛心向學，「須知道理未至自得時，唯能受善言乃有相契分，否則無補」[20]。讀罷熊氏的覆信，方氏思

---

[13] 熊十力似沒有保存有關爭論的信件，故祇能根據方東美的說法來敘述這場爭論。

[14] 同注1，頁 342。

[15] 這期間，他沒有其他書可讀，就到寺廟裏讀佛學書籍，對佛學已覺得深有體會。

[16] 同注1，頁 342。

[17] 同注1，頁 653。

[18] 同上。

[19] 同上。

[20] 同注1，頁 654。

維再三，心中難安，於是在 1938 年 11 月 30 日又給熊氏寫了一封長信[21]，慎重作答。在這封長信裏，儘管方氏為消解熊氏的誤會而一再申明他之所以向熊氏提出問題，確是赤誠請益，而非存心為「名聞勝負之爭」[22]，但他仍就熊氏的幾個論點以及幾個具體見解進一步提出置疑。對方氏的進一步質疑，熊氏未正面反駁，他覆信祇是責怪方東美對其不體諒：「你是什麼年齡？」「我現在是五十幾歲了，而你不過是三十多歲，你是不是以為我衰老了？你在重慶可以有電燈，我在壁山祇能點小油燈；而且你在重慶有中央大學的圖書館、重慶大學的圖書館，但是我在壁山上，夜晚在油燈之下，一部書也沒有」[23]，言下之意是強調自己當時的學術環境和學術條件沒有法子作答。方氏卻認為熊氏這麼強調是熊氏詞窮了，但他又不好意思認輸，便沒有再去信同熊氏辯論下去。這場爭論也就這樣不了了之。

　　從上面的敘述可明，方氏與熊氏之間的辯論，雙方起碼各發出了三封信，但現存的祇有方東美的那一封長信[24]。從《十力語要》編纂原則來講，熊氏應抄存他給方東美的書信並將它收入《十力語要》卷二，但《十力語要》中卻沒有收入他給方氏的信[25]，其中的緣由，恐怕要成為永不可破解的謎。由於熊氏給方氏的書信沒有保存下來，方氏生前不同意他的學生發表那一封他給熊氏的長信，因為他覺得若發表的話是對熊氏的不公。方氏逝世後，他的學生將那封長信取名曰〈與熊子貞先生論佛學書〉，並作為附錄收入《中國大乘佛學》。而我們現在根據〈與熊子貞先生論佛學書〉來探討方氏與熊氏的學術爭論，卻力圖給這場爭論以客觀公允的評說，以避免由於材料不足而很容易造成對熊十力的不公。

---

[21] 近一萬五千字。

[22] 同注 1，頁 654。

[23] 同注 1，頁 343。又案：這顯然不是熊十力的原話，而是方東美憑記憶轉述熊氏的話。

[24] 即附錄於《中國大乘佛學》中的〈與熊子貞先生論佛學書〉。

[25] 《十力語要》中有一封〈答某君〉，看似給方東美，但信中所說，與方氏所講殊異，且時間不合，當非給方東美的書信。

二

　　方東美那封引起熊十力誤解的信，照方氏所說，「是舉種種性字還以請益」[26]。既是進一步向熊十力請教，又怎麼會引起熊氏很深的誤解呢？從〈與熊子貞先生論佛學書〉所轉述的熊氏的話語來看，方氏的「請益」所以令熊氏誤解，很可能是因為方氏提問題的方式讓他費解、使他不快。方氏對熊氏關於「性」的見解並不認同，他所謂的「請益」，其實是向熊氏這樣尖銳地提出：根據熊氏自己對「性」的見解，熊氏如何解釋儒佛經典中種種「性」字的真實含義？熊十力是一個托命於高慧，聰明魄力過人的大師，且一向以啟迪後學為己任，現在方氏這樣向他提問，被他誤解，似在情理之中。但要正確認識方氏與熊氏何以產生學術爭論，瞭解熊氏為什麼會誤解方氏並不重要，重要的是要瞭解方氏為什麼不認同熊氏關於「性」的見解，換言之，要瞭解方氏關於「性」的見解與熊氏關於「性」的見解有什麼本質的不同。為了說明這個問題，下面有必要對熊氏和方氏的「性」說作具體分析。

　　首先探討熊氏的「性」說。熊氏認為，哲學的任務就在於究宇宙的本體，「因為哲學所以站得住者，祇以本體論是科學所奪不去的」[27]。所以他把建立本體論作為自己哲學創建的根本任務。在建立本體論時，他依據宋明儒家「體用不二」的理路，堅持於流行中見體、於功用中識體，絕「不謂本體是在一切物之外」[28]。基於這一認識（即萬物是本體的顯現，本體即在萬物之中），熊氏將「境論」（本體論）的論旨確立為「以用顯體」[29]，極力去證明「在宇宙論中，賅萬有而言其本原，則云本體」[30]。所謂「以用顯體」，是否認存在著獨立於事物之上的超絕本體，強調決定事物之所以然的

26　同注 1，頁 653。

27　熊十力撰：《新唯識論》（北京：中華書局，1985 年），頁 250。

28　同注 27，頁 270。

29　同注 27，頁 441。

30　同注 27，頁 299。

事物內在本原就是事物自身固有的功能。正是從這個意義上，熊氏將宇宙本體視為即事物的功能，既申明「本原，本體之別名」[31]，又申明「本體亦名功能」[32]，進而強調「功能，亦稱大用或功用，又曰生化化流行不息真機」[33]。作為事物內在「生生化化流行不息真機」，功能是潛在的事物所以然之理，它一旦發用，便顯現為萬物。萬物既是功能的顯現，則萬物與功能的關係，用通常的哲學術語說就是現象與本質的關係，而用熊氏的哲學術語說就是指「相」與「性」的辨證統一。所謂「相」，是對無形物「凝成獨立之形」[34]的稱謂，乃特指「質凝物」[35]。所謂「性」，祇不過是對功能的別稱：「夫功能即性」[36]、「性謂功能」[37]，用以特指由無形物之內在真機轉變為「質凝物」之內在本質的功能。功能所以別稱為「性」，意在強調兩點：就宇宙本體自身而言，是說功能「雖是生化無窮的，而自具有真實、剛健、空寂、清淨、昭明等等不變易的德性」[38]，以強調此不變異的德性，也就是宇宙本體的「自性」（自身固有的德性）；就本體與物的關係而言，乃說「是性之凝為形而即以宰乎形、運乎形者，實新新而生，無有歇息之一期」[39]，以強調「質凝物」的生化不但資始於功能而且以功能為實性，任何有形物都不可能有獨立於功能（本體）的實性。由此不難推論，有形物（質凝物）其實並無「自性」，有形物所謂「自性」其實祇是功能（本體）自身固有德性（自性）的不同顯現罷了。可見，「自性」這個概念有雙重的作用，一方面用來稱謂功能（本體）自身固有的德性，另一方面是用來稱謂功能（本體）顯現為有形物的獨特性。此獨特性，因物而顯，因物而異，也就

---

[31] 同注 27，頁 441。

[32] 同上。

[33] 同注 27，頁 443。

[34] 同注 27，頁 88。

[35] 同上。

[36] 同注 27，頁 84。

[37] 同注 27，頁 462。

[38] 同注 27，頁 379。

[39] 同注 27，頁 88。

成為有形物自身特定的德性。物之「自性」因此與本體之「自性」在本質上是一致的，故熊氏明確的說「凡言性者（性字多與體字互訓）有二義，一者自性（自體），二者實性（實體、本體）」[40]。功能（本體）既然在顯現為有形物後便成為有形物內在的「實性」，則「以用顯體」換一個角度講，就叫做「破相顯性」[41]。

　　既然「實性者，本體之異名」[42]，那麼熊十力從什麼意義上把「本體」別稱為「實性」？他說：「生滅變動恆轉功能名實性」[43]。熊氏此語表明，他所以將「本體」別稱為「實性」，是為了強調「本體」非獨立於萬物，「本體」即萬物固有的生滅變動轉化的功能。此功能（實性）就它是「法爾本有」的意義上講，又被熊氏稱作「本性」[44]，所謂「本性，即謂本體」[45]。與「本體」同實異謂的「本性」，是指「絕對的無外的空寂本性」[46]，而所謂人「與萬物同體」[47]，正是著眼此「空寂本性」而論的。「但克就吾人而言，則為吾人所以生之理，故名為性。此乃本有，不由後起，故云本性」[48]。這是說人性就是指「人所以生之理」，而人的本性祇是說人性生來本有，並不是說人在本性上不與宇宙萬物同體。問題是，「人之所以生之理」具體指什麼？熊氏明確指出它就是指「吾人本來的生命」：「此中生命一辭，直就吾人所以生之理而言，換句話說，即是吾人與萬物同體的大生命。蓋吾人的生命，與宇宙的大生命，實非有二也」[49]。「唯本有者乃是生

40　同注 27，頁 663。

41　同注 27，頁 372。

42　同注 27，頁 79。

43　同注 27，頁 90。

44　同注 27，頁 451。

45　同注 27，頁 376。

46　同上。

47　同上。

48　同上。

49　同注 27，頁 450。

命」[50]；「祇此本來的性，是人底生命」[51]。人與生俱有的這一「絕對的真實」[52]的生命，在熊氏看來，並不是指人本有的氣質，而是指成就氣質之理：「是氣質非即性也，而氣質所以凝成之理便謂之性（熊氏自注：此中理字，隱目本體）」[53]。雖然不能將人的氣質視為人之所以生之理（性），但因為性乃氣質所以凝成的根源，故又「不可離氣質而言性」[54]。因此，「破相顯性」，對於「人」來說，首先是指就人之氣質發現人之所以生之理，以明人的本性是繼宇宙本體而有的，人的本性與宇宙本體是相通的，宇宙本體是人之本性（亦即人的自性）的「性體」，因為「性者，萬物之一源」[55]，萬物都是以「性體為其源泉」[56]，人亦不例外。其次是指就習氣中守性。「凡習之起，必依於氣質」[57]，但氣質不等於習氣。「所謂氣質，即形與才之通稱」[58]，它並無「習氣」的含義。「習氣者，謂慣習所成勢力」，它是用來特指已形成勢力的慣習。人之本性與人之慣習的關係，為簡略計，也稱為性與習的關係。熊氏說，「習之於性，有順有逆。順性為淨，違性為染」[59]，以為「習」對於「性」的作用從根本上區分為淨與染，淨習乃順著人之本性而起，染習則是逆著人之本性而成。習氣既然可以順性而起，則人要成就其本性，就不能擯棄習氣，而應固守淨習而避免染習，使人的習氣順人的本性起而非逆人的本性起。正是從這個意義上，熊氏指出：「沒有習氣，生命力也就無以顯發他自己」[60]，將習氣視為人之生命力的顯現；並強調：

---

[50]　同注 27，頁 105。
[51]　同注 27，頁 151。
[52]　同注 27，頁 451。
[53]　同注 27，頁 87。
[54]　同上。
[55]　同注 27，頁 460。
[56]　同上。
[57]　同注 27，頁 87。
[58]　同上。
[59]　同注 27，頁 86。
[60]　同注 27，頁 453。

「吾人必以精進力創起淨習，以隨順乎固有之性，而引令顯發」[61]。與宇宙本性相比，此由淨習所引發的性，就是人所成就的本性。人已成就的本性，就其由淨習引發而言，它已不單純是「繼善」，僅僅意味著對宇宙本性的繼承，而同時意味著人對其本性（亦即宇宙本性）的道德認同。所以，熊氏說：「至公無私，即性也」[62]，又把人之順應本性的道德認同歸入人性範疇。將人之道德認同歸入人性範疇，也就等於承認人的本性也就是人的道德性。在我們看來，人的道德性並非人之生命中「本來的性」[63]，而恰恰意味著人對其「本來的性」（本性）的矯正，而熊氏卻認為道德認同既然「得以引發本來而克成性」[64]，則它仍屬「繼善之事」[65]；既是「繼善之事」，則道德認同除「引發天性」[66]、凸顯人之善良本性外，並不對人的本性起任何矯正作用。

　　上面的論述表明，熊十力論「性」，完全是從本體論的視角立論，而非為了建構人性論體系。作為其本體論的重要一環，熊氏的「性」論在邏輯上應該說能自圓其說，將宇宙原初本體如何成為具體有形物（包括人）之本有的實性論證得絲絲入扣、環環相連。既然如此，那麼方東美為什麼要對熊氏的「性」論提出質疑？這難道是因為方氏從自己的「性」論出發根本不能苟同熊氏的「性」論？要弄明這二個問題，當然得先分析方氏的「性」論，看看它在什麼意義上有別於熊氏的「性」論。方東美說「普遍生命，即性」[67]。「性」既然就是指「普遍生命」，則瞭解了「生命」[68]的含義也就瞭解了「性」的含義。而要瞭解方東美所謂「生命」究竟何義並不難，因為他明確指出「生命」兼「含五義：（甲）育種成性義。時易化生，而生生相續，

---

[61]　同注 27，頁 153。

[62]　同注 27，頁 456。

[63]　同注 27，頁 151。

[64]　同注 27，頁 154。

[65]　同注 27，頁 153。

[66]　同上。

[67]　方東美撰：《生生之德》（臺北：黎明文化事業股份有限公司，1979 年），頁 150。

[68]　係普遍生命之省稱，以下均同。

創造出新，而新新不停，是生大小生命萬匯種種，千態萬狀，一一皆自個體發生與系統發生之化育歷程發展得來。同時，曠觀整個大千世界，發榮滋長，有增無已，其全部宇宙發生歷程，亦復如是；（乙）開物成務義。生命顯發為創造，營育成化，新新不停，其資源廣大無邊，悉儲諸乾元性體（原始本初），而取之不盡，用之不竭者。生命萬匯，凡遇困阻，莫不返初復始，會歸大道，大道元力，盡然充沛，盛德宏富，足以周潤萬物，而普濟之。生命不乏新事業，無論何其艱巨，世界萬有大生機，惟待吾人利用以安身，復引之向上，直登精神創造之勝境。生命之意義與日俱增，生命之價值饒益豐富，既濟未濟，亹亹不窮；（丙）創造不息義。宇宙大全整體，乃一時空拓展系統，創造性之洪流發乎普遍生命之源，而彌注其間，流衍變化，得喪更迭，演為無窮序列。貫乎生命動而健之全幅化育歷程者，厥為後先遞禪，繼往開來。後繼者以先往者為跳板，而一躍騰起，聳入後期事態，促進繼起生命之創造大業。如是而新新不已，以迄一切攝歸性海，於一片汪洋浩瀚之中，生命巨浪，波波相續，重重湧現，波瀾壯闊，蔚為奇觀，儼若蹈躍獻舞，以敬事理想之終臻於究極圓滿也；（丁）變化通幾義。營育變化，賡續不已，既濟未濟，因已成以出新。生命與時間合體同流，誠所謂『濯足激流，已非前水』者也。蓋萬物後先遞承，綿續不斷，先往者剎剎生於前，而候生忽滅，頓成故去；後繼者不脅時間之新蕾，含苞待放，乃是化育以生新，產自既有之時間綿流，前後交奏，更迭相酬，生生不停，新新相續。正猶之乎時易變化萬千，故創新亦層出不窮；（戊）綿延長存義。不朽之為言，生生之情態也，生生者，不已、未濟也。活動賡續，禪聯一貫，以成性存仁，然『成性』云云，畢竟未濟。余謂此種不朽乃是當下現成者、蓋非自高高在上、玄遠在外，超絕之彼界就永恆面而關照之，而係自當下現實，此時此地之此界就變易法式而關照之。是則當下一切悉成現實矣。此義吾人但原其始、要其終，而親驗參與之，便不難引歸身心，自家體會。原始要終之道，由本初而之後得，可釋為至善本質之彌貫於具體歷程，以求其圓滿實現。然而，是項不朽非僅得自神明恩典之介入也。果而如是，吾人即受之有愧。茲所謂之不朽，惟是一種潛在之偉大性，降任吾人，而責無旁貸者，惟

藉積極努力，奮鬥不懈，始克獲致。人為天之所生，故造物者乃藉人性以顯示其創造性，並透過人之持續創造才性，以產生價值之典型也。約言之，生命之不朽即價值之不朽。生生所以成性，而自生生觀之，則所謂成性者，乃是入智慧之門，通往精神價值之勝境。」[69]

　　從「生命」兼含上述五義來看，方東美也是從本體論的視角論「性」，他的「性」論與熊十力的「性」論應該說不存在實質性的差異。那麼，方東美為什麼偏偏要首先就「性」字向熊十力提出質疑呢？其中的緣由，在我們看來，與熊十力總是殷切規勸方東美治學應重在「落實見性」不無關係。在熊氏眼中，「西方哲人不足以語於見性」[70]，他對治西方哲學的方氏以「落實見性」相勸勉，與他希望方氏研究佛學一樣，未必不是出於對方氏的關愛。但方氏似乎沒有真正體悟到熊氏規勸他應「落實見性」的真正用心，所以站在其重分析、重證明[71]的立場上，他勢必要向熊氏追問：既然講「落實見性」，就要審問「見性如何見法方稱落實」[72]；而要審問這個問題，就必須進一步回答「性字究作何解」、「見性途徑緣何抉擇」[73]這樣兩個問題。方氏所以向熊氏追問這些問題，顯然是因為他已在心中認定熊氏之「性即體」的論述並沒有給如何「見性」指明可行的途徑。從陸王「心學」的立場上講，「見性」也就是體悟人之「本心」。這在熊十力看來，是不言自明的事。但方東美卻強調「論性實是難事」[74]，非說一句「性即體」就能了悟。熊十力自信「性」字的解已具載其著《新唯識論》，方氏向他追問「性字究作何解」祇能表明方氏絕對沒看過他這部大著。方東美卻申明，他「非絕不看過」[75]，他祇是認為《新唯識論》對「性即體」的論述，固然反反覆覆，

---

[69]　方東美撰：《中國哲學之精神及其發展》上（臺北：成均出版社，1984 年），頁150-151。

[70]　同注 1，頁 656。

[71]　這顯然出於他深厚的西方哲學的學養。

[72]　同注 1，頁 655。

[73]　同上。

[74]　同注 1，頁 662。

[75]　同注 1，頁 661。

但太籠統，不具體。且不說「即」字在近代邏輯上有六種不同意義[76]，即便祇談「體」字，由於「『體』有五義」[77]：質體、似體、假體、實體、本體，那麼所謂「性即體」之「體」字究竟是其中的哪一義呢？熊十力在信中將他所謂的「體」區分為「本體」、「自體」、「名言所表之自體」，但在方氏看來，這一區分「望似精細，其實猶有未盡善處」[78]。對方東美如此強調立論應具體辨析範疇含義，熊十力不以為然，尖銳地指出：「讀書要在落實自見真理，隨在儒佛書冊中名言轉來轉去，是真可憐！」[79]「此理要在自得，自得要在實下功，纏縛名相，七談八談，吾不知其果何當也。」[80]可方東美不接受熊氏此類的批評，始終強調凡立論，「名詞意義應有界限」[81]，不能囫圇吞棗，籠統不分，否則，「坐令世人籠統真理」[82]，就會助長不求甚解的不良學風，以至於「輕率倡言離絕思議，吐棄知識」[83]，「每見大問題駢來，輒以囫圇吞棗態度應之，以漫不得了方法了之」[84]。

可見，方東美向熊十力提出質疑，並不是因為他覺得熊氏講「性即體」講得不正確，而是因為他不贊成熊氏為證明「性即體」而將儒釋道三家「性」論混為一談；而熊十力對方氏的反駁，也不是針對方氏的批評而著重論證儒釋道三家「性」論何以相通，卻指責方氏不當「纏縛名相，七談八談」。這應該說不是認識論意義上的爭是非的分歧，而是基於不同的治學路數所產生的分歧：熊十力走「尊德性」的路子，注重體道見性，且以為體道見性無須纏縛名相，祇能實下工夫，直見本心；方東美則走「道問學」的路子，注重辯理顯真，且以為辯理顯真須清晰立言界限，不能籠統含糊。方東

---

[76]　方東美沒有具體申說哪六種意義。

[77]　同注 1，頁 662。

[78]　同上。

[79]　同注 1，頁 654。

[80]　同上。

[81]　同注 1，頁 665。

[82]　同注 1，頁 657。

[83]　同上。

[84]　同注 1，頁 658。

美批評熊十力在思想上「深入宋儒圈套」[85]，熊氏之籠統含糊未必不是深受宋儒「好籠統」的影響。但他並不申明自己是站在程朱的立場[86]上批評熊十力，他祇是從治學路數的層面將自己與熊氏的差別歸納為「住於自性」與「隨眾生心」之不同：「先生著重體道見性，意或專指宗趣法相，故主亡言默識以求實證。鄙意教人成慧，應依言說法相，善巧思議，照了法要。前者住於自性，專求內證聖智，遠離分別，觀察隨心所現諸法如幻，皆不可得。此乃趣入佛地生聖果時獲見如來不可思議境界。後者隨眾生心，就言說事，假立名相，善巧運義，方便分別，不墮文字種種執著，照燭諸法幻相，數數解說，出離戲論，漸升諸地，轉入真實聖智。此乃化佛導引眾生淨惑轉智，舍妄歸真，思維抉擇所行境界」[87]。在這裏，方東美明確指出，熊十力在路數上「專求內證聖智」，以為無須分辨具體事物，祇要直悟本心就能把握最高的價值境界；但他自己卻不走這個路子，他要走就物求真的路子，注重運用概念分析事物，注重逐漸深化對事物本質的認識，注重舍妄歸真、去偽存真，一言以蔽之，不贊成以直悟本心的非理性的方式求哲學的最高境界，主張通過理性思維的方式以抉擇所行境界，並通過所行境界逐漸走向哲學的最高境界。儘管方東美對程朱派的哲學評價並不高，更反對從接續宋明理學的意義上設計儒學現代復興的藍圖，但他在這裏所強調的，與朱熹所謂「格物致知」重在強調「今日格一物，明日格一物」，把「窮理」看作一個認識逐漸深化的過程，應該說在本質上是相通的。正是從這個意義上，我們認為，若不顧及他們哲學中的現代文化背景，僅僅從中國傳統哲學的意義上判斷方（東美）熊（十力）在治學路數上的差別，那麼不妨說兩者的差別就是「道問學」與「尊德性」的差別，祇不過帶有濃厚的現代文化色彩罷了。

---

[85]　同注1，頁665。

[86]　這是因為方東美主張直續原始儒學以求儒學的現代復興，不主張以接續宋明儒學的方式求得儒學的現代復興。

[87]　同注1，頁657。

三

　　方東美早年就「性」字向熊十力提出質疑，可以說是站在西方理性主義的立場對熊十力的治學路數提出批評。就目的來說，他批評熊十力的治學路數不過是為了向熊十力表明：「美之所好不在宋儒」[88]，他不可能認同熊十力從宋明理學出發研究佛學的立場，決不是「易真理之辯而為意氣之爭」[89]。問題是，方東美在晚年對熊十力仍有所批評，那麼同方氏早年對熊氏的批評相比，他晚年對熊氏的批評是否出於「意氣之爭」呢？要回答這個問題，需先具體分析方氏晚年如何批評熊十力。

　　方東美晚年對熊十力的批評，就內容講，有對於熊氏著作的批評，亦有對熊氏「新唯識論」立論基礎的批評，還有對熊氏學風的批評。被方氏點名批評的熊氏著作是《讀經示要》和《原儒》。對《讀經示要》，他作了這樣的批評：「現在要講經，我們為甚麼不就中國的十三經、五經，仔仔細細的研究，而卻抓了一本熊子貞的《讀經示要》，以為經的秘密在這一部書裏面描繪盡了，事實上裏面有許多外行話、有毛病的話。」[90]至於《讀經示要》中究竟有哪些外行話、有毛病的話，他並沒有說明。而他對於《原儒》的批評，與他批評《讀經示要》正相反，他不是泛泛講《原儒》有錯誤，而是尖銳地批評《原儒》根本就誤解了儒家思想：「《原儒》一開頭便不得不用應帝王的方式，用歷史唯物論的語法，……把儒道思想安排到近代科學唯物論及歷史唯物論，自然是極大的誤解。」[91]

　　如果說方氏對《原儒》的批評，反映了他對辯證唯物論與歷史唯物論的偏見的話，那麼他對「新唯識論」立論基礎的批評，則更多地反映了他對唯識論思想傳統的認識迥別於熊氏對唯識論思想傳統的認識。他認為，唯識宗

---

[88]　同注1，頁654。

[89]　同注1，頁655。

[90]　同注1，頁148。

[91]　方東美撰：《原始儒家道家哲學》（臺北：黎明文化事業股份有限公司，1983年），頁6。

實際上包含兩個思想流派，一派繼承世親、護法的思想，祇講唯「識」；另一派「就是安慧學派」，此派繼承彌勒、無著的思想傳統，不講「流轉識」，不講轉移，而講唯「智」，試圖通過「轉識成智」的途徑，「把唯識發展的錯誤路線給堵塞住」[92]。但是，在中國，唯識論的發展，從玄奘、窺基、慧沼到智周，都是走世親、護法的路子，因而忘記了彌勒、無著在唯識哲學方面的重大貢獻，自然難以走出唯識宗的理論困境[93]。熊氏的「新唯識論」雖然有別於「舊唯識論」，但他同樣沒有走出唯識宗的理論困境，因為熊氏仍然是走世親、護法所走的「那條錯誤的道路」[94]，不瞭解唯識宗「裏面護法同安慧根本是不同的思想路線」[95]。正是基於這一認識，方東美反對將熊氏的《新唯識論》作為「法相唯識宗裏面最後的一部著作」[96]來讀，因為它「有許許多多的錯誤」[97]。熊十力自己也未必將《新唯識論》視為純粹的法相唯識宗的著作，則方氏從徹底的唯識宗的立場出發批評《新唯識論》有許多錯誤，就有未真正讀懂《新唯識論》之嫌，殊不知熊氏雖將護法同安慧的思想路線混為一談，但他對唯識論內含的理論困境是清楚的，祇不過他認為這要歸咎於無著諸師對唯識論理論的推進：「無著諸師談八識，其旨趣略說如上。較之小乘六識之談，迥不相同者，則第八識之建立，顯然成為宇宙論方面之一種說法。而第八識中種子，又成多元論。種子染淨雜居，亦是善惡二元。且諸識相、見，劈裂得極零碎，如將物質裂成碎片然。凡此，皆不厭人意。若其談緣生，復成機械論，尤無取爾。」[98]

　　方東美早年同熊十力爭辯時，還涉及了「亡言默識」問題。他不是籠統地反對熊氏講「亡言默識」，而是反對熊氏將「亡言默識」引向「倡言離絕

---

[92] 同注 1，頁 556。

[93] 指阿賴耶識淨染雜居，形成善惡二元對立。

[94] 同注 1，頁 554。

[95] 同注 1，頁 148。

[96] 同上。

[97] 同上。

[98] 同注 27，頁 590。

思議，吐棄知識」：「先生固今世之絕頂聰明人也，……學植深厚，思慮專精，詎忍以亡言默識吐棄知識之高論勸世導人耶？」[99]在晚年，他重提這一話題，卻側重批評熊氏不當祇講「頓覺」而不講「漸覺」：「我記得在民國廿七年同熊子貞先生有一通信，就辯論這個問題。熊先生一向在佛學上多多少少受宋儒的影響，而透過宋儒又間接受禪宗的影響，所以他很著重佛學上面所講的頓覺。假使主張頓覺的話，其中有一個假定，就是：所謂般若同菩提雖然名稱上面是兩回事，但實際上面是相等的，是一回事；在佛學上面，甚麼東西都證明般若與菩提相應。假使照這樣說起來，在禪宗裏面祇能夠容許頓覺，不能夠容許漸覺。但是我說他這句話說錯了。為什麼說錯了呢？因為他不談修養、不談工夫，驟來就把握禪宗裏面最後的結果，而不曉得那個結果是怎樣得來的。那麼在我看來，我說『漸修而頓悟』，這頓悟是修養最後的、也是最高的階段。假使你沒有修養、沒有工夫的話，祇憑天才講宗教、講哲學，但是人類裏面古往今來有幾個天才？所以我認為哲學及宗教的修養，是逐漸作工夫，然後獲得最後最高的結果，不可以倖至。於是乎他寫信舉《華嚴經》的立場來說，他說《華嚴經》從杜順到法藏都是說圓頓教。但是他這祇是把華嚴當作一部書，束諸高閣不看，祇曉得華嚴宗最後的結果，講最高的境界是圓頓。」[100]

　　方東美批評熊氏不談修養、不談工夫，應該說不無根據，但斷言熊氏不曾看過《華嚴經》就難免有誣陷之嫌。這當然不足以說明方氏有意厚誣熊氏，但從中可以感受到他的批評已少了幾分對熊氏的敬意。他晚年雖口頭上也時常講要予熊十力以同情的理解，但由於他內心裏對熊十力不敬的念頭已經萌發，所以他晚年對熊十力的有些批評，實際上已損及熊氏的人格。例如，他這樣批評熊氏之為學不實：「熊先生有個毛病，也就是說，他所要談的問題，如果被他發現你也懂的話，他就存有一點顧忌了。可是假使他發現你根本就不懂的話，他就會說幾句大話來嚇唬你，當場非把你嚇唬倒不

---

[99] 同注27，頁659。

[100] 同注27，頁143。

可。」[101]熊十力是否有這個缺點，不是這裏所要探討的問題，這裏要說的是：即便熊氏有這個缺點，當方氏心中對熊十力存有足夠的敬意時，他難道會以這樣的話語批評熊氏嗎？對照他早年對熊十力的批評，這將很容易回答。早年他這樣勸熊氏：「側聞先生談學時，亦偶有躁急憤激處，人或不敢親近，未免可惜」[102]。像這樣有分寸的話語，在方東美晚年的論說中是很難看到的。這種語氣、語調、話語上的差異，正足以說明方氏對熊氏態度的變化。這種變化，固然不能說方氏對熊氏的批評在晚年已變成了「意氣之爭」，但起碼可以說明方氏晚年對熊氏的批評已帶有個人的情感認同在裏面，已不是純粹學術意義上的批評。

---

[101] 同注 27，頁 342。
[102] 同注 27，頁 655。

評方東美對胡適的批評

　　皖籍學者對中國現代學術做出了重要的貢獻，而在對中國現代學術做出傑出貢獻的皖籍學者中，績溪的胡適與桐城的方東美，尤為突出，堪稱代表。因此，為了深入探討中國現代學術精神及其發展歷程，有必要以比較哲學的視角分析胡方兩人學術思想上的同異。做這種分析，最值得關注的是他們各自對對方學術思想的評論。對方東美的學術思想，胡適未做任何評論，而方東美在晚年卻對胡適的學術思想大加批評。所以，具體分析方東美對胡適的批評，就成為我們對胡方進行比較研究首先要做的事。

一

　　胡適（1891-1962）與方東美（1899-1977）雖是大同鄉，卻不曾結義訂交，這令治中國現代學術者興歎。倆人雖未訂交，但他們相識卻是無疑的。問題是，他們初次相識於何時何地？從雙方的經歷來看，他們最有可能在以下兩個時期初次結識：一是胡適 1917 年 7 月由美回國至方東美 1921 年 8 月赴美留學這四年間；另是 1924 年夏方東美學成回國至 1937 年 9 月胡適以非正式的外交使命赴美這十三年間。前一個時期，胡適在北京大學當教授，而方東美在南京金陵大學讀書，倆人本無緣謀面，但胡適的老師杜威此間來華講學，兩人因接待杜威而有可能在此間相識。據《胡適口述自傳》載，杜威 1919 年 2、3 月間在日本東京帝國大學講哲學，胡適和一些杜威的學生，便利用這個機會，商請北京大學、南京高等師範大學、江蘇教育會、北京的尚志學會籌集基金邀請杜威來華講學。杜威 1919 年 5 月 1 日抵達北京。他在北京連續作了五個系統的講演後，又前往各省講學。在杜威到各省講學期

間，胡適祇是陪同他老師到天津、濟南、太原等地。其他各地如南京、上海等處，他因為北大教課關係未能隨往。[1]正因為胡適並沒有隨杜威到南京，所以 1920 年初當杜威到南京講學時，儘管方東美同杜威有密切的接觸[2]，他也不可能在此期間與胡適結識。那麼，他們最有可能於 1920 年 7 月在南京結識，因為該年該月胡適曾應邀在南京高等師範學校的暑期學校講「研究國故的方法」。但遺憾的是，從他們的傳記資料裏找不到這方面的任何記載。這間接表明他們此間並未結識。究其原因，可能是因為方氏假期離校不在南京，他們實際上沒能相遇。

　　此後近一年間，胡適不曾在南京駐留，方東美則於 1921 年 8 月赴美國留學。方氏留學期間，胡適不曾到美國，故他們自然不可能於此間結識於美國。1924 年夏季方氏學成回國，9 月任武昌高等師範大學副教授，一年後受聘國立東南大學教授，再轉任中央大學教授，至 1937 年 10 月隨中央大學遷居重慶沙坪壩，十幾年間，他都在南京，不曾北上北京，而胡適在此間，卻曾幾次到南京講學或出席會議，則他們有可能此間結識於南京，但從倆人的傳記資料裏都沒有找到他們於此間相識於南京的記載，則他們似乎亦並非此間結識於南京。而胡適於 1937 年 9 月以非正式的外交使命赴美，26 日抵達三藩市，一年後正式受命任駐美大使，至 1942 年卸任；卸任後仍留居美國，一直到 1946 年 7 月回國。這期間，方東美隨中央大學搬遷一直住在重慶沙坪壩的中大教工宿舍，當然不可能與遠在美國的胡適見面。

　　以上論證既然排除了他倆在 1937 年 9 月前後有初次結識的機會，那麼他倆的相識，祇能發生在 1937 年的 1 月至 9 月間。按照這個思路去查找有關資料，果然發現了足以解決這個問題的三條記載：(1)胡適晚年的秘書胡頌平在《胡適先生年譜簡編》中載：1937 年 7 月 7 日蘆溝橋事變爆發，翌日胡適離開北京，於 11 日到達廬山，參加蔣介石主持召開的廬山談話。後

---

[1]　參見耿雲志等編《胡適傳記作品全編》第一卷下冊（北京：東方出版中心，1999年），頁 105。

[2]　先代表「中國哲學會」致歡迎詞，後又聽杜威講西洋哲學史。

在廬山暑期訓練團講學至二十八日返回南京[3]；(2)方東美的弟子黃振華在
〈方東美先生傳略〉中記載：「遠在民國二十六年初，……總統即敦請方先
生赴奉化講授哲學，方先生亦欣然應命。……詎料正要準備赴奉化之際，
七‧七蘆溝橋事件爆發，總統銷假視事，赴廬山主持國是會議，而方先生亦
應邀參加此項會議，講學之事因而中輟。」[4]；(3)方東美自己回憶說：「在
抗戰初期，胡適……後來寫下這些妙論，還在抗戰前期牯嶺廬山談話會的時
候，印成小冊子，到處亂送，他並送了一本給我，然後馬上補充一句說：
『這次又要挨你的罵了』。」[5]將這三條資料加以比照分析，可以斷定胡適
與方東美祇能於 1937 年 7 月中旬結識於廬山。

　　就目前查到的資料看，這個結論的正確性是無可置疑的。那麼，怎麼理
解方東美所謂「這次又要挨你的罵了」。這句話，從語氣上看，似乎胡適在
廬山上遇見方東美之前就已經與方氏相識。但這句話可以作幾種理解，一是
方氏與胡適不相識時他就對胡適有所批評；二是方氏與胡適相識後他幾次批
評胡適；三是胡適送他書時祇是禮節性地請他批評指正，而他在晚年回憶此
事時，卻將它與後來發生的事混淆起來，說成了一件事。在這三種理解中，
我認為第三種理解合乎實際，因為現在所發現的資料，都表明方氏批評胡適
是在他晚年發生的事，尚未發現方東美早在抗戰之前就批評胡適的資料。況
且，那時方氏在學界的地位遠低於胡適，胡適不可能以那樣卑歉的口氣同小
他八歲的方氏說話。

　　胡適被邀請參加廬山談話，與他的名望有關，可當時名聲並不響的方東
美為何亦被邀請呢？要揭開這個謎，就不能不談到方東美以教授身分抬棺請
願事。1927 年，國民黨中央黨部創辦政務學校，方東美因羅家倫強求，離
開東南大學到政校任教授。他到政校不久，便發生了「一一‧二二事件」。

---

[3]　參見朱傳譽主編《胡適傳記資料》〈一〉（臺北：天一出版社，1985 年），頁 20。

[4]　黃振華撰：〈方東美先生傳略〉（臺北：《哲學與文化月刊》第四卷第八期，1977
　　年），頁 51。

[5]　方東美撰：《華嚴宗哲學》上（臺北：黎明文化事業股份有限公司，1981 年），頁
　　202。

當時蔣介石被迫下臺，李烈鈞是南京政府的負責人。段錫朋於是發動政校的學生到國民黨政府要求蔣介石復職。李烈鈞下令開槍，當場打死學生一名、重傷五名。1927 年 11 月 22 日，段錫朋讓人將打死的學生裝入棺材，組織教授抬棺，學生跟在後面，列隊前往國民政府抗議。抬棺的教授，除方東美，尚有段錫朋、谷正綱。他們把棺材放在國民政府的大門口，學生們在門外高喊口號，終於迫使李烈鈞在第二天宣布下臺。這件事，奠定了方東美與蔣介石交往的情感基礎，蔣介石以後一再禮遇方東美，都可以從這件事找出根源。

二

　　胡適同方東美雖相識但終究未能結義，正應了中國人的一句老話：「道不同不相謀」。倆人的「道」不同，是指自由主義立場和文化保守主義立場的悖反。保守主義原本是政治範疇，用以指稱墨守現行的社會政治、反對變革現實政治制度的政治主張，而文化保守主義則不然，它所首肯、所護衛的不是現實的政治制度而是傳統文化。就對傳統文化的態度而言，文化保守主義與自由主義的根本對立，就在於一個（自由主義）徹底否定傳統文化的價值，主張通過全盤吸收西方文化以實現傳統文化轉為現代文化的根本變革；一個（文化保守主義）護衛傳統文化的價值，主張在不違背傳統文化根本精神的前提下，通過適當地吸收西方文化以實現傳統文化的現代復興。所以，方東美對胡適的批評，說到底，也就是文化保守主義對自由主義的批評。

　　方東美對有些學者的批評，比如對馮友蘭的批評，難免人格上的輕蔑，但他對胡適的批評，應該說主要限於學術問題，而不涉及其他方面。而且，在諸多與胡適有關的學術問題中，他不談方法問題（大膽假設，小心求證），也不談主義問題（多研究些問題，少談些主義），而是集中在兩個問題，一是中國文化的價值問題，二是中國哲學的性質問題。問題是，他集中在這兩個問題上批評胡適，除了體現了一個文化保守主義者對自由主義者的抗議之外，是否合情合理合乎實際？這是我們下面所要具體分析的。

　　首先看他對胡適否定中國文化價值的批評。他曾多次痛斥「外國的月亮
比中國圓」[6]，這固然可以視為是對胡適的批評，但他指名道姓的批評胡
適，要數下面這兩段話說得最不留情面：

> 有一個美國人 Henry Taylor……，聽說胡適在中國的知識領域還有地
> 位，就請他去講中國藝術。但是他去了之後卻笑他們是傻子，說中國
> 怎麼會有藝術，你們要研究什麼？……像這一類的怪話，他以後還不
> 斷的說。在臺灣開中美學術科學會議時，又說中國沒有科學、沒有文
> 化。在當時英國劍橋大學李約瑟教授計畫出版十一冊討論中國科學工
> 藝的歷史，第四冊已經出來了。但是他連看都沒看，或許是看不懂，
> 所以才說中國沒有文化、說中國沒有哲學。就這樣來冒充知識界的代
> 表有幾十年之久，來危害中國。……有一年在會議上，他又講中國沒
> 有文化，我就在一個像這樣的兩、三小時的課程裏，引述各種經典證
> 據，把他批評得體無完膚，並說沒有再比中國有那麼豐富的文化。第
> 二天報紙還登了出來了，標題是：「胡適挨罵了」。
> 在抗戰初期，胡適又拿國家的錢到西方去，然後經過西北利亞回國，
> 回國後又發表怪論說中國沒有文化。因為他以哈爾濱為例，可是當時
> 那是俄國的殖民地，雖然俄國是歐洲文化最落後的地方，但是仍然有
> 高樓大廈柏油馬路與汽車；而靠近俄國的哈爾濱就祇有破房、土路、
> 獨輪車，所以他認為比不上西方高明的文化，就連西方落後地區的俄
> 國也比不上，所以便說中國沒有文化。他後來寫下這些妙論，還在抗
> 戰前期牯嶺廬山談話會的時候，印成小冊子，到處亂送，他並送了一
> 本給我，然後馬上補充一句說：「這次又要挨你的罵了」。但是後來
> 幾十年我沒有罵過他，因為他自駐美大使下臺後，乖乖的沒有再亂講
> 話。然而等到在臺北開中美科學會議時，又說中國祇有抽鴉片煙、裹
> 小腳、玩麻將與舢板船而沒有大汽船，所以證明中國沒有文化，從那

---

[6]　或曰「美國的月亮比中國圓」。

時起我又開始罵他。[7]

　　這是 1975 年 10 月 30 日在課堂上方東美對胡適的批評。這個批評中提到的在臺灣開的「中美學術科學會議」，應指美國國際開發總署舉辦的「東亞區科學教育會議」。此會於 1961 年 11 月 6 日在臺北開幕，在開幕式上胡適應邀作了 30 分鐘的英文演講。在這個題為〈科學發展所需要的社會改革〉的演講中，胡適針對中國的物質文明雖然比西方弱，但中國的精神文明優越於西方的觀念，通過中國人容忍「種姓制度」，把貧窮和行乞看作美德、把疾病看作天禍以及婦女纏足、老叫化婆子臨死念「南無阿彌陀佛」等落後現象，以論證「我們東方這些老文明中沒有多少精神成分」[8]，藉以強調「現在正是我們東方人應當開始承認那些老文明中很少精神價值或完全沒有精神價值的時候了」[9]，從而呼籲中國人明白承認西方「文明乃是人類真正偉大的精神成就，是我們必須學習去愛好，去尊敬的」[10]。應該說胡適這是重談他一貫強調的老調，但該演講中文翻譯稿在報刊上刊登出來以後，仍立即遭到嚴屬的抨擊，有斥之為「是一個作自瀆行為的最下賤的中國人」[11]；有斥之為是「文化買辦在洋大人面前討好的表現」[12]。方東美當時並沒有公開參加這場對胡適的討伐，而他私下裏對胡適的批評，較之帶有人格攻擊的那些批評，更具有殺傷性。首先，他批評胡適連李約瑟的《中國科學技術史》也看不懂，卻冒充中國知識界代表幾十年，對中國的文化建設造成了危害。但這個批評，對胡適是不公平的。胡適也許沒有看過李約瑟的《中國科學技術史》，但說他看不懂李約瑟的書，未免武斷。而方氏之所以這麼武

---

[7]　同注 5，頁 201-202。

[8]　胡頌平撰：《胡適之先生年譜長編初稿》（臺北：聯經出版事業公司，1984 年），頁 3803。

[9]　同上。

[10]　同上。

[11]　此係徐復觀語。轉引自章清《胡適評傳》（南昌：百花洲文藝出版社，1992 年），頁 284。

[12]　此係葉青語。轉引自章清《胡適評傳》，頁 285。

斷，完全是出於成見，因為他一貫認為胡適「看的書實在太少，有許多書他不敢看、不能看，他沒有看的能力」[13]。如果說批評胡適看不懂許多書是出於成見的話，那麼他批評胡適危害中國文化建設幾十年，就是無視歷史事實。歷史雄辯地表明，胡適的「全盤西化」的文化建設主張，固然對中國現代文化建設產生不良的影響，但他作為新文化運動的代表之一，其文化改良、文化變革的主張，對中國現代文化建設產生了巨大的積極影響，完全沒有理由說胡適危害中國文化建設幾十年。

其次，他批評胡適全面、徹底地否認中國有文化。但應該說這個批評是基於對胡適觀點的歪曲。胡適一貫認為，同西方文化相比，中國文化是落後的，而且其落後不僅體現在物質文化、制度文化的層面，還體現在精神文化的層面。胡適的這個觀點，當然是民族文化虛無主義的主張。但民族文化虛無主義的主張，是輕視民族文化的價值、否認民族文化的價值，而不是簡單地抹殺民族文化。而照方東美所批評的來看，既然胡適說中國沒藝術、中國沒科學、中國沒文化，那麼在胡適看來中華民族豈不成了文明未開的野蠻民族。試問，胡適何時何地從這個意義上講過中國文化落後於西方文化？！

再次，他批評胡適不應該以中國物質文化不如西方作為理由斷言中國沒有文化。但這個批評，實在是無的放矢。所以是無的放矢，是因為方東美基於「觀念的文化取向」所發出的這一批評，在理念上有悖於胡適的「文化的實感取向」。由於堅持「文化的實感取向」，所以胡適在判斷東西方文化價值時，便更多地關注物質文化和制度文化，以為精神文化祇能體現於物質文化，於是他很自然地強調說：既然中國物質文化、制度文化落後，便證明中國文化的精神成分很少；既然中國文化的精神成分很少，則不值得為所謂的中國文化的精神成就驕傲，更不能因推崇中國文化的精神而輕視西方文化的精神成就。而方東美由於恪守「觀念的文化取向」，也就無視東西方在物質文化、制度文化上的巨大差異，僅僅從精神文化層面談「沒有再比中國有那

---

[13] 方東美撰：《原始儒家道家哲學》（臺北：黎明文化事業股份有限公司，1983年），頁 50-51。

麼豐富的文化」[14]。在他看來，像近代西方那樣的物質文化、制度文化的進步，非但不足以證明人類在精神文化上的高度發展，反倒恰恰證明了人類生命精神的墮落，在精神文化上陷入了「黑暗時代」。相反，中國在遙遠的古代，早就發展了自己文化的最大特色，「就是能觀照在人和世界中生命的全面」[15]，「把社會國家當作一個心靈的典型和文化的領域，不僅從政治制度及現實去發展，要拿很高的智慧、高超的理想來指導生活」[16]，從而形成了高度哲學精神與高度藝術精神相配合的「妙性文化」。中國的「妙性文化」，是代表人類「軸心時代」高度文化成就的典型的文化形態，它那高度的精神價值，是近代西方淺薄的「尚能文化」所無法匹敵的。所以，從根本上講，方東美與胡適在對中國文化價值認識上的分歧，反映了兩種文化觀的悖反，體現了民族文化復古主義與民族文化虛無主義的尖銳對立。

三

　　方東美對胡適否定中國文化價值的批評，更多地體現了他恪守文化保守主義立場的情感，而他對胡適研究中國哲學史的批評，則依據自己的學術立場乾脆斷言胡適不懂中國哲學：「像胡適之學農業都學不下去，還大談其哲學，即使以他的哲學觀點來談中國哲學問題時便說：老子是放任主義意識，孟子是教育主義學說，這是連儒家道家思想的經典都沒看過，對於佛家的經典那就更不必談了，像這樣的人怎麼能寫中國哲學史呢？所以祇好講《淮南子》」[17]；「像胡適所說，他講中國哲學，從來不敢利用尺[18]書。為什麼緣

---

[14] 同注 5，頁 201。

[15] 方東美撰：《生生之德》（臺北：黎明文化事業股份有限公司，1979 年），頁 258。

[16] 方東美撰：《方東美先生演講集》（臺北：黎明文化事業股份有限公司，1978 年 8 月版），頁 76。

[17] 方東美撰：《華嚴宗哲學》下（臺北：黎明文化事業股份有限公司，1981 年），頁 173。

[18] 原文如此，當係「尚」字誤。

故呢？因為他看的書實在太少，有許多書他不敢看、不能看，他沒有看的能力，結果對中國古代歷史產生誤解。他對《尚書》尚不瞭解，即認為它代表神話，不是歷史，這可以說是九世紀以來西洋淺薄的歷史潮，以為講歷史是一種科學，而科學應以正確的證據為主，若證據不充分則不可稱為科學。所以當時總把各種歷史斬頭去尾，縮短歷史的時間。……在中國歷史上……甲骨文出土後，至少殷人的生活、政治制度、文字顯然不是神話而是證據確鑿的事實。……而在此卻把一部重要的中國歷史的書當作神話記錄，可真是極淺薄的看法，絲毫不知目前世界史的潮流。我罵胡適之不看書，因為他祇是道聽塗說。……那些不看書的人祇見了閻氏有偽古文尚書之論，便以為整部尚書都是假的，這祇有像胡適之類的淺薄學者可以如此武斷，如此大膽的假設而不知小心求證。」[19] 這兩次批評，雖然所涉及的問題有廣狹之別，但它們的主旨沒有什麼不同，都是旨在批評胡適根本不懂中國哲學，並且將胡適不懂中國哲學的原因歸結為胡適無能力讀懂中國哲學原典，祇是靠輕信別人的觀點來談中國哲學。方東美這樣批評胡適不懂中國哲學是沒有道理的，因為關於老子哲學、孟子哲學的性質，並不屬於不容置疑的常識問題，既然你方東美可以自己的理解將老子哲學斷為代表「真正救世精神」[20] 的哲學，那麼胡適為什麼不能根據自己的理解將老子政治哲學斷為「放任無為」[21] 主義；你方東美和胡適的理解既然都不是絕對不容懷疑的，那麼你方東美就沒有理由說胡適不懂中國哲學，否則，胡適也就有理由說你方東美不懂中國哲學。可見，方東美批評胡適不懂中國哲學，祇能是因為他的學術偏見所致。

　　公允地說，胡適的《中國哲學史大綱》（卷上）畢竟是第一部用現代方

[19] 同注 13，頁 50-51。

[20] 方東美撰：《中國哲學之精神及其發展》上（臺北：成均出版社，1984 年），頁179。

[21] 姜義華主編：《胡適學術文集・中國哲學史》（北京：中華書局，1991 年），頁41。

法研究中國哲學史的劃時代著作[22]，對中國哲學的現代研究做出了開風氣的貢獻。方東美因為學術偏見而批評胡適不懂中國哲學，自然也就徹底地抹殺了胡適的這一貢獻。這不僅僅是對胡適的不公平，而且說明方東美在評價歷史人物時「因人廢言」，因為自己在情感上不能容忍胡適輕視中國文化便進而在學術上斷言胡適不懂中國文化、中國哲學。這種評價既然以情感認同為基礎，就不可能客觀，反倒往往違背歷史事實，不然，說胡適不但沒有讀儒道釋經典，甚至許多書都不敢讀，究竟有什麼史料根據。更令人費解的是，方東美不但不顧事實、毫無根據的批評胡適不讀書，而且為了批評胡適竟然置自相矛盾於不顧。他一方面批評胡適抉發孟子「教育主義學說」是沒看懂孟子思想，另一方面又批評說：「在胡適的哲學史裏面，重要如道家，他卻把老子看成反政治意識；孟子的重心明明在教育學說，他卻根本沒碰上邊。」[23]既然你方東美自己也認為「孟子的重心明明在教育學說」，那麼胡適重在抉發孟子的「教育主義學說」為什麼就是沒看懂孟子思想呢？這豈不等於向世人宣布自己也沒有看懂孟子思想嗎？但願這是因記錄出現的錯誤，否則，對像方東美那樣的大哲學家，在學術上出現這樣明顯的自相矛盾，簡直比神話還要令人費解。

　　方東美對胡適的批評，當然也不是僅僅因為他在情感上不能認同胡適的自由主義立場，也有其認識論根源。就認識根源講，方東美對胡適否定中國文化價值所以提出嚴厲批評，是因為他認為中國文化在精神上超勝於西方文化；而他所以批評胡適不懂中國哲學，就是因為他基於自己的哲學方法而難以容忍胡適的「實用主義」思想方法。胡適一生都以自己是杜威的學生為榮，始終強調「杜威先生教我怎樣思想」[24]。按照杜威的實用主義的思想方法來研究中國哲學，使他注重「抓住每一位哲人或每一個學派的『名學方法』（邏輯方法，即是知識思考的方法），認為這是哲學史的中心問

---

[22] 早於《中國哲學史大綱》一年出版的謝無量的《中國哲學史》，在內容和方法上都不具有這一價值。

[23] 同注 13，頁 6-7。

[24] 胡適撰：《胡適論學近著》（濟南：山東人民出版社，1998 年），頁 496。

題」[25]。胡適這一研究中國哲學的方法論原則，與方東美研究中國哲學的方法論原則，是對立的。方東美雖也曾明確承認杜威是他的老師[26]，並且曾翻譯英國莫越（Mr. Murray）的《實驗主義》，對實用主義哲學也深信不疑，但隨著閱歷和學養的加深，他覺得實用主義哲學太膚淺，而且祇代表美國，是美國利益的理論根據，便放棄了對實用主義的信服。放棄了對實用主義的信服以後，方東美轉而信服柏格森的「生命哲學」以及懷德海的「歷程哲學」。他認為「生命哲學」與「歷程哲學」的聯繫，就在於它們都是基於「機體主義」的立場把宇宙視為「生命本體」的大化流行的有機體。基於這個認識，方東美把哲學的中心問題設定為追究作為形上本體的「生命」。這一哲學中心問題的設定，勢必從根本上決定方東美從「形上學途徑」[27]研究中國哲學史，把探討中國哲學中有關實有、存在、價值這些內容作為他研究的重點，而對其他眾多問題置而不論。一個（方東美）關注的是「究極之本體論」[28]，一個（胡適）關注的是「名學方法」，從他們的這一根本分歧中，我們不難找到方東美批評胡適不懂中國哲學的認識論根源。

---

[25] 同注 21，頁 5。

[26] 這因為他第一次聽西洋哲學的課程就是由杜威講授的。

[27] 同注 20，頁 21。

[28] 同注 20，頁 28。

徐復觀經學思想散論

　　在現代新儒家中，徐復觀的個性最為鮮明。姑且不論他的經歷、性格明顯有別於他的同道，即便就學術層面來看，他對中國傳統思想之精神及其發展歷程的把握與評價，也與他的同道有顯著體認迥異。其中，最為顯著的差異，就表現在他不像其他現代新儒家那樣，極度輕視兩漢思想，而是十分推崇兩漢思想，一再強調兩漢思想為先秦思想的一大巨變，它為唐宋元明清千餘年的學術思想奠定了基礎、樹立了骨幹[1]。兩漢學術，在整體上固然以經學史學為主幹、以文學為輔翼，但經學無疑是它的核心。由此不難把握徐復觀何以從研究兩漢思想史最終走向研究經學史。既然徐復觀將自己學術生命的最後蘄向落在經學上，那麼，不瞭解徐復觀的經學思想，就不可能正確體認他的學術生命、全面把握他的學術貢獻。遺憾的是，儘管學界對徐復觀學術思想的研究已涉及許多方面，但對他的經學思想反倒缺乏研究。有鑒於此，本文希望通過對徐復觀經學思想的初步把握，以推動徐復觀學術思想研究的深入。之所以冠以「散論」一名，是為了表明本文所分的幾個層次在邏輯上未必有必然的聯繫。

一

　　徐復觀雖然在晚年才將他的學術生命的蘄向落在經學上，但他的經學史研究，斷斷續續，前後持續了十幾年。他最早發表的經學史方面的論文為

---

[1]　參見徐復觀《兩漢思想史》第 2 卷〈自序〉。

〈「清代漢學」衡論〉[2]。此文發表後，在幾年內，他並沒有再專心研究經學，祇是在研究其他問題時，涉及了經學內容，如〈陰陽五行觀念之演變，及若干有關文獻的成立時代與解釋的問題〉[3]，再如〈由《尚書》〈甘誓〉、〈洪範〉諸篇的考證，看有關治學和態度問題──敬答屈萬里先生〉[4]，都是為了論證「五行」觀念產生和發展的特定時代而不得不考證《尚書》有關篇目的著作年代。這之後的十幾年內，他的學術研究的重心顯然轉向兩漢思想史，先後於 1972 年、1976 年、1979 年出版《兩漢思想史》第一卷[5]、第二卷、第三卷。由於兩漢學術的核心在於經學，所以在《兩漢思想史》中，也就較為集中地反映了經學內容，其中主要有：〈董仲舒《春秋繁露》的研究〉、〈原史〉[6]、〈《韓詩外傳》研究〉[7]。此後，他最終確立了研究兩漢經學史乃至整個經學史的志向，先後出版了《周官成立之時代及其思想性格》（1979 年）、《先漢經學之形成》（1980 年 5 月）、《西漢經學史》（1981 年），這三種合稱為《中國經學史的基礎》，由學生書局於 1981 年出版；《周官成立之時代及其思想性格》與《中國經學史的基礎》又合稱為《徐復觀論經學史二種》，由上海書店於 2002 年出版。這些論著當然不足以代表徐復觀設想中的經學史的全部內容，但我們現在祇能通過這些著作來把握他的經學思想，而且我們相信這些論著足以反映他在經學研究方面的主要貢獻，因為在以上論著中他已經比較充分地闡述了自己關於經學和經學史的認識、闡明了其研究經學史的方法與途徑。

---

[2] 1957 年 4 月 15 日發表於《大陸雜誌》第 54 卷第 4 期，又作為附錄收於《兩漢思想史》第 3 卷。

[3] 發表於《民主評論》第 12 卷第 19、20、21 期，1961 年 10-11 月；又以〈陰陽五行及其有關文獻的研究〉一名附錄於《中國人性論史‧先秦篇》。

[4] 發表於《民主評論》第 13 卷第 11、12 期，1962 年 6 月；又作為附錄收在《中國人性論史‧先秦篇》。

[5] 1972 年是以《周秦漢政治社會結構之研究》書名出版，後改為《兩漢思想史》第一卷。

[6] 見該著第 2 卷。

[7] 見該著第 3 卷。

　　經學一稱，始見於《漢書‧鄒陽傳》：「陽曰：『鄒魯守經學，齊楚多辯知，韓魏時有奇節，吾將歷問之』」，本意很可能同於儒學。後來通常被定義為研究、闡釋儒家經典的學問。作為一種特定的學問，經學在大多數學者看來，也祇是中國傳統文化的一個方面，不具有超越其他國學的特殊地位。但在徐復觀看來，「經學奠定了中國文化的基型，因而也成為中國文化發展的基線」[8]，所以經學在中國文化中具有超越其他國學的地位。因此，他強調，「中國文化的反省，應當追溯到中國經學的反省」[9]。而要反省中國經學，「第一步，便須有一部可資憑信的經學史」[10]。從這裏不難看出，徐復觀何以在經學研究中首先研究的是經學史。

　　經學史旨在揭示儒家經典如何被闡釋的過程，照徐復觀的理解，它「應由兩部分構成：一是經學的傳承，一是經學在各個不同時代中所發現、所承認的意義」[11]。這兩部分有所不同，前一個部分，重在揭示經學學術傳統自身的傳承譜系；後者重在揭示經學在各個不同的時代所被認可的教化作用。這就是說，在徐復觀看來，真正可憑資信的經學史，不應祇是談學人對經學學術傳統的傳承，而應兼顧「傳承者對經學所把握的意義」[12]。而為了避免經學這一「代表古代文化大傳統，在中國現實生活中的失墜」[13]，針對中國過去經學史，「祇言人的傳承，而不言傳承者對經學把握的意義」[14]的缺陷，他又強調，鄭重地申述各時代各學人「所瞭解的經學的意義」[15]，乃「是今後治經學史的人應當努力的大方向」[16]。

　　為了方便計，徐復觀自己在他的論著裏，將這兩部分區別為「經學傳

8　徐復觀撰：《徐復觀經學史二種》（上海：上海書店，2002 年），頁 3。
9　同上。
10　同上。
11　同注 8，頁 3。
12　同注 8，頁 164。
13　同上。
14　同上。
15　同注 8，頁 165。
16　同上。

承」與「經學思想」。他關於「經學思想」部分的研究，正如他自己所說，
祇是一個嘗試[17]，僅粗略地涉及漢初的經學思想和清代漢學，而對兩漢之際
到清代中葉的經學思想均闕如。相對而言，他關於先漢經學之形成與西漢經
學之傳承的研究，卻比較全面，而且在許多問題上做出了超越前人的學術貢
獻。

圍於篇幅，這裏難以一一闡述徐復觀在這方面所做出的貢獻，祇能擇其
主要者予以論述：其一，經學是關於儒家經典的詮釋學，僅僅屬於儒家學
術、儒家學問，這在一般學人的心目中已成為常識。徐復觀當然不否認經學
的儒家屬性，但他否認經學祇是儒家學問，明確指出經學「並非儒家一家之
學」[18]。他如此斷言，在別人看來，似乎過於輕率，犯了常識錯誤，但在他
卻言之有據、論之縝密，沒有絲毫標新立異之心。在他看來，所以不能將經
學僅僅視為儒家的學問，是因為「經學所代表的原是古代文化」[19]，決非祇
代表儒家文化。雖然經學所代表的古代文化因儒家的長期努力而成為經學，
但並不能因為這個結果就斷言經學祇是儒家的學問，否則，經學「能給儒家
以外的各家以影響」[20]，就無法解釋。徐復觀如此立論，顯然是基於這樣的
認識，即特定的學問祇能影響特定的學派，屬於某一派的學問不能同時予其
他諸派以影響。如果我們的理解不誤，那麼他的這一認識的正確性是值得商
榷的，因為從學術交流與交融的意義上講，一種學術思想在不同學派之間產
生交互影響作用，既是必要的，也是可能的。但是，徐復觀似乎沒有從這個
角度考慮問題，他祇希望通過具體闡述《墨子》、《莊子》、《管子》、
《韓非子》、《呂氏春秋》中的經學影響，用事實說明經學能給儒家以外的
各家以影響，從而證明經學並非儒家一家的學問。

其二，很顯然，當徐復觀斷言經學非儒家一家之學時，他的主要根據，

---

[17] 這並不意味著他實際上放棄了他關於研究經學史應取之大方向的上述主張，而是由於
天不假其年，他沒有足夠的時間徹底實踐自己的主張。

[18] 同注 8，頁 39。

[19] 同上。

[20] 同上。

就是經學的形成離不開古代文化。作為經學形成之思想資源的古代文化，主
要是西周文化。西周文化對於春秋時代人來說，本是思想創造的史料，當它
在儒家的文化創造中變為「經」時，勢必產生經史關係問題。經史關係問題
在經學史是一個難以回避的問題，它要回答原本是史學範疇的文獻如何成為
思想史範疇的經典。在這個問題上，傳統的解釋，是將它歸屬在孔子名下，
以為那些歷史文獻，祇是經孔子整理、刪改以及解釋之後，才具有了經典意
義；此外，就是用「六經皆史」說為解，以為史學文獻與思想經典，原本不
分。但各家的說法不一，首倡此說的王陽明，從「事道相即」立論，以為
「史」與「經」的區別，僅僅在於取用它的角度不同，「以事言謂之史，以
道言謂之經，事即道，道即事，《春秋》亦經，五經亦史」[21]。後來龔自
珍、章炳麟都強調「六經者，周史之宗子也」[22]，以為經典（六經）本是周
王朝主要的歷史文獻。他們都沒有說明，周王朝的歷史文獻何以在春秋以
後，變成了經典，而在章學誠那裏，回答了這個問題。章學誠以不能離事以
言理的觀點論證說，因為世間一切著述「皆是史學」，故「六經皆先王之政
典也」；它之所以成為經典，祇是因為「聖人取此六種之史以垂訓者耳」
[23]，使往昔的政典產生了思想教化作用。這兩種解釋，均不為徐復觀所認
可。他認為將六經著作權歸屬在孔子名下，不符合歷史事實，沒有根據；而
所謂「六經皆史」說，將經典等同於歷史文獻，「歪曲了經之所以為經的基
本意義，把經的副次作用，代替了主要作用」[24]。那麼，徐氏如何解釋這個
問題？他也認為經可以追源到史，但所謂「史」，不是章學誠所謂「先王之
政典」意義上的「史（史書）」，而是說「經學典籍皆出於周室之史所選
擇、編定、傳承的」[25]。由周王朝史官所編定和傳承的典籍，本來為的是存

---

[21] 吳光主編：《王陽明全集》上（上海：上海古籍出版社，1992 年），頁 10。

[22] 龔氏說見《古史鉤沉論》；章氏說見《國故論衡・原經》。

[23] 章學誠說分別見於〈報孫淵如書〉和《文史通義・易教上》。

[24] 同注 8，頁 8。

[25] 同注 8，頁 40。

歷史，當它「以教誡為目的」[26]來使用時，就變成了經典，具有了經學意義。在這個過程中，經學發端於《詩》、《書》、禮、樂及《易》之成為貴族階層的重要教材，而孔子則是將本為貴族階層所用的重要教材擴大普及到代表社會各階層的三千弟子，為經學的創立奠定了基礎。

其三，作為闡釋儒家經典的學問，經學拓展的歷史與儒家經典的確立有密切的關係。由於儒家經典數目歷代不同，先後出現六經、五經、七經、九經、十經、十三經、十四經諸說，因此不同時代的學者，其所謂經學，所實指的儒家經典是各異的。就經學開始階段而言，是指對「六經」的闡釋。六經是指《詩》、《書》、《禮》、《樂》、《易》、《春秋》。在這六經中，《詩》、《書》、《易》、《春秋》四經都確有其書，毫無疑義，然《禮》、《樂》二經卻沒有確指。雖然都無確指，但學者們大體上可以斷定，在西漢編定的「三禮」[27]，基本上反映了《禮》的內容，至於《樂》，則始終不明它的具體內容。這就難怪漢唐的儒家大多喜言「五經」，而慎談「六經」。那麼，《樂經》何以不傳？在這個問題的解釋上，經學史上主要形成三種觀點，主流的觀點是認為儒家《樂經》遭秦火而亡佚，另一種觀點認為「樂」本無經，儒家關於音樂的理論，就散見於儒家的其他經典中，例如邵懿辰在其著《禮經通論》中，便指出「『樂』之原在《詩》三百篇之中，『樂』之用在《禮》十三篇之中」；而明末清初的方以智似主第三種觀點。他在分類經部書目時，將《樂記》與《尚書》、《詩》、《三禮》並列[28]。這表明，在方以智看來，現存於《禮記》中的《樂記》，即便不是已失傳的儒家經典《樂經》的原本，也保留了《樂經》的諸多論述，反映了或保留了《樂經》思想和內容。徐復觀在探討這個問題時，對這三種觀點未必有清楚的瞭解，但他的觀點，與上述第二種觀點相同，也明確主張「樂本無所謂經」[29]。但是，他關於「樂本無所謂經」的解釋，卻有別邵懿辰，他不認

---

[26] 同上。

[27] 指《禮記》、《儀禮》、《周官》或稱《周禮》。

[28] 參見方以智《通雅》卷首二〈藏書刪書類略〉。

[29] 同注 8，頁 31。

為《樂》的原理與運用就體現在《詩》與《禮》，而是認為「樂的記錄，應如今日樂譜的性質，樂亡，乃其曲譜之亡。故樂不可能有文字記錄的典籍。《樂記》之類，乃言樂的理論與效果，不可稱為《樂經》」[30]。他同時強調，孔子以「仁和樂的統一」[31]作為最高的生命境界，十分重視「樂教」，而孔子的「樂教」，為《禮記》中的《樂記》、《荀子》中的《樂論》所傳承。「樂」既無典籍可言，則孔子又何能以「樂」為教？他認為，孔子的樂教，原本祇是闡述樂之鏗鏘鼓舞的教化作用，以說明祇有經過人格精神的凝注、融和才能真正體悟樂的作用、瞭解樂的價值與意義。正因為「樂在鏗鏘鼓舞以外，無所謂經」[32]，「所以經學中的樂，在孔子[33]後即無實踐上的意義，不是因為《樂經》之亡，且不應在文獻上論《樂經》的存亡，而是因為《詩》與樂的分離，更因為沒有人像孔子那樣作生命的投入，在樂中透不出人格的存在，這便祇有由俗樂、外樂取而代之了」[34]。

其四，在《三禮》中，《周官》疑義最多。其中，關於它的作者的爭議，就形成了三種看法，主流的觀點是認為係周公作，但周公並未實行它，遂逐漸失傳，以至於春秋戰國學人不知有《周官》；再就是否認係周公作，懷疑它為劉歆偽作；第三種觀點認為這兩說均不確[35]，它實際是戰國時代禮學家搜集周王室官制和戰國時代各國制度，附以儒家政治、道德理想而成。在關於《周官》作者的爭論中，徐復觀也持偽作說，但他別有申說。他認為，「《周官》乃王莽、劉歆們用官制以表達他們政治理想之書」[36]，可偽作《周官》主要是王莽而不是劉歆，因為「莽先草創《周官》，後由劉歆整

---

[30] 同注 8，頁 8。

[31] 同注 8，頁 24。

[32] 同上。

[33] 在徐氏看來，唯有孔子才能全生命地投入樂的最高境界，將人格精神凝注、融和於樂。

[34] 同注 8，頁 24。

[35] 既為周公所作，其中為何有戰國時代的官制的內容；如為劉歆偽作，又為何留下明顯的漏洞，何不自作〈冬官〉而偏要以〈考工記〉補之。

[36] 同注 8，頁 212。

理而成」[37]。劉歆對《周官》成書固然發揮了作用，但他「在《周官》中的作用，是把他在《三統曆》中所表現的天道思想，應用到《周官》中的序官上面構成《周官》的格套。格套裏面的內容，則多出於王莽。因為《漢書‧王莽傳》中所表現的王莽的性格與《周官》思想的性格較合」[38]。那麼，「何以見得《周官》是王莽草創於前，劉歆整理於後呢？」[39]徐氏對這個問題的論證是：首先，從《漢書‧王莽傳》看，王莽本是習《禮》的，在他第一次罷大司馬到再以大司馬執政，這中間有五年多的韜光養晦的時間，「以莽的性格，也必有所為」[40]。問題是，即便王莽必有所為，其亦未必為在作《周官》上。為了解決這個問題，徐氏根據《漢書》中有關王莽議禮（有兩處引用《周官》及以周禮定制的言論），以證明「王莽的政治理想與野心皆集中在制禮作樂上，則他草創《周官》，是一種合理的推測。但他第二次以大司馬持政之後，便沒有了『親自製作』的時間，祇好委之於『典文章』的劉歆，由他整理成書，也是合理的推測」[41]。徐氏強調，他的推測是以《漢書》中的材料作根據或導引的，「這比之純以捕風捉影的方式推測它成書周初或戰國時代，不更為可信嗎？元始四年正式露面的《周官》若係出自秘府，則在當時簡策笨重、奇字又特多的情形下，短期內將其讀通，尚非易事，何能於數月內即能援引以為製作的根據？這祇能推定莽、歆共造此書，以表達他們的政治理想，一經公布便推為王莽的莫大功德，並想按照藍圖加以實現，始能解答上述的問題」[42]。可還有一個問題：如《周官》不是出自秘府，而是為王莽、劉歆偽造，那麼他們為何偏偏不造其中第六部分〈冬官〉而以〈考工記〉補其缺。徐氏對這個問題這樣解釋：按照《周官》的體例，〈考工記〉應為冬官中的一篇，但寫完冬官司空之屬以湊足六十官數委

---

[37] 同注 8，頁 249。

[38] 同注 8，頁 212。

[39] 同注 8，頁 249。

[40] 同上。

[41] 同注 8，250。

[42] 同上。

實不易，「加之王莽由持政而攝政之勢已成，迫不及待的要拿出來，藉此以竦動天下人的耳目，增加進一步奪取權力的資本，其所以不能不『成在一簣』的原因在此」[43]。

其五，王莽、劉歆偽造了《周官》。他們之作偽，偽在托周公之名以行其書，而非偽在他們憑空胡亂編造。他們實際上很可能利用了戰國禮學家所搜集的周王室官制等史料。那麼，這些史料由哪一派禮學家所編輯，就直接關係《周官》一書的思想性質。長期以來，儘管就《周官》疑義問題學人之間有諸多爭論，但幾乎無人懷疑《周官》體現了儒家的思想傾向[44]，是一部儒家典籍。直到 1979 年 11 月顧頡剛先生發表〈周公制禮的傳說和《周官》一書的出現〉，才第一次提出「《周官》明明是法家之書」[45]，公開否認《周官》一書的儒家思想屬性。顧先生的見解，對徐復觀判斷《周官》思想屬性，無疑有重要啟迪。但正如他自己所申明的，他不是泛泛地斷言《周官》係法家之書，而是要就《周官》本身證明它為何是法家之書。徐氏的證明，具體涉及了以下問題：(1)就《周官》的賦稅制度以證明它是經過桑弘羊財經政策以後的法家之書。賦稅制度構成《周官》的重心，而從《周官》有關賦稅制度二十項論述來看，它顯然是「承受了桑弘羊財經政策的重大影響」[46]，這從三點可以瞭解：「一是因為他們非常重視財政收入，所以不顧人民實際生活情形，搜羅得無微不至，無孔不入，連『占買國之斥幣』（鄭注：餘幣）的這種事情，也由天官大宰屬下的官員去作。二是《周官》中的王，雖應王莽以大司馬專政的要求而成為『虛君本位』，但對財賄則無窮的愛好，以致這種愛好破壞了他們構想中的財政制度。三是大府系統職權與司會系統職權的疊床架屋，反映出昭帝時代起，直屬內朝大司馬、大將軍的尚

---

[43] 同注 8，頁 251。

[44] 當然也有例外，如楊春曾懷疑《周官》出於「文種、李悝、吳起、申不害之徒」，楊說見《孟鄰堂文鈔》；而何休則謂《周官》「為六國陰謀之書」，何說參見《徐復觀論經學史二種》，頁 210。

[45] 同注 8，頁 208。

[46] 同注 8，頁 292。

書——即此處的司會系統，其職權實遠駕直屬外朝丞相的司農——即此處的大府系統之上。此種矛盾現象，不僅應由此書的編述尚未完整的事實加以理解，而應由霍光以來不信任外朝的這一事實來理解」[47]；(2)《周官》中構想了「讀法」制度，規定大司徒在正月朔日懸教象之法於魏，鄉大夫在同一天頒發下去，州、黨、族三級又都在同一天集合民眾來讀。徐氏指出，州、黨、族三級在同一天分別集合其轄區裏的民眾來讀法，根本不可能，因為族所轄之民亦即黨、州所轄之民，除非他們有分身之術，否則，他們又豈能在同一時間內分赴三處讀法。這固然是懸空構想留下的笑柄，但它恰恰反映了作此構想者希望「以吏為師」的法家傾向；而《周官》中的刑罰制度，既規定以誅賞控制人臣，而誅重於賞；還設立處罰「罷民」（遊民）的「坐諸嘉石」[48]；又在民之訴訟程式上定出了非常苛繁的程式，如「立肺石」，規定「窮民」訴訟，不管老幼，凡訴訟者須「立於肺石（鄭玄注：赤石也）三日，士聽其辭」[49]；這莫不體現了「以組織推行刑罰，以刑罰推動組織」[50]的極權國家的性格，說明「《周官》的政治思想是法家刑治思想的擴大，這與王莽的性格是很符合的」[51]；(3)它既是法家之書，又何以言禮樂、言教化？在徐復觀看來，《周官》固然言禮樂、言教化，但這並不足以說明它認同儒家，卻說明「作者的真正用心不在教化，許多祇是為了裝點門面，隨意敷演湊數而來」[52]，僅僅「含有社會政策的意義」[53]。《周官》中的教化思想分為兩個層級，一是對貴族的教化，一是對六鄉「萬民」（六遂之民不是教化對象）的教化。徐氏通過對兩種教化的具體分析，發現：就對「民」的教化而言，處於董仲舒思想（特別提倡教化問題）在儒家思想中取得支配地

---

[47]　同注 8，頁 298。

[48]　同注 8，頁 371。

[49]　同注 8，頁 318。

[50]　同注 8，頁 319。

[51]　同上。

[52]　同注 8，頁 316。

[53]　同注 8，頁 325。

位的時代，王莽既要托儒家的聖人以奪取權位，就不得不提教化問題，因為儒家政治思想畢竟是以教化為主，不言教化，不啻宣言自己逆周公的德治思想傳統而行。但值得注意的是，「試把，《周官》中的教化項目與賦稅及刑罰項目加以比較，則《周官》作者的重點是在賦稅刑罰而不在教化，立刻可以得到很清楚的印象」[54]；而且，《周官》中的教化思想，強調的是由政治設施所發生的對人民的教化作用，這同儒家所提倡的教化，有相當的距離，因為儒家所肯定、所重視的教化乃是指統治者的生活行為可以對人民發生教化作用，「是要求統治者對人民的要求先在自己生活和自己家族中實現，這便直接指向到統治者的人格問題。沒有真誠的人格在後面的政治設施，尤其是所謂禮樂這一類的設施常流於點綴性乃至流於形式主義的虛偽」[55]。再者，《周官》中雖講教化萬民，甚至講要「聯儒師」[56]，但儒的地位如何，書中無一句涉及；而在「掌邦教」[57]的大司徒系統下，沒有反映出學校制度的存在，於是司徒「掌邦教」對鄉、遂而言無實際意義，而鄉的空洞的教化沒有貫徹到遂（鄉以下為遂），這都表明《周官》所言教化，沒有實質內容，「所講的多是一場大話、空話」[58]。《周官》所謂教化萬民既是空話，那麼它對貴族的教化又是如何構想的。徐氏的分析旨在說明，在《周官》的構想中，實施對貴族教化者，是師氏、保氏，但其關於師氏、保氏的職責的規定——負有「國子教化的責任」[59]，不符合儒家的說法，是他們自己的新構想，因為在儒家那裏「師、保本是為教化人君及太子而設的，即是與王有密切關係」[60]，而不涉及國子（鄭注：公卿大夫子弟）的教化；用以教化的內容，《周官》規定為「六藝」，其所謂「六藝」不是指原始儒家講的

---

[54] 同注 8，頁 328。
[55] 同注 8，頁 325。
[56] 同注 8，頁 327。
[57] 同上。
[58] 同注 8，頁 328。
[59] 同注 8，頁 334。
[60] 同注 8，頁 333。

《詩》《書》《禮》《樂》《易》《春秋》，而是指「禮樂射御書數」。這個意義上的「六藝」，在《周官》出現以前是不曾有的[61]，它突出了技能教育在教化中的作用，固然有時代意義，但並不符合儒家重視思想教育的教化傳統。況且，即便就技能教育看，「把射、御、書、數與禮樂並列，這也是王莽、劉歆的創意，不是儒家的傳統」[62]，因為孔子雖不輕視射、御、書、數，但他重在「以《詩》《書》禮樂」教人[63]，從不將禮、樂與射、御、書、數並列，將它們的作用等同視之。

二

　　徐復觀對經學的傳承亦有其獨到的見解。他雖未能系統把握和揭示整個經學傳承過程，但從他某些不經意論述中，仍可以體悟出他對經學史的整體認識。他似認為，整個經學之學術思想傳統的傳承，經歷了先漢、兩漢、宋明、清代這四個階段。在這四個階段中，先漢與兩漢經學都可以說是整個經學史的基礎，但它們作為經學史的基礎的含義顯然不同。先漢經學對於經學史的基礎意義，是從經學之形成（經學所以為經學）層面講的，而兩漢經學對於經學史的基礎意義，則是從確立儒家經典的解釋傳統的層面講的。所以，就經學乃儒家經典的解釋學這個意義上講，經學學術思想傳統的確立，正式開始於兩漢經學。兩漢經學，雖分相互爭勝的今文、古文兩派，但今古文優劣之爭祇是當立不當立「博士」這一利益之爭，不是所謂「六經注我」與「我注六經」這一解釋原則之爭。就解釋原則而言，兩漢經學所確立的「漢學」傳統，從根本上不同於宋明經學所堅持的「六經注我」的解釋傳統，可謂「我注六經」。可見，宋明儒家所開啟的「六經注我」，祇能是兩漢經學解釋傳統的轉向。宋明儒家造成這個轉向的目的，當然是為推進儒學

---

[61] 有人將孔子所謂「游於藝」的「藝」解釋為具體指「禮樂射御書數」六藝，徐氏的見解，顯然與此解相悖。

[62] 同注8，頁337。

[63] 參見司馬遷《史記·孔子世家》。

而予儒家經典以新解釋，確立宋明經學的歷史地位。但宋明儒家以「我注六經」的原則所確立起來的經學，雖以經典思想的發揮見長，但它並不為清代乾嘉經學家所首肯，反倒迫使清代乾嘉經學家在經典解釋傳統上回歸「漢學」。但是，清代乾嘉經學在解釋傳統上的這一回歸，祇是形式上的仿效，不具有推進或超越「漢學」的意義。正是從這個意義上，徐復觀強調要嚴格區分兩漢的「漢學」與清代的「漢學」，因為清代漢學將經典解釋完全變成了文字訓詁，不同於兩漢「漢學」以客觀的解釋方法闡釋經典的固有思想：「他們的思想與思想家型的不同之點，在於他們是順著他們所治的經以形成他們的思想，有廣狹不同，但先漢、兩漢斷乎沒有無思想的經學家。無思想的經學家，乃出現於清乾嘉時代」[64]。

　　就徐復觀實際進行的經學研究來說，他完全未有涉及的是宋明經學，對清代經學也祇是稍有涉及，而有比較系統研究的是先漢、兩漢經學。在清代經學方面，他的研究以惠棟、錢大昕、戴震、阮元、江藩為個案，通過對他們在經典解釋傳統上如何一脈相承的具體分析，以揭示乾嘉經學自稱「漢學」的實質。乾嘉經學有「吳派」與「皖派」之分，但此分不關乎經典的解釋原則與方法。就經典的解釋原則與方法而言，無論「吳派」還是「皖派」，都是標榜恪守「漢學」方法而反對「宋學」方法。清代經學家固然反「宋學」立「漢學」，但其立「漢學」反「宋學」，並非基於對兩漢經學與宋明理學之同異的準確把握，而祇是將立「漢學」變成了打擊「宋學」的手段。所以，在徐復觀看來，清代經學家反「宋學」是「在完全不瞭解宋學中排斥宋學」[65]，而他們通過反「宋學」所確立起來的「漢學」，恰恰背離了兩漢「漢學」的真精神。姑且不論其他[66]，僅就尊經和讀經的目的而論，亦不難證明這一點。就尊經層面看，「漢代尊經，清代漢學家也尊經。但所以尊經的動機、目的，則不相同。漢代尊經，是想以儒家的德治，轉化當時以

---

[64] 同注 8，頁 53。

[65] 徐復觀撰：《兩漢思想史》第 3 卷（上海：華東師範大學出版社，2001 年），頁 365。

[66] 詳見徐復觀撰《兩漢思想史》第 3 卷所收〈清代漢學論衡〉。

刑法為主的刑治。……可以說，漢代經學，是對當時的政治社會負責的」[67]；而清代漢學的出現，是清代學人逃避異族政治迫害和厭惡科舉知識兩大因素造成。因此，「清代漢學家，內畏怖統治者的淫威，外希慕統治階層的榮利，使他們的知識活動，受到很大的限制與牽引。而他們所標榜的，依然是義理並不是知識，祇認為訓詁明而義理明，而不認為訓詁考據的知識即是義理，這便無法與西方的主知主義相傅會。再加陷於以漢壓宋的門戶之私，這便使他們的成就，既與義理不相干，在知識上也停滯在極樸素的零碎餖飣的階段，且自己阻塞了向前發展之路」[68]。再就「讀經目的上來說，則宋儒近於漢儒，而清代漢學家則遠於漢儒。因為宋儒讀經的目的，用現時流行的語言說，都是為了『古為今用』，即是為了解決現前的人生、社會、政治的現實問題，不過漢儒偏重在政治方面，而宋儒則偏重在躬行實踐的人生方面。清代漢學家的研求古典，則完全沒有『今用』的要求，而祇是為了知識的興趣[69]，及個人的名譽地位」[70]。

在先漢經學方面，他的研究重在說明經學所以為經學。要說明經學所以為經學，根本在於確立孔子在經學形成中作用。「經」作為歷史文獻，既然本來不出於孔子之手，則經學之形成，理應「自孔子刪定《六經》為始」[71]。對於今文經學家關於經學所以為經學的這一流行觀點，徐復觀不以為然，因為他認為經學從「思想、精神方面說，是始於周公，奠基於孔子」[72]；而從其「組織而具體化之形式」方面說，一直「至荀子而始挈其要」[73]。周公對經學的發端意義，就體現在他重視歷史文獻思想上的教戒作用，將周室史官為存歷史而編輯的文獻變成了思想教化的教材。孔子則進一步發

---

[67] 同注 65，頁 356。

[68] 同注 65，頁 357。

[69] 徐復觀同時指出，這不可以與古希臘的為知識而知識的傳統相傅會。

[70] 同注 65，頁 366。

[71] 皮錫瑞撰：《經學歷史》（北京：中華書局，1989 年），頁 19。

[72] 同注 8，頁 53。

[73] 同注 8，頁 37。

揚周公的精神，在教化的意義上為經學所以為經學奠定了基礎。說孔子為經
學奠定了基礎，並不需要證明「六經」必定經孔子手刪定，但一定要證明
「六經」正式成為「六教」[74]始於孔子。為了證明這一觀點，徐復觀仔細地
分析了孔子如何發揮《詩》《書》《禮》《樂》《易》《春秋》的教化意
義，以說明「就經學而論，孔子刪《詩》、刪《書》的說法是難於置信的」
[75]，但他在三點上為經學所以為經學奠定了決定性的基礎：第一，把貴族手
上的文化及文化資料，修之於己，且擴大之於來自社會各階層的三千弟子，
使之成為爾後兩千多年中國學統的骨幹；「第二，孔子說『興於《詩》，立
於禮，成於樂』，把《詩》、禮、樂當作人生教養進升中的歷程，這是來自
實踐成熟後的深刻反省，所達到的有機體的、有秩序的統一。此時的
《詩》、禮、樂，成為一個人格升進的精神層級的複合體。即此一端，便遠
遠超越了春秋時代一般賢士大夫所能達到的水準。第三，從《論語》看，他
對《詩》、《書》、禮、樂及《易》，作了整理和價值轉換的工作，因而注
入了新的內容，使春秋時代所開闢出的價值得到提高、昇華，因而也形成了
比較確定的內容與形式。」[76]自孔子奠定了經學基礎之後，經學未必成為儒
家獨信之學，墨子、莊子、韓非子等亦莫不受經學影響，但推動經學發展
的，仍不外是儒家的孟子與荀子。「站在經學發展史的立場看，孟子除發展
了《詩》、《書》、禮的意義外，他特別提出了孔子作《春秋》的意義。他
把孔子作《春秋》，認為是繼堯使禹治水、周公相成王誅紂伐奄，為歷史撥
亂反正的一大關鍵，所以他說『《春秋》，天子之事也』，他說『王者之跡
熄而《詩》亡，《詩》亡然後《春秋》作』，除說了孔子作《春秋》的意義
外，也可以視為《春秋》在經學史上，乃繼《詩》而成立」[77]，這顯然是說
孟子在內容上豐富了孔子的經學思想。較之孟子發展了孔子的「《詩》、

---

[74] 徐復觀未用此術語，但他說過孔子的貢獻在於確立了詩教書教禮教易教等，而經之所
　　以為經，就在於它是為「教」的典籍。

[75] 同注 8，頁 13。

[76] 同注 8，頁 36。

[77] 同注 8，頁 37。

《書》之教」[78]，荀子對經學之發展的貢獻，雖亦體現在他發展了孔子的「禮樂之教」，但更體現在他確立了「六經」具體的組織形式：「若就經學而論，經學的精神、意義、規模，雖至孔子已奠其基，但經學之所以為經學，亦必具備一種由組織而具體化之形式。此形式，至荀子而始挈其要」[79]。這裏所謂「由組織而具體化之形式」，是指荀子第一次從各經內在邏輯關聯上把《春秋》與《詩》、《書》、禮、樂組合在一起，「不僅更凸出了《詩》、《書》、禮、樂的組成意義，並且《春秋》開始與《詩》、《書》、禮、樂組成在一起，各賦予以獨立而又互相關連的意義，由此而使經學形式有了進一步的發展。」[80]在徐復觀看來，荀子雖未將《易》組入到《詩》、《書》、禮、樂、《春秋》中去，但他將《春秋》與《詩》、《書》、禮、樂組合在一起，在經學史上仍「是一件大事」[81]。

　　在徐復觀的經學探究中，關於兩漢經學研究的分量最重，而他的兩漢經學研究，已不再像研究先漢經學那樣，重在說明各家對經學所以為經學的貢獻，而是重在說明儒家經典解釋傳統如何在兩漢經學家中傳承。在兩漢，經典解釋傳統的傳承，與博士制度有密切的關係。博士官的設立，就是為了立官以專職釋經。秦已立博士，但秦博士之職，未必責在專釋一經。而漢承秦制所設立的博士，其職責被嚴格規定為專釋一經[82]。這種制度，使得博士將專精某經變成了獲得與保持一己私利的特權，勢必產生經典解釋上的門戶之爭。門戶之爭的實質，是護衛本門對某經解釋的權威性，不能容忍別派對其解經正確性的置疑。所以，漢代的五經博士，其釋經都謹守「師法」。所謂「師法」，也就是由本門祖師傳下來、而為本門歷代弟子堅定奉行的解釋某經的基本原則。這就從根本上決定了兩漢經學的傳承問題，其實就是某「師

78　同上。

79　同上。

80　同注 8，頁 38。

81　同上。

82　至於某博士一生是否祇能通一種經典，而不能兼通它經，屬另外問題，不在這裏討論之列。

法」一線傳承的問題。「師法」固然有，但傳承的譜系未必都一線不斷，故偽造傳承譜系者有之，添加傳主人數者有之，拔高傳主的地位者有之。這是學人對兩漢經學傳承情形的一般瞭解，但徐氏依據史料，通過詳細分析《易》、《書》、《詩》、《禮》、《春秋》、《論語》、《孝經》的傳承及其傳承中的問題，以說明漢儒的傳承「師法」，其實不可以如此簡單理解：首先，「尊師因而尊師之所教，這在孔門已經出現，但『師法』不是說以師為法，而是把師所說的賦予以法的權威性，這完全是新的觀念，此一新的觀念在孟喜的故事以前已經有了，否則宣帝不會因此而動心。但它的提出、它的確立、不能早到設置博士子弟員之前[83]，否則不可能在漢初七十年的相當豐富的著作中，並且也是儒生提倡師道的時代中，幾乎找不出它的痕跡」[84]；其次，「『師法』一詞雖有時可以泛用，但師法的具體內容則是章句。老師的口頭解說容易變動、容易忘記，不易定以為法；傳說乃訓釋大義，不太受經本文的約束，故訓乃解釋文字，但在同一故訓之下，對經文也可作不同的導引，都不易定以為法。祇有博士為了教授弟子，順著經文加以敷衍發揮，以成為固定形式的章句，再加上博士在學術上的權威地位，師法的『法』的觀念才浮現出來。」[85]「由師法與章句之不可分，所以也可以證明師法觀念是起於設置博士弟子員之後，亦可由此瞭解清今文學家把師法與『口說』、『口傳』結合在一起而加以神聖化之鄙陋可笑」[86]；再次，「師法觀念在博士的統緒中流布出來以後，當然也影響到在此以外的儒生，有時也要加以應用。但終漢之世，這是非常有彈性的觀念，即是，除了思想型的儒者不講這一套以外，在博士統緒中，他們有時重視，有時並不重視，有時講，有時並不講。其特別加以重視的，多半是把它當作排擠、統制的武器來

---

[83] 徐氏將博士演變具體分為三個階段，即秦設「雜學博士」階段、漢武帝設「五經博士」階段、漢武帝為博士置弟子階段。為博士置弟子時在設「五經博士」十五年後。

[84] 同注 8，頁 75。

[85] 同注 8，頁 76。

[86] 同上。

加以應用，這在東漢更為明顯」[87]，故「清乾嘉學派對師法意義的誇張，祇是在學術進途中自設陷阱，沒有歷史上的根據」[88]。

三

　　就經學傳承而言，今古文之爭及今文古文兩派的抗衡，無疑是最具爭議的問題。這個問題的產生，在兩漢之際。其直接的原因，是劉歆企圖讓古文《尚書》立博士。劉歆所推重的古文《尚書》，出自孔府夾壁中，它與漢初以來流行的伏生所傳的《尚書》主要不同是多出十六篇，再就是它是用篆書[89]字體書寫。伏生所傳的《尚書》用隸書字體書寫，隸書為當時通行的書寫字體，所以被稱為今文《尚書》。在西漢初期，古文《尚書》已發現，但一直到中後期，流行的祇是今文《尚書》，不曾產生今古文《尚書》優劣之爭。是劉歆為古文《尚書》爭博士地位[90]，才挑起了這場爭論，進而衍變為全面的今古文之爭，形成今文經學與古文經學兩派的抗衡。從表面看，這場爭論，起源於在漢初就並行著兩種書寫字體的《尚書》，而它們在先漢分屬不同的傳承系統。但徐復觀通過仔細分析有關史料，得出了不同的結論：「今文與古文的分別，其實不在字體的不同，鄭康成《尚書傳》序中謂伏生傳授時困難之一是『重以[91]篆、隸之殊』，是伏生所藏者本為篆書，即本為古文，在傳授時乃將篆書寫成隸書，即寫成今文。他太老了，在改寫時不能不有許多錯落。由此可知漢初的今文皆來自古文，而古文以隸書改寫後即為今文，凡流布中的字體是相同的，即同為隸書。今、古文的分別，乃在文字

87　同注 8，頁 77。

88　同上。

89　一說為「古籀文字」。

90　這之前，雖然孔安國也曾爭取立古文《尚書》博士，但因「遇蠱事」而作罷，故未引起爭論。

91　徐復觀注：加以。

上有出入，及由文字上的出入而引起解釋上的出入」[92]，「所以今古文問題的本質，是一種校讎上誰對誰錯、誰較完備、誰較殘缺的問題，這是很簡單可以處理、很簡單可以判定的問題。」[93]

　　既然古文、今文的不同，照徐氏說，猶如後世版本的不同，在學術上僅是校勘、訓詁上的問題，則何足以構成學術上的重大的爭論呢？徐氏對這個問題的解答，顯然已超越了學術範疇。在他看來，通常以今古文字之別來概括那場爭論，理由不足，因為「博士們若僅因其為古文而反對立官，則對有今文本《左氏傳》及以今文寫定的古文《尚書》二十九篇，便沒有反對的理由[94]。所以這一公案，不是用今文、古文之爭所能概括、所能說明的」[95]。那麼，應怎樣把握那場爭論才恰當？從史料上看，劉歆祇是批評今文《尚書》有「殘缺」、「脫簡間編」兩個缺點，對劉歆對今文《尚書》的這一批評，博士們不敢正面答復、「祇是『以《尚書》為備，謂左氏不傳《春秋》』，把問題加以橫蠻地抹煞」[96]。基於這一證據，徐氏明確指出，今古文「所以構成爭論，乃來自博士們對自己所受、所傳以外的，一概加以排斥，並不僅是以今文排斥古文，對他們傳承以外的今文也同樣排斥。但博士們並不曾以所排斥的為偽」[97]。既然博士們非以偽書之理由反對古文經，則以古文經為偽造，並非出於漢儒武斷，實為清代今文學家的捏造：清今文學家「於五經博士所不敢斥為偽的，則一概斥其為偽，奇談怪論，層出不窮」[98]。

　　清今文學家不但捏造了古文偽經說，而且混淆了西漢所謂「古文」與東漢所謂「古學」。「古學」是由「古文」的觀念演進而來的，故東漢學人既

---

[92] 同注8，頁100。

[93] 同上。

[94] 在提出此說之前，徐氏已證明，為博士所反對的《春秋左氏傳》和孔安國以今文讀之的古文《尚書》二十九篇，都應是今文寫定。

[95] 同注8，頁161。

[96] 同注8，頁157。

[97] 同上。

[98] 同上。

言「古文」，也言「古學」。當言「古文」時，其所指與西漢無異；當言「古學」[99]時，乃專指「被博士們所排斥的一組經典」[100]。當兩漢之際的劉歆就「往古之學」的意義上提出「古學」概念時，本是用以指古文左氏《春秋》、古文《尚書》十六篇、古文逸《禮》三十九篇，這在含義上顯然同於「古文」。但東漢初年由桓譚、鄭興、賈逵們所提出的「古學」，「則不是以今古文劃分的，不僅其中有古文，也有今文。嚴格地說，祇有名義上的古文（古文《尚書》），並無實質上的古文。他們對博士們『末師』而提出『古學』和韓愈們對當時的『時文』而提出『古文』，以取得高一層的立足點的情形是相同的。」[101]就東漢所設立的十四博士來看，《易》分施、孟、梁丘三家，《書》分歐陽、大小夏侯三家，《詩》分齊、魯、韓三家，《禮》分大小戴、慶氏三家，《春秋》分嚴氏、慶氏兩家，則「東漢的『古學』，主要指的是古文《尚書》、毛《詩》、左氏與穀梁《春秋》。這是由劉歆所宣導的古文《尚書》、毛《詩》、逸《詩》、左氏《春秋》的自然演變」[102]。古文《尚書》、毛《詩》、左氏《春秋》與穀梁《春秋》這四部書中，毛《詩》與穀梁《春秋》當時以今文行世固不待言，而《左氏傳》也是以今文在民間流行的，即便古文《尚書》，當時流行的「乃是孔安國以『今文讀之』的古文《尚書》，名為古文，而流布的實際是今文」[103]。既然如這裏所說，「這四部書即是古學的主要內容，是決無可疑的。並且這已脫出古文、今文的字體範圍，也是至為明顯的」[104]，那麼「乾嘉學派把古文、古學混而為一，是莫大的錯誤」[105]。

　　在今古文之爭問題上，徐復觀的研究不但揭示了那場爭論的實質，而且

---

[99] 這是由劉歆所發展起來的觀念。

[100] 同注 8，頁 162。

[101] 同注 8，頁 163。

[102] 同上。

[103] 同注 8，頁 164。

[104] 同上。

[105] 同上。

對今古文兩大學派各自傳承的學統，也作出了明晰地清理。其中，對傳統所謂《春秋》公羊學一線傳承之學統譜系的梳理與訂正，最值得重視。今文經學家，以「左氏不傳經」為理由，企圖確立今文《春秋》的獨尊的地位。而他們所謂的今文《春秋》，就是指傳說中由公羊高、穀梁赤作傳的《春秋》。可就《公羊傳》和《穀梁傳》而言，他們又比較重視《公羊傳》。所以，從某種意義上講，對公羊學統的恪守，在今文經學家那裏，幾乎可以看作其堅定今文經學立場的不可或缺的行為。而他們對公羊學的信服，又建立在這樣的認識之上，即認為《春秋公羊傳》為公羊高所作，則公羊學統是由公羊高一線傳承下來的思想傳統。這個理念，是任何今文經學家都堅信不疑的。但徐復觀的研究，以詳實的分析告訴我們，恰恰是在這兩個簡單問題上，今文經學家的解說不符合史實，難以令人信服。首先，《春秋公羊傳》非公羊高所作，而《公羊傳》在公羊壽之前衹是一線單傳的口傳，亦沒有根據。今文經學家所描述的公羊學傳受系統是：子夏傳於公羊高，高傳於其子地，地傳於其子敢，敢傳於其子壽。壽（漢景帝時人）與其弟子胡毋子都著於竹帛。這個傳受系統，突出了兩點，一是公羊高的地位，即將《公羊傳》實際上歸於公羊高名下；二是《公羊傳》在公羊壽之前，都是一線單傳的口傳，到了公羊壽才被寫在竹帛上。在今文經學家的眼裏，這是無可置疑的，但徐氏卻認為這是荒誕不經的說法。他反問，孔子至孔安國凡十三代（據《孔子世家》），公羊壽較孔安國應早一代，則「由子夏到公羊壽之五代，這在情理上說得通嗎？」[106]況且還存在以下疑竇：《春秋公羊傳》非公羊高所作，而《公羊傳》在公羊壽之前衹是一線單傳的口傳，亦沒有根據。(1)在《公羊傳》中，載有樂正子春「視疾」的情形。樂正子春是曾子的學生，曾子較子夏小四歲，公羊若是子夏的學生，他能引及曾子的學生的故事嗎？(2)胡毋子都（又稱胡毋生）若有一位傳授的嫡系老師公羊壽，其年輩約與申公、轅固相等，則《史記·儒林列傳》、《漢書·儒林傳》既言及申公、轅固，亦當知胡毋生；既知之，豈有知而不言及之理？如為《史記》、

---

[106] 同注 8，頁 142。

《漢書》那兩傳所不知，東漢以後的儒家由何知之？(3)現存《公羊傳》中，如「公羊子曰」式的引用有七人，七人的解釋，都是補充解釋的性質，都是在傳承中所追加上去的。從這些疑竇中，可以推論出三種情形：「(1)現在可以看到的《公羊傳》，係由兩部分組成。一為直接解經之傳，方便稱之為『原傳』，此可能出於孔子的及門弟子或再傳弟子之手，而斷乎不出於公羊高之手，否則不會另出現兩個『子公羊子曰』；(2)對原傳作補充解釋的有七人之多，這便打破了一線單傳的妄說。而且時間上必較原傳為後，最早也是孔子再傳以後的弟子；(3)把原傳及七人對原傳的補充解釋編輯在一起，乃另有其人，而決非出於公羊高本人，否則不會與其他六人並稱為『子公羊子曰』。所以此傳之稱為《公羊傳》，乃名實不符的出於為現在所無法明瞭的偶然因素」[107]。

其次，在兩漢，對公羊學統傳承起關鍵作用者，不是胡毋生，而是董仲舒。《漢書·儒林傳》是承續《史記·儒林列傳》而作，但它卻不從《史記》以董仲舒列公羊傳授之首，而是將胡毋生列公羊傳授之首。由於《漢書·儒林傳》的這一改動以及改動時對《史記》有關記載不妥當的刪節，致使公羊學傳承關係近於混淆，引起後人一連貫的誤解，甚至將董仲舒與贏公、呂步舒並列為胡毋生的弟子。可他們實際的關係應該是：董仲舒與胡毋生是同僚，再根據《漢書·董仲舒傳》可以確證呂步舒為董仲舒的及門弟子，而《漢書·眭孟傳》又可確證眭孟為董仲舒的再傳弟子，因而也就間接證明傳學與眭孟的贏公是董仲舒的及門弟子。他們在公羊學的傳承中屬同一個系統，故與眭孟同出於贏公門下的貢禹、孟卿也應是董仲舒的再傳弟子。由眭孟、孟卿所下傳的公羊學兩個系統，不但傳承譜系十分清楚，而且蔚然成為公羊學統的正統，「由此而能斷定兩漢公羊之學乃出於董仲舒而非出於胡毋生」[108]。徐氏十分看重他的這一發現，稱此發現「可破千載的迷霧」[109]。可是，一旦排除千載之迷霧，恢復董仲舒在公羊學上至尊的地位，那

---

[107] 同上。

[108] 同注8，頁141。

[109] 同上。

麼，董仲舒對公羊學統的傳承與超越，就成為不得不回答的問題。徐氏當然要回答這個問題，但他的回答顯然是側重說明董仲舒對公羊學統的超越。在他看來，董仲舒對《公羊傳》中所述孔子作《春秋》的大義及重要的褒貶原則，固然都有發揮，但他不同於一般的傳經之儒則主要體現在他的公羊學具有兩大特性。「第一個特性是通過《公羊》來建立當時已經成熟的大一統專制的理論根據。第二特性是他要把《公羊》成為他天的哲學的構成因素」[110]。這是從董氏對公羊學傳統的超層越面來說，實際上也就是董氏為形成自己的《春秋》公羊學所要突破的兩大難關。若想瞭解董氏如何突破這兩大難關，就不能不注意他所使用的方法。董氏《春秋》學的方法，具體言之，有八點，即(1)「合而通之，緣而求之，五（伍）其比，偶其類，覽其緒，屠（去）其贅」；(2)「繙援比類，以獲其端」；(3)「見其指者不任其辭，不任其辭，然後可與適道」；(4)「按《春秋》而適往事，窮其端而視其故」；(5)「非可及於經，其及之端眇，不足以類鉤之，故難知也」；(6)「說《春秋》者，入則詭辭隨其委曲而後的之」；(7)「為《春秋》者，得一端而多連之，見一空（孔）而博貫之，則天下盡矣」；(8)「小大微著之分也，夫覽求細微於無端之處，誠知小之將為大也，微之將為著也」[111]。在列舉了此八點之後，徐氏分析說，一、二兩點，所述「皆在經驗法則範圍之內」[112]，對今日治思想史仍有意義；第三點，則不啻申明董氏心志的根本指向在於「不任其辭」，殊不知完全不受辭的限制，則易於作主觀的馳騁；而四、五、六、七、八這五點所述，都「不是以經典為依據所採用的方法」[113]。把他所提出的這些理解《春秋》的方法，與他強調「《春秋》無

[110] 徐復觀撰：《兩漢思想史》第 2 卷（上海：華東師範大學出版社，2001 年），頁 203。

[111] 以上均為董仲舒語，由徐復觀分別引自《春秋繁露》之〈玉杯〉〈竹林〉〈玉英〉〈精英〉〈二端〉諸篇。

[112] 同注 110，頁 206。

[113] 同上。

達辭」[114]話，以及他強調權變觀念聯繫起來考慮，就不難「瞭解他對《春秋》的處理，完全是作一種哲學性的處理，與經生的處理經文大異其趣」[115]。因此，董仲舒實際上「不僅是把《公羊傳》當作構成自己哲學的一種材料，而是把《公羊傳》當作是進入到自己哲學系統中的一塊踏腳石。由文字以求事故之端；由端而進入於文義所不及的微眇；由微眇而接上天志；再由天志以貫通所有的人倫道德，由此以構成自己的哲學系統，此時的《公羊傳》反成為芻狗了」[116]。

再次，董仲舒的影響是巨大的，由他所開啟的公羊學新取向（將陰陽五行的思想，牽附到《春秋》與〈洪範〉中去，以構成他的天的哲學的一部分，由此以言感應與災異），引發出眭孟、夏侯始昌、夏侯勝、京房、翼奉、李尋這一批人，各附其所學以組成奇特的天人災異之說，造成了「經學發展的一大轉折」[117]。可見，構成以陰陽五行為思想基礎的天的哲學，是董仲舒引發今文經學精神轉向的關鍵所在。作為倍受推崇的公羊學大師，他的天的哲學創立，理應受《公羊傳》的影響，但實際上他所建立的天的哲學系統「受有《穀梁》的影響」[118]。這當然不僅考慮到《公羊》未言及陰陽而《穀梁》則四處提到陰陽，而且主要是覺得較之《公羊》「董氏更接近於《穀梁》」[119]。因為(1)董氏將天與君連在一起，而將天與君連在一起不見於《公羊傳》，卻分明見於《穀梁傳》；(2)董氏的三代改制是「王魯，親周，故宋」，而「『故宋』一辭，未出現於《公羊》，卻出現於《穀梁》」[120]；(3)董氏特別重視「正月」之「正」，他解釋「正」的意思是「上承天之所為，而下以正其所為，正王道之端云耳」[121]，這個解釋，與《公羊

---

[114] 蘇輿撰：《春秋繁露義證》（北京：中華書局，1992 年），頁 95。

[115] 同注 110，頁 205。

[116] 同注 110，頁 206。

[117] 同注 110，頁 260。

[118] 同注 110，頁 154。

[119] 同上。

[120] 同上。

[121] 《漢書・董仲舒傳》。

傳》解「王正月」為「大一統」[122]顯然不同，但可以在《穀梁傳》中找到根據[123]。作為公羊學大師的董仲舒卻在思想上深受《穀梁傳》影響，其中原因，不是單靠推斷他亦曾習《穀梁傳》就能明瞭的。似亦涉及《公羊》與《穀梁》的關係。在這個問題上，徐氏的主要看法是，《穀梁傳》成於戰國中期以後，但非成於穀梁赤之手，而是另有作者。其人「對《春秋》的史實，較之《公羊傳》，更為疏隔。但他的態度則非常謹慎」[124]，可能既採用了《公羊傳》，又採用了《公羊傳》以外的其他傳。而就思想價值取向上看，「《穀梁傳》對君臣之分，華夷之辨，男女之防，較之《公羊傳》更嚴峻」[125]。

四

徐復觀經學思想所涉及的內容當然比以上所論述的遠為豐富，但因本文的篇幅已經過長，故不能再對徐氏經學思想的其他內容加以論述。可在結束本文之前，仍有必要對徐氏經學思想給予評價，以揭示徐氏經學思想的基本特徵，確立他在經學史上應有的地位。問題是，應該怎樣評價。評價的前提是確立評價的價值原則。就經學史而言，評價一個人的經學思想的特徵，重要的不是說明他如何梳理經學演衍歷程，而是應說明他對經學史的梳理體現了哪些思想原則，而它在經學史上是對哪個解釋傳統的繼承或超越。從這個角度來評價徐氏的經學思想，則值得評價的有兩點，一是他所運用的考據方法，二是他無意中衛護的古文經學家的情懷。

先看他所堅持的考據方法。徐氏曾將他的思想史研究方法稱為「笨方法」。他所說的「笨方法」，就是從對有關典籍加以注記開始，在再三反覆

---

[122] 正月由王所頒，統一於王，所以是「大一統」。

[123] 《穀梁傳》隱公十一年有云：「隱十年無正，隱不自正也。元年有正，所以正隱也」。

[124] 同注65，頁153。

[125] 同上。

研讀原典的過程中，盡可能地追尋有關材料，慢慢地形成觀點，建立綱維[126]。這種方法，實質上也就是滲透「漢學」精神的考據方法，一切觀點、一切結論，得之於客觀地分析可靠的史料，決不將主觀立論置於分析史料之上。所以，他明確地稱自己堅持運用這個方法是下的「考據工夫」。但他所堅持的「考據」，不是像乾嘉學派那樣，藉考據之名以漢學打宋學，「結果反對了學術中的思想，既失掉考據應有的指歸，也失掉考據歷程中重要的憑藉，使考據成為發揮主觀意氣的工具」[127]，而是將它作為取得堅強立足點的第一步與脫出學術上是非混淆之亂局的第一步。因此，對他來說，「考據不是以態度對態度，而是以證據對證據」[128]「以態度對態度」，是將對他人的質疑與批駁建立在門戶之見上，而「以證據對證據」則將對別人的論據的反駁建立在對有關史料的客觀考證上。這種考證，當然會涉及新史料，但更多的是屬於對雙方都熟知之史料的重新考辨。這一考辨能否取得成效（即發現別人尚未掌握的新證據），取決於考辨者所依據的理念及解決問題的功力。而在徐氏看來，他之所以在史料的重新考辨上有所成就，是因為他在理念上重視發展與比較的觀點，而在方法上兼顧分析與綜合：「祇有在發展的觀點中，才能把握到一個思想得以形成的線索。祇有在比較的觀點中，才能把握到一種思想得以存在的特性。而發展比較兩種觀點的運用，都有賴於分析與綜合的功力」[129]。從他的學術論著莫不具有固定的敘述方式[130]來看，他的確嚴格遵循了貫穿上述原則的考據方法。

再看他的古文經學家的情懷。徐氏當然沒有明確申明他有意傳承古文經學家的學統，以求古文經學傳統的現代發揚與展開。但從他的論述中，諸如：駁斥「左氏不傳經」而論證左氏以史傳經；為駁斥今文經學家「孔子作

---

[126] 參見《兩漢思想史》第 2 卷〈自序〉。
[127] 徐復觀撰：〈中國思想史工作中的考據問題〉（亦即《兩漢思想史》第 3 卷代序）。
[128] 同上。
[129] 《兩漢思想史》第 2 卷〈自序〉。
[130] 即先盡可能全面地分項列舉有關材料，然後逐一分析各項材料的含義，最後得出結論，並通過比較，以揭示其結論作為新證據的意義。

六經」說而論證經的產生應始於周公以經為教戒之書；為駁斥今文經學家的
「口傳」說[131]而論證「師法」祇能始於章句；為反駁今文經學家對《春秋
左氏傳》的輕視而論證《公羊》《穀梁》兩傳之缺失必待《左傳》而復明，
等等，仍不難感受他那濃烈的古文經學家的情懷。對自己的古文經學家的情
懷，他也許無意去護衛，但這恰恰表明他的古文經學家的情懷已變為其學術
生命的原始的情感取向，已不需要去刻意說明，一切都見之於具體的學術創
造。所以，在徐氏看來，康有為的古文偽經說固然難以成立，而皮錫瑞的
《經學歷史》更是繆說，則「今日言經學、言經學史，必首先反清末的今文
學派」[132]。這裏對研究經學「必首先」要做的事的強調，似乎有悖於他所
確立的「不是以態度對態度，而是以證據對證據」原則[133]。徐氏顯然沒有
意識到這一點，但正因為如此，當他無意中說出這句話時，便將他深藏的古
文經學家的情懷表露無遺。

　　將上述的論述結合起來考慮的話，便不難把握徐復觀經學思想在中國經
學史上的地位。就他的方法與傳統的經學解釋學的關係來講，他可謂是一個
以新考據方法詮釋經學史的現代古文經學家。如果對他的這一地位的確定是
正確的，那麼他在整個儒學史上的地位也就隨之而確立。作為一個現代新儒
家，由於他在思想上自覺接續兩漢學術思想，所以他不但有別於接續陸王
「心學」學統的牟宗三、接續程朱「理學」學統的馮友蘭；也有別於接續原
始儒家學統的方東美，可以將他的儒學思想（經學思想）稱為新漢學，或者
稱為現代漢學。

---

[131] 此說的實質是藉論證今文經源於孔子口傳而強調今文經遠勝古文經。

[132] 同注 8，頁 162。

[133] 遵循這個原則，今日研究經學與經學史，首先要做的事，不是先立一個反清末今文經
　　學家的態度，而是要具體分析清末今文經學家的證據是否成立。

牟宗三論儒學現代使命之新審視

　　牟宗三是現代新儒家第二代的領軍人物。作為領軍，他十分清楚現代新儒家的使命，為「實現儒學第三期之發揚」[1]而不懈陳辭。在他看來，「儒學第三期之發揚」作為對儒學的推進，當順應儒學第二期發展之路數而又彌補其不足。儒學第二期發展，對於儒家精神之發揚來說，貢獻在於充分地張揚了由孔孟荀所奠定、為董仲舒所承襲[2]的儒家道德理性（內聖）；但正因為此期的儒家（理學家）十分、甚至過分地張揚「內聖」一面，從而遮蔽了對「外王」（知識理性）一面的應有的關注，使儒學第二期發展存在嚴重不足，即沒有開出本應開出的「外王」精神。基於這一認識，牟宗三強調：「儒家的當前使命」就是「開新外王」。而闡發如何由「內聖開出新外王」，則是他作為現代新儒家第二代之領軍人物義不容辭的責任。

一

　　牟宗三認為，現代新儒家的使命與儒學的使命是既有關聯也有區別的兩個問題。現代新儒家的使命，就是正確闡發儒學的現代使命。這裏所謂「正確闡發」，顯然是有別於其他學者關於儒學現代使命的闡發。就值得重視者而言，其他學者關於儒學現代使命問題主要提出了四種見解：一曰儒學有拯

---

[1]　牟宗三撰：〈儒家學術之發展及其使命〉，見《中國文化論文集》（一）（臺北：幼獅文化事業公司，1984 年），頁 3。

[2]　牟宗三認為，儒學第一期發展，又分為三個階段，「孔孟荀為第一階段，《中庸》〈繫辭〉《樂記》《大學》為第二階段，董仲舒為第三階段」。見《中國文化論文集》（一），頁 1-2。

救現代文化危機、道德危機、認同危機、意義危機、存在危機的現實價值與
作用；二曰儒學有適應現代文明的嶄新的內容；三曰儒學可以為現代人安身
立命提供終極關切，或曰終極關懷；四曰儒學可以為人類現代（當代）乃至
將來的新文化建設提供不可或缺的重要思想資源。這些見解，都是從外部來
考慮儒學與現代社會的關係及其對現代社會的意義，它在牟宗三看來，都是
不足取的，因為他認為這樣講儒學的使命，是將儒學的現代使命講成了「適
應」、「湊合」現代化，而儒學的現代（當代）使命，決不能這樣講。

　　儒學的現代使命既然不能講成「適應」、「湊合」現代化，那麼當如何
講？牟宗三明確回答說，應將之講成「『實現』的問題」，即將儒學的現代
（當代）使命講成儒學有實現現代化的內在要求：「事實上，儒家與現代化
並不衝突，儒家亦不祇是消極地去『適應』、『湊合』現代化，它更要在此
中積極地盡它的責任。我們說儒家這個學問能在現代化的過程中積極地負起
它的責任，即是表明從儒家內部的生命中即積極地要求這個東西，而且能促
進、實現這個東西，亦即從儒家的『內在目的』就要發出這個東西、要求這
個東西。所以儒家之於現代化，不能看成『適應』的問題，而應看成『實
現』的問題，唯有如此，方能講『使命』。」[3]

　　牟宗三的「內在要求」說，是從儒學內部探討儒學何以能促進、實現中
國文化現代化。這一探討，就其本質而論，不妨稱之為對「內聖開出新外
王」的探討。「內聖」指的是儒家的常道，具體講就是指以儒家的道德意
識、道德理想、道德取向、道德實踐為指向的道德理性；「新外王」是指科
學與民主。可見，在牟宗三那裏，儒學的現代（當代）使命，被講成了儒學
有開出西方民主與科學的「內在要求」。這的確是一個令人費解而又使人忍
不住要認真去理解的話題。

---

[3]　牟宗三撰：〈從儒家的當前使命說中國文化的現代意義〉，見《中國文化論文集》
　　（二）（臺北：幼獅文化事業公司，1980年），頁4。

二

　　牟宗三的「內聖開出新外王」說，就取向而言，主要闡述了以下四點：

　　(1)「內聖」關乎儒家的常道，是永恆不變的，不屬於變革方面，變革祇限於「外王」層面。從這一認識出發，牟宗三及其弟子，再三強調儒學當代使命的實現[4]，不能從「內聖」層面講，祇能從「外王」層面講。因此，更嚴格地限定的話，牟宗三實際上是主張通過「守內聖」而「開新外王」的做法以實現儒學的當代使命。

　　(2)「外王」本義是指「外而在政治上行王道」[5]、或曰「落在政治上行王道之事」[6]，然「開新外王」卻不是簡單地講在現代社會如何行王道政治，而是講從儒家道德主義、道德理性，開出民主與科學。民主與科學，是西方近現代所提倡的核心價值，這是傳統「外王」範疇所不能範圍的，所以稱之「新外王」。「新外王」的兩個層面，就內在結構而言，是形式與內容、材質與內容的關係，其中「要求民主政治是『新外王』的第一義，此乃新外王的形式意義、形式條件」[7]，而「科學是『新外王』的材質條件，亦即新外王的材料、內容」[8]。與形式與內容、材質與內容相依存同理，民主與科學作為「新外王」的整體，也不可截然割裂，因為「科學知識是新外王中的一個材質條件，但必須套在民主政治下，這個新外王中的材質條件才能充分實現。否則，缺乏民主政治的形式條件而孤立地講中性的科學，亦不足稱為真正的現代化。一般人祇從科學的基礎面去瞭解現代化，殊不知現代化之所以為現代化的關鍵不在科學，而是民主政治；民主政治所涵攝的自由、

4　這在現代新儒家那裏，即意味著儒學的現代復興、儒學的現代化，亦即中國文化的現代化。

5　同注3，頁11。

6　同注3，頁10。

7　同注3，頁14。

8　同上。

平等、人權運動，才是現代化的本質意義之所在」[9]。

(3)既然儒家當代的使命在於「新外王」的開出，那麼意味著二千多年儒學之發展都未能開出民主與科學。問題是，沒有「開出」的原因何在？牟宗三強調，這決不能從儒學本有的缺失去找原因，得出「儒學本無民主、科學精神」、或「儒學本無民主、科學之要求」一類的結論，而應該從其發展不足找原因。「發展不足」當然不同於「本來缺失」，從這個角度去找儒學未能開出民主、科學的原因，就不難認識這是因為宋明儒家（理學家）「偏重於內聖一面，故外王一面就不很夠」[10]所致。孔孟荀為代表的原始儒家，本來講「內聖外王」一體之學，化德性為事功，若繼承發揚之，則儒學的近代發展，理應開出民主與科學。遺憾的是，理學家雖然以復興儒學為職志，但因為他們不重視「外王」、使儒家後來缺乏對事功精神應有的崇尚和提倡，也就使「事功精神開不出來」。「事功的精神即是商人的精神，這種精神卑之無高論，境界平庸不高，但是敬業樂群，做事仔細精密，步步扎實」[11]，則「事功精神開不出來」自然也就直接導致儒學在近代難以像西學那樣開出民主與科學，因為事功精神所貫穿的工具理性、知識理性正是民主、科學的本質所在。

(4)既然說的是「內聖開出新外王」，便隱含這樣的意思：「新外王」的開出，一方面是合乎「內聖」之內在目的的要求，所謂「儒家內在的目的即要求科學，這個要求是發自於其內在的目的的。何以見得呢？講良知，講道德，乃重在存心、動機之善，然有一好的動機卻無知識，則此道德上好的動機亦無法表達出來。所以，良知、道德的動機在本質上即要求知識作為傳達的一種工具」[12]，就是對這一方面的強調；另一方面它也須以「內聖」為根據，不能背離「內聖」，所以牟宗三又強調說：「若是真想要求事功、要

---

[9]　同注3，頁15。

[10]　同注3，頁10。

[11]　同注3，頁13。

[12]　同注3，頁15。

求外王，唯有根據內聖之學往前進，才有可能」[13]。

　　以上可謂牟宗三關於其「開新外王」（內聖開出新外王）說之理論上的闡述。作為這一理論闡述的落實，他將儒學第三期發展（亦即「開新外王」）又具體化為「三統說」。所謂「三統」，指道統、學統、政統。於是「儒學第三期發展」（亦即「開新外王」）又被說成：一、道統必須繼續；二、學統必須開出；三、政統必須認識[14]。「三統」依次對應西方的道德宗教、科學、民主這三套而言，「道統」對應西方的道德宗教，指內聖之道的統緒，它乃「文化創造之原」，則此「道統」之繼續即意味著「中國文化生命之不斷」，而若把握之，就「必須瞭解二帝三王如何演變而為周文，孔孟如何就周文體天道以立人道，宋明儒者又如何由人道以立天道」[15]；學統對應西方的科學，為「『知識之學』之統緒，它的意義在西方是清晰的，然在中國文化中，此義始終未出現，而『學之為學』亦終未建立起」[16]。其原因就在於「內聖之學吸住了人心，而『知性』始終未獨立地彰著出。在內聖之學中，『智』始終停在『直覺形態』中，而未轉出『知性形態』。直覺形態是圓而神的『神智』，知性形態則是方以智的『方智』」[17]。正因為中國文化中缺「方智」，則「必須由內聖之學的發展中開出，而中國的內聖之學亦決無與此不相容之處，而且亦決可以相融洽而見內聖之學之廣大與充實」[18]；政統對應西方的民主，指政治形態之統緒，要認識之，「必須瞭解在商質周文的發展中，如何成為貴族政治，又如何在春秋戰國的轉變中，形成君主專制一形態。在君主專制一形態中，君、士、民的地位及特性如何？民主政治如何是更高級的政治形態？中國以往何以一治一亂？學人用心何以祇注

---

[13] 同注3，頁13。

[14] 參見牟宗三撰：〈儒家學術之發展及其使命〉，見《中國文化論文集》（一），頁14-16。又，牟氏的學生蔡仁厚又將「三統」說分別稱為「道統的光大」、「政統的繼續」、「學統的開出」，見其關於牟宗三《現象與物自身》之〈導言〉。

[15] 同注1，頁15。

[16] 同上。

[17] 同注1，頁16。

[18] 同上。

意治道而不措意於政道，直至今日而不變？民主政治中諸主要概念，如自由、權利、義務等，是何意義？凡此俱必須透徹瞭解，而後可以信之篤，行之堅，成為政治家式的思想家，或思想家式的政治家。然後從事政治活動者，始可以為理想而奮鬥，不至於一意孤行，隨盲目的權力而顛倒也」[19]。

　　牟宗三又說，以前在禮樂型的教化系統（以仁教為中心的道德政治的教化系統）下，「道統、政統、學統為一事。道統指內聖言，政統指外王言，學統即是此內聖外王之學，而內聖外王是一事，其為一事，亦猶仁義與禮樂為一事。在吾人今日觀之，此三者為一事之一套，實應祇名為『道統』。其內容自應以內聖之學為核心，此即為道德宗教之本義，而其外王一面，則應祇限於日常生活軌道而言之，此為道德宗教之末義。在此末義下，化民成俗之禮樂亦函於其中，至政統一義，則須另為開出」[20]。這是說將「內聖」與「外王」歸為一事的傳統的「內聖外王」之學，就今日觀之，實際上祇有內聖之學（道統），在此「道統」的統攝下，所謂「內聖」與「外王」之分，實際上也就成了道德宗教（內聖）固有的「本義」與「末義」之分，決無今日知識理性意義上的「外王」含義。言下之意，是說今日知識理性意義上的「外王」之學，不能從傳統「內聖外王」之學直接轉出，而必須從傳統「內聖外王」之學曲折地開出。

三

　　現在的問題是，既然牟宗三一再強調「新外王」祇能從「內聖」開出，那麼我們勢必要問：「內聖」何以必開出新外王（民主、科學）？要弄清這個問題，就必須瞭解牟宗三的「良知坎陷」說。「坎陷」是否定之意。「良知坎陷」是說「良知」通過自身的否定開顯其隱性的本質。「良知」乃道德理性之本體，此本體內含道德理性之發用的一切可能，而道德理性之發用，

---

[19]　同上。

[20]　同注 1，頁 15。

既可以開出道德實踐（內聖），也可以開出事功實踐（外王），祇不過前者之開出是直接的，而後者的開出是曲折的。由「良知」道德本體曲折地開出事功實踐（外王），由於是對直接開出的轉向，它對於直接開出道德實踐（內聖）來說，就是改變了原來的開出方向，或曰是「否定」了它原來的直接開出方向。這一「否定」過程，不是意味著徹底放棄直接開出方向，祇是在堅持原來直接開出方向的同時，再轉為曲折開出方向。曲折開出對於直接開出來說，是補充與充實，它意味著「良知」本體潛在的本質進一步張顯。這一張顯是「良知」本體必然要「辨證的開顯」之應有之義。

可「良知」本體何以必然要「辨證的開顯」？牟宗三對這個問題是這樣回答的：「知體明覺[21]不能永停在明覺之感應中，它必須自覺地自我否定（亦曰自我坎陷），轉而為『知性』，此知性與物為對，始能使物成為對象，從而究知其曲折之相。它必須經由這一步自我坎陷，它始能充分發現其自己，此即所謂辨證的開顯。它經由自我坎陷轉為知性，它始能解決那屬於人的一切特殊問題，而且道德的心願亦始能暢達無阻。否則，險阻不能克服，其道德心願即枯萎而退縮。……良知良能至簡至易，然而它未始不知有險阻。知有險阻而欲克服之，它必轉為知性。故知險知阻中即含有一種辨證的伸展。故其自我坎陷以成認知的主體（知性）乃其道德心願之所自覺地要求的。這一步曲折是必要的。經過這一曲，它始能到達，此之謂『曲達』。這種必要是辨證的必要，這種曲達是辨證的曲達，而不祇是明覺感應之直線的或頓悟的達，圓而神的達。這樣開知性即名曰辨證的開。如是，則知性之開顯有其辨證的必然性。」[22]

「良知的坎陷」也就是「良知」本體「自覺地從無執轉為執」[23]，沒有此一轉，「良知」就不能實現其「知性」，成為認知主體，自然就不可能開出民主、科學。但是，「良知」這一轉的動力何在呢？合理的回答，應是將「良知」解釋為內含矛盾對立的統一體，從而將這一轉解釋為「良知」本體

---

[21]　這是借用王陽明的提法以代稱「良知」。
[22]　牟宗三撰：《現象與物自身》（長春：吉林出版集團有限公司，2010年），頁106。
[23]　同上。

內在矛盾對立之必然趨勢。也許是考慮這樣的解釋有違儒家、尤其宋明儒家
關於「良知」性質的界定，牟宗三並沒有這樣解釋，他祇是說，「良知」本
體從無執轉向執（有執），就好比「平地起土堆」[24]。這一比喻，將「良
知」本體所以有此一轉歸為突然而有的過程，消解了「良知」本體由「無
執」轉向「執」的必然性，背離了他自己的本來的立論（以為良知由德性轉
出知性為必然的過程），既反映了牟宗三思想上的矛盾之處，也反映出其思
想帶有一定的神秘主義意味。

四

　　在結束本文之前，為了準確地評價牟宗三的「內聖開出新外王」說，不
妨先扼要闡述唐君毅的「返本開新」說。唐氏所說的「本」，亦是指中國文
化的常道，即體現儒家的道德意識、道德理想的核心價值及其取向；他所謂
「新」，就是新創造、新發展。「返本開新」是說中國文化的現代發展（開
新），祇有先回歸中國文化的常道（返本）才有可能。但唐氏不是這樣直接
論證之，他是以論證「返本開新」乃中西文化重建之必經之道的方式暗喻
之：「我常說，人類文化潮流之進展，常由返本以開新」[25]。既然他認為
「返本開新」是普遍的文化重建之規律，則在他看來，中國文化之重建，或
曰中國文化之現代復興（現代化），也惟有「返本才能開新」。唐氏的「返
本開新」說，就根本取向而言，有兩點值得注意，一是以「返本」為根本，
所謂「由本成末」，強調的就是這一點；另是以「返本」為根據，所謂「中
國人文精神之返本，足為開新之根據，且可有所貢獻於西方世界。」[26]，便
是對這一點的強調。以之為「根本」與以之為「根據」，是對「返本」相對

---

[24]　同注22，頁108。

[25]　方克立、李錦全主編：《現代新儒家學案》（下）（北京：中國社會科學出版社，
　　　1995年），頁308。

[26]　唐君毅撰：《人文精神之重建》（一）（桂林：廣西師範大學出版社，2005年），
　　　頁3。

於「開新」之優先性、重要性的不同規定，以之為「根本」強調的是：「返本」與「開新」，是「體」與「用」的關係，無其「體」則無其「用」，故不「返本」就不能「開新」，這也可以說是將「返本」作為「開新」的前提來強調的；以之為「根據」，強調的則是：「返本」與「開新」，是保證與被保證的關係，也就是說「開新」要以「返本」為原則，背離「返本」的「開新」，就無所謂「返本開新」。顯然，唐氏這兩方面的論述，都沒有指向一個更深層的問題：為什麼「開新」必須「返本」，或者說「返本」何以為「開新之根據」？唐氏對這個問題的回答雖缺乏應有的明晰，但結論卻說的十分乾脆：

> 誠然在純學術中，以考證家、記誦家，或抱殘守缺者的態度來復古者，未必能開新。然在文化思想中，除了科學思想以外，無論哲學、宗教、文學、藝術、政治、社會之思想中，不能復古，決不能開新。這中間決無例外。[27]

可我們仍然要問：「決無例外」的道理何在？唐氏要讀者「自去參悟」。就我的參悟來說，我以為他所以強調「返本」是「開新」的根據，是基於這一認識：復古者為什麼要主張復古？還不是為了救治他生活的那個時代所出現的社會文化之種種弊端，而其所希望救治的種種文化弊端，「在具另一文化精神之前一時代，則不存在；反之，救治此一時代之弊端之文化精神，恆恰巧在前一時代」[28]；於是復古者便將之「重加以提出，以為改造現代的文化之缺點，而推進時代向更合理之路上走的借鑒」[29]。正是從這個意義上，唐君毅強調，「真正被認為復古者守舊者的，實際上總是最富於開新創造的精神之理想主義者」[30]。

---

[27]　同注 25，頁 310。

[28]　同上。

[29]　同上。

[30]　同上。

　　對為什麼「開新」必須「返本」，唐君毅誠然說得較寬泛，缺乏清晰，但他對如何具體「開新」卻說得十分明白。這可以從大小兩方面說。就大的方面說，他強調一個思想原則，即求開新，則不必拒斥西方文化，當持會通中西文化（中外文化）的態度：「我們真要求中西文化之融通，則科學與民主當然要提倡，然而科學與民主以外，亦尚有其他的文化概念與文化精神，對中國未來之文化創造，有同等的重要性。」[31]；就小的方面說，他提出了具有操作意義的「超越轉化」說：「如對西方科學技術可引申中國文化之格物致知精神，以接受之；但當加以藝術化，即使之具『樂意』，使技術性器物，兼成文物，以轉化超過外來之純技術主義。……再如西方之民主，可引申中國民本民貴之義，以接受之，但當以尊賢讓能之禮意，以超過之。西方宗教可引申中國傳統之敬天之義，以接受之，但祇視為三祭之一，此外更有祭祖祭聖賢祭忠烈之祭，以超過之、轉化之。……簡單地說，此即依於一將西方之科學技術，與民主宗教等，加於『中華禮樂化』『中國人文化』的理想。」[32]

結　語

　　不論從哪種（影響、承襲、超越、轉出等）意義上說，都應該將牟宗三的「內聖開出新外王」說與唐君毅的「返本開新」說聯繫起來評說。一旦將它們聯繫起來把握與評論，就不難發現，兩者的聯繫，不僅是「暗」的（祇是思想上的內在關聯，而無外在形式上的相似），也是「明」的（固然在思想上是相通的，然在外在形式上也相似）。內在的思想上的相通，在於兩者都強調中國文化之現代發展（現代復興、或曰現代化），不是從中國文化之根本處說的，而是從中國文化之根本必有不同的發用上說的，祇是一個（唐君毅）持「體用相即」思維模式，一個（牟宗三）持「內聖外王相即」思維

---

[31]　同注 25，頁 327。

[32]　同注 25，頁 316。

模式。根據前一種模式，中國文化的復興被論證為必返本才能開出新局面、新發展，言下之意是說不返本、不守本就無所謂開新。可見，對於「返本」之優先性的強調，是唐君毅所持模式的關鍵取向，在這個取向中，我們更多地看到的是中國文化之根本生命精神非但永恆不死而且彌久常新，則其關於中國文化缺少民主、科學的議論，也祇能限於「末」的範疇來談，而決不將它聯繫上「體」來談。這樣的談法，祇能將「開新」談成「超過之、轉化之」，而不可能談出「由本生末」[33]。這樣的談法，仍難免將「開新」談成「自外湊合之事」[34]，殊不知這正是他自己明確提出要反對的。

事物的產生，必有其內、外原因，然內因起根本作用，外因起輔助作用。因此，將「開新」談成「自外湊合之事」，就明顯具有將所以能「開新」歸於外因之誤。牟宗三是否申明過他瞭解唐氏此誤並不重要，重要的是，他之所以提出「內聖開出新外王」說，從理論上講正是為了消除唐君毅未意識到的這一誤。正因為這個原因，牟宗三的「開新外王」與唐君毅的「開新」相比，在內容上沒有任何差別，都是將「新」規定為民主、科學，而區別僅在何以能「開」之問題上牟宗三作出了不同於唐君毅的回答：開新外王之所以可能，並不是祇要「返本」就能完成、就能實現那麼簡單的事，而必須經過「辨證的開顯」過程，這個過程，就本質上講，又是中國文化之道德之本的「自我否定」（自我坎陷）的必然結果。這就改變了唐的「外因」視角，將中國文化的現代復興（開出民主、科學）解釋為正是因為中國文化從本質（生命精神）上講有這個內在要求。

與唐君毅老實地承認他未能將「返本開新之道全說出」[35]不同，牟宗三十分自信他已徹底地解決了「內聖」何以開出「新外王」問題。牟宗三的自信從他自己的論證邏輯來講，也許有他的道理，但在我們看來，他有兩個問題沒有說明白，一是「內聖」與「新外王」（民主、科學）如何在本質上是

---

[33] 照「體用相即」邏輯，理應談出由中國文化之本一定能開出中國文化之新的發用，即開出民主、科學。

[34] 同注 25，頁 314。

[35] 同注 26，頁 3。

一致的，也就是說，如果他不改變「一心開二門」的講法，如何從「道德理性與知識理性本質一致」的意義上講明這樣的問題：由中國文化自身的道德理性一定自發地開出其知識理性；二是他的「平地起土堆」說，除了給自己的說法帶來神秘主義色彩外，並沒有真正回答「內聖開新外王」所以能「開」的動力何在問題，這使其說同時存在著獨斷論的不足。這兩個缺陷的存在，固然不足以取消牟宗三「內聖開新外王」說獨特的學術價值，但它卻讓我們清醒地認識到一點：如何在不改變中國文化之精神實質（亦即堅守中國文化根本精神生命）的前提下探討中國文化如何自發地開出現代性（民主、科學），仍然是艱難的學術、理論課題。而解決這個課題，有必要沿著牟宗三的理路而推進牟宗三的論證。如何推進，我目前說不出，故本文也就祇能到此而不得不結束。

傅偉勳堪當現代新儒家論

　　2002 年 9 月下旬，在武漢大學舉行「第一屆海峽兩岸傅偉勳、韋政通與當代中國哲學的創造性轉化」學術研討會，我在會上發表了論文〈從比較哲學看傅偉勳詮釋中國哲學的新思路〉。在該文中，我呼籲將傅偉勳作為現代新儒家一員來研究，但當時因尚未證成他的現代新儒家的身分，為避免不必要的紛爭，我在論述時仍然將他作為現代新儒家之外的儒家批判者來探討他和方東美、牟宗三的關係。從那時起，我一直覺得我有責任對自己的這一判斷——以傅偉勳為現代新儒家——做出論證，但為教務和其他研究所牽制，遲遲未能遂願。現在我下決心做這一論證，以了結我牽掛了幾年的心願。我深深的感到，由於資料的不足，我的論證是極初步的，且難免「見仁見智」之處，所以敢提出來討論，勿用說是為了得到大家的批評，以促進對這個問題的深入研究。

一

　　現代新儒家並不是什麼值得炫耀的桂冠。因此，現代的有成就的儒學研究者能否列入現代新儒家，並不意味著他們在學術成就上有高低之分，而祇是意味著他們被劃歸為不同的學術陣營。任何學者都必歸屬特定的學術陣營[1]，則不給一個學者做歷史定位便罷，若給他做歷史定位，就不能不把握他所屬的學術陣營。從這個意義上講，我們將傅偉勳歸入現代新儒家，並不是

---

[1]　那些游離主流學術思潮之外的學者，實際上也是以游離主流學術思潮這一思想特性維護著自己的學術陣營，並不是沒有學術陣營的所謂自由學人。

為他爭什麼頭銜與榮譽，而是給他一個切合其學術精神與學術身分的歷史定位。

問題是，何以證明衹有將傅偉勳歸入現代新儒家才切合他的學術精神與學術身分？要回答這個問題，首先要探討他的學術思想傾向與現代主流學術思潮之間的內在聯繫。傅偉勳是一個視「哲學探索是一番生命的試煉」[2]的哲人，他立志「為我們苦難的國家做點創造性的哲學論著」[3]，為謀求中國哲學之批判的繼承與創造性的轉化始終不懈地探索，哪怕走「荊棘之路」也在所不辭。對這樣一個有如此高度使命感和責任感的學者，我們不能設想他的學術活動游離於現代主流學術思潮之外，衹能設想他的學術活動與主流學術思潮有內在的聯繫。在論及其「創造的解釋學」之思想根源時，他也不無明確地承認了這一點：

> 我應承認中國考據之學、海德格的解釋學、牛津日常語言學派以及東西哲學上開創性的思想家們所給我的寶貴靈感。[4]

僅憑這一點（自覺地將自己的學術活動融入現代主流學術思潮之中），當然不足以證明傅偉勳的思想傾向必定與現代新儒家的思想傾向相吻合，因為現代新儒學衹是中國現代[5]主流學術思潮之一，它並不是中國現代學術思潮的代名詞。所以，要說明傅偉勳的現代新儒家身分，還必須證明他的思想傾向屬於文化保守主義思潮。在現代中國，文化保守主義之國學復興思潮、自由主義之全盤西化思潮、馬克思主義之綜合創新思潮構成了三者鼎立的抗衡態勢，從而在根本上左右著中國現代思想發展趨勢。處在這種文化抗衡態勢裏，任何不想游離於中國現代學術主流思潮之外的學人，都必然自覺不自覺

2　傅偉勳撰：《從西方哲學到禪佛教》（北京：生活・讀書・新知三聯書店，1989年），頁53。

3　同上。

4　同注2，頁52。

5　作為歷史範疇，而不是作為文化與價值範疇。

地在思想上貼近這三大思潮中的某一思潮，傅偉勳當然也不會例外。那麼，他會走向哪一種思潮？這不是推論所能解決的問題，祇有用傅偉勳自己的話來回答。傅偉勳說：「我一向深知自己基本上是思想型態的哲學探求者，對於有關人存在的哲學比純粹邏輯與科學知識的成立問題興趣更大。因此在臺大時期從未上過殷海光教授的課，也從未摸過邏輯經驗論或解析哲學。」[6] 眾所周知，殷海光是中國自由主義陣營在後期的代表人物，他繼承五・四反傳統精神，將中國的自由主義思潮引向了一個新階段。由此看來，傅偉勳之所以不選修殷海光的課，就不僅僅是因為他覺得自己與殷海光的學說興趣相左，更主要的是因為他清醒地認識到自己的人文主義情懷與殷海光的科學主義情懷形成了尖銳的對立，難以簡單地調和。這種從大學時期就已確立的清醒認識，可以說在後來一直影響他的文化選擇，使他始終以濃厚的人文主義情懷堅持「中國本位」的立場，反對「全盤西化」主張。

馬克思主義之綜合創新的立場，在文化選擇上也反對「全盤西化」主張。那麼，傅偉勳是否有可能站在馬克思主義之綜合創新的立場來反對「全盤西化」主張？回答祇能是否定的。不可否認，同大多數港臺學者相比，傅偉勳對馬克思主義的態度是最為開明的，但這並不意味著他開明到以馬克思主義的立場、觀點與方法來指導自己的學術活動，而僅僅意味著他是把馬克思主義作為一種學術來探討、來批判，以期豐富他的理論武庫。儘管其「馬列主義批判」[7]客觀上擴大了他的學術視野，但從他的種種思想創見[8]來看，他從來都沒有將自己的人文主義情懷建立在對馬克思主義的情感認同上，更沒有將自己的「中國本位的中西互為體用論」納入「馬克思主義之綜合創新」範疇，而始終是站在「文化保守主義」的立場看問題，並以它來指導自己有關中國傳統文化的創造性的轉化的學術創造。

在中國，二十世紀的「文化保守主義」派別包括「國粹派」、「東方文

---

[6]　同注2，頁15。

[7]　同注2，頁52。

[8]　諸如「創造的解釋學」、「中國本位的中西互為體用論」、「整全的多層遠近觀」、「生命十大層面與價值取向」，等等。

化派」、「玄學派」、「學衡派」、「文化建設派」以及「現代新儒學
派」。在這六大派中，「現代新儒學派」無疑是最典型的代表，它不僅在思
想上集中地體現了中國現代文化保守主義者的理念、主張與理想，而且在中
國現代文化保守主義陣營中生命力最頑強，在九十多年裏，當其他文化保守
主義流派一個個曇花一現之後，他們仍能堅守自己的陣地，以抗衡自由主義
全盤西化派和馬克思主義綜合創新派。所以，傅偉勳不接受文化保守主義立
場便罷，一旦接受這個立場，他就會必然地走向現代新儒家陣營，因為在傅
偉勳生活的年代，所謂文化保守主義的影響，實際上就是指現代儒家的影
響。可讓我們難以理解的是，儘管有學者承認傅偉勳已「成為一個文化保守
主義者」[9]；更有學者斷定傅偉勳「逐漸成為新儒家學術上非常重要的道友
和一個獨特的批評者」[10]，但始終沒有人敢於斷定傅偉勳就是一個現代新儒
家。這就使得有關傅偉勳堪當現代新儒家的論證顯得十分迫切與必要，因為
不進行這一論證，人們就會長期陷入疑惑，以為在二十世紀後葉存在不從屬
於現代新儒家的文化保守主義者，他們不屬於現代新儒家陣營卻在學術思想
上與現代新儒家志同道合。

二

　　不敢斷定傅偉勳是一個現代新儒家，對一些學者來說，恐怕主要是考慮
傅偉勳自己從未承認他是以第二代現代新儒家的傳業弟子的身分宣傳儒學，
儘管從師承上講他有資格以這樣的身分講話。但我們認為，傅偉勳對自己的
學術身分是否有明確的認定，都不應成為我們判定其身分的唯一根據，要證
明他的真實的學術身分，更重要的是要分析他的學術思想就主要傾向講應該
歸屬哪一個學術流派，否則，僅根據他對自己身分的認定來下判斷，將無益

9　吳根友等主編：《中國哲學的創造性轉化》（昆明：雲南人民出版社，2004 年），
　　頁 213。

10　武漢大學中國傳統文化研究中心編：《玄圃論學續集》（武漢：湖北教育出版社，
　　2003 年），頁 302。

於正確判定他的歷史地位。例如，如果以他自己的認定為準的話，那麼我們
祇能斷定傅偉勳是一個「哲學的探索者」。根據他的學術自傳《哲學探索的
荊棘之路》，這個判定最符合傅偉勳關於自己學術身分的認定，可它對我們
確定傅偉勳在中國現代學術思想史上的歷史地位能有什麼意義呢？非但沒有
什麼積極意義，它反倒很可能引起人們對傅偉勳的誤解，以為傅偉勳祇是一
個游離於中國現代主流學術思潮之外的自由的哲學從業者。

　　既然如此，那麼在以上論述（傅偉勳既然取文化保守主義立場，則他必
然在思想上走向現代新儒家）之後理應接著論述這樣一個問題，即就傅偉勳
學術思想上的主要傾向看他祇能歸屬現代新儒家。但當我們著手進行這一論
證時，我們才發現，這是很困難的事。經過反覆的考慮，我們決定從以下幾
個方面進行論證。

　　其一，從師承上看，他與第三代現代新儒家的代表人物劉述先是同窗，
共同師事方東美。師事方東美未必註定成為現代新儒家，要證成他是現代新
儒家，在指明這個事實的前提下，應進一步證明方東美何以堪當現代新儒家
以及他在思想上受方東美的影響。

　　方東美何以是現代新儒家，我在拙文〈方東美哲學思想中的儒家精神〉
[11]和拙著《方東美思想研究》[12]中有詳細地論述，可以參看，容我在此不再
贅述。但在這裏我要指出一點，即我們可以理解基於狹義新儒家定義做出的
否定方東美是現代新儒家的任何見解，但我們難以理解基於廣義新儒家定義
而否定方東美是現代新儒家的觀點。因此，對李明輝教授不贊成以方東美為
新儒家的理由，我們覺得有必要在此稍加剖析。李明輝教授在題為〈當代新
儒家的道統論〉一文的註腳中指出：「筆者對於大陸學者[13]將方先生歸入當
代新儒家之列，持保留的看法，因為方先生的生命情調基本上是美學的，而
非道德的。他正是透過這種生命情調來看儒家，故他所瞭解的（或者說，所

----

[11] 發表於《中國哲學史》2001 年第 2 期；亦收入本書。

[12] 此著係合著，天津人民出版社 2004 年出版。

[13] 李明輝教授不知何故回避了其實劉述先也從廣義的現代新儒家定義出發將方東美歸入
　　現代新儒家陣營。

欣賞的）儒家基本上衹是其生命情調之透射。這可以說明他何以輕《論語》，重《周易》和《尚書·洪範》，貶低宋明儒學，抬高先秦儒學，並特別欣賞道家和華嚴宗。故我們衹能說：他欣賞儒家思想的某些側面，卻不宜說：他是儒家思想的代表人物。」[14]李明輝教授在這裏提出了一個重要的觀點，即方東美所以不是新儒家是因為他不是以道德情懷來看儒家而是以美學的情調來看儒家。牟宗三曾批評方東美以美學的眼光看儒家是錯誤的，李明輝教授以上述理由否定方東美應是新儒家，顯然是受其師這一批評影響所致。牟宗三對方東美的上述批評，是針對方東美所謂《論語》是「格言學」，不足以代表「整個孔子的思想」[15]這一觀點而發的，並不是批評方東美錯在以美學的情調看儒家，可當李明輝教授將其師的批評推而廣之為一種普遍的評判準則時，他似乎忽視了一個問題，即用什麼眼光看問題與由什麼生命情調看問題，是有所不同的，前者是知識理性意義上的方法運用，而後者則是實踐理性意義上的情感認同。就後者看，方東美是不是以美學的情調直接體會儒家精神，仍是個有爭議的問題，即便假定方東美的確以美學的生命情調來看儒家，也很難得出他衹能欣賞儒學的某些側面而無法欣賞儒學的全部這一結論，因為在方東美看來最高的價值境界體現在真善美的「價值統會」處，他不可能以自己生命的美學情調來排斥自己生命的道德情懷，反倒必然會在生命精神蘄向上力求將自己生命的美學情調與自己生命的道德情懷融會貫通起來。那麼，從會通美學情調與道德情懷的生命精神蘄向出發，方東美又怎麼會衹能欣賞儒學的某些側面而無法欣賞儒學的全部？！

　　李明輝教授的論述清楚地告訴我們，他對某學者是否當為新儒家的取捨是根據生命情調這個極狹義的標準，按照這個標準，道德性的生命情懷才是成為新儒家的必備條件，那些生命精神不凸顯為道德情懷而凸顯為美學情調或知性執著者，都不能成為新儒家。從「見仁見智」來講，我們當然無理由

---

[14] 李明輝撰：《當代儒學的自我轉化》（北京：中國社會科學出版社，2001 年），頁138。

[15] 方東美撰：《新儒家哲學十八講》（臺北：黎明文化事業股份有限公司，1983 年），頁24。

要求李明輝教授放棄自己的見解接受我們的觀點，但我們有理由要求他對不同對象的取捨應依據同一個標準。但遺憾的是，他在判斷錢穆為現代新儒家時，依據的卻是另一標準。為了駁斥余英時反對列錢穆為新儒家的觀點，他提出三點理由證明錢穆應歸入新儒家。三點理由中的前兩點理由祇涉及枝節，並不重要，重要的是第三條理由。該條理由這麼說：「儘管錢先生與唐、牟、徐、張四人在學術觀點及思想進路上有所歧異，但就大方向而言，他們之間有更明顯的相同處，此即：他們均堅持以儒家思想為本位，吸納西方文化，以促成中國之現代化。尤其對比於當時以《自由中國》雜誌為據點而批評儒家思想的自由主義學者，我們很難不將錢先生與上述四人歸於同一陣營。」[16]這顯然不是強調生命情調而是強調思想傾向的取捨標準。按照這個標準，也就無理由否定方東美堪當現代新儒家，除非李明輝教授能用具體的材料證明方東美在思想上不主張以儒家思想為本位來吸納西方文化，可這是做不到的，因為事實雄辯地表明：方東美不但這樣主張，而且強調惟有以儒家思想為本位來吸納西方文化才能有效地促成中國文化的現代化，從而避免中國文化的現代轉化走向「全盤西化」的錯誤道路。

方東美新儒家身分的證成對於證明傅偉勳也是一個新儒家祇起間接作用，要證明傅偉勳確是新儒家，還必須直接論證傅偉勳在思想上確實受方東美的影響，進而說明這一影響對傅偉勳成為新儒家確實起到了實質性的作用。為此，我們先看傅偉勳自己是如何說明方東美對他的影響。他說：「方師可以說善於曠觀宇宙人生的美感哲學家，因此論詩境，論藝術，論『乾坤一戲場，生命一悲劇』，他無疑是第一流的大學教師。我從方師所學到的是廬山頂峰展望諸子百家的哲學胸襟與不具我執我見的玩賞能力。方師給我的是一百條哲學道路，我也祇有從這百條道路暗中摸索出自己的一條理路了。老友述先在他一篇〈高風亮節懷哲人〉中敘述有關方師教書的神情極其生動，又在《中國論壇》近期總論方師畢生的哲學成就，淋漓盡致，都是我所同感又能同意的，我就不在此詳述我們這批哲學系學生從方師如何獲益

---

[16] 同注 14，頁 52。

了。」[17]這個說明，值得注意的有三點：首先他明確指出他從方東美學到了高度的哲學胸襟和空靈無執的審美能力；其次他強調自己在其師所指引的許多條哲學創造道路中摸索出自己獨特理路；再次他申明完全贊成同窗劉述先對其師人格魅力、思想創識及其影響的評述。這三點，如果各自孤立起來看，也許並不足以說明以上立論，如果聯繫起來分析，就難以否認對於傅偉勳成為新儒家來說方東美的人格與思想影響是至關重要的。劉述先說：「不閃避地面對自己感到困惑的哲學難題，鍥而不捨，絕對不輕棄自己的責任和崗位，東美師的模楷，哲學界的前輩如牟宗三先生，都是我的榜樣」[18]；又說：「我一生研究文化哲學的問題，受到東美師的啟發和影響至大」[19]。這兩句論述，前者見於〈高風亮節懷哲人〉，後者見於刊於《中國論壇》第十四卷第七期的〈方東美的哲學思想概述〉，它清楚不過地表明，劉述先之所以一生堅守自己的哲學崗位，絕不放棄復興儒學的歷史責任，牟宗三的影響固然是一個因素，但主要是因為受了方東美的影響。既然傅偉勳申明他完全贊成劉述先的論述，當然也就意味著他如同劉述先一般地看待其師對他的影響。

　　或許會有學者這樣反駁：也可以從其他層面看其影響，未必衹要存在著方東美對傅偉勳的影響就註定指影響其成為新儒家。孤立地講，這個反駁是合理的，但如果聯繫到倆人在思想上的一致性來考慮問題，則這一反駁也就不攻自破。那麼，倆人在思想上究竟存在哪些相通一致之處呢？在我看來，起碼有這麼幾點相通：

　　(1)倆人學術生命的精神趨向與最終歸屬驚人的一致。方東美的學術生命走的是由西方返回東方的曲折的精神跋涉歷程，先是追求西方哲學文化，然後逐漸返回到東方，最後從 1966 年夏季開始徹底轉回到東方，將自己的精力完全放在宏揚中國哲學精神上。而傅偉勳的學術生命的精神歷程也大體如此：1961 年以前，他的學術興趣主要在西方哲學；自 1961 年 2 月赴美留

17　同注 2，頁 5。

18　楊士毅編：《方東美先生紀念集》（臺北：正中書局，1982 年），頁 124。

19　朱傳譽主編：《方東美傳記資料》（一）（臺北：天一出版社，1985 年），頁 41。

學開始，他雖然對東方哲學也有一定的興趣，但主要精力仍放在西方哲學研究上，所以他說「我從臺大至伊大的整整十七年，專攻西方哲學，從未有過餘暇餘力探求中國哲學」[20]。然而從 1969 年 9 月開始，他的學術興趣逐步轉向東方哲學，主要精力用在探求中國哲學上。就在面臨要不要徹底轉變學術研究方向的關鍵時期，他遭遇好友賽達上吊自殺悲慘的事件。賽達是一個專攻現代倫理學的學者，他親手結束自己無比寶貴的生命令傅偉勳震驚，使傅偉勳深深感悟「儒家（尤其孟子）對於正命與氣命的分辨，在生命的試煉一點，針對動輒分裂知行為二的西方哲學足以構成強有力的挑激」[21]。正是由於他認識到中國哲學所特有的「生死智慧」具有拯救西方人生意義危機、道德危機的不可取代的作用，所以他終於下定決心將學術研究中心轉向中國哲學，在後半生「兼治儒佛二家」[22]。

(2)倆人對儒家精神的把握有許多相同之處，尤其是關於儒家形上學的認識可以說很一致。方東美依據《周易》，認為儒家形上學的主旨在於「直透宇宙大化流行的創造力」[23]，既肯定萬物出於充塞宇宙而流衍變化的天道之創造力，又強調「人性之內在價值與宇宙秩序合德無間」[24]，將「生生之德」確立為宇宙的終極真實（生命本體）。傅偉勳雖然對儒家形上學「犯有泛道德主義的偏差」有所批評，但他同樣認為《周易》代表了儒家形上學原理[25]，並強調儒家形上學主旨就是彰顯「生生之化」或「天命流行」的道德意義，在本體論意義上確立宇宙秩序即道德秩序。

(3)倆人對中國大乘佛學的認識相當一致。這主要體現在兩人都不贊成牟宗三以中國大乘佛學為印度佛學之同性質展開的觀點，強調中國大乘佛學

---

[20] 同注 2，頁 38。

[21] 同注 2，頁 37。

[22] 同注 2，頁 45。

[23] 方東美撰：《原始儒家道家哲學》（臺北：黎明文化事業股份有限公司，1983年），頁 231。

[24] 方東美撰：《生生之德》（臺北：黎明文化事業股份有限公司，1979 年），頁 283。

[25] 實際上他是從《易》《庸》並提角度來談的。

實質上意味著佛學的中國化，已成為中國哲學內在不可缺少的精神成分。基
於這一認識，倆人都致力於儒釋道三家思想的融通，專就儒釋道會通來解釋
中國哲學精神的高度發展，並反對中國哲學走以儒學取代佛學的發展道路，
主張通過儒釋道思想上的融通互補以實現中國哲學的現代發展。在判教方
面，傅偉勳提出「判教十義」[26]，希望現代化的發展大乘佛學的判教理論。
「判教十義」的基本精神在於強調「不依任何一宗的公允態度」[27]評判大乘
各宗，於是他對中國大乘各宗做出了這樣的評判：三論、天台、法相三宗
「皆未能突破印度佛教的局限性」，「真正代表中國佛學的應該算是起信論
（如來藏系統）、華嚴圓教與禪宗了」[28]。他如此評判中國大乘各宗，雖然
不能肯定一定是受方東美的影響所致，但可以肯定他關於華嚴宗這一地位的
評價與方東美對華嚴宗的評價是相同的，因為方東美大乘佛學觀一個重要的
見解就是不贊成牟宗三以天台宗代表中國佛學最高精神成就，而強調華嚴宗
哲學才是中國佛學精神成就的最高體現。

　　(4)倆人關於生命精神境界之提升層次的設計基本一致。傅偉勳為提升
現代人之「生死智慧」而設立了「生命的十大層面與價值取向」這個模型。
這個模型揭示人的生命應具有下列依次遞進的十大層面：身體活動層面、心
理活動層面、政治社會層面、歷史文化層面、知性探求層面、美感經驗層
面、人倫道德層面、實存主體層面、生死解脫層面、終極存在層面。這個模
型的構建，就指導思想講，是將人的生命存在的價值追求分為以下三個高低
不同的層次：先將個體人的本能追求、社會人的政治追求視為人之生命存在
意義的低層次安頓；然後指出超越這個低層次，應是體現人作為萬物之靈所
特有的真美善（分別對應第五、六、七層面）的追求；最後強調應經由「實
存主體」層面走向終極關懷。這個模型，與方東美為提升人的生命精神所設

---

[26] 傅偉勳撰：《生命的學問》（杭州：浙江人民出版社，1996年），頁99。

[27] 同上。

[28] 同注26，頁186。

計的「人與世界在理想文化中的藍圖」[29]在設計理念方面應該說是相通的，因為方東美在闡釋該藍圖的設計理念時也強調它「以物質世界為基礎，以生命世界為上層，以心靈世界為較上層，以這三方面，把人類的軀殼、生命、心理同靈魂都做一個健康的安排，然後在這上面發揮藝術的理想，建築藝術的境界，再培養道德的品格，建立道德的領域，透過藝術與道德，再把生命提高到神秘的境界——宗教的領域」[30]。在這裏，方東美沒有提到科學，但在別處，他曾指出，以求「真」為目的的科學，是將生命精神由形而下層次提升到形而上層次的過渡層次，這同傅偉勳所以將「知性探求」層面置於「藝術經驗」層面之前，在設定價值取向的思考上應該說是完全相同的。

　　其二，從思想的傳承來看，他雖出身「方門」，卻立志沿著牟宗三開創的理路在哲學上超越牟宗三。以往學者在論述傅偉勳批評新儒家時常常以他批評牟宗三為例，殊不知無論是尖銳地批評牟宗三還是豪邁地申明超越牟宗三，就他的動機和目的講，都不是為了反動於牟氏的理路，而是為了向前推進牟氏的理路。例如，他對牟宗三從「德行優先於知識」立場出發所做的有關中國哲學特質判斷的批評，沒有局限於具體論斷的剖析，而直接指向「德行優先於知識」在邏輯上是否成立。他認為，專就以儒家「知行統一」挑戰西方「分裂知行為二」這一點講，他同意牟宗三所標榜的「儒家『德行優先於知識』」[31]，但為避免泛道德主義，有必要改「『德行』二字為包括德行在內的『生死智慧』四字」[32]。如果超出了這個範圍，在普遍的意義上強調「德行優先於知識」，以為經驗（知識）世界的證成基於道德境界的確立，則它在邏輯上是不能成立的，「因為無論如何搬弄美妙動人的詞句，哲學上還是無由證立（justify）『宇宙秩序是道德秩序』是一種可以超越主體的

29 蔣國保、周亞洲編：《方東美新儒學論著輯要》（北京：中國廣播電視出版社，1992年），頁 379。

30 方東美撰：《方東美先生演講集》（臺北：黎明文化事業股份有限公司，1978年），頁 14。

31 同注 2，頁 37。

32 同上。

『客觀必然性』，科學上更無法驗證（verify）或反證（falsify）其『客觀必然性』」[33]。而牟宗三的失誤，不在於他從實踐理性的層面強調「德行優先於知識」，而在於他強調「本心仁體或性體雖特彰顯於人類，而其本身不為人類所限，雖特彰顯於道德之極成，而不限於道德界，而必涉及存在界而為其體，自為必然之歸結」[34]，走向了泛道德主義，以為道德秩序就是宇宙秩序。所以傅偉勳尖銳地批評道，牟宗三所謂道德本體之為宇宙本體（存在界）的「『必然之歸結』的『必然』，決不可能是『邏輯性的必然』，而祇能是實存主體性的必然」[35]。而他之所以「一方面強調心性體認本位的心學為儒家哲學的奠基，另一方面卻又混同了實存主體性與絕對客觀性，目的當然是在通過心界與外界的雙重道德化，抬高儒家『道德的理想主義』為放諸四海而皆準的最高哲學原理」[36]。

再如，傅氏對「良知自我坎陷」說的批評，重在揭露其說必然產生的難點：首先，此說並無經驗事實的根據，因為就事實講「幾乎所有的科學工作者並不先（有意識地）去挺立自己的道德主體或呈現良知，然後才去從事於純粹知性的科學探索」[37]；其次，「就科學知識產生的過程（即科學發展史）言，並無所謂道德主體的挺立或本心本性的自我覺醒在先，而後才有科學知識的形成與發展的」[38]；再次，即便嚴格地就此說的真正的意義（應指在生命更高層次的價值取向上我們的道德主體對於從事科學探索的認知主體施行一種道德上的指導或價值上的規制）來理解，此說「仍有泛道德主義偏向之嫌，仍令人感到，『自我坎陷說的形成，還是由於當代新儒家為了應付尊重『知性探求』獨立自主性的西方科學與哲學的強烈挑戰，而被迫謀求儒家思想的自我轉折與充實（決非所謂『自我坎陷』）的思維結果，仍不過是

33　同注 2，頁 454。
34　同注 26，頁 208。
35　同注 26，頁 209。
36　同上。
37　同注 2，頁 446。
38　同上。

張之洞以來帶有華夏優越感的『中學為體，西學為用』這老論調的一種現代式翻版而已，仍突破不了泛道德主義的知識論框架，而創造地發展合乎新時代需求的儒家知識論出來」[39]。為了突破泛道德主義的局限，推進牟宗三的理路，在傅偉勳看來，新一代的儒家學者應正視「儒家知識論難題，而分辨出客觀性知識與主體性知識的殊異性，就分別功能言兩不相犯（其實是儒家本身以道德主體性去干犯客觀性知識），讓兩種知識獨立自主而保持平等地位，這樣才能改正『行重於知』的片面性，心甘情願地吸取西方（哲學）思想與文化的優點，而現代化地重建以知識論為首的儒家思想傳統。這並不等於說，儒家應該放棄原有的道德主體性立場，而祇是說，不能再以『道德主體自我坎陷而為有執的認知主體』這種論調去看純理論性的知識探索」[40]。

對牟宗三理論的合理性而言，傅偉勳的這二點批評勿用說具有解構作用，但通過上面論述也不難看出，傅偉勳對牟宗三的批評，就目的講不是為了徹底推翻牟宗三的理論，而是希望通過解構牟宗三理論以發現牟宗三理論的缺陷，從而尋找既能克服牟宗三理論之缺陷又能沿著牟宗三理路推進牟宗三理論的途徑。他明確指出，中國哲學的未來發展在於超越牟宗三，而要超越牟宗三又不能背離牟宗三的理路，必須首先遵循牟宗三的理路。所以，在批評牟宗三時他又特意申明牟宗三從儒家「心性」學的層面把握中國哲學精神發展的理路他不敢背離，他所以提出新理路正是要在接續牟氏的理路的基礎上推進牟氏的理路。他的這個新理路，就是藉「謀求儒家兩大派心性論的現代化綜合」而「暗示創造地發展現代儒家心性論的可能理路」[41]。這裏所謂「儒家兩大派心性論」，就是指牟宗三所講的「縱貫」、「橫攝」兩系。在傅偉勳看來，牟宗三將儒家的心性論分兩系，祇能起兩派相互補充相互充實之作用，不能起到「謀求陸王與程朱兩大派現代化綜合」[42]的作用。要謀求兩大派的現代綜合，就要運用「創造的詮釋學」，對儒家的心性論，尤其

---

[39]　同注 2，頁 448。

[40]　同注 2，頁 450。

[41]　同注 2，頁 239。

[42]　同注 2，頁 278。

程朱心性論作現代哲學性地證立，以找出兩派心性論在深層結構上的內在聯繫。從根本上講，這可以說是「他構想的『創造的解釋學』的一種運用」[43]。經過他「創造的詮釋」，中國哲學精神的發展歷程，不再像牟宗三所敘述的，衹是陽明心學一系的精神縱貫，而是儒家、道家、大乘佛家共同推進了中國哲學之心性論的發展。孟子、王陽明、惠能則分別代表了各個發展階段最高成就。至於老莊哲學，因為其本質上與禪佛教思想具有內在的聯繫，便自然的成為禪佛教轉向禪道的助緣，在「禪道一途」[44]、儒釋道三教會通的歷史進程中，起到了其他各派哲學不可取代的重要作用。

其三，就儒學觀看，他雖然對儒學有批判，但他的批判不是站在自由主義立場徹底否定儒學，而是為了消除儒學那些難以現代化的思想成分，以便儒學的現代轉化。傅偉勳對儒學的批判，主要集中在四個方面，一是儒家在處理家庭倫理與社會倫理有所衝突的道德兩難問題時片面地恪守家庭倫理而排斥社會倫理，「孝道與恕道有所衝突或矛盾之時，儒家倫理的解決方式常是偏重孝道，犧牲（具有社會倫理意義的）恕道。這可以說是儒家倫理最大的缺點。」[45]這個缺點如果不修正，則儒學很難被現代人接受，因為「在現代社會裏，社會倫理的重要性常常超過家庭倫理」[46]；二是儒家以「單元簡易心態」[47]處理「外王」問題，在高揚道德理想主義之餘，難以正確有效的解決政治、經濟、文化等社會複雜問題；三是儒家忽視「負面人性」[48]的把握與理解，衹是把成賢成聖作為人生理想，殊不知「百分之九十九的人類永不會去做聖人」[49]。由於現代社會要求的是「最低限度的倫理道德」[50]，所

---

[43] 同注 2，頁 244。

[44] 同注 2，頁 412。

[45] 同注 2，頁 233。

[46] 同上。

[47] 同注 2，頁 421。

[48] 同注 2，頁 420。

[49] 同注 2，頁 421。

[50] 同注 2，頁 420。

以儒家如一味地在現代社會提倡「最高限度的倫理道德」[51]，就難以贏得現代民眾的認同；四是儒家站在泛道德主義的立場上，以為「德性之知優先於聞見之知」，這「不但容易忽視聞見之知的獨立性與重要性，也很容易動輒混淆道德價值問題與經驗事實問題。由是產生嚴密科學研究態度的奇缺，邏輯思考能力的薄弱，哲學論辯程式的過分簡化，論點證立上的過失或不充分等等理論知識性的蔽塞或簡易化」[52]。由於現代人的價值取向承認德性之知與聞見之知的平等性（亦即承認聞見之知的獨立性），所以儒家「如不早日克服泛道德主義的偏差，則無從適予解決自我轉折」[53]。從這四方面看，傅偉勳的確是從克服儒學的缺點、糾正儒學的偏差的意義上批判儒學，而且他把這種意義上的批判看作促成儒學現代轉變的必要過程。

　　正因為傅偉勳對儒學的批判不是為了否定儒學而是為了完善儒學，所以他對儒學的批判無論多麼尖銳，也不足以否定他的儒家身分。就他的儒家身分而言，他認同儒學在情感上是真誠的，在認識上是清醒的，不存在令人難以判斷之處。可由於他曾說自己是以一個「在家佛教學者的身分」[54]來談佛教的改革，所以尚有必要在這裏就他究竟是新佛家還是新儒家做一番分析。他曾申明自己多年受儒佛薰陶，儒家與佛家對他的影響確實都是重要的，但他畢竟是一個以謀求儒學現代化為己任的世俗學者，無論是歷史使命召喚還是世俗生活的牽制，都驅使他最終祇能傾向儒家，將塑造儒家人格作為自己最根本的生命體驗。作為一個儒家，他所以不排斥佛學，情願受佛學薰陶，不是因為他的儒家情懷不夠醇厚，而是因為在他看來，儒佛二家思想就「生死智慧」而言是相通的，接受佛家的影響，不但不足以淡化儒家情懷，反倒可以純化儒家的情懷。但這並不妨礙他就儒佛二家對中國哲學的貢獻的高低做出區分。在他看來，對中國哲學的現代轉化來說，儒佛道三家哲學都是重要的思想資源，但就儒佛道三家自身的比較而言，中國哲學畢竟以儒家為

---

[51] 同注 2，頁 421。

[52] 同注 2，頁 444。

[53] 同注 2，頁 443。

[54] 同注 26，頁 37。

主，中國文化的核心畢竟是儒家傳統。一方面就整體斷言中國哲學「以儒佛道三家為主」[55]，另一方面就三家比較意義上強調中國哲學「以儒家為首」[56]，這在其師方東美那裏早有論述，它再清楚不過地表明了傅偉勳在儒佛道比較觀上的儒家立場。

其四，就理想與手段看，不但傅偉勳的理想──促成中國傳統文化的現代轉化──同樣是其他現代新儒家的理想，而且他為實現這一理想所創立的方法論模式──通過批判的繼承與創造的轉化的途徑以實現中國傳統文化的現代轉化，也正是其他現代新儒家（尤其第三代新儒家）莫不採用的模式。就他批判其他現代新儒家有關中國哲學現代化的主張仍未脫離張之洞「中體西用」的窠臼來看，他不僅想擺脫「全盤西化」模式的束縛甚至想擺脫「中體西用」模式的束縛，但站在文化保守主義的立場上，他仍然祇能設立「中國本位的中西互為體用論」[57]這個模式以取代它們。作為中國哲學之現代化必取的模式，「中國本位的中西互為體用論」，既強調中國哲學之現代化目的在於「批判地繼承並創造性地發展祖國的思想文化傳統」[58]；又強調為了實現中國哲學的現代發展有必要向西方學習，有必要吸納西方乃至日本哲學的精華以圖中西、中日哲學的融通互濟。這種強調在堅持中國文化本位的前提下、通過中西哲學融通的途徑以實現中國哲學現代化的主張，與現代新儒家提倡中國哲學現代化的主張，非但不衝突，而且就本質講是相當吻合的。

三

現代新儒家從來就不是一個「門戶」意義上的學派，而是研究者就其根本思想上的相同性所劃定的流派。儘管研究者因認識之不同各有自己判定新儒家的標準，但凡被劃定為新儒家者，必定符合以下四個標準：一是真誠地

55　同注 2，頁 428。

56　同注 26，頁 266。

57　同注 2，頁 290。

58　同注 2，頁 474。

認同儒家思想、價值與理想，二是具備反科學主義的人文主義情懷；三是具備促成儒家文化（中國文化）之現代化的使命感；四是在中國文化現代化的途徑上堅守以中國文化為本位的中西文化的融通互補。如果更嚴格規定，還應該包括以下兩個標準，即認同與護衛儒家的「道統」以及具備建構形而上本體的自覺性。這六個標準都具備，無疑屬於最嚴格意義上的現代新儒家，但大凡符合前四個標準，也就可以歸入所謂廣義的現代儒家。從上面的論述來看，傅偉勳思想符合前四個標準是無可置疑的事實。那麼他就應該歸入現代新儒家，否則，我們將無法予傅偉勳思想以客觀公允的評論。

　　傅偉勳既然是一個新儒家，那麼他在現代新儒家中的地位應如何確立？要回答這個問題，首先要分析他與杜維明、劉述先等第三代現代新儒家代表人物在思想上的差異，但這不是一時所能做到的，容它日專論。這裏要指出的是，作為第三代現代新儒家代表人物之一，傅偉勳在思想上鮮明地具備第三代新儒家一般的思想特徵。這些特徵是：(1)高度開放的心態，雖推崇儒家文化，但不將儒家文化價值絕對化；(2)淡化政治意識，雖不認同馬克思主義的世界觀，但能予馬克思主義以客觀分析與評價；(3)基於多元價值觀的文化選擇取向，雖強調以中國文化為本位，但從不拒斥西方先進文化；雖強調儒家精神具有拯救西方文化意義危機的重要作用，但決不輕率斷言認同儒學乃人類未來文化發展的唯一方向。

從比較哲學看
傅偉勳詮釋中國哲學的新思路

　　這裏所限定的比較哲學視角，不是就東西哲學之比較的意義上確立的，因而本文不是探討傅偉勳如何藉比較中西哲學之同異以凸顯其詮釋中西哲學的獨特思路；而是就中國哲學自身之比較的意義上確立的，所以本文祇是通過比較傅氏與其他現代學者相異的中國哲學觀以揭示其詮釋中國哲學的獨特思路。我曾在拙文[1]中指出，努力尋求和推進中國哲學的現代化，是現代中國哲人共同的理想和目標，但由於視角的限制，各家努力的結果卻不盡相同，有的成效顯著，有的成效甚微。而其中成效最顯著者當屬現代新儒家。在現代新儒家之外，最值得重視者，應是創立「創造的詮釋學」的傅偉勳與創立「場有哲學」的唐力權[2]。從這個意義上講，本文的哲學比較，應具體涉及傅偉勳與現代新儒家以及唐力權之比較。但由於傅氏與唐氏相互無任何呼應，既不曾相互商榷也不曾相互批駁，我們一時難以找出他倆人之間的可比性，故傅氏與唐氏的比較，容他日進行，這裏暫且僅將傅偉勳與現代新儒家作比較。必須申明的是，這一比較，也不是整體的、全面的比較，而是具體化為傅偉勳之中國哲學詮釋思路與牟宗三、方東美之中國哲學詮釋思路的

---

[1]　指〈場有哲學與現代新儒學〉，係提交「第六屆場有與非實體轉向國際研討會」論文；亦收於本書。

[2]　傅偉勳是否屬於「現代新儒家之外」，是一個尚缺乏深入研究的有爭議的問題。根據本人研讀傅氏論著所得初步體會，我認為他完全有資格名列現代新儒家。這裏將他作為「現代新儒家之外」來探討他和現代新儒家的關係，與其說是基於對傅氏身分的定性，不如說是出於方便論述之考慮。

比較。

一

　　傅偉勳在學術思想上與方東美、牟宗三有割不斷的聯繫。但要理清楚他
們之間的真實關係卻非易事。他是方東美的學生，從他入臺灣大學讀哲學
始，方東美就對他產生了深刻的影響，但他明知方牟兩先生在學術上有分歧
爭論，卻從不因自己是方氏的門生而諱言牟宗三對他的實質性的影響。他雖
然公開申明自己是方東美的學生，卻從不曾說明攻讀方氏哪些論著，祇是強
調「我從方師所學到的是廬山頂峰展望諸子百家的哲學胸襟與不具我執我見
的玩賞能力。方師給我的是一百條哲學道路，我也祇有從這百條道路暗中摸
索出自己的一條理路了」[3]；雖然他一生祇同牟宗三晤面兩次，「從未有過
直接受業的緣分」[4]，但他從未諱言自己「多年來苦讀牟先生的一系列哲學
名著」[5]，以至坦然承認牟宗三開發智慧的理路對他確立治學方向「有決定
性的影響」[6]。

　　作為方東美的學生，方東美對傅偉勳的影響，是否像傅偉勳自己所申明
的，祇在於一種哲學胸襟的培養、一種藝術欣賞境界的培育，而無關乎思想
內容的吸納與思維方式的構架，容待下面論述。這裏要強調的是，就傅偉勳
自己的聲明講，他的確無意於繼承和推進方東美的哲學理路，而將自己超越
現代新儒家的哲學創造活動的努力方向，明確設定為沿著牟宗三的「道德的
形上學」的內在理路來拓展牟氏哲學所提出的問題和解決牟氏哲學所遭遇的
困境。他說：「超越牟先生的理路則大大不敢，祇能算是自我摸索牟先生的

---

[3]　傅偉勳撰：《從西方哲學到禪佛教》（北京：生活・讀書・新知三聯書店，1989
　　年），頁 4-5。

[4]　同注 3，頁 3。

[5]　同注 3，頁 240。

[6]　同注 3，頁 3。

理路所獲致的小小心得」[7]。這是出於私淑弟子心態的謙虛之言。透過此言，從他一系列有關中國哲學的詮釋論著看，他關於中國哲學的一切「創造性的詮釋」，都莫不是立志「超越牟先生理路」的產物。

出身「方門」卻以超越牟宗三哲學理路為職志，這不能簡單地視為傅氏在學術上擺脫了門戶之見，而應看作傅偉勳對方東美和牟宗三哲學貢獻高低的評判。他評價其師「無疑是第一流的大學教師」[8]，卻閉口不談方東美的哲學成就，祇是在文中順帶表示同意劉述先關於方氏畢生哲學成就的評價。劉述先對其師方東美的評價，固然不乏溢美之詞，但對方東美的學術上的貢獻卻說得很平實：「在學問方面，東美師真正可說是博極古今、學貫中西，可惜的是，他終未寫出自己完成的大系統，弟子們充其量祇能得其一鱗半爪」[9]。傅偉勳既然對同窗劉述先的評價方氏哲學成就的論述公開表示「都是我所同感又能同意的」[10]，那麼也就表明在他的心目中，方東美固然是一個學識淵博的偉大教師，但卻缺乏獨創的哲學大貢獻。在他看來，方東美既然缺乏系統的哲學創造，沒有獨創的哲學大貢獻，其哲學便難以代表一個時代的哲學成就，因而他也就不足以取代牟宗三而成為後方牟時代應超越的對象。所以，儘管出身「方門」，他仍然甘冒本門之大不韙，毅然將牟宗三哲學確立為近現代中國哲學之時代精神成就的體現，強調「牟先生是繼王陽明以後繼承熊十力理路而足以代表近代到現代的中國哲學真正水準的第一人。中國哲學的未來發展課題也就關涉到如何消化牟先生的論著，如何超越牟先生理路的艱巨任務」[11]。

傅偉勳出身「方門」，又立志在哲學上超越牟宗三哲學理路，而且他立志超越牟宗三的哲學理路，在動機上並不是為了反動於牟氏的理路，而是為

---

[7]　同注 3，頁 240。

[8]　同注 3，頁 26。

[9]　劉述先撰：〈高風亮節憶哲人〉，見《方東美先生紀念集》（臺北：正中書局，1982年），頁 137。

[10]　同注 3，頁 5。

[11]　同注 3，頁 26。

了向前推進牟氏的理路。他雖然批判現代新儒家有關中國哲學現代化的主張
仍未脫離張之洞「中體西用」的窠臼，但為了擺脫「中體西用」以及「全盤
西化」模式的影響，他仍設立了「中國本位的中西互為體用論」[12]這個模式
以取代之。作為中國哲學之現代化必取的模式，「中國本位的中西互為體用
論」，既強調中國哲學之現代化目的在於「批判地繼承並創造性地發展祖國
的思想文化傳統」[13]；又強調為了實現中國哲學的現代發展有必要向西方學
習，有必要吸納西方乃至日本哲學的精華以圖中西、中日哲學的融通互濟。
這種強調在堅持中國文化本位的前提下、通過中西哲學融通的途徑以實現中
國哲學現代化的主張，與現代新儒家提倡中國哲學現代化的主張，非但不衝
突，而且就本質講是相當吻合的。因此，我們認為傅偉勳完全有資格名列現
代新儒家。那麼，他為什麼未能與他的同窗劉述先一樣被列入現代新儒家的
第三代？這可能是因為：他自己從未以現代新儒家第二代傳人自居，卻樂於
承認和表現他的現代新儒家的批判者的身分；而現代新儒家的研究學者，也
許正是因為過分關注其現代新儒家批判者的身分而忽視了他有資格作為現代
新儒家。雖然我們呼籲將傅偉勳作為現代新儒家一員來研究，但在學界尚未
證成他的現代新儒家的身分之前，為免紛爭，我們這裏仍然將他作為現代新
儒家之外的儒家批判者來探討他和方東美、牟宗三的關係。

二

　　就目的講，傅偉勳的哲學創造活動，並不衹是為了在學術上超越牟宗三
以求「立言」，而是為了謀求「中國哲學的繼承和發展」[14]，以盡一個人文
學科知識分子的職責。他之所以一再提出超越牟宗三，是因為在看來，在後
牟宗三時代，要「批判的繼承與創造的發展」[15]中國哲學，就不能不循牟宗

---

[12]　同注 3，頁 290。

[13]　同注 3，頁 474。

[14]　同注 3，頁 428。

[15]　同注 3，頁 419。

三的理路去超越牟宗三的理路，否則，中國哲學的未來發展是沒有希望的。所以，超越牟宗三，對傅偉勳來說，祇是他謀求中國哲學的未來發展的一個出發點，而不是目的。從超越牟宗三的哲學理路出發，傅偉勳為了實現中國哲學的「批判的繼承與創造的發展」設計了幾個相關的方法論模式，諸如「中國本位的中西互為體用論」、「整全的多層遠近觀」、「生命十大層面與價值取向」、「創造的詮釋學」。

　　由於傅偉勳本人對這四個模式相互關係沒有做具體闡述，所以如何把握這四個模式內在關聯性，是十分困難的事。這裏祇能根據我們對他有關四個模式的零散論述的把握，作出如下理解：對於「批判的繼承與創造的發展」中國哲學來說，「中國本位的中西互為體用論」，是專為中國哲學、中國文化重建所設計的途徑。這個途徑，祇是將中國哲學的重建指上了中西互補、中西互濟的道路，並沒有指明實現中國哲學重建的具體路數。正是為了指出此具體路數，傅氏才「構想出『生命的十大層面與價值取向』這個模型，當作文化重建的具體實現所可依據的一種啟發性理論指南」[16]。這個理論指南，雖然較之「中西互為體用論」為具體，但它仍是抽象列出自下而上的十大價值取向，沒有涉及通過什麼具體方法來實現中國哲學由傳統到現代的轉化。中國傳統哲學向現代哲學的轉化，勢必基於對中國傳統哲學的解釋，而所謂「整全的多層遠近觀」、「創造的詮釋學」，就是傅偉勳用來解釋中國傳統哲學的具體方法。而這兩個方法所以有必要並存，是因為它們各有其用，難以相互取代。作為中國哲學的詮釋方法，「創造的詮釋學」祇提示解釋中國哲學的基本路向，如何在這個路向的指引下，具體剖析中國哲學概念、命題、論斷的多重含義，就祇能運用「整全的多層遠近觀」方法才能完成。

　　對於實現中國哲學的「批判的繼承與創造的發展」來說，具體剖析中國哲學的概念、命題、論斷，顯然屬於極具體的工作，不具有實質性的意義，則較之「整全的多層遠近觀」，「創造的詮釋學」更具重要性，所以傅偉勳

---

[16]　同注3，頁475。

總是強調它對中國哲學的解釋衹是意味著其「創造的詮釋學」的應用。從這個意義講，要探討傅偉勳詮釋中國哲學的新思路，就不能不首先瞭解「創造的詮釋學」。

傅偉勳構想「創造的詮釋學」，始於二十世紀七十年代初，待至 1974 年底他用英文演講〈Creative Hermeneutics: Taoist Metaphysics and Heidegger〉（〈創造的解釋學：道家形上學與海德格〉），算是他「構想『創造的解釋學』的開端」[17]。與這次演講時隔近十年，他才首次用漢語演講「創造的解釋學」。Hermeneutics 一詞，在英語中專指對《聖經》等經書的解釋學，於是他在構想其中國哲學解釋方法的初期，就徑直稱之為「創造的解釋學」。後來他接受了學友的建議，為了區別於指謂科學因果關係的「解釋」（Explanation），從 1985 年 11 月發表〈老莊、郭象與禪宗——禪道哲理聯貫性的詮釋學試探〉開始，他便專用「創造的詮釋學」來稱謂自己獨創的中國哲學的解釋方法，而不再使用「創造的解釋學」。但這兩種稱謂，在傅偉勳的論著中，涵義完全吻合，不存在任何歧義。

「創造的詮釋學」是傅偉勳針對中國哲學的特點所設計的解釋方法，所以它在具體解釋步驟的構想上，充分考慮了如何抉發中國哲學之「整全」形態所包含的具體意蘊。他認為，中國哲學乃「單元式或交融形態」[18]的哲學，其深層結構乃是一種所謂「顧及全面的多層遠近觀」，處處表現出「全面性的多元洞觀」[19]。因此，為了正確地抉發中國哲學本有與應有的意蘊，在傅偉勳看來，「創造的詮釋學」勢必要確立依次遞進、不可越級的「五個辨證的步驟或程式」[20]。這五個步驟，被他極簡約地稱為「五謂」，即實謂、意謂、蘊謂、當謂、必謂。這依次不可越級的五大層次，「屬於一般方法論」[21]，適應於儒釋道各家哲學思想的解釋。相對於「創造的詮釋學」，

---

[17]　同注 3，頁 273。

[18]　同注 3，頁 158。

[19]　同注 3，頁 47。

[20]　同上。

[21]　傅偉勳撰：《生命的學問》（杭州：浙江人民出版社，1996 年），頁 102。

其他對解釋儒釋道有特殊意義的方法，祇能「屬於一種特殊的方法論」[22]。

　　傅偉勳關於「創造的詮釋學」五大步驟的構想，顯然符合「歷史與邏輯統一」的原則，既從歷史的層面把握中國哲學實有、本有的意涵，又從邏輯的層面揭示中國哲學當有、必有的意涵，並顧及五大層次之間合乎邏輯的推演程式。在五大層次整個推演程式的鏈條上，「實謂」是基礎的一環，它要求以考據家的工夫，把握「原作者（或原思想家）實際上說了什麼」[23]。不經過這一層次，所謂的解釋勢必流於臆斷，但即使經過「實謂」這一層，在諸多相異的說法中找出了某說法為原作者實際所說，然而由於被確定的原思想本身的不確定性，仍未能解決問題，有必要進入「意謂」層次，進一步追究「原作者真正意謂什麼」[24]。「意謂」層次的追究，乃如實客觀的「依文解義」[25]，「要從事於傳記研究、語言解析、理論貫穿、意涵彰顯等等工作，設法解消原有思想在表面上的前後不一致或論理的矛盾，試予彰顯原有文句所可能含藏著的豐富的意涵，通過傳記、年譜之類隨後體驗原有思想家之思想歷程，同時通過精細的語言解析儘量發現原有思想在語言表現上可能具有著的多層語意」[26]。然而光靠此類著作本身「還不見得能夠完全尋出原有思想在那時代裏所顯示的獨特理路，以及依它所能導致或推演出種種新理路、新線索」[27]。為了揭示原思想家的獨特理路以便推演出新理路，必須超越原思想家，由「意謂」層次進入「蘊謂」層次，再追究「原作者可能說什麼」[28]。「蘊謂」層次的追究，乃「依義解文」[29]，以超越原思想家為目標。既要超越原思想家，當然就不能局限於原思想家自身的著作來理解原思想的獨特理路，而要借助其他思想家的詮釋來理解，譬如要瞭解老子可能說

---

[22]　同上。

[23]　同注 3，頁 51。

[24]　同上。

[25]　同注 21，頁 103。

[26]　同注 3，頁 51。

[27]　同上。

[28]　同上。

[29]　同注 21，頁 103。

什麼，僅憑老子自己的說法以及對老子說法之所謂客觀的注釋，不一定能求得適當的答案，而通過莊子、河上公、王弼、僧肇等人對老子思想的理解，反倒更可以獲取種種理解線索，得到一個切當的答案。諸如此類依其他思想家的理解（依義）來把握原思想可能有的意涵（解文），所以不會背離原有思想，是因為「『依文解義』其實已經蘊涵了有此歷史積澱的『依義解文』」[30]，由「依文解義」的「意謂」層次轉向「依義解文」的「蘊謂」的層次，祇是導向對原有思想所可能具有的深意的抉發，而不是導向背離原有思想。從基於「意謂」層次的理解而又超越「意謂」層次的理解這個意義上講，「蘊謂」層次的追究，可以說是「創造的詮釋學」五大步驟的中介程式，正是通過它，對原有思想的揭示才有可能由實然的層面轉向應然的層面。

　　作為由「實然」層面轉向「應然」層面的過渡層次，「蘊謂」對原有思想可能具有的深意的抉發，尚屬於對原有思想可能有的豐富義理蘊涵作種種理路的發掘，卻「發現不到此一思想及其發展理路的表面結構（即言詮層次直接可以理解的結構）底下隱藏著的深層結構（即超越普通言詮與教化方便意義的根本義理結構）」[31]，所以需要從「蘊謂」轉向「當謂」，進一步追問「原作者本來應該說什麼」[32]。「應該說什麼」的追問，是追問者根據自己所處時代之時代要求追問原思想家應該如何說，譬如假定孔子活到今天，「他又如何回答那部《論語》本來應該如何寫出來才對呢」[33]。這表明「當謂」層次的追問，是一種抉發原有思想之普遍意義、普遍價值的「批判性的考察評價」[34]，由於原作家已作古，這一考察評價，實際上祇是追問者自己「設法代表原作者回答」[35]。他在代原作家回答的同時，也就為自己找到了

---

[30]　同上。

[31]　同注 21，頁 104。

[32]　同注 3，頁 51。

[33]　同注 3，頁 52。

[34]　同注 21，頁 104。

[35]　同注 3，頁 52。

推進原思想家理路的途徑，勢必以追問「我應該說什麼」[36]作為整個詮釋過程的終結。這個稱之為「必謂」的層次，是整個詮釋過程的最高層次，追問者在這個層次「已經不能衹代表原思想家（如孔子）說出原思想家本來應該說出的話；他已經到了經由批判的繼承開創新理路、新方法的地步」[37]。在「必謂」層次，要追究的首要問題是：在發現原有思想的義理蘊涵與發展理路，以及深層結構的根本義理之後，如何進一步開展原有思想的現代意義，並發揮它的現代功能。[38]

可見，作為「批判的繼承與創造的發展」中國哲學[39]的方法論原則，「創造的詮釋學」的意義不僅在於它開創了獨特的中國哲學詮釋學，而且在於它為我們設計了如何既客觀的又創造性的詮釋中國哲學的步驟，為我們處理中國哲學之傳統繼承與現代發展的複雜關係指明了詮釋學路徑。這對我們在本世紀重建中國哲學具有極大的啟迪。現今中國哲人多喜談創立中國哲學詮釋學。儘管目前難料此理想能不能實現、能實現到什麼程度[40]，然而有一點可以肯定，即但凡有價值的所謂「中國哲學詮釋學」架構，必定是對傅偉勳「創造的詮釋學」的超越。而那種無視「創造的詮釋學」之存在而建立起來的所謂「中國哲學詮釋學」，即便算得上獨闢蹊徑，也不可能對創造性地詮釋中國哲學真正起到方法論的作用。

三

牟宗三和方東美，都有自己對中國哲學的獨特詮釋。儘管他們詮釋中國

---

[36] 同上。

[37] 同上。

[38] 參見《生命的學問》，頁 107。

[39] 這在傅偉勳看來也就意味著重建中國哲學。

[40] 據說已有《中國哲學詮釋學》出版，因未能購到一讀，這裏不敢妄論。

哲學都遵循自己的方法論原則，譬如牟宗三堅持「客觀的瞭解」[41]，方東美則強調「形上學途徑」[42]，但他們畢竟沒有為自己實際運用的解釋原則架構一個像「創造的詮釋學」一樣層次分明的邏輯體系。僅憑這一點，也有理由說傅偉勳哲學具有超越牟宗三、方東美哲學的性質。但是，對本文來說，揭示這一點並不重要，重要的是進一步分析傅偉勳如何因運用「創造的詮釋學」詮釋中國哲學而獲得對中國哲學意涵的新理解，從而在對中國哲學之精神傳統的理解上超越了牟宗三與方東美。

　　牟宗三對中國哲學的「客觀的瞭解」其實並不客觀。他所謂的「客觀的瞭解」，是在中國哲學「尊德性」與「道問學」並存的精神傳統中，忽略傳承「道問學」傳統一系的哲學家對中國哲學的貢獻，而祇是將目光關注於傳承「尊德性」傳統一系的哲學家的思想。他認為「道問學」的系統，是橫攝系統；「尊德性」的系統，乃縱貫系統。「橫攝系統」祇是中國哲學精神傳統開出的旁枝，不足以體現中國哲學之一脈縱貫的主流精神傳統，而足以體現中國哲學之一脈縱貫的主流精神傳統的系統祇能是「縱貫系統」。牟氏關於中國哲學精神之主流傳統的這一判定，並非如某學者所批評的，僅僅意味著輕視由荀子到葉適一脈相承的「經世致用」之學的意義，而是基於他的一個牢不可破的認識，即認為中國哲學的主流是儒家哲學，而儒家普遍堅持「德行優先於知識」[43]立場，因此中國哲學所形成的主流精神傳統祇能是「尊德性」，為護衛道德理想主義而強調道德統帥知識、道德理性決定知識理性。這看似客觀的歸納，實際上是一個合目的性的主觀判斷，因為他如此判斷中國哲學之特質顯然是因為他自己事先就堅信「德行優先於知識」。從解釋學的觀點講，解釋任何思想學說都不能不帶「意向」，預設一個視角。問題是，所預設的視角是否在邏輯上成立？傅偉勳對牟宗三從「德行優先於知識」立場出發所做的有關（中國哲學特質）判斷的批評，沒有局限於具體

---

[41]　牟宗三撰：〈客觀的瞭解與中國文化之再建〉，見《當代新儒學論文集・總論篇》（臺北：文津出版社，1991 年），頁 12。

[42]　方東美撰：《中國哲學之精神及其發展》（臺北：成均出版社，1984 年），頁 21。

[43]　同注 3，頁 37。

論斷的剖析，而直接指向「德行優先於知識」在邏輯上是否成立。他認為，專就以儒家「知行統一」挑戰西方「分裂知行為二」這一點講，他同意牟宗三所標榜的「儒家『德行優先於知識』」，但為避免泛道德主義，有必要改「『德行』二字為包括德行在內的『生死智慧』四字」[44]。如果超出了這個範圍，在普遍的意義上強調「德行優先於知識」，以為經驗（知識）世界的證成基於道德境界的確立，則它在邏輯上是不能成立的，「因為無論如何搬弄美妙動人的詞句，哲學上還是無由證立（justify）『宇宙秩序是道德秩序』是一種可以超越主體的『客觀必然性』，科學上更無法驗證（verify）或反證（falsify）其『客觀必然性』」[45]。而牟宗三的失誤，不在於他從實踐理性的層面強調「德行優先於知識」，而在於他強調「本心仁體或性體雖特彰顯於人類，而其本身不為人類所限，雖特彰顯於道德之極成，而不限於道德界，而必涉及存在界而為其體，自為必然之歸結」[46]，走向了泛道德主義，以為道德秩序就是宇宙秩序。所以傅偉勳尖銳地批評道，牟宗三所謂道德本體之為宇宙本體（存在界）的「『必然之歸結』的『必然』，決不可能是『邏輯性的必然』，而祇能是實存主體性的必然」[47]。而他之所以「一方面強調心性體認本位的心學為儒家哲學的奠基，另一方面卻又混同了實存主體性與絕對客觀性，目的當然是在通過心界與外界的雙重道德化，抬高儒家『道德的理想主義』為放諸四海而皆準的最高哲學原理」[48]。

　　在牟宗三的論述裏，心性本體必為形上本體之論，不能算作邏輯證明，祇是徑直被歸結為「良知的呈現」。也就是說，在牟宗三看來，不必企圖證明心性本體必為形上本體，因為良知作為道德本體，其道德意義之直接呈現也就同時意味著其作為形上本體之意義的證成。這種有獨斷論之嫌的斷言，被傅偉勳批評為「光說『良知是真實，是呈現』，在哲學上未免太過簡單，

---

[44] 同注 3，頁 37。

[45] 同注 3，頁 454。

[46] 同注 21，頁 208。

[47] 同注 21，頁 209。

[48] 同上。

不夠充分」[49]。在牟門弟子的論述中，熊十力批評馮友蘭不該將良知是呈現錯說成良知是假設，已成為津津樂道的公案，被一再用來說明繼承熊氏衣缽的牟宗三在哲學智慧上要遠勝於馮友蘭。但傅偉勳不受其影響，而是從理性的立場出發，毅然代馮友蘭反駁說：「就算我的心思僵化，沒有直下自覺的體認吧。但是，如果良知不祗是超驗層次上空空洞洞的口號，它總是呈現在經驗層次才對。如果你拿不出足以說服眾人的辯論而強有力的證立『良知是真實，是呈現』，而不是假定，你能怪我們停留在經驗知識層次的一大半學者不瞭解你嗎？光說『良知是真實，是呈現』，與證明不出上帝存在而又強迫他人信仰上帝的真實，究竟有何差別？」[50]這實際上也就是傅氏自己對牟氏不能證明良知本體如何直接呈現為形上本體的批評。

對傅偉勳批評其師混同道德本體與宇宙本體，牟門弟子也許會反駁說，這個批評無視其師關於良知本體轉為形上（存有界）本體乃曲折辯證的過程的論述，是一種曲解。但在我們看來，傅氏生前即便遭遇此反駁，他也有足夠的理由證明自己的批評正是顧及了牟氏關於良知如何曲折辯證的開顯之論述，並非毫無根據的任意曲解牟氏的學說。牟宗三關於良知曲折開顯的一切論述可歸納為「良知坎陷」說，強調「無限心依其道德心願不得不自覺地要求且曲折地自我坎陷而轉成為知性或認知主體，由此打開科學知識探求理路」[51]，證立道德主體的知性意義。對牟宗三所倡「儒家道德主體自我坎陷而為認知主體」[52]之說，傅偉勳「考慮了良久終覺牟先生『自我坎陷』一辭不但易生誤解，而且有泛道德主義偏向之嫌，免不了以儒家的有色眼鏡去看『知性探求』的存在理由與價值意義」[53]，因而不得不提出批評。傅氏對「良知自我坎陷」說的批評，重在揭露其說必然產生的難點：首先，此說並無經驗事實的根據，因為就事實講「幾乎所有的科學工作者並不先（有意識

---

[49] 同注 3，頁 241。

[50] 同上。

[51] 同注 3，頁 31。

[52] 同上。

[53] 同注 3，頁 446。

地）去挺立自己的道德主體或呈現良知，然後才去從事於純粹知性的科學探索」[54]。不過，這個責難還攻不到此說的根本要害，因為此說所關涉的是哲學道理，而非經驗事實。其次，「就科學知識產生的過程（即科學發展史）言，並無所謂道德主體的挺立或本心本性的自我覺醒在先，而後才有科學知識的形成與發展的」；在「我們生命的種種價值取向當中，『善』的創造體現（人倫道德層面）與『真』的探索展現（知性探索層面）是必須儼予分辨的兩種事體，即便良知沒有呈現，即便道德主體性未曾挺立，我們還是要從事於科學研究的，因為我們的『知性探求』有其獨立主體的存在理由與形成客觀真理（但不是絕對真理）的價值意義。」[55]再次，即便嚴格地就此說的真正的意義（應指在生命更高層次的價值取向上我們的道德主體對於從事科學探索的認知主體施行一種道德上的指導或價值上的規制）來理解，此說「仍有泛道德主義偏向之嫌，仍令人感到『自我坎陷』說的形成，還是由於當代新儒家為了應付尊重『知性探求』獨立自主性的西方科學與哲學的強烈挑戰，而被迫謀求儒家思想的自我轉折與充實（決非所謂『自我坎陷』）的思維結果，仍不過是張之洞以來帶有華夏優越感的『中學為體，西學為用』這老論調的一種現代式翻版而已，仍突破不了泛道德主義的知識論框架，而創造地發展合乎新時代需求的儒家知識論出來」[56]。為了突破泛道德主義的局限，推進牟宗三的理路，在傅偉勳看來，新一代的儒家學者應正視「儒家知識論難題，而分辨出客觀性知識與主體性知識的殊異性，就分別功能言兩不相犯（其實是儒家本身以道德主體性去干犯客觀性知識），讓兩種知識獨立自主而保持平等地位，這樣才能改正『行重於知』的片面性，心甘情願地吸取西方（哲學）思想與文化的優點，而現代化地重建以知識論為首的儒家思想傳統。這並不等於說，儒家應該放棄原有的道德主體性立場，而祇是說，不能再以『道德主體自我坎陷而為有執的認知主體』這種論調去看純理

---

[54] 同上。

[55] 同注 3，頁 447。

[56] 同注 3，頁 448。

論性的知識探索」[57]。

　　牟宗三基於「德行優先於知識」立場所確立、所看重的中國哲學之主流精神傳統，就是指「心性」學傳統。這個精神傳統，由孔子所開創，為孟子繼承和發展，再經《中庸》、《大學》、《易傳》的拓展，最後在宋明新儒家那裏臻於體系上的圓滿。由於新儒家本身分為幾派，則哪一派思想代表這一縱貫的主流精神傳統的新發展，仍然是他為凸顯中國哲學的主流精神傳統所要側重解決的問題。他一反在宋明新儒家評價上的傳統的觀點──認為集宋明新儒家思想之大成者是朱熹，而王陽明哲學則祇意味著對朱熹思想的反動，提出應將宋明新儒家重新區分為三系，一為「五峰、蕺山系」，二為「象山、陽明系」，三為「伊川、朱子系」。其中一系「客觀地講性體，以《中庸》、《易傳》為主；主觀地講心體，以《論》、《孟》為主。特提出『以心著性』義以明心性所以為一之實以及一本圓教所以為圓之實」[58]，此乃徑直接續北宋三子（周敦頤、張載、程顥），「由《論》、《孟》、《中庸》、《易傳》之發展以明其通」[59]的思想傳統而開出的派系。二系則不順「由《中庸》、《易傳》回歸於《論》、《孟》之路走，而是以《論》、《孟》攝《易》、《庸》而以《論》、《孟》為主者。此系祇是一心之朗現，一心之伸展，一心之遍潤」[60]。這一、二兩系，在工夫上都重視「逆覺體證」[61]，都「以《論》、《孟》、《易》、《庸》為標準，可會通而為一大系」[62]。此一大系，因直接拓展由《論》、《孟》發展到《中庸》、《易傳》的心性學思想傳統，稱之為「縱貫系統」[63]。相對於此「縱貫系統」，伊川、朱子一系，祇可名曰「橫攝系統」[64]。此系統以《中庸》、《易傳》

---

[57] 同注 3，頁 450。

[58] 牟宗三撰：《心體與性體》（上海：上海古籍出版社，1999 年），頁 42。

[59] 同注 58，頁 36-37。

[60] 同注 58，頁 42。

[61] 同上。

[62] 同注 58，頁 43。

[63] 同上。

[64] 同上。

與《大學》合，而以《大學》為主；將《中庸》、《易傳》所講的道體性體簡約為一本體論的存有，即「祇存有而不活動」[65]之理，「於孔子之仁亦祇視為理，於孟子之本心則轉為實然的心氣之心」[66]，於工夫特重後天之涵養以及格物致知之認知的橫攝，「大體是『順取之路』」[67]。在牟宗三看來，會通一、二兩系之大系，上承北宋三子，與《論》、《孟》、《易》、《庸》思想一脈貫通，是宋明新儒學的大宗，而伊川、朱子一系則「不是儒家之大宗，而是別子為宗」[68]。程伊川以《大學》為主，將《論》、《孟》、《易》、《庸》相貫通的「逆覺」之路轉向為「順取之路」，為新儒家之「別子」，而朱熹進一步推進伊川理路，乃「繼別子為宗者」[69]。

　　牟宗三如此把握中國哲學精神之主流傳統的發展歷程，顯然是要告訴後學以下看法：對於中國哲學之主流精神的形成和發展來說，無論是兩漢隋唐佛學還是清代哲學，都可以忽略不論，而應側重考察從孔孟到宋明新儒家在思想上的縱貫傳承和橫攝歧出。這反映了牟宗三站在儒家的立場上對中國哲學精神的價值判斷。這個判斷在充分肯定儒家「心性」學說的精神價值的同時，不承認佛學的中國化，以否定中國大乘佛學對深化和豐富中國哲學精神的意義；也不承認清代哲學在中國哲學史上應有的地位，以強調中國哲學自清代以來已經死亡。對牟宗三輕視清代哲學傅偉勳沒有提出任何批評，而對他否定大乘佛學的中國化卻始終予以批評。傅偉勳對牟氏否定中國大乘佛學深化和豐富了中國哲學精神所以提出批評，與他想推進牟宗三的理路有密切的關係。他明確指出，牟宗三從儒家「心性」學的層面把握中國哲學精神發展的理路他不敢背離，但這並不等於說他無須設立新理路以推進牟氏的理路，而正是為了強調他有責任為接續牟氏的理路而提出自己的新理路。這個

---

[65] 同上。

[66] 同上。

[67] 同上。

[68] 同注 58，頁 39。

[69] 同注 58，頁 47。

新理路，既應指明如何「謀求儒家兩大派心性論的現代化綜合」[70]，又應「暗示創造地發展現代儒家心性論的可能理路」[71]。這裏所謂「儒家兩大派心性論」，就是指牟宗三所講的「縱貫」、「橫攝」兩系。在傅偉勳看來，牟宗三將儒家的心性論分兩系，祇能起兩派相互補充相互充實之作用，不能起到「謀求陸王與程朱兩大派現代化綜合」[72]的作用。要謀求兩大派的現代綜合，就要運用「創造的詮釋學」，對儒家的心性論，尤其程朱心性論作現代哲學性的證立，以找出兩派心性論在深層結構上的內在聯繫。從根本上講，這可以說是「他構想的『創造的解釋學』的一種運用」[73]。經過他「創造的詮釋」，中國哲學精神的發展歷程，不再像牟宗三所敘述的，祇是陽明心學一系的精神縱貫，而是儒家、道家、大乘佛家共同推進了中國哲學之心性論的發展。孟子、王陽明、惠能則分別代表了各個發展階段最高成就。至於老莊哲學，因為其本質上與禪佛教思想具有內在的聯繫，便自然的成為禪佛教轉向禪道的助緣，在「禪道一途」、儒釋道三教會通的歷史進程中，起到了其他各派哲學不可取代的重要作用。

四

與傅偉勳為推動牟宗三的理路而批評牟宗三的缺失相比，他對其師方東美的哲學不作任何批評，就令人十分費解。無論是從他的性格還是從他崇尚與提倡理性精神、批判精神來講，都沒有理由斷言傅氏所以不批評方氏哲學是為其師諱。《方東美全集》截止 1984 年 7 月前已出齊，此前的十年間，正是傅偉勳逐漸完善其「創造的詮釋學」並運用它創造性地解釋中國哲學的時期，他不可能沒有機會、更沒有任何理由不攻讀其師的著作。既然排除了傅氏因未讀其師的書而不瞭解其師思想這一可能，那麼他之不批評方東美，

---

[70]　同注 3，頁 239。

[71]　同上。

[72]　同注 3，頁 278。

[73]　同注 3，頁 244。

祇能出於以下考慮：其師方東美的哲學理路，不是他為重建中國哲學而創造性地詮釋中國哲學所宜依循與推進的理路。方東美明確申明他是以「形上學途徑」來把握中國哲學之精神及其發展。以這個途徑詮釋中國哲學，勢必重在「探討實有、存在、價值」[74]等內容，將中國哲學歸納為既超越又內在之形上學，以揭示中國哲學根本的精神特徵：一方面強調哲學境界雖然由經驗與現實出發，但卻不為經驗與現實所局限，還要突破一切現實的缺點，超越到理想的境界；另一方面又強調這理想的境界決不與現實世界、現實人生脫節，一切理想價值都內在於現實世界、現實人生的實現。這同傅偉勳從推進牟宗三理路之目的出發，力圖以「創造的詮釋學」重新詮釋中國哲學所著重關注的問題，確實極不相關。所以，傅偉勳對其師方東美的哲學不作任何批評，甚至不作任何評論，也就在情理之中，不足為奇。但不作批評或評論，並不意味著他不受方東美的影響。問題是，如何準確把握方東美影響他的性質與程度？根據傅偉勳自己的申明，他在大學時代所受其師影響對他在哲學上確立高度的智慧境界作用極大。這個申明，不啻告訴我們，他對中國哲學的創造性的詮釋未受其師見解的具體啟發。可透過他的有關論述，我們卻真切的感到他對中國哲學的詮釋很可能受到其師見解的具體啟發。為證明我們的這一感覺不是虛幻，下面不妨作兩點論證。

　　其一，傅偉勳對中國哲學的詮釋不同於牟宗三的地方，就是他公開批評牟宗三等否認大乘佛學的中國化，「既不太承認大乘佛學尤其禪家對宋明以來儒家心學的巨大影響，亦不接受來自印度的大乘佛教屬於中國文化，更堅決反對任何三教合一的主張」[75]，而堅持將大乘佛家哲學納入中國哲學範疇，努力發掘大乘佛家哲學對深化和豐富中國哲學精神的意義，揭示「大乘佛教與儒道二家交流溝通的最大成果是在『心性體認本位的中國生死學與生死智慧』之形成」[76]，同時提示會通儒道釋三家心性論以求進一步發展為

---

[74]　方東美撰：《中國哲學之精神及其發展》上（臺北：成均出版社，1984 年），頁28。

[75]　同注 21，頁 208。

[76]　同注 21，頁 203。

「『現代人的生死學與生死智慧』的理路理據」[77]。傅偉勳對大乘佛學性質與意義的這一認識，與方東美對大乘佛學的認識起碼在二點上相通：首先，同傅偉勳一樣，方東美也不贊成牟宗三所謂「佛教並未中國化而所變質」[78]的觀點，強調印度大乘佛教經過中國化（與儒道二家哲學相融合）已成為中國哲學有機組成部分。作為中國哲學的有機組成部分，中國大乘佛教哲學，與儒家哲學、道家哲學、宋明新儒家哲學是相通的，對中國哲學最終形成三大通性——旁通統貫論、殊異道論、人格超升論——作出了重大貢獻，同樣有資格代表中國哲學最高的精神成就；其次，與傅偉勳一再強調老莊哲學對於大乘佛教中國化（由禪佛教轉向禪道）的正面促進意義相似，方東美也強調道家老莊哲學對印度佛教化為中國佛教的意義。在他看來，中國大乘佛學其實就是印度大乘佛教思想與中國老莊精神相結合、相會通的產物，它以「道家精神提升佛學智慧」[79]，從而深化了印度佛教精神，使佛學有可能與中國固有的儒道思想相融合。通過道家影響所實現的印度佛教精神之深化，主要體現在中國大乘佛學克服了印度佛教所存在的「永恆」與「變易」兩大精神系統的衝突矛盾，將這兩大精神系統有機地聯繫在一起。由中國人所偽造的《大乘起信論》之所以重要，正在於它企圖化解有宗之重「永恆」與空宗之重「變易」的對立，為後來中國佛學成功的融合這兩大精神傳統鋪設了橋樑。

其二，傅偉勳創造性地發展傳統心性論的成果，就是為提陞現代人之「生死智慧」而設立了「生命的十大層面與價值取向」[80]這個模型。這個模型揭示人的生命應具有下列依次遞進的十大層面：身體活動層面、心理活動層面、政治社會層面、歷史文化層面、知性探求層面、美感經驗層面、人倫道德層面、實存主體層面、生死解脫層面、終極存在層面。這十大層面的設

---

[77] 同上。

[78] 牟宗三撰：《佛性與般若‧序》，《佛性與般若》上冊（臺北：臺灣學生書局，1977年），頁5。

[79] 方東美撰：《中國大乘佛學》（臺北：黎明文化事業有限公司，1984年），頁33。

[80] 同注3，頁477。

立，為人揭示了生命存在之諸意義的「高低層序與自下往上的價值取向」
[81]，令人明白「群己生命的存在意義與價值取向必須有輕重高低的層面分
級」[82]。很顯然，這個模型的構建，就指導思想講，是將人的生命存在的價
值追求分為以下三個高低不同的層次：先將個體人的本能追求、社會人的政
治追求視為人之生命存在意義的低層次安頓；然後指出超越這個低層次，應
是體現人作為萬物之靈所特有的真美善（分別對應第五、六、七層面）的追
求；最後強調應經由「實存主體」層面走向終極關懷。儘管傅偉勳自己申明
他構建「生命的十大層面與價值取向」模型，乃直接受第三維也納心理分析
學派開創者傅朗克（Viktor Frankl，傅氏又譯作弗蘭克）「意義治療法」的
啟示所致，但我們仍認為他構建這個模型，很可能也同時受到了方東美所設
計的「藍圖」的啟迪。方東美為中國文化之現代化所設計的藍圖稱為「人與
世界在理想文化中的藍圖」[83]。這個藍圖，雖然在細節上有別於傅氏的模型
（譬如方東美強調人之生命精神的價值提陞應取雙回向的路徑，而傅氏祇強
調循自下往上的單向路徑提陞人的生命存在意義），但這個藍圖的基本設計
思想，與傅氏構建該模型所堅持的指導思想，應該說是相通的。為了說明這
一點，不妨將方東美的有關論述轉述於此：該藍圖是把物質世界當作是人類
的生活的起點、根據、基礎。在這個基礎建立起來以後，把物質點化了變成
生命的支柱，去發揚生命的精神，去從事生命的活動。「這樣把建築打好了
一個基礎，建立生命的據點，然後在那裏發揚心靈的精神；因此以上回向的
這個方向為憑藉，在這上面去建築藝術世界、道德世界、宗教領域；把生命
所有存在的基礎，一層一層向上提高、一層一層向上提陞，在宇宙裏面建立
種種不同的生命領域。所以，在建築圖裏面是寶塔型，以物質世界為基礎，
以生命世界為上層，以心靈世界為較上層，以這三方面，把人類的軀殼、生
命、心理同靈魂都做一個健康的安排，然後在這上面發揮藝術的理想，建築

---

[81] 同上。

[82] 同注 3，頁 478。

[83] 蔣國保、周亞洲編：《方東美新儒學論著輯要》（北京：中國廣播電視出版社，1992
年），頁 379。

藝術的境界，再培養道德的品格，建立道德的領域，透過藝術與道德，再把
生命提高到神秘的境界──宗教的領域」[84]。在這段論述裏，方東美沒有提
到科學，但在別處，他曾指出，以求「真」為目的的科學，是將生命精神由
形而下層次提陞到形而上層次的過渡層次，這同傅偉勳所以將「知性探求」
層面置於「藝術經驗」層面之前，在設定價值取向的思考上應該說是完全相
同的。

---

[84] 方東美撰：《方東美先生演講集》（臺北：黎明文化事業有限公司，1978 年），頁
14。

讓儒學的活水流向世界
——杜維明「文明對話」說抉奧

　　作為現代新儒家第三代的傑出代表，杜維明先生為儒學之現代復興、現代發展「不懈陳辭」的熱情與奔忙，是其他現代儒家傳人所難以比肩的。通過他的熱情與奔忙，我們不難體悟他對儒學的現代命運與未來前途充滿信心、充滿希望，堅信儒學在現代乃至將來必定具有旺盛的生命力，絕不會僅僅成為博物館裏的陳列品。但就其心路歷程而論，他確立起自己的這一信心，經歷了由「儒學創新」到「文明對話」的認識轉變。「儒學創新」與「文明對話」是不同的「文化認同」。前者強調儒學一旦獲得現代創新就能為當代民眾所認同，發揮其現代價值；而後者則強調儒學祇有通過與世界其他文明的健康對話，才能實現其作為世界性的文化認同中的一種重要精神資源的價值。因此，通過探討杜維明謀求復興儒學的心路歷程以揭示杜維明所謂「文明對話」的實質——讓儒學的活水流向世界，不僅對深入認識杜維明有關思想是必要的，而且對深入認識整個現代新儒家前後不同的文化認同取向也是十分必要的。

一

　　現代新儒學已經形成了三代發展。雖然在謀求儒學現代發展這一總目標上，各代表人物的追求高度一致，但在如何謀求儒學的現代發展這個問題上，他們的看法卻不盡相同。假如做大致地區分的話，他們關於如何謀求儒學之現代發展的設想有如下分歧：第一代人物是從如何充實儒學的意義上尋

找儒學現代化的途徑,第二代人物是從如何克服儒學的困境的意義上尋找儒學現代化的途徑。這兩代人物雖然存在這樣的認識分歧,但他們用以轉化儒學的基本模式卻是相同的,都是希望在不改變中國文化本位的前提下,通過吸收西學、融合中西的途徑以實現儒學的現代轉化,所不同的祇是第一代人物比較注重內容,第二代人物比較注重形式。但無論是第一代人物的重內容充實的儒學現代轉化活動,還是第二代人物的重形式架構的儒學現代轉化活動,因為從本質上並沒有改變「中體西用」的思維定式,所以未能導致儒學現代化的明顯成效。這迫使現代新儒家第三代人物不得不改變思路,重新構想儒學現代化的路向。第三代人物想擺脫「中體西用」思維模式的束縛,為儒學現代發展確立新的路向。他們一般不去論證從儒家的道德如何曲折地開出科學與民主,也不簡單地將儒學論證為能夠化解現代社會道德危機、意義危機的靈丹妙藥;更不會武斷地宣稱惟有儒學代表全人類未來文化發展方向,卻始終強調:在價值多元的文化背景下,儒家倫理是解決人類生存價值問題的不可或缺的精神資源;而儒學的這一作用,並不體現在儒家的某些具體道德規範可以轉化為現代人的行為準則,而是體現在儒家倫理具有普遍道德法則的意義與功能,可以為構建全球倫理提供強有力的支援。

　　杜維明先生是現代新儒家第三代傑出代表之一,他關於儒學如何謀求現代發展的構想就本質講與整個現代新儒家第三代的構想是一致的,但與有些新儒家第三代人物相比,例如同劉述先相比,他形成其確定的構想經歷了更為複雜的心路歷程。一開始,他照著第二代新儒家代表人物的看法談,在一段時間內都是在承認儒學遭遇現代困境這一前提下來思考如何謀求儒學的現代發展,以實現儒學的當代復興。當他從這個前提來思考儒學的現代發展時,他看到的更多的是「儒門淡薄」,認識到「我們今天所處的環境,不論是在臺灣、中國大陸、新加坡、香港、日本和韓國,都不是所謂『儒家的時代』,而是西方文化掛帥的時代,是商業及科技文明掛帥的時代」[1],而當

---

[1]　郭齊勇、鄭文龍編:《杜維明文集》第一卷(武漢:武漢出版社,2002 年),頁 576。

代民眾為這個時代的主流的風氣所驅使，對儒學喪失了應有的瞭解與敬意，不但對它缺乏同情的理解，而且從情感上冷漠、疏離、拒斥儒學，將儒學視為封建專制思想的代名詞，以為儒學是「帝王愚弄人民、控制人民的一套工具」[2]。所以他那時候一方面呼籲民眾予儒學以同情的理解，以清除對儒學根深蒂固的誤解；另一方面又極力提倡通過「儒學創新」來爭取當代民眾對儒學的文化認同，他強調說：「在這個情形下，創造的轉化成為儒學能不能夠在今天繼續生存和發展的必要條件。但這個創造的轉化需要人，而這些人不能祇是空談的思想家，同時也必須是能夠在道德實踐上身體力行之見證人」[3]。但是，隨著時間的推移，他的看法發生了不小的變化，既對別人不贊成他所謂「『儒門淡薄』的悲觀」[4]感到振奮，又堅信「今天儒家傳統與中國現實的緊密相關性，已是不刊之論」[5]，以至於越來越樂觀地看待儒學當前處境與未來前途，以為儒學由早期的淡薄經過中期的「一陽來復」終於在九十年代迎來了復興「熱」。

　　事實是否果真如此，姑且不論。這裏要問的是，他這樣判斷的根據何在？這顯然與兩種情況有關。杜維明先生斷言：「到了現在，我認為儒家已經進入了『一陽來復』的階段。也就是說，它孤立、柔弱的時期已慢慢過去了，現在它有一個生機，快要重新振作起來了」[6]。杜維明先生這段談話登在 1984 年 3 月 5 日新加坡《聯合早報》上，這之前他應新加坡教育發展總署的邀請曾赴新加坡，與其他幾位學者一起為在新加坡中學推行儒家倫理教育制訂規劃，所以我們有理由認定，他的這個判斷主要是基於新加坡試圖在中學推行儒家倫理教育這個事實而發的。但是，當他根據新加坡這一現象斷言儒學「一陽來復」、已經走出了困境時，他萬萬沒有想到，祇經歷了短短的幾年，新加坡政府就自動取消了這個計畫，聲明政府無意將儒家倫理強加

2　同注 1，頁 575。

3　同注 1，頁 579。

4　郭齊勇、鄭文龍編：《杜維明文集》第四卷（武漢：武漢出版社，2002 年），頁 5。

5　同上。

6　同注 1，頁 576。

於人民，甚至撤銷了協助實施這個計畫的學術機構「東亞哲學研究所」[7]，讓他不得不承認新加坡現象祇是政府應對社會問題的政策使然，不能據以斷定儒學已「重新振作起來了」。杜維明先生之所以在九十年代以後仍一再申明要為儒學復興「不懈陳辭」，從某種意義上講，應歸結他通過對新加坡現象的反思而不敢像當年那樣堅信儒學復興時代已經到來。

在新加坡政府由推行儒家倫理教育計畫到放棄該計畫之際，關於「現代新儒家思潮」的學術研究卻在中國大陸展開，並迅速在學界產生了廣泛地影響，以至於批評者和贊成者都不約而同地斷言在中國大陸已出現了「儒學熱」。中國大陸是儒學的故鄉，但儒學的困境首先就表現在它在自己的故鄉不斷遭到來自自由主義者和馬克思主義者的批評。一個近代以來屢遭批判的思想，現在一下子被重視到「熱」的程度，這對為儒學生存困境而苦惱的杜維明來說，無疑是巨大的鼓舞，相比他當年由新加坡現象所得到的鼓舞，這個鼓舞要大得多，使他重新找回失落的信心，讓他覺得儒學似乎已走出了困境，不再是冷淡經營的局面，而是經由「一陽來復」走向了全面復興。為這個感覺所鼓舞，他果敢地斷言儒學復興「熱」已經到來。

與這個信心之重新確立的過程相一致，從上個世紀 90 年代中期起，杜維明不再熱中於主張通過「儒學創新」來爭取當代民眾對儒學的文化認同，而是提出了「文明對話」說，從文化的「本土意識」與「全球意識」之關係的視角來探討儒學在世界性的文化認同中的價值。「文明對話」說的提出，對杜維明來說，固然有回應亨廷頓「文明衝突」說的思想背景，但就其主旨——在於論述儒家文化不但決不會同其他文化產生必然的衝突，而且一定會為創造全球性的文化認同提供積極的思想資源——而論，「文明對話」作為「儒學第三期發展」說的一個思想環節，也是「儒學創新」說的合理的發展。

---

[7]　杜維明先生曾明確地說這個研究所對於儒學復興將起到重鎮的作用。

二

有關文獻表明，早在 1937 年 1 月，邏輯學家沈有鼎就指出中國哲學「第三期文化的產生是要以儒家哲學的自覺為動用的」。[8]但正式將儒學的現代發展確立為「儒學第三期」的學者，是牟宗三。1949 年 9 月，他發表〈儒家學術之發展及其使命〉，以先秦、漢初儒學為儒學發展第一期，以宋明儒學為儒學發展第二期，並強調此後必須「有儒學第三期之發揚」[9]；1979 年夏，他宣講〈從儒家當前的使命說中國文化的現代意義〉，將他三十年前的觀點闡述得更清晰：儒學的第一階段發展，「是由先秦儒家開始，發展到東漢末期」[10]，卻在魏晉南北朝隋唐這段時間內「又出去了」。宋明理學作為「儒家學術的第二階段」，其貢獻「就是對著前一個時期的歧出而轉回到儒家的主流」。[11]但宋明理學家對儒學的發展「偏重於內聖一面，故外王一面就不很夠，甚至紹揚不夠」[12]。因此，儒學的當前發展，亦即「儒家學術第三期的發展」[13]，其使命就是要「開新外王」[14]，即開出科學與民主。

杜維明的「儒學創新」說，也是從儒學的「第三期發展」立論的，但在承襲牟宗三的說法的同時，他對儒學第三期發展做出了有別於牟宗三的解說：首先，牟宗三「開新外王」說側重強調儒學的「第三期發展」旨在彌補宋明理學之不足，而他「提出儒學第三期發展的前景問題，是針對列文森在

8　賀麟撰：《五十年來的中國哲學》（北京：商務印書館，2002 年），頁 43。

9　東海大學哲學系主編：《中國文化論文集》（一）（臺北：幼獅文化事業公司，1984 年），頁 3。

10　鄭家棟編：《牟宗三新儒學論著輯要》（北京：中國廣播電視出版社，1992 年），頁 5。

11　同注 10，頁 7。

12　同注 10，頁 9。

13　同注 10，頁 10。

14　同上。

《儒教中國及其現代命運》一書中斷定儒家傳統業已死亡一結論而發」[15]。
由此可見，牟氏是從儒學發展的內在理路來談「儒學第三期發展」，而杜氏
談「儒學第三期發展」是為了回應對儒學的外部挑戰，也就是說為了批駁儒
學「博物館說」。此說以為儒學「已經不起現代化、科學化、專業化和技術
化的考驗」[16]，它即便有價值，其價值也僅僅是供人欣賞，就如博物館中的
文物祇能供人欣賞是一個道理；其次，牟氏的「三期發展說」重在探討儒學
現代發展的理路，而杜氏的「三期發展說」則重在探討儒學的現代生命力，
以證明儒學不是沒有生命的「死」的文物，而是活生生的精神傳統，是現代
社會也不能缺失的精神傳統。為了證明儒學是活生生的精神傳統，讓當代人
感受儒學的現代生命力，他的做法是「從認識儒家的價值取向著手，來理解
儒家的文化認同」[17]，然後希望變儒家的文化認同為現代人的文化認同。他
說：「這項工作極為艱巨，真叮謂頭緒紛繁，無從下手，但如何引得其源頭
活水來是中心命題」[18]。儒家精神與現代的工作倫理的關係，「具體地
說……更是不可或缺的精神資源。……是儒學能否進一步發展的先決條件」
[19]。

　　杜維明關於通過「儒學創新」以實現「儒學第三期發展」說，自上個世
紀 80 年代後期起前後有多次論述，但綜觀其論述，直至上個世紀 90 年代中
期他始終沒有改變以下看法：儒學現代復興、現代發展祇有寄託在變儒家的
文化認同為當代人的文化認同上。問題是，儒家的文化認同（體現為儒學）
畢竟屬於歷史，欲將之變為當代人的自覺的文化認同，其現實性何在？其途
徑又何在？在牟宗三及其追隨者看來，這似乎不應成為問題，因為他們認為
祇要為儒學開出一個知識理性的架構體系，傳統儒學的現代價值就自然得以
體現，變為現代人的文化認同。當杜維明接受牟宗三的「儒學三期發展說」

---

[15] 同注 1，頁 418。

[16] 同上。

[17] 同注 1，頁 423。

[18] 同注 1，頁 425。

[19] 同注 1，頁 426。

時，他對牟氏的這一認識並沒有一併接受，因為他認為：儒學即便有現代價值，要想使儒學真正成為當代人的文化認同，也必須建立一個有效途徑以保證這一轉變的實現。基於這一認識，杜維明先生從儒學的現代命運「取決於它的聽眾」這一見解出發，強調儒學能否長足發展、能否變成當代人的文化認同，「關鍵決定於儒家的學術思想到底有無見證者。」[20]這個觀點，就道理講無可置疑，因為果真能產生一大批儒學的見證者，則必然會導致大家「對儒學很生疏、很隔膜」[21]這一現狀的改變，使儒學變成當代人的文化認同具有了現實可能。但是，杜維明也清楚地認識到，要當代民眾都對儒學作同情的瞭解，並不是件很容易的事，因為這需要普通民眾在思想層次上達到古人的水準，而要在思想層次上達到古人水準，首先必須對古代文化有一個全面、正確地瞭解。這對於普通民眾來說，顯然是一個不現實的要求，所以，杜維明先生最終祇能從知識分子對儒學的態度去探尋儒學的現代命運：「儒學今後將寄居何處？我說它將寄居在知識分子群體自我批判的意識之中。」[22]可見，從根本處講，杜維明先生認為儒學命運並不取決於現代普通民眾中是否產生儒學的見證者，而取決於現代知識分子群體中能否出現各種類型的儒學見證者。杜維明先生強調，祇要各類知識分子都能認同儒學，將儒學精神「在他們的生命中體現出來」[23]，儒學的現代發展就具備了現實可能性。

　　杜維明先生同時強調，知識分子群體通過自我批判意識來發揚作為文化認同的儒家價值，和讓大家來同心協力地清除封建遺毒，並不是兩碼事，而是同一個問題。這表明杜維明先生之所以強調「知識分子群體批判的自我意識的出現，將決定儒學的命運」[24]，並非說儒學的現代發展無需民眾的認

---

[20]　岳華編：《杜維明新儒學論著輯要》（北京：中國廣播電視出版社，1992 年），頁 66。

[21]　杜維明語。

[22]　同注 20，頁 67。

[23]　同上。

[24]　同上。

同，而是說普通民眾對儒學的認同，可以通過知識分子的影響這個途徑來實現。換言之，在杜維明先生看來，雖然當代普通民眾對儒學一時缺乏同情地瞭解，但由於儒學本來就根植於百姓的人倫日用的生活中，所以衹要知識分子認同了儒學，通過他們的影響，現代普通民眾終究會認同儒學。在〈儒學第三期發展的前景〉演講（1988 年 6 月 27 日）中，他將這個認識表達得十分清楚：「從儒家看來就是這樣[25]，它的社會基礎是廣大人民，甚至可以說是農民。這也是它的意識形態的一個特色。它的傳統養分必須來自廣大的人民，如果百姓人倫日用之間和它沒有關聯的話，這個傳統就沒有什麼生命力和現實意義了。……另外從知識社會學的角度來看，到底儒家這個傳統的中介是什麼？即它的見證者，它的傳播者，它的價值的承擔者、溝通者和創造者是些什麼人？……在一般的理解中，這就是中國傳統的知識分子。儒家的傳統是靠中國知識分子一代一代傳下來的。……士階層是儒家傳統的見證者、繼承者，它把儒家傳統帶到社會各階層，它是具有一種群體的批判的自我意識的。……儒家的政治影響常常是道德力量。所謂道德力量，當然就是道德影響。……因此，用政治的權力或權威政治的方式來理解儒家，是對儒家的誤解」。[26]杜維明這麼論述，言下之意顯然是想說：儘管儒學在現代社會裏已經失去了政治制度的支撐與護衛，但衹要知識分子一如既往地發揮其儒學見證人的影響作用，那麼通過知識分子的道德影響，儒學自然能在現代社會贏得普通民眾的廣泛認同。

杜維明先生的這一認識，顯然是一種空想，因為他根本沒有考慮知識分子社會地位的古今變化。就古代社會結構而言，儒家希望先直接影響「士」，再通過「士」的表率作用間接影響普通民眾，這樣做並非毫無道理。因為在古代社會結構中，「四民士為首」。這一社會結構決定了「四民以士為綱」，不但「士」被作為全社會的表率，而且「民」也自覺不自覺地按照「士」的道德準則規範自己的行為，因而儒學衹要能直接贏得「士」的

---

[25] 指文化的「大傳統常常是小傳統」。

[26] 郭齊勇、鄭文龍編：《杜維明文集》第二卷（武漢：武漢出版社，2002 年），頁 608-609。

認同[27]，就可以通過「士」的表率作用間接地影響全社會。但是，在現代社會中，如果仍然企圖通過這種途徑來實現儒學的現代使命，則祗能是不切實際的空想。在現代社會，知識分子祗是一個依附階層，已經失去了作為社會表率的社會地位，因而知識分子的言行不可能對社會其他階層產生實質性的影響。況且，由於自己經濟上、政治上的依附性，現代知識分子越來越認同世俗價值，「好名、好利、好色、好權、好勢，無一不好」[28]，非但不易做到以自己的道德價值[29]影響社會，反倒常常自覺不自覺地認同世俗價值而改變自己的道德理想。現代社會主導的價值傾向，向來不體現知識分子的道德理想。既然如此，要想在現代社會裏以知識分子的道德理想去左右整個社會的價值取向，豈非幻想？！

　　即便假定民眾願意放棄自己的關切而認同儒家的關切，那麼仍然需要確立切實可行的途徑才有可能實現這一轉變，否則民眾再怎麼願意也不可能真正實現這一轉變。那麼，民眾通過什麼途徑才能實現這一轉變呢？按照杜維明先生的解釋，民眾要實現這一轉變，前提是必須體會「日常生活的終極意義」[30]。即便就民眾所熟悉的日常生活來講，要讓民眾從柴米油鹽之類的日常生活之中去體會其「生活的終極意義」，他們未必不會將柴米油鹽視為其生活的終極意義。可見，要讓民眾認同儒家的關切，不以柴米油鹽為生活的終極意義，而追求高尚的道德生活、藝術生活，還必須讓民眾自己掌握能夠體會出日常生活之終極意義的方法與途徑。對這個無法回避的問題，杜維明先生的確沒有回避，而是作出了明確的回答：「自我的充分實現，無須任何外在幫助。從終極意義上看，自我的實現就意味著天人合一的充分實現。但是，達到這一步的方式，永遠不應該被理解成在孤立的個人與上帝之間建立

27　這並不難。因為儒學原本就是「士學」。

28　景海峰編：《劉述先新儒學論著輯要》（北京：中國廣播電視出版社，1992 年），頁 212。

29　假定知識分子具有所謂不同於世俗價值的高尚的價值境界。

30　郭齊勇、鄭文龍編：《杜維明文集》第三卷（武漢：武漢出版社，2002 年），頁 248。

一種關係。」[31]杜維明先生的這一回答，告訴我們以下意思：人不能靠外在的啟示瞭解自己日常生活的終極意義，人對自己日常生活的終極意義的把握意味著人之「自我的充分實現」；人一旦充分實現了自我，就意味著「天人合一」的充分實現，世俗的日常生活於是獲得了神聖的宗教意義；但這種「天人合一」的關係，不是每一個特殊個體都與上帝建立一種信仰與被信仰的關係，而是指每一特殊個人都必然的與人之「自我」構成密不可分的關係。這種關係，從本體論意義上講，意味著人「對人性的固有的『信仰』，是對活生生的人的自我超越的真實可能性的信仰。一個有生命的人的身、心、魂、靈，都充滿著深刻的倫理宗教意義。就儒家意義而言，成為宗教，就是進行作為群體行為的終極的自我轉化，而『得救』則意味著我們人性中所固有的既屬於天又屬於人的真實性得到充分實現」[32]。杜維明先生論說得很深刻，但理解起來並不難，它無外乎是說：民眾無法求助於外在的啟示完成由自己的關切向儒家的關切的轉變，人祇能靠自己「進行作為群體行為的終極的自我轉化」。而這種自我轉化，就形式講意味著個體按照群體行為的標準來確立自己生活的終極意義，就內容講其實就是人自己去體知「人的自我就在其自身的真實存在之中體現著最高的超越」[33]。這樣看來，民眾能不能做到對於人之固有人性的「體知」就成為他們能否實現由自己的關切轉向儒家的關切的關鍵。那麼，如何去「體知」？「體知」在杜維明先生的論述裏，被解釋為人「從事道德實踐必備的自我意識」[34]。他使用「必備」一詞，就是要明確無誤地表明這個自我意識是先驗的，是先於具體道德實踐的預設意識。而這個先於道德實踐的預設的自我意識，在杜維明先生的論述裏，其實就是指「德性之知」。這樣一來，「體知」無論說得多麼深奧，它實際上就是指根據「德性之知」先驗性地體悟人之日常生活的終極意義在於

---

[31]　同注 30，頁 249。

[32]　同注 30，頁 252。

[33]　同注 30，頁 249。

[34]　郭齊勇、鄭文龍編：《杜維明文集》第五卷（武漢：武漢出版社，2002 年），頁 365。

實現人自己的良知與愛心。儘管杜維明先生強調這一道德實踐過程是「知行合一」的，對良知的體悟就意味著實踐著良知，但「體知」既然不同於經驗感知、理性推知，完全是先驗的道德體驗，則「體知」的效用就完全依賴於個體的道德悟性，也就是說沒有個體的高度的道德悟性，道德的「體知」就無從談起。「體知」的有效性既然取決於個體的高度的道德悟性，那麼企圖讓民眾通過「體知」的途徑去把握其日常生活的終極意義——就是說要讓民眾完全靠自己的道德悟性體知人之先驗的德性之知是人之生活在價值上的「最高的超越」，懂得人祇要恪守先天的「良知」、「愛心」，就能確保由世俗關切走向神聖關切，實現人性與神性的相通——就是不切實際的空想。因為普通民眾為自己的生活經驗所局限，他們既不可能必然具備高度的道德悟性，又不會輕易放棄自己所推崇的實用價值而認同儒家所提出的超越價值。

三

　　杜維明先生的「儒學創新」說，其重點不在於論述儒學如何在內容上由傳統轉變為現代，而在於論述儒學如何在失去制度保證的情形下通過什麼途徑獲得現代發展、發揮現代作用。選擇這樣的論述重點，就認識根源講，顯然是將儒學從內容上視為有恆常價值的學術，以為它之創新主要體現在以有效的途徑實現它之亙古常新的價值。他關於儒學必須通過「見證人」以實現當代發展的強調，應該說就是基於這一認識。但提出「見證人」顯然是為了確立使儒學能夠在當代落實的擔當者，並沒有涉及儒學如何應對當代社會這個問題。當杜維明從這個角度來思考如何謀求儒學的當代發展時，他又強調儒學能不能在當代有進一步的發展，取決於四個途徑：第一個途徑是從思考的模式來設想儒學與現實的相干性，也就說儒學與當下的華人日常生活有沒有關係；第二個途徑是必須討論一個實際問題，即對儒家文化區的政治文化的實際情形乃至道德倫理價值如何分開研究；第三個途徑是要認真思考儒學對中國大陸的意識形態的作用如何；第四個途徑是要探討儒家傳統能不能和

其他軸心文明的傳統進行對話[35]。前三個途徑，著眼於儒家文化圈內部考慮問題，而第四個途徑則著眼於「軸心文明」範疇來考慮問題。

從「軸心文明」傳統之間的比較來思考儒學的現代價值與作用，在杜維明看來，重要的不是去尋找儒學較之其他「軸心文明」傳統所具有的優長和超勝處，以之證明未來的世紀是中國人的世紀[36]；而是重在把握儒學是否有能力創造性地回應來自西方文化的三個層次的挑戰：「一個是宗教的層次，對基督教所提出的問題有沒有創造性的回應？然後是社會層次，對馬克思和各種不同的民主制度、不同的社會思潮有沒有創造性的回應？有沒有代表中國特色的民主制度、具有中國特色的政治體系、具有中國特色的經濟結構、具有中國特色的社會結構的出現？還有[37]一個是心理的層次，即能否對佛洛伊德的各種心理問題作出回應。」[38]他強調，面對來自西方文化的這三個層次的挑戰，儒家傳統如果不能「創造性的回應，它就沒有發展的可能」[39]。正是基於這一認識，他後來不再局限於儒家文化圈內部來探尋「儒學創新」的途徑，而是從「軸心文明」傳統之比較來探討發展儒學的途徑，提出了「文化中國」和「文明對話」說。

「文化中國」首先為傅偉勳所提，但傅偉勳祇是側重就兩岸文化的共通性來談的，與傅偉勳的提法有別，杜維明的「文化中國」說實際上旨在論證全球範圍內的儒家文化的價值認同，具體而論，「文化中國可從三個象徵世界（symbolic world）不斷互動加以審視。第一個象徵世界包括中國、中國臺灣和香港地區、新加坡，這些社會居民的絕大多數在文化和種族上都屬於華人（中國人）。第二個象徵世界是由世界各地的華人社會所組成……這些華人估計約三千六百萬，通常稱之為『華僑』。……第三個象徵世界包括與

---

[35] 詳見《杜維明文集》第二卷第 490-491 頁。

[36] 杜維明說：「我們不要講 21 世紀是中國人的世紀」，見《杜維明文集》第二卷，頁 487。

[37] 「有」字原文錯為「是」，這裏根據前後文的語氣改。

[38] 同注 26，頁 492。

[39] 同上。

日俱增的國際人士，例如學者、教師、新聞雜誌從業者、工業家、貿易商、企業家和作家，他們力求從思想上理解中國，並將這份理解帶入各自不同語系的社會」[40]。可見，「文化中國」不是地域、種族的共同體、也不是經濟、政治的共同體、而是文化的共同體。在這個共同體中，不論你是否華人，也不論你堅持什麼信仰，唯一的標準就是看你在思想上是否認同中國文化，祇要你真誠地認同中國文化，那麼無論你是什麼樣的人都可以歸屬「文化中國」。這就不難瞭解杜維明的為何總是強調一個基督徒也並不妨礙他歸屬「文化中國」。

　　從以上論述來看，「文化中國」說的提出[41]，對杜維明來說，已經不是在談如何通過「儒學創新」為當代中國人提供其現代生活所需要的精神支撐，而是在談儒學為什麼有可能為當代地球人提供其和平共處的思想資源。恰好就在他注重從這個意義上來談儒家傳統的現代意義時，亨廷頓提出「文明衝突」說，強調儒家文化必然要同西方文化產生不可避免的矛盾和衝突。亨廷頓的挑戰固然是個外因，但畢竟是這個挑戰刺激了杜維明，令他開始集中思考如何以「文明對話」取代「文明衝突」、以及全球化與本土化衝擊下的儒家人文精神及其價值，從而提出了「文明對話」說。

　　就杜維明思想的歷程來說，「文明對話」說作為「儒學第三期發展」說的展開，它實際上是對其「儒學創新」說的推進。如果說「儒學創新」說強調祇有藉「見證人」（知識分子）的影響以實現當代民眾的儒學認同的話，那麼「文明對話」說則強調祇有通過與世界其他文明的健康對話，儒學才能實現世界性的文化認同，為全世界未來文明的發展提供重要的思想資源。問題是，儒學如何與西方文化對話？杜維明指出，儒學要實現與其他文化的文明對話，固然要排斥「西方文化中心論」，但也要消除「中國文化本位論」的影響，拋棄那種以儒學包治百病、以儒學拯救天下、以儒學代表未來的自大心態，以平常心、公允心來看待儒學，把儒學「放在世界的多元文化和中

---

[40]　同注 34，頁 389。

[41]　杜維明指出：他首次提出「文化中國」時在 1990 年 10 月 24 日，見《杜維明文集》第五卷，頁 379。

國的多元文化的背景來看」[42]，這樣才能看出：儒學從來沒有成為一枝獨秀，「儒家思想之所以有很大的生命力，多少是因為它能夠不卑不亢，又因為它是一個相容並蓄的思想體系。它沒有強烈的排它性。消極地講，它能夠與其他思想和平共處；積極地講，它能夠從其他思想中汲取各種不同的養分來發展自己」[43]，從而使自己走向世界，在與世界其他文化的交流溝通的過程中，為世界文明的發展提供獨特且十分重要的思想資源。

杜維明也不是簡單地以為儒家祇要改變其自大的心態，就一定能使儒學走向世界，成為全人類共用的精神資源，他同時看到，儒學之所以能走向世界，從根本上講，一定是因為其精神有足以讓人類共用的價值。什麼樣的精神可以讓人類共用？這祇能是具有普世價值的精神。這決定了杜維明在宣導「文明對話」時很自然地走向對儒學之普世價值的關注。普世價值，就時間講，是指無古今之別，為一切時代所共同認同的價值；就空間講，指無地域之別，為全球所有人類共同認同的價值。比較而言，杜維明所關注的顯然是儒學何以具有空間意義上的普世價值，也就是說他所以宣導「文明對話」，其宗旨就是為了「讓儒學的活水流向世界」[44]，成為全球性的文化認同。杜維明指出，就儒學的普世價值來講，儒學之所以能變為全球性的文化認同，主要取決於三點：首先，儒學是人學，是做人之學，「為己之學」，「它以生活在此時此地的具體的人作為出發點。這個表面看來似乎具有特殊意義的，有時間性的，世俗的和個人主義傾向的觀點，卻是建立在對人性的整體理解之上的」[45]。也就是說儒學所提倡的做人道理都是關乎人的本性的道理。既然如此，則儒學就具有成為世界性文化認同的現實可能性，因為人的本性是相通的，人類即便有隔膜也決不至於隔膜到違背人的本性的程度，而一定是不論人種、不論民族，祇要是人，都會人同此性，性同此心，心同此理；其次，儒學的人文精神，是既內在又超越的，「儒家堅持認為，終極的

---

[42] 同注 26，頁 380。

[43] 同注 26，頁 389。

[44] 杜維明語。

[45] 同注 30，頁 198。

自我轉化，不是超離人性，而是實現人性。儒家這種看法，是一種具有實質的和倫理宗教意義的宣稱。這一人之為人的最低要求，可以作為最大限度地實現人性的基礎，就如涓涓溪流中也存在有水。……這個比喻表明，儒家把人性設想為動態的。自我轉化，猶如一條越來越寬、越來越深的人性之流，是一個不斷地『立』又不斷地『達』的過程。這跟一個可孤離的個人追求內在的精神性是截然不同的。在這種脈絡中，『終極』意味著人性的充分實現，既是它的最大限度的完成，又是它所能上達的頂峰」[46]；再次，儒學可以為全人類和諧相處、平等交往提供「忠恕之道」。所謂「忠恕之道」，通常是指「己欲立而立人，己欲達而達人」[47]和「己所不欲，勿施於人」[48]，但杜維明更偏重於強調後者，稱之為「儒家的金科玉律」：「忠恕的觀點事實上是以忠盡己以恕推己及人。如果用儒家的金科玉律來說，就是『己所不欲勿施於人』」[49]。杜維明認為，儒家的這個金科玉律，所以能成為全球倫理，就在於它體現了一種開放的心靈，從自我的同情的理解來設身處地為他人考慮，徹底地擺脫了自我中心論的羈絆：「己所不欲，勿施於人，在儒家的傳統裏，是通過自我的同情的理解來建立人與人相遇的基本原準則。我們所做的事情如果不能設身處地為他人考慮，那就難逃自我中心的論斷。這種觀點其實體現了一種開放的心靈。所謂的開放的心靈，就是對我們最好的不一定對我的鄰居也最好；我們對自己的瞭解應當是深刻和全面的，但對我們的鄰居和其他跟我們發生關係的人的瞭解不可能全面而深入，因此要基於同情的理解。」[50]

---

[46] 同注 30，頁 462。

[47] 楊伯峻撰：《論語譯注》（北京：中華書局，1980 年），頁 65。

[48] 同注 47，頁 123。

[49] 同注 26，頁 591。

[50] 同注 30，頁 591。

場有哲學與現代新儒學

　　唐力權先生創「場有哲學」，並對現代新儒學有所批評。通過對現代新儒學的批評，「場有哲學」是否對現代新儒學有所突破與超越，是值得研究的課題，因為它將有助於我們深入探討中國哲學現代發展之路徑問題。但需要申明的是，本文並不企圖對「場有哲學」與現代新儒學之同異做全面的分析比較，而衹是就「場有哲學」與牟宗三、方東美哲學的關係做出客觀的分析與公允的評論。

一

　　中國現代哲人，為推進中國哲學的現代發展，莫不致力於中西印哲學的融會貫通。但由於視角的限制，各家付出了相同的努力卻導致了不同的結果，有的成效顯著，有的成效甚微。成效甚微方面可以舉「全盤西化派」為例，他們雖努力進行中西哲學比較，卻得出了「中國無哲學」的結論，將中國哲學的現代出路，寄託在徹底拋棄傳統哲學、全面認同西方哲學上。而成效顯著方面最典型的例子當屬現代新儒家，他們雖人更幾代、歷時近百年，但莫不堅持以儒家思想為本位，以中西文化會通為途徑，通過吸納西方文化，以促成中國文化及中國哲學的現代化。在現代新儒家之外，最值得重視者，應是創立「創造的解釋學」的傅偉勳[1]與創立「場有哲學」的唐力權。

　　傅偉勳是方東美的學生，但他衹是強調「我從方師所學到的是廬山頂峰

---

[1]　作者後來改變了這一看法，將傅偉勳視為現代新儒家。參見收入本書之〈傅偉勳堪當現代新儒家〉。

展望諸子百家的哲學胸襟與不具我執我見的玩賞能力」[2]；他雖未直接受業於牟宗三，卻公開申明自己受牟宗三的影響是「決定性的」[3]。與傅偉勳從不諱言自己與現代新儒家在學脈上的淵源關係不同，並未師從現代新儒家任何人的唐力權，卻從未論及現代新儒家對自己的影響。從承認牟宗三對自己「決定性的」影響出發，傅偉勳將自己超越現代新儒家的哲學創造活動的努力方向，設定為沿著牟宗三的「道德的形上學」的內在理路來拓展牟氏哲學所提出的問題和解決牟氏哲學所遭遇的困境。而唐力權則不然，他既然避而不談自己哲學與現代新儒學有什麼聯繫，則他就很自然地將自己超越現代新儒家的哲學創造活動的努力方向，設定為背離牟宗三的「道德的形上學」的內在理路來揭示牟氏哲學的缺陷和彌補牟氏哲學的不足。傅氏和唐氏截然不同的哲學創造活動，讓我們不得不相信傅氏的這一論斷：「中國哲學的未來發展課題也就關涉到如何消化牟先生的論著，如何超越牟先生理路的艱巨任務」[4]。從這個意義上講，不論是把握傅氏的「創造的解釋學」還是把握唐氏的「場有哲學」，都必須探討他們的哲學與現代新儒學的關係，否則很難對他們哲學的現代意義做出正確的評價。傅氏「創造的解釋學」對現代新儒學的消化與超越，容我們另文專論，這裏僅就唐氏的「場有哲學」對現代新儒學的批評和超越，做初步的探討。需要申明的是，這一探討，並非將「場有哲學」與現代新儒學之同異做全面的分析比較，而祇是客觀的分析「場有哲學」與牟宗三、方東美哲學的關係，並予以公允的評論。

二

　　唐力權先生固然沒有論及牟宗三哲學對他的影響，但這一影響是客觀存在的。問題是，這是什麼性質的影響？從他的論著看，這一影響與其說是對

---

[2]　傅偉勳撰：《從西方哲學到禪佛教》（北京：生活‧讀書‧新知三聯書店，1989年），頁4。

[3]　同注2，頁3。

[4]　同注2，頁26。

牟宗三哲學一定程度的認同，不如說是他對牟宗三哲學的不認同恰恰是受牟宗三哲學的啟迪所致。在他的《蘊徼論》中，收有〈「道身」與「影身」：人道的自克、犧牲結構──「良知自我坎陷」的新詮釋〉、〈自由與自律之間：存在主義與當代新儒學的主體概念〉兩文，通過這兩文，我們大體上可以把握他何以不認同牟宗三的「道德的形上學」。在他看來，牟氏「道德的形上學」所提出的許多重大問題都是有意義的，但牟氏解決那些問題的基本思路不正確，是他難以苟同的。

「良知自我坎陷」說，對於牟宗三的「道德的形上學」來說，至關重要。牟氏的「道德的形上學」，是從道德的進路對萬物之存有的把握，其獨特之處，就在於提出並細緻地論證了「兩層存有論」。「兩層存有論」的提出，既是為了克服康德將「物自身」與「現象」割裂起來所必然遭遇的困境，也是為了彌補中國傳統哲學缺少現象界之存有論的理論不足，建立一個將中國傳統哲學所注重的本體界之存有論與康德所建立的現象界之存有論綜合起來的真正完備的道德的形上學。在這個完備的形上學體系內，本體界之存有論又稱為「無執的存有論」，現象界之存有論又稱為「執的存有論」，構成了無執、執的「兩層存有論」的有機結合。這種結合，體現了中國傳統哲學與康德哲學的互補。

在牟宗三「道德的形上學」體系裏，中國傳統哲學與康德哲學得以互補，是通過對「智的直覺」的新詮釋來完成的。在他看來，中國傳統哲學之所以缺少「執的存有論」，是因為儒家雖承認人有「智的直覺」卻一味上達而忽視下開；而康德之所以祇建立起了「執的存有論」而未能證成「無執的存有論」，是因為他將「智的直覺」僅歸於上帝，不承認人有「智的直覺」。這個認識一旦確立，為了把「無執的存有論」與「執的存有論」綜合起來，實現中國傳統哲學與康德哲學的互補，他就必須首先證明「人何以有智的直覺」和「智的直覺（知體明覺之感應）何以轉為知性」這兩個問題。人之有「智的直覺」，在牟氏看來，是因為人必然具備發出道德「定然命令的本心」。人之本心，即「人之性體」，或稱之為「仁體」，或稱之為「良知」，或稱之為「知體明覺」。有「體」就有「用」，而「智的直覺」就是

「該知體明覺自身之『自我活動』」[5]，是「本心仁體底誠明自照照他（自覺覺他）之活動」[6]，一言以蔽之，「智的直覺」也就是人的良知性體的屬性與功能。正是從這個意義上，牟氏指出，祇要承認人有良知本心，就應該承認人有「智的直覺」。但牟氏同時強調「祇有在本心仁體在其自身即自體挺立而為絕對而無限時，智的直覺始可能」[7]。「始」字在此不可輕看，它表明當本心在其自身尚未挺立為絕對而無限時，「智的直覺」對於「本心」來說，祇是潛在的屬性；由潛在的屬性發為現實的功能，或曰由「本心」發為「智的直覺」，開始於「本心」自身挺立為絕對而無限之時。「心之無限性，即絕對性」[8]，則「本心」一旦自身挺立為絕對而無限的實體，便表明「本心」已自覺地實現了其由「道德的實體」[9]向「存有論的實體」的轉化。

　　「本心」或曰「知體明覺」，本是「道德的實體」，它之感應（或曰神感神應）中，「含有一種智的直覺」[10]，而「智的直覺」之發用，具有即覺即創生的功能：「智的直覺覺照此物即呈現此物，而呈現此物非感性直覺之接受之認知地呈現此物，故呈現之即實現義，即創生之」[11]。此呈現即實現即創生之直覺之謂「圓覺」。「圓覺」是「圓而神的直覺」，「此種直覺祇負責如如地去實現一物之存在，並不負責辯解地去理解那已存在者之曲折之相。此後者是知性與感性之事，這是有『知』相的。何謂知相？在能所底結構中依時空之形式條件去感觸地直覺一物，並依概念之綜和去辯解地決定一物，這便是知相」[12]。此「知相」分為感性與知性兩態，但它又「祇是一認

---

[5]　方克立、李錦全主編：《現代新儒家學案》下（北京：中國社會科學出版社，1995年），頁438。

[6]　同注5，頁392。

[7]　同上。

[8]　同注5，頁438。

[9]　同注5，頁436。

[10]　同注5，頁438。

[11]　同上。

[12]　同注5，頁439。

識心之兩態」[13]。「認知心」與「本心」之區別，就在於：一個是有相（有執）的，一個是無相（無執）的；一個是「有限心」，一個是「無限心」，祇是證成存有的方式和作用不同，而不存在本質上的對立。因為從無執、無限的「本心」轉向有執、有限的「認知心（識心）」，正是「本心」之顯發明通自覺要求有此一執，以實現本體界存有與現象界存有的圓通合一。「本心」有此自覺，也就意味著它的自我否定，即變不著相的「無執」為著相的「有執」。正是從「自我否定」這個意義上，牟宗三強調「識心」是由「本心」之「自我坎陷」而成：「那道德的同時亦是形上學的絕對實體之自我坎陷而開出『識心之執』（感性與知性）」[14]。這裏所謂「絕對實體」，就是指「本心」（知體明覺），所以牟氏又強調說：「我們自始即未空頭說感性與知性。感性與知性祇是一認知心之兩態，而認知心則是由知體明覺之自覺地自我坎陷而成者，此則等於知性」[15]；「知體明覺不能永停在明覺感應中，它必須自覺地自我否定（亦曰自我坎陷），轉而為『知性』。此知性與物為對，始能使物成為『對象』，從而究知其曲折之相」[16]。

可見，「自我坎陷」說在牟氏的「道德的形上學」體系中地位極其重要，它是知體明覺轉為認知主體、道德理性開出知識理性的樞紐，是「無執的存有論」通向「執的存有論」的橋樑。因此，對於「自我坎陷」說的任何實質性的批評，都將直接瓦解牟氏哲學體系理論上的合理性。在我們看來，既然「本心」（道德的實體）必須自覺的自我坎陷，那麼它之這一必須自覺的動因何在？牟氏回答說：「知體明覺之自覺地自我坎陷即是其自覺地從無執轉為執。自我坎陷就是執。坎陷者下落而陷於執也。不這樣坎陷，則永無執，亦不能成為知性（認知主體）。它自覺地坎陷其自己即是自覺地要這一執」[17]。但這個回答祇告訴我們：「本心」之必須自我否定是因為它若不自

---

[13]　同注 5，頁 459。

[14]　同注 5，頁 434。

[15]　同注 5，頁 459。

[16]　同注 5，頁 396。

[17]　同注 5，頁 397。

我否定就不可能從無執轉為執，即道德實體不經由「自我坎陷」就不可能由道德理性開出知識理性，並沒有告訴我們：當「本心」欲自覺地坎陷其自己時它的這一自覺其動力是什麼、緣由是什麼。牟氏似乎認為這個問題無回答之必要，否則他不會借用宋儒的說法，把「本心」的「自我坎陷」比喻為「無風起浪」、「平地起土堆」。牟氏的這一比喻，固然對護衛其說之合理性起到了一定的作用，但由於這一比喻顯然是將「本心」的自我坎陷歸於「無因論」，在理論上陷入神秘主義，也就從根本上損害了其說的理論價值。

　　與我們對「自我坎陷」說的批評不同，唐氏之所以批評牟氏的「自我坎陷」說，顯然是因為他不贊成牟氏的這一思路：由道德開無限心（本心、良知、知體明覺）、由無限心開智的直覺、由智的直覺一方面直接朗現本體界存有一方面下落而執於現象界存有。所以，他對「良知自我坎陷」的「新詮釋」，就竭力證明良知的開顯另有進路，未必是「道德無限心」（道德實體）的「無風起浪」、「平地起土堆」。在唐氏看來，良知的自我否定，不是所謂道德實體（本心）的自我開顯，而是人之「生命權能」的自然發用。生命權能「通過仁材兩極所做的一切投企」，「都有自求實現、自求滿足的本然傾向」[18]。這個傾向，便是人的「自誠自直的生命通則」，它「既是道德的原始基礎，也是理性的最後根源」[19]。從生命的這一本質來定義「道德」，「生命的道德本質祇不過是一個公道原理吧了」[20]，道德和不道德祇意味著生命的本能欲望的滿足與否，求滿足而得滿足之謂「公道」，求滿足而得不到滿足之謂「不公道」；從這一生命本質來定義「理性」，生命的理性本質祇不過是生命「方中求圓、以有礙求無礙」[21]的曼荼羅智，即主宰於

---

[18]　唐力權撰：《蘊徼論》（北京：中國社會科學出版社，2001年），頁70。

[19]　同注18，頁70。

[20]　同上。又按：「吧」字照原文引，疑係「罷」字所誤。

[21]　同注18，頁70。

意識心而自身卻體現了「落實智」與「乘虛智」[22]圓滿結合的「道智」[23]。「道智在人的精神生命裏具體表現為一種上下雙回向的智慧，也同時是一種落實乘虛的智慧」[24]。所以說「方圓動靜、上下回向、落實乘虛：這就是道智或曼陀羅智的定義了」[25]。而所謂「道德理性」，乃是指「為生命本質所在的公道原理曼陀羅智。此勝義的大道德理性是不分良知和愛羅的，是超越普通所謂『道德』和『理性』的」[26]。

　　人之生命本質固然在於求滿足，但人的生命又永遠是一個「仁材兩虧」的局面，永遠不能自足，因為生命是有代價的：有成就得有犧牲，有所為就得有所不為。因此，在人的生命裏，「公道原理和曼陀羅智──自誠自直的道德理性──就是通過生命權能的自克、犧牲結構而彰顯」[27]。從人的生命精神不能離開他的「克犧結構」（自克、犧牲結構的簡稱）來講，人之生命精神的道德本質及理性本質的開顯，實際上意味著「生命權能的虧負」。「生命權能的虧負」有內外兩義，「內在的虧負」是指「吾人良知之不安」，「外在的虧負」是指「人與人之間的不平等」[28]，但從本質上講它們都意味著生命權能的發用不可能魚與熊掌兼顧，必定是投企此方便虧負彼方，也就是說「當一部分本能欲望或心性要求受到壓抑而得不到滿足時，這一部分的生命權能就處於虧負狀態」[29]。但那被虧負的生命權能卻是實的，它「能在某一方向的投企得不到滿足時必定另尋出路，向另一個不同方向求滿足、求補償」[30]。這個曲轉求償的生命權能（簡稱「曲轉權能」）所作的

---

[22] 唐力權撰：《周易與懷德海之間》（北京：中國友聯出版公司，1994 年），頁 54、55。

[23] 同注 22，頁 55。

[24] 同上。

[25] 同上。

[26] 同注 18，頁 79。

[27] 同上。

[28] 同注 18，頁 77。

[29] 同上。

[30] 同上。

價值投企也是實在的，祇是它不是自誠自直（求滿足而得滿足），而是自誠致曲（由虧負而曲轉求償）。可對於人實現其生命精神、生命價值來說，生命權能的自誠自直永遠都是一個理想，最現實的問題倒是如何處理生命權能的自誠致曲，或者說「虧負了的生命權能如何曲轉求償」。在唐氏看來，處理這個問題是文明人的職責；而文明人要處理這個問題，就要以「大道德理性」為準則批判自己的「類性之私」，「在其所局限的生命場有中自覺地使其主體性成為大道德理性的批判對象」[31]。這種「自我謙抑的主體誠儀」就被唐氏稱為「主體的自我坎陷」。

　　與牟宗三的「良知自我坎陷」相比，唐氏對「良知自我坎陷」的「新詮釋」，新就新在他不像牟氏那樣，將「自我坎陷」規定為絕對的道德實體自身「一心開二門」，即由道德理性開出知識理性，而是將「自我坎陷」規定為人之生命主體貞定其「主體性的自覺」[32]。按照唐氏的解釋，人之生命主體貞定其「主體性的自覺」，或曰「主體的自我坎陷」，「有兩重意思：一是相對於大道德理性的坎陷，另一則是相對於主體性所係的克犧結構的坎陷。前者指的是主體坎陷於大道德理性之無限中而見其限制，而後者指的則是坎陷於克犧結構中而見其辨證的特徵。此坎陷的兩重意義其實是一事之兩面，因為主體之局限正是在克犧結構的辨證特徵中顯現出來的。譬如在突顯仁極價值系統的中國傳統文化裏，主體的局限正在良知壓抑愛羅所造成的克犧結構和道影（係道身和影身的簡稱，道身指人之自誠自直的精神生命；影身指人的精神生命的影子）辨證性上，這和西方傳統以材極為主的本位文明是剛好相反的。故主體之自我坎陷在中國文化來講就是良知的自我坎陷，在西方文化來講就是愛羅的自我坎陷。故中西文化的會通，在心性的源頭來講，也就是良知本位與愛羅本位兩種主體性或主體誠儀的會通。這個會通之可能性在哪裏呢？這個問題的答案是很明顯的：它就在中西文化的主體性的相對坎陷裏。在大道德理性的光照下，良知主體與愛羅主體通過其本位文明

---

[31] 同注 18，頁 80。

[32] 同上。

的相對坎陷，這就是中西文化、中西哲學得以會通之道了」[33]。

　　唐氏對「良知自我坎陷」的新詮釋，在理論上反對牟氏「把道德主體等同良知主體」[34]，強調「良知關懷所挺立的乃是一個以本然責任感（孟子所謂「不忍人之心」）為存在性徵的俳惻我」[35]，而「『道德主體』祇不過是貞定主體之自誠致曲，方中求圓」[36]，「所造就的則是一個以本然神秘感為主體誠儀的材知我」[37]。在他看來，道德主體與良知主體之所以不能混同，是因為兩者都是對道德理性——生命的通則的貞定。由於「這個為生命的通則的道德理想是超越仁材兩極的分別的」，故「道德理性可以循著良知走，也可以順著愛羅走；可以是俳惻我的道德理性，也可以是材知我的道德理性」[38]。正是從這個意義上，他指出：如果對人性中仁材兩極之辨證性有深入的瞭解，就不會像現代新儒家那樣，在以道德主體解釋中國文化時，「真正關注的毋寧是狹義的道德理性，亦即是俳惻我良知關懷（第二義的良知）所獨運的道德理性」；也不會像現代新儒家那樣，僅以「知性主體一觀念來瞭解和衡量西方文化、西方哲學」[39]。基於這一批評，唐氏為正在發展中的現代新儒學提出了以下有相當重大意義的問題：「新儒家哲學是否已經從良知的自我坎陷裏理解到仁材兩極的辨證關連而激發出愛羅心性的自覺以至整全人性、心性的自覺呢？當代新儒家是否對其良知本位主體性所係的克犧結構有充分的領悟呢？一個於其克犧結構毫無自覺的良知不僅是一個不誠不實的良知，抑且是一個無能也無勇的良知。新儒家的服膺者是否有足夠的勇氣在大道德理性的光照下使其主體性成為批判的對象呢？」[40]

　　唐氏對「良知自我坎陷」的新詮釋，暗含對牟氏的一個批評，即批評他

---

[33]　同上。

[34]　同注 18，頁 83。

[35]　同注 18，頁 77。

[36]　同注 18，頁 82。

[37]　同注 18，頁 77。

[38]　同注 18，頁 82。

[39]　同上。

[40]　同上。

對人性（以道德理性為體現）中仁材兩極之辨證性缺乏深入瞭解。與這一批評相一致，當他對牟氏的「主體性觀念」加以評論時，仍然以「仁材兩極」為話題：「當代新儒家所趨向的正是一人性的仁材兩極（良知與愛羅）配合得宜的理想境界，祗是他們對此中所涵攝的主體性的曖昧是否已有通透的自覺，這就不無疑問了」[41]。

從唐氏的「以牟宗三先生為核心的當代新儒家」這一說法來看，他這個疑問其實就是針對牟氏的觀點而發。牟氏「援引西方自由自律的觀念來重新詮釋傳統的儒家哲學，一方面以自由等同自律，另一方面則以良知的逆覺體證來詮釋自律（相當於康德哲學中實踐理性的自我立法）」[42]。牟氏的這一做法，在唐氏看來，是把本屬於愛羅心性的範疇用於揭示良知心性：「自由自律本來是愛羅心性的語言，在當代新儒家的哲學中則已轉化為良知心性的語言」[43]。問題是，這種轉化有無道理？就目的講，牟氏之所以要做這一轉化，是為了改變傳統儒家道德觀的性質，在傳統儒家道德觀（即互體性的道德觀）其「互體性的基礎上塗上自體性的顏色」[44]，但由於其「主體性觀念」自身的理論缺陷，他的這一做法勢必失去理論依據。牟氏所謂的「主體性」，從他的「良知自我坎陷」說的立場來看，本應指「根於良知惻惻本性的互體通情」[45]，屬於「互通與互約」這一「超切主義的主體性」[46]，但當牟氏強調「本心」（良知）乃「神感神應自由自律之本心」[47]時，他又轉向了實體主義，因為「自由與自律是實體主義的主體性」[48]。用實體主義的主體性概念（自由自律）來解釋傳統儒家道德的非實體主義的性質（即視道德為惻惻本性的互體通情，或曰道德情感的「互通與互約」），這就是牟氏極

---

[41] 同注 18，頁 261。

[42] 同上。

[43] 同上。

[44] 同上。

[45] 同注 18，頁 258。

[46] 同上。

[47] 同注 5，頁 440。

[48] 同注 18，頁 258。

力要做出的對於儒家道德觀的重新解釋。但實體主義與非實體主義畢竟根本排斥，無視這一點，將兩者混淆，就難免陷入理論上的矛盾。

牟氏的「主體性觀念」，除了混淆了「實體主義的主體性」與「超切主義（非實體主義）的主體性」之分，最為嚴重的失誤，就在於將自由與自律截然分開來講。自由與自律是愛羅心性的兩極，一個（自律）是「理性的觀念」，一個（自由）卻是「非理性的觀念」[49]；一個（自由）是「愛羅的本能」，一個（自律）是「愛羅的理性表現——愛羅本能通過自我壓抑或自我控制以求達到自我超克的昇華」[50]。這樣的兩極，就人性論的立場來說，也就統歸於「仁材兩極」中的「材極——通過人的材知愛欲而發用的愛羅（Eros）心性或根性」[51]，所以「自由與自律」作為「人表現其自體性的基本方式」[52]，也就是指愛羅心性自身理性或非理性的發用。但在「牟宗三先生兩層存有論的思想格局裏，自由與自律必須分開來講。等同自律的自由（道德理性的自我立法）是屬於現象界的，不等於自律（不為因果律限制）的自由則是屬於本體界（物自身）的」[53]。牟氏這樣一分開來講，就等於否定自由與自律乃是內在於主體性的東西，而將自由與自律同時視為客體性的東西。牟氏希望藉此以打通在康德哲學裏祇相對而不相關的本體界和現象界，予兩者（本體界與現象界）以一內在的關聯。但本體界與現象界之內在關聯，祇有在將自由與自律一貫於人之主體性的前提才有可能證成。而要證明「主體性的一貫是不能離開人性中仁材兩極的內在辨證來講的」[54]。牟氏既然一方面將自由等同於自律，另一方面將自律歸於道德理性的自我立法，將本是主體性兩極的自由與自律分開來講，那麼他怎能證明一貫自由與自律的主體性？這個疑問，唐氏在他的論著裏沒有公開提出，但從他對牟氏「主

---

[49]　同注 18，頁 243。

[50]　同注 18，頁 244。

[51]　同上。

[52]　同上。

[53]　同注 18，頁 262。

[54]　同上。

體性觀念」的上述批評來看，我們相信，這正是他希望現代新儒家後學認真回答的問題。

三

　　唐氏對牟氏的批評，從根本立場上講，就是非實體主義對實體主義的批評。非實體主義，或者如唐氏自己所說，超切主義，是否定世界是實體的存有，而以世界為關係的存有。所謂關係的存有，就是將世界看作「依場而有」。「『場』乃是依事物相對相關性而言的。簡單的說，『場』就是事物的相對相關性的所在，也同時是此相對相關性之所以為可能的所在」[55]，所以簡言之非實體主義的世界觀就是視世界為相對相關性的存在，將世界一切都視為關係中的存在。正是基於這一非實體主義的立場，唐氏對方東美哲學所採取的態度，與他對牟氏哲學所採取的態度，迥然不同。在自己的著作裏，唐氏並不諱言對牟宗三哲學的批評，但對方東美哲學卻非但從未批評，反倒一再稱引。這出於何由？難道他斷定方東美哲學屬於非實體主義哲學範疇？

　　方東美哲學從本質上講不屬於非實體主義的哲學。他的哲學是一個重「形上學途徑」的哲學。從形上學途徑出發，他把哲學認識的對象確定為「究極之本體」，強調「形上學者，究極之本體論也，探討有關實有、存在、價值等」[56]。將這種哲學觀作為其哲學創造的方法論，勢必將他的哲學建構引向實體主義，以創建世界究極之實體為目的。在這個目的的驅使下，方東美創立自己哲學體系的思想歷程，也可以說是確立「生命本體」的過程：先將「生命」由主體精神對象化為客體精神，然後將客體精神本體化為超越精神。這個超越精神，方東美稱之為「普遍生命」[57]。「普遍生命」是一切生命的動能，它之大化流行便創造一切生命。但方東美一再指出，「普

---

[55]　同注 22，頁 3。

[56]　方東美撰：《中國哲學之精神及其發展》上（臺北：成均出版社，1984 年），頁28。

[57]　同注 56，頁 98。

遍生命」不是作為「超絕」的存在創造萬物，而是作為「超越」的存在創造萬物。中外種種形上學，在方東美看來，可以歸為三個主要形態，即超自然（即超絕）形態、超越形態、內在形態。當他把中國哲學界定為「既超越又內在之形上學」[58]時，他實際上是在強調自己的哲學不僅僅是與「超絕」形態的形上學——以「二分法」觀世界，以為世界時時處處莫不「二分對立」，體現了本體界與現象界、客體與主體的悖反和衝突——有別，而且有別於單純的超越形態的形上學或內在形態的形上學，是將超越形態的形上學與內在形態的形上學融為一體。就「超越」的層面講，他的哲學「擯棄二分法為方法，更否認二元論為真理」[59]，將宇宙和生活於其中的個人，「視為形成一大完整的建築學式之立體結構統一，復依其中種種密切相關之基本事為基礎，據以締造種種複雜繽紛之上層結構，由卑至高直到蓋頂石之落定為止」[60]；就內在的層面講，他的哲學反對將本體與現象割裂，強調「本體實性則滲入功用歷程（即用顯體），玄真本體乃具現於現象界全域。永恆法相表現理性秩序，與時間化育歷程（與時偕行）。本體現象，略無間閡，澈上澈下，旁通不隔」[61]。

基於這一形上學立場，正如方東美自己所說，「余曾以『機體主義』一辭，解說中國哲學的主流與特色，視其為一切思想形態之核心」[62]，把中國哲學從根本精神上概括為「機體主義」。「機體主義旨在融貫萬有，囊括一切，舉凡有關實有、存在、生命、價值之豐富性與充實性，相與浹而俱化，悉統攝於一在本質上彼是相因、交融互攝、價值交流之廣大和諧系統，而一以貫之」[63]。中國哲學的這一主旨，表明中國人的智慧是廣大和諧的智慧，

---

[58] 這也可看作他對自己哲學界定，因為他認可中國哲學，把自己的哲學看作中國哲學精神的現代發展。

[59] 同注 56，頁 31。

[60] 同上。

[61] 同上。

[62] 方東美撰：《生生之德》（臺北：黎明文化事業股份有限公司，1979 年），頁 368。

[63] 同上。

中國哲學精神即廣大和諧的精神。用中國哲學的精神看西方哲學，以「二分對立」為主旨的西方哲學，其在根本精神上與中國哲學相悖。但方東美同時強調，作為例外，柏格森的《創化論》、懷德海的《歷程與實在》（又譯作《歷程與實界》）、海德格爾的《存在與時間》三著的思想卻貼近中國哲學思想。方東美顯然是從「機體主義」哲學的意義上強調他們三人的哲學思想都與中國哲學思想相通相近，但在方東美看來，說柏格森、海德格爾哲學思想與中國哲學思想相近，主要是就以生命為超越的本體、生命本體顯為流變歷程這個意義上強調的，尚未涉及生命機能與生命歷程相統一這個機體主義哲學的核心問題。從這個核心問題來講，在西方現代哲學家中，同中國哲學最為相契的哲學當數懷德海（方氏有時又譯為懷特海）的「機體主義的形上學」[64]。所以他強調說，假如從西方哲學的立場來看華嚴宗哲學（方氏認為它是體現中國機體主義哲學的典型形態），「那麼最低限度也要採取懷德海的立場」[65]。所謂懷德海立場，就是「機體主義哲學」的立場，它「針對各種科學上面的孤立系統，便想辦法要打破這些孤立系統，然後便在哲學的領域內另外成立一個所謂 organic philosophy（機體主義哲學）。就是要把森羅萬象的許多差別境界的孤立系統給予打破，然後在它們之間建造一個理論的橋樑，要把它們都溝通起來」[66]，形成包容各種科學體大思精的機體主義哲學。從機體主義哲學的觀點看，「整個宇宙可以看出它的有機統一（organic unity）。換言之，整個的宇宙可以說是一個橫跨時空的有機體，而且它們之間的層次分明，隱顯也互異，脈絡也相通，就好像指與臂是互相依存」[67]。

　　方東美認為，最能反映中國哲學之廣大和諧精神的哲學形態即易經的

---

[64] 方東美撰：《華嚴宗哲學》下（臺北：黎明文化事業股份有限公司，1981 年），頁10。

[65] 方東美撰：《華嚴宗哲學》上（臺北：黎明文化事業股份有限公司，1981 年），頁31。

[66] 同注 65，頁 340。

[67] 同注 65，頁 341。

「生生哲學」和華嚴宗的「無礙哲學」，所以懷德海的「機體主義」哲學與中國哲學相通的比較，在方東美那裏，常常就具體化為懷德海哲學與周易哲學、華嚴宗哲學的比較。我們知道，唐力權先生的「場有哲學」，正是從「周易與懷德海之間」——將周易與懷德海哲學加以會通——的產物，而且在會通的過程中，他也對華嚴宗的「無礙哲學」給予了高度重視。這表明「場有哲學」與方東美哲學在思路上有驚人的一致。不僅如此，當讀到唐氏的以下論斷：中國哲學「將實在與自然、自然與生命相同一。而且它既從機體的整全性上也從前進的創造性中去領會生命的實在性。機體主義與創造主義真可謂構成了中國形上學或本體論的兩塊基石。而對中國人來說，形上學或本體論本質上無非是一種『道觀』（vision of Dao），對自然與生命之道的一種觀法。其中，『機體主義』意指萬事萬物在『道』中的多維度、多層次的內在關聯性與相互依賴性，而『創造主義』則強調其無盡的自我轉化與生成的歷程」[68]，難道還有理由不相信這一論斷：「場有哲學」對中國哲學精神的詮釋、對機體主義內涵的詮釋與方東美的有關論述，亦驚人的一致。問題是，此類的驚人的一致，究竟意味著什麼？是唐氏對方氏思想的吸納還是兩位哲人之間不謀而合的靈犀相通？為了回答這個問題，不妨先看唐氏如何稱引方氏的論斷。在〈懷德海與《周易》的時間觀念〉一文中，他明確地說方東美關於宇宙「有如下精彩的評論」：

> 宇宙放在一起，表現了時間系統與空間系統的原初統一性。沒有連字符的「宇宙」本身是一完整的系統，後來才被區分為空間和時間。明可夫斯基的四維統一體與 S・亞歷山大的「時—空」，也不能充分傳達漢語「宇宙」中包含的時空不可分的意義。最接近的說法要數愛因斯坦的「統一場」。「宇宙」，正如中國哲學家們所設想的那樣，乃是「一切存在的統一場」[69]。

---

[68] 同注 18，頁 23。
[69] 同注 18，頁 9。

這段論述，顯然是唐氏自譯自方氏的英文著作《The Chinese view of life》[70]。他所以轉引這段論述，並視之為「精彩的評論」，就是為了表達他完全認同方氏的觀點：「鑒於我們當前的目標，我們祇需指出，相對論中的四維時空連續統概念在其哲學意義上顯然更接近於中國的『宇宙』，而不是牛頓的絕對空間與絕對時間。牛頓的概念殘留著傳統的實體——屬性思維模式的遺跡，而中國的概念無疑是相對主義的，是中國哲學觀中時位——相對主義的內在表述」[71]。

　　唐氏在這裏對方氏論述的認可，是一種對於其建構「場有哲學」體系具有實質性意義的認可，因為「場有哲學」的主旨就在於證明宇宙萬物都是「依場而有」，統一於「場」。由此看來，唐氏「場有哲學」與方氏「生命本體論」所以有許多的相近相通相同之處，不能歸結為他們之間的不謀而合，而祇能視為唐氏對方氏哲學思想的自覺吸納。至於唐氏在建構「場有哲學」體系時，究竟是因受懷德海哲學的影響而認可方東美哲學還是因受方東美哲學的影響而認可懷德海哲學，這是我們難以推測的問題，因為唐力權先生在他的著作中沒有給我們提供推測這個問題的任何信息。我們從他的著作中可以很容易感悟到懷德海哲學對他的深刻影響，但我們如不認真地分析，幾乎難以發現方東美哲學對他有什麼影響。所以，我們提出這個問題，期望唐力權先生能明確回答它，以便我們瞭解懷德海與方東美究竟誰對唐氏起到決定性影響。我們認為，唐先生明確回答這個問題是必要的。其必要性就在於：若對這個問題缺乏正確認知就不可能深入地認識「場有哲學」特有的思想價值，而要正確的認知這個問題，除了期待唐先生自己來說明，沒有它途。

---

[70]　有譯為《中國人的人生觀》，又有譯為《中國人生哲學》。

[71]　同注 18，頁 9。

多元價值審視中的現代新儒學

　　如果以 1921 年梁漱溟出版《東西文化及其哲學》為標誌，現代新儒學思潮產生迄今已八十多年[1]。這八十多年，伴隨著中國社會壯烈的民族救亡運動和迫切的民族復興運動（中國文化的現代化），現代新儒學由挫折、沉寂走向了顯赫，成為與馬克思主義中國化思潮、自由主義全盤西化思潮相抗衡的「顯學」。也許是應了一句老話：「木秀於林，風必摧之」，現代新儒學在其曲折發展的八十多年歷程裏，不斷遭到既廣泛又尖銳的批判。批判作為一種文化現象，就是對被批判的文化現象做出價值貞定，它取決於特定的價值取向。而上個世紀八十年代以來所興起的現代新儒學批判，其顯著特點就是價值審視上的多元性。因此，客觀地分析不同價值審視下的現代新儒學批判，對於推進現代新儒學研究的深入進行來說，就是最基礎的研究。就中國哲學的現代發展無法捨棄現代新儒學來談這個意義上講，這個研究亦勢必成為當前中國哲學現代化研究中的前沿課題。

一

　　成中英先生曾為文討論「現代新儒家」與「現代新儒學」的區分，以為「現代新儒家」係指在現代文化背景下對儒家精神從情感上、價值上認同的特定的哲學流派；而「現代新儒學」則是指在現代文化背景下對儒家學說進行非情感的客觀研究。但絕大多數的批判者，非但沒有做這樣的嚴格區分，反倒時常將兩者混淆並提。考慮到這畢竟是歷史事實，本文在對他們的批判

---

[1]　此自本文發表於 2003 年計。

進行評述時，亦未做上述區分。不過，需申明的是，本文是在成中英所定義
的「現代新儒家」的意義上使用「現代新儒學」，因而本文的評述不涉及與
現代新儒家無關的其他的儒學批判。問題是，因為批判者的視角多元相異與
交錯，故即便嚴格限定在這個範圍內評論現代新儒學批判的得失，也很難歸
納得十分合理。但為了避免敘述不至於雜亂無章，這裏權從以下幾個方面敘
述：來自自由主義立場的批判；來自馬克思主義立場的批判；來自同情與不
同情者的批判；來自認同與不認同者的批判。

　　談自由主義者對現代新儒學的批判，不能不首先討論殷海光的觀點。殷
先生自稱「五四後期人物」，他繼承五四反傳統精神，把中國的自由主義思
潮引向了一個新階段。作為中國自由主義者後期的代表人物，他以「中國的
自由主義者，先天不足，後天失調」[2] 來總結中國自由主義思潮的缺失。他
所謂的「先天不足」，是指中國的自由主義缺乏自己獨特的思想，除了重談
歐美自由主義的老調，就是同佛老思想「發生親和作用」[3]，以至於因借助
佛老思想反倒「不能鼓起人爭自由的熱情」[4]；所謂的「後天失調」，是指
中國的自由主義者將西方的自由主義理論運用於中國社會文化時，祇是空談
民主、自由，完全沒有顧及中國近現代社會其實根本不具備真正實行民主與
自由的條件；而就理論上講，中國的自由主義又總是同集體主義糾纏不清，
沒有徹底走向個人主義。所以，他不像中國早期自由主義者那樣以不屑的口
氣批判保守主義，而是強調自由主義祇有「多多增進」才能在思想上抗衡保
守主義：「在思想方面，無論有何嚴重毛病，中國的保守主義是一種相當成
熟的思想。和保守主義比較起來，自由主義在中國還需多多增進」[5]。

　　殷海光公開指出中國自由主義在思想上不如中國保守主義成熟，當然不
是要放棄自由主義的立場而認同保守主義，而是為了從更新的視角凸顯自由
主義與保守主義的思想對立，把自由主義對保守主義的批判推向新階段。較

2　殷海光撰：《中國文化的展望》（上海：上海三聯書店，2002 年），頁 255。

3　同上。

4　同上。

5　同上。

之他以前的自由主義者，他對中國保守主義的批判，不是關注如何從全球保守主義背景下把握中國保守主義共同的思想特徵，而是關注中國保守主義自身在思想上的差異性。中國保守主義者思想上的差異，在殷海光看來，可以根據他們在思想取向上注重點不同而劃分為兩大派。他把這兩大派分別稱為「國粹派」與「義理派」。「國粹派」與「義理派」所共同具有的特徵是「對新異事物、觀念和制度常抱持拒斥的態度，並且對於長久存立的傳統及文物認為不可侵犯」[6]。但兩派所注重護衛的傳統卻不同，一個（國粹派）「所愛好及維護的是中國文化裏獨有的具體事物」[7]，「對國粹有特殊的愛好，常養成抱絕物孤品而終老的一種神情」[8]；一個（義理派）「注重的是『道統』」[9]，「給孔制正統以一個哲理化的支持，及一個論說比較縝密且又高遠的面貌」[10]。在作了這一基本區分之後，他並沒有列舉「國粹派」的代表人物以為說明，卻舉例說朱熹是義理「這一派承先啟後的人物」[11]。

　　乍一看，殷海光如此區分中國保守主義者，似乎是著眼於中國保守主義的整個傳統，並非僅關注中國近現代保守主義，可一旦透過現象去體悟他為何要如此區分，就不難明白他之所以如此區分中國保守主義者正是為了最終落在對現代新儒家的批判，藉以說明現代新儒家當歸於「義理派」。在殷氏看來，這些新保守主義者與舊保守主義者沒有本質上的不同，他們與舊保守主義者一樣，「在實質上都是『應帝王』的人物，他們的『使命感』是建立並翼護倫教基礎」[12]。但他們畢竟是在現代文化背景下重新「翻修『孔家店』的人士」[13]，與朱熹之類傳統的「義理派」保守主義者相比，他們「多

6　同注 2，頁 218。
7　同注 2，頁 219。
8　同上。
9　同注 2，頁 221。
10　同上。
11　同上。
12　同注 2，頁 242。
13　同注 2，頁 229。

少懂得一些西方的傳統哲學，特別是康德和黑格爾」[14]，於是「他們溶化了康德的範疇思想模式來重建孔制的倫範法度。他們吸收了黑格爾的歷史精神轉衍進段的態序，以此來觀照文化發展的軌跡，想從此理出中國文化的出路。然而，他們用力雖勤，志氣雖大，他們想克服別人，卻未能克服自己的潛意識。他們深愛藏在他們心靈低層裏的那些代代相傳的意識。那些代代相傳的意識構成他們心靈的實體，他們不願意也沒有勇氣用保險刀刮掉那些意識。他們沒有做過這種工夫，他們深恐這樣會引起傷痛，產生虛無，他們惟有抱緊那一堆意識時才有勇氣面對大江東去，他們靠鼓脹那些意識以自壯。他們需要常常自覺到這一點來證明自己的合理。實在，他們很脆弱。他們所做的哲學工作就在鋪陳、麗化，並說圓那些意識。而那些意識，分析到最後，無非是父親意像、我族中心主義及無上的歷史文化聲威要求。這些東西都是構成『反理性主義』的要素。他們的企望，把他們與康德隔絕了。所以，儘管他們標榜『理性主義』，結果不能不自導地轉回到『反理性主義』。任何人在被他或他所從屬的群體的盲目情感驅策而建立哲學體系時，便無可避免地會走上這條『反理性主義』的悲壯絕路」[15]。

這裏雖未點名，但祇要對現代新儒學有所瞭解的人，一眼就會看出殷海光這是在批判牟宗三、唐君毅的觀點。實為批判唐、牟卻不點他們的名，這表明殷氏多少有些顧慮。他所以顧慮的原因已難深究，但有一點不難推測，即在殷海光生活的六、七十時代，在港臺自由主義者對現代新儒家的批判並不像有學者所強調的那麼尖銳和激烈。而八十年代以後，自由主義者對現代新儒家的批評，已毫無顧忌，敢於公開點唐、牟等人的大名，對他們表示大不敬。像李敖那樣的反叛者，敢於無顧忌批判保守主義，當然不足為奇，如果連平和的韋政通與林毓生也敢於指名道姓批判現代新儒家，則足以說明八十年代以後批判現代新儒家已不是什麼令人吃驚、需要謹慎對待的事。

韋政通可以說是殷海光的諍友。與殷海光相比，他對現代新儒家的批

---

[14] 同上。

[15] 同注 2，頁 229-230。

判，在理論深度上未必超過殷海光，但態度卻比殷氏更明朗、更堅決。連自稱為「五四後期人物」的殷海光也認為，韋政通對儒家的批判超過吳虞、陳獨秀等民初人物。針對現代新儒家關於儒學是「真正的生命學問」的強調，韋氏尖銳地指出儒家「對生命體悟的膚淺」[16]。儒家生命體悟之膚淺，在韋政通看來，不是局部的問題，而是關涉儒家思想的全體。首先，儒家對人性的認識，不同於佛教、基督教，祇是一味地主張人性本善，對於人性的負面、對於現實人生的苦難與罪惡缺乏應有的認識，因此，雖然現代新儒家不懈地推行儒家的「泛道德主義」，儒家道德卻未必能解決一切人的一切人生問題，「儒家的道德思想，對生活安適，痛苦較少的人，比較適合而有效；對生活變動幅度大，且有深刻痛苦經驗的人，就顯得無力」[17]。其次，儒家的道德工夫玄虛不實，與現實人生脫節。儒家的道德思想雖然「已發展兩千餘年，但在對待人欲，對待罪惡的真正人生問題上，幾乎仍是一片荒涼。歷代的儒者們祇是順著往昔的觀念推衍再推衍，一味停止在理想主義的態度上，以為祇要保存良心不喪失，一切就有辦法，完全未顧到現實人生中的曲折多變，怎麼能使這套工夫不與現實人生脫節？」[18]再次，以「孝」作為「仁」的根本，流於「泛孝主義」。儒家固然既提倡「仁」又提倡「孝」，但較之踐仁，儒家更崇「孝」，以行孝作為踐仁的根本，以為博愛之心可以由親情之心推導出來，而不曾考慮孝道的過分強調勢必導致「泛孝主義」，不僅不能走向人類的共同理想，反倒成為人類走向共同理想的阻力。最後，在人生理想上，儒家因過分執著「內聖」而消除了對「外王」的落實。儒家固然標榜以「內聖外王」為人生理想，但儒家二千多年來實際上努力落實的祇是個人的成德工夫，把個人能否成德作為能否治國平天下、建立事功的前提，這樣久而久之，在強烈的「內聖」理想追求的驅使下，「外王」註定要變為空談，不可能真正落實。因為「內聖」對儒家來說是一個在時間上無限期望的過程，永無實現之日，則以「內聖」為前提的「外王」，除了空談，

---

[16] 此係傅偉勳對韋政通批判儒家之根本觀點的轉述。

[17] 韋政通撰：《儒家與現代中國》（上海：上海人民出版社，1990 年），頁 35。

[18] 同上。

豈能有真正落實的可能。[19]

　　林毓生是殷海光的學生，他對現代新儒家的批判，較之殷海光、韋政通，值得重視的是他提出了一個新視角，即從「五四」思想傳統與反「五四」思想傳統相對立的意義上批判現代新儒學的合不合時宜。林氏將「五四」反傳統從思想上總結為以「思想為根本的整體觀思想模式來解決迫切的社會、政治與文化問題」[20]。可當現代新儒家在對「五四」反傳統再反動時，他們實際上也是從「五四」這一思想傳統出發，以為走思想、文化的途徑就可以解決中國文化現代化的一切問題。但同「五四」反傳統的健將們比較起來，現代新儒家「所關心的，除了自由民主的實現之外，還包括『五四』反傳統思想所產生的各種極為嚴重的惡劣影響，他們想把這些禍害消除，期望能使中國走向一個更健康的文化和思想的未來。此外，在個人生命層面，他們的精神與中國傳統的精神資源是連在一起的，他們從中國傳統文化中獲得很大的啟發，這種啟發使得他們能不惑地面對生命層面的很多問題」[21]。可是，在林毓生看來，現代新儒家從正面肯定中國傳統文化出發尋求中國文化的未來發展，是不合適的，因為文化的發展問題「需要應用批評的精神來探討，批評並不一定蘊涵否定，……在嚴格的批評下獲得肯定的東西，才是真正不會與時俱滅的」[22]。如果從是否具有批評的精神來衡量的話，那麼現代新儒家之間相異的思想缺失就顯露得十分清楚：唐君毅「缺乏批評精神」，他的「思想方式取自佛學的華嚴宗與德國的黑格爾」[23]。他把華嚴宗「一」即「一切」看法與黑格爾的歷史觀匯合用來看中國的過去，「因此，過去的每件事都在『鏡子』裏發光，彼此照來照去，都有正面意

---

[19] 此段對韋氏觀點的闡述，參考了洪曉楠的有關論述，見《當代中國文化哲學研究》（大連：大連出版社，2001 年），頁 296-297。

[20] 林毓生撰：《中國傳統的創造性轉化》（北京：生活・讀書・新知三聯書店，1988年），頁 156。

[21] 同注 20，頁 383。

[22] 同注 20，頁 384。

[23] 同上。

義，都是合理的」[24]。可正面證明中國傳統文化的合理性，並不能為中國文化的未來發展提供建設性的啟發。與唐君毅相比，牟宗三固然在研究宋明理學方面所做出的原創性的貢獻比唐氏「大得多」，而且「在闡釋儒家哲學方面貢獻很大，但他在思考如何使傳統中國思想的精華與現代接榫，如何使它們與我們未來的政治與社會的理想銜接的時候，他的工作做的比較粗松，甚至還有閉門造車的情形」[25]。徐復觀不同於唐氏、牟氏，他「對傳統的態度是批判的反省」[26]。儘管他的批判精神表現在實際層面是生龍活虎的，可「他對自由與民主的不同與兩者之間的緊張關係，瞭解的也不夠」[27]，「他對科學的性質的瞭解也甚浮泛」[28]。所以，雖然徐復觀「能以批判精神面對中國傳統的許多現象」[29]，而他留給我們的「一個精神是面對問題」[30]，但「他個人未必找得到所有的答案」[31]。

二

較之自由主義者對現代新儒家的批判，信從馬克思主義的學者對現代新儒學的批判，其特點並不像有些港臺學者所斷言的，是一種意識形態的批判、或者說是一種出於眼前政治需要的批判，它的確也是基於對中國傳統文化以及中國傳統文化現代化的獨特認識而發出的批判，祇不過他們在認識中國傳統文化的性質、特點以及把握傳統文化現代化的途徑時，在理論上依據的是馬克思主義的立場、觀點與方法。為了說明這一點，有必要闡述張岱年先生、方克立先生的觀點，因為他們的觀點無論從原創性和影響力來說，都

---

[24] 同注 20，頁 387。

[25] 同注 20，頁 387。

[26] 同上。

[27] 同注 20，頁 387-388。

[28] 同注 20，頁 388。

[29] 同上。

[30] 同上。

[31] 同上。

集中的體現了馬克思主義派批判現代新儒學的價值取向和思想路線。

　　作為著名的哲學家和哲學史家，張岱年先生德高望重，他對現代新儒家的批判，集中在對現代新儒家關於中國文化現代化的主張的質疑上。他把現代新儒家的有關主張概括為「『儒學復興』論」[32]。在分析了「儒學復興論」得以產生的歷史背景和現實條件[33]之後，張先生指出，現代新儒家從所謂的「儒家資本主義」獲得信心，重新估價中國文化傳統，反省「五四」時期「全盤西化」的片面和極端，反對把儒家文化與現代化截然對立起來，主張將中國文化的未來放在全球意識與尋根意識的時代大背景下考察、將儒學的未來命運放在「認同」和「適應」的理論中加以考慮，都頗有見地，「但是，當代新儒家的許多基本觀點、基本方法和認為儒學有可能復興的結論，……都是很值得商榷的」[34]。由於年事已高，張先生後來沒有能夠對現代新儒家的許多基本觀點、基本方法一一予以駁斥，祇側重提出兩點來討論。首先，針對現代新儒家將儒學定義為抽象的生命之學，是哲學的人類學、道德的形上學、全面的哲學的人學，張先生提出「什麼是儒家、什麼是儒學」來討論。在張先生看來，現代新儒家的儒學定義，可質疑的有三：(1)古代儒家的流品很雜，且經歷了一系列的發展階段，則按照現代新儒家的上述定義，難免要把許多儒家學派排斥在儒學之外，因而這個定義有片面性；(2)儒家學說是普遍性與特殊性的統一，它固然包含著許多普遍性的、跨時代的積極內容，但儒家所討論的問題（諸如道德的形上學）無論如何抽象、思辨，都是為了論證道德如仁義禮智、忠孝節義，都有一定的時代性，因而這個定義有超時代性的弊病；(3)儒家嚴「君子」、「小人」之分，而儒家「人學」研究的對象，恰恰集中在「君子」身上。所以如把儒學定義為

---

[32]　張岱年、程宜山撰：《中國文化與文化論爭》（北京：中國人民大學出版社，1990年），頁386。

[33]　張先生認為，這與上世紀七十年代以來東亞出現「第三種工業文明」、歐洲中心主義和韋伯主義的失勢，以及「全球意識」與「尋根意識」的相互激勵，都有密切的關係。

[34]　同注32，頁388。

哲學的人學的話，那麼它首先、主要是士君子的人學。這一點，恰恰為現代新儒家所遺忘。其次，針對現代新儒家衹是泛泛地談所謂的儒學復興，卻沒有為儒學的現代光復設計一個切實可行的途徑，張先生尖銳地指出，「那種僅僅衹是在最一般最抽象的意義上繼承了儒學的普遍性思想的學說實際上很難稱之為儒學。……隨著政治上的民主化和文化上的多元化，儒家作為百家爭鳴中的一家一派，完全有可能活躍在世界的文化舞臺上。但是儒學在中國佔據主導地位的時代已經一去不復返了」[35]。

　　同批駁「全盤西化」論、「西體中用」論一樣，張先生對「儒學復興」論的批判，目的也在於確立他自己關於中華民族文化復興的主張——綜合創新論。「綜合創新論」，是指對中國傳統文化辨證的綜合創造，「拋棄中西對立、體用二元的僵化思維模式，排除盲目的華夏中心論與歐洲中心論的干擾，在馬克思主義普遍真理的指導下和社會主義原則的基礎上，以開放的胸襟、相容的態度，對古今中外的文化系統的組成要素和結構形式進行科學的分析和審慎的篩選，根據中國社會主義現代化建設的實際需要，發揚民族的主體意識，經過辯證的綜合，創造出一種既有民族特色又充分體現時代精神的高度發達的社會主義新中國文化。這種綜合不是無原則的調和折中，而是辯證的。這種綜合需要創造精神，是一種創造性的綜合，而這種綜合又為新的創造奠定基礎」[36]。張先生這一復興中國文化（中國文化現代化）的主張，為方克立先生所贊成。他在許多場合一再申明，在諸多關於中國文化現代化的主張中，惟有張先生的主張令他信服，「因為它既堅持了馬克思主義的文化觀，又最符合中國的國情，適應了建設有中國特色的社會主義文化的需要」[37]。但是，作為「七五」、「八五」期間國家哲學社會科學重點課題《現代新儒家思潮研究》主要的主持人，方先生對現代新儒家的批判，並非僅僅局限於重複地傳述張先生的觀點，而是在認同張先生觀點的同時，進一步從學理上對現代新儒家的基本理論、基本觀點、基本方法展開了學術批

---

[35] 同注 32，頁 392。

[36] 同注 32，頁 399。

[37] 轉引自洪曉楠《當代中國文化哲學研究》，頁 124。

判。方先生首先肯定，在中國近現代三派（馬克思主義派、自由主義西化派、文化保守主義派）抗衡的文化態勢中，現代新儒家作為文化保守主義派的典型代表，自有它存在的合理性，值得研究，不能以簡單的徹底否定態度置之不理。但他同時強調，認真、客觀、公允地研究現代新儒家，並不等於認同他們的基本理論、基本觀點、基本方法，而恰恰是為了在有關中華民族的前途、中國文化的命運之類大是大非問題上，堅持與現代新儒家完全不同的立場：(1)現代新儒家所提倡的「儒家資本主義」的發展道路，在中國沒有現實的可能性，因此作為一個學派它在社會上產生的迴響是很小的；(2)儒家作為人類多元文化中之一「家」的地位和歷史價值將是永存的，但這並不等於現代新儒家復興儒學的努力必定是合理的、有效的，「現代新儒學如果不改變其『中體西用』、『內聖外王』、『道德優先』的思想格局，把基礎（『體』、『本』）、重點從心性體驗轉換到現代化建設方面來，那麼它就很難得到現代中國人的認同；如果真得實現了這一轉換，那麼它就不成其為現代新儒學了」[38]；(3)在未來中國社會主義新文化以及世界文明中，儒學精華通過「創造性的轉化」作為一個部分、一種成素被繼承、保留下來，但它扮演的祇能是「辭彙」的角色，而不能是「文法」[39]。正是因為堅持提倡以馬克思主義立場科學的研究現代新儒學，所以對大陸個別學者偏離馬克思主義立場，基於情感認同而信服現代新儒家的觀點，甚至主張建立「大陸新儒學」（或曰「社會主義新儒學」），方先生感到深深的擔憂，公開申明他對此類主張不能苟同：「我贊成吸收包括儒學在內的中國傳統文化精華來豐富和發展中國化的馬克思主義，而不相信在我國封建社會長期作為占統治地位的意識形態的儒學思想體系在今天能夠全面『復興』，並成為我國現代化的指導思想，我也很難理解所謂包容了馬克思主義的『大陸新儒學』或『社

---

[38] 方克立撰：〈現代新儒學的發展歷程〉之「結束語」，見《現代新儒家學案》上冊（北京：中國社會科學出版社，1995 年），頁 51。

[39] 同上。

會主義新儒學』究竟是什麼」[40]。

<h1 style="text-align:center">三</h1>

　　站在自由主義、馬克思主義立場上批判現代新儒家，從某種意義上講，可以視為馬克思主義派、自由主義西化派在當代繼續與文化保守主義派抗衡。儘管這一抗衡仍然構成了當代中國文化思想運動的主流，理應重視，但對新儒家來說，來自自由主義者的批判，未必不是出自洋奴心態；而來自馬克思主義者的批判，未必不是社會主義意識形態在作怪，所以他們靠著其自矜的那麼一份「良知的傲慢」[41]，甚至不屑去回應這兩方面的批判，反倒重視回應來自非自由主義者、非馬克思主義者的批判。

　　這裏用一個「非」字將所有不是從自由主義和馬克思主義立場出發批判現代新儒學的學者的觀點歸為一談，實在是囿於篇幅不得已而為之。儘管如此，由於發出批判的主體其身分十分複雜，我們既無法逐一敘述也難以恰當的概述，祇好分作下面四個方面來闡述：同情性的批判，不同情性的批判；認同性的批判，不認同性的批判。

　　所謂同情性的批判，就是不從情感上、立場上排斥，而是基於對現代新儒學存在合理性的承認而從學術上批判它的理論困境與缺失。為說明這一批判的基本傾向，不妨具體以余英時的觀點來談。余氏雖然被「現代新儒學思潮研究」課題組判為現代新儒家第三代代表人物之一，但他自己申明其是以「局外人」的身分批判現代新儒家的得失。余氏承認現代新儒學存在的合理性及其價值，曾十分明確地說：「根據我個人的瞭解，新儒家的主要特色是用一種特製的哲學語言來宣傳一種特殊的信仰。在這個信仰普遍衰微的時代，新儒家如果能發揮一點『起信』的功用，哪怕僅僅限於三五人，仍然有

---

[40]　方克立撰：《現代新儒學與中國現代化》（天津：天津人民出版社，1997 年），頁 419。

[41]　余英時撰：《現代儒學論》（上海：上海人民出版社，1998 年），頁 222。

益於社會秩序。我個人不但不反對，而且十分願意樂觀其成」[42]。但是，余英時同時強調，現代新儒家以最極端的「六經注我」方式闡述儒學的意義與現代價值，「其中不免留有許多值得商榷的地方」[43]。首先，儒學不是一種單純的哲學和宗教，而是一套全面安排人間秩序的思想體系。這個思想體系在古代是通過儒學的制度化發揮作用，可在現代，「儒學和制度之間的聯繫中斷了，制度化的儒學已死亡了」[44]，則失去制度保證的儒學死亡後「已成為一個遊魂了」[45]。既然如此，現代新儒家欲讓儒學獲得新生，「那麼儒學又將以何種方式維持它的新生命呢？它將從此成為『遊魂』呢？還是要『借屍還魂』呢？」[46]其次，現代新儒家以接續儒家「道統」為己任，但他們建「道統」的根據，在最關鍵的地方並不是依靠哲學論證，而是「假借於超理性的證悟」[47]。證悟必然是個人的私經驗，往往因人而異，甚至同一個人也前後不同，那麼「究竟怎樣才能斷定儒學史上誰曾見過『道』，誰未見過『道』？又如何分辨所悟者是真『良知』，還是僅是『良知的光景』？」[48]憑著「良知的傲慢」，現代新儒家固然不屑於回應此類責難，但他們的道統觀畢竟給廣大的「門外人」認識儒學「構成了不可克服的理解上的困難」[49]；再次，現代新儒家為了將西方的「民主」與「科學」納入中國文化的原有系統之內，不得不別出心裁提出「內聖開出外王」說。「內聖開出外王」的主要論據是「良知自我坎陷」說。雖然「良知」人人具備，但「良知」自覺「呈現」對普通人來說幾乎沒有可能，所以現代新儒家的「開出說」不可能將開出民主與科學的希望寄託於民眾自覺的「良知呈現」，很可能是希望靠他們以「先覺覺後覺」的方式激發中國人的良知，然後民眾再通過「良知

---

[42] 同注41，頁224。

[43] 同上。

[44] 同注41，頁232-233。

[45] 同注41，頁233。

[46] 同上。

[47] 同注41，頁204。

[48] 同注41，頁205。

[49] 同上。

的自我坎陷」以開出民主與科學。但這「也立即遇到一個難解的困境：新儒家既然不是以傳『教』為本業，那麼將以何身分並通過何種方式來點拔中國人的良知而期其必從呢？不但如此，中國人追求民主與科學至少有一百年的歷史，還在新儒家出現之前。這是不是說，良知早已啟動，不必等到『先覺』的激發了呢？」[50]

　　不同情性的批判，是一種情緒化的批判，而其對現代新儒家不滿的情緒又與其潛意識裏對儒學深深的反感有密切的關聯。劉緒貽對現代新儒家的批判，可謂這一批判的集中反映。劉氏並不專門從事現代新儒家研究，他對現代新儒家的批判，不是出於對現代新儒家學說的同情的理解，而是由於對「儒學又以現代新儒學的名義卷土從來」深深「不安」而禁不住要發出批判。「不安」是一種心理狀態，它在劉氏身上產生，與其說是對儒學價值的反思，不如說是對當前「儒學熱」的擔憂。劉氏認為，儒學是阻礙中國現代化的非常重要原因，所以現代新儒家提出「三統」、「良知坎陷」、「內聖開出新外王」說，通過拐彎抹角的詭辯，企圖證明儒學具有促進中國現代化的作用，不啻荒唐，也是徒勞的。「由於現代新儒學不合時宜，對現代化毫無助益，祇能給那些反馬克思主義者和對現代化進行反思和批判的人們提供某種安慰」[51]，所以在劉氏看來，研究現代新儒學對中國的現代化不但毫無意義，而且會影響對儒學的批判力度、有利於在大陸全面復興儒學。而在高新科技推動的、日益加強的全球化進程中，如果使儒學復興，「它不會使中國失去競爭力，再次淪為半封建半殖民地嗎？」[52]正是為這一擔心所遮蔽，劉氏沒有能夠清楚地區分「大陸儒學研究」和「大陸新儒家」，往往將兩者混為一談，把對現代新儒學的批判矛頭轉向了關於現代新儒學的傳述與研究：「報刊上鼓吹儒學的文章不斷，直至 20、21 世紀之交，不僅給現代新儒學的發展以可乘之機，使在臺灣頭等學術機構無法堂堂皇皇宣講的現代新儒學，卻能在大陸頭等學術機構堂堂皇皇宣講，還使得有些人能像封建王朝

---

[50]　同注 41，頁 215。

[51]　劉緒貽撰：〈現代新儒學評介〉，該文見《學術界》2002 年第 6 期。

[52]　同上。

和國民黨時期某些軍閥一樣，提倡起比現代新儒學更具封建性的『經書』來。……近年來，教育界似乎刮起了『復古』之風，四書五經重新走進了一些學校的課堂，……全國有 100 萬孩子加入了讀經的行列，……書櫃上擺的《論語》、《孟子》、《大學》、《中庸》等書，每種都有好幾個版本」[53]。既然傳述儒學「極有害於我國改革開放和現代化事業」[54]，那麼為此而憂心忡忡的劉氏，就不可能對當前出現的「儒學熱」等閒視之，必然要予以痛斥。

　　所謂認同性的批判，是指那些從學理上肯定現代新儒家的問題意識及討論有關問題的價值與貢獻，但同時從學理上批判現代儒家的理論缺陷。這方面最為典型的批判，是傅偉勳的批判。傅氏的批判，主要針對牟宗三的觀點而發。在充分肯定牟宗三學說的理論意義和理論貢獻的同時，傅氏主要批判了牟氏在理論上的三大缺陷。(1)對牟宗三從「德行優先於知識」立場出發所做的有關「中國哲學特質」的判斷，傅氏沒有局限於具體論斷的剖析，而直接指向「德行優先於知識」在邏輯上是否成立。他認為，專就以儒家「知行統一」挑戰西方「分裂知行為二」這一點講，他同意牟宗三所標榜的「儒家『德行優先於知識』」[55]，但為避免泛道德主義，有必要改「『德行』二字為包括德行在內的『生死智慧』四字」[56]。如果超出了這個範圍，在普遍的意義上強調「德行優先於知識」，以為經驗（知識）世界的證成基於道德境界的確立，則它在邏輯上是不能成立的，「因為無論如何搬弄美妙動人的詞句，哲學上還是無由證立（justify）『宇宙秩序是道德秩序』是一種可以超越主體的『客觀必然性』，科學上更無法驗證（verify）或反證（falsify）其『客觀必然性』」[57]。而牟宗三的失誤，不在於他從實踐理性的層面強調

---

[53] 同上。

[54] 同上。

[55] 傅偉勳撰：《從西方哲學到禪佛教》（北京：生活・讀書・新知三聯書店，1989年），頁 37。

[56] 同上。

[57] 同注 55，頁 454。

「德行優先於知識」，而在於他強調「本心仁體或性體雖特彰顯於人類，而其本身不為人類所限，雖特彰顯於道德之極成，而不限於道德界，而必涉及存在界而為其體，自為必然之歸結」[58]，走向了泛道德主義，以為道德秩序就是宇宙秩序。所以傅偉勳尖銳地批評道，牟宗三所謂道德本體之為宇宙本體（存在界）的「『必然之歸結』的『必然』，決不可能是『邏輯性的必然』，而祇能是實存主體性的必然」[59]。而牟氏之所以「一方面強調心性體認本位的心學為儒家哲學的奠基，另一方面卻又混同了實存主體性與絕對客觀性，目的當然是在通過心界與外界的雙重道德化，抬高儒家『道德的理想主義』為放諸四海而皆準的最高哲學原理」[60]。(2)在牟宗三的論述裏，心性本體必為形上本體之論，不能算作邏輯證明，祇是徑直被歸結為「良知的呈現」。也就是說，在牟宗三看來，不必企圖證明心性本體必為形上本體，因為良知作為道德本體，其道德意義之直接呈現也就同時意味著其作為形上本體之意義的證成。這種有獨斷論之嫌的斷言，被傅偉勳批評為「光說『良知是真實，是呈現』，在哲理上未免太過簡單，不夠充分」[61]。(3)對牟宗三所倡「儒家道德主體自我坎陷而為認知主體之說」[62]，傅偉勳「考慮了良久終覺牟先生『自我坎陷』一辭不但易生誤解，而且有泛道德主義偏向之嫌，免不了以儒家的有色眼鏡去看『知性探求』的存在理由與價值意義」[63]，因而不得不提出批評。傅氏對「良知自我坎陷」說的批評，重在揭露其說必然產生的難點：首先，此說並無經驗事實的根據，因為就事實講「幾乎所有的科學工作者並不先（有意識地）去挺立自己的道德主體或呈現良知，然後才去從事於純粹知性的科學探索」[64]。不過，這個責難還攻不到此說的根本要

---

[58] 傅偉勳撰：《生命的學問》（杭州：浙江人民出版社，1996 年），頁 208。

[59] 同注 58，頁 209。

[60] 同上。

[61] 同注 55，頁 241。

[62] 同注 55，頁 31。

[63] 同注 55，頁 446。

[64] 同上。

害，因為此說所關涉的是哲學道理，而非經驗事實。其次，「就科學知識產生的過程（即科學發展史）言，並無所謂道德主體的挺立或本心本性的自我覺醒在先，而後才有科學知識的形成與發展的」[65]；在「我們生命的種種價值取向當中，『善』的創造體現（人倫道德層面）與『真』的探索展現（知性探索層面）是必須儼予分辨的兩種事體，即便良知沒有呈現，即便道德主體性未曾挺立，我們還是要從事於科學研究的，因為我們的『知性探求』有其獨立主體的存在理由與形成客觀真理（但不是絕對真理）的價值意義。」[66]再次，即便嚴格地就此說的真正的意義（應指在生命更高層次的價值取向上我們的道德主體對於從事科學探索的認知主體施行一種道德上的指導或價值上的規制）來理解，此說「仍有泛道德主義偏向之嫌，仍令人感到，『自我坎陷』說的形成，還是由於當代新儒家為了應付尊重『知性探求』獨立自主性的西方科學與哲學的強烈挑戰，而被迫謀求儒家思想的自我轉折與充實（決非所謂『自我坎陷』）的思維結果，仍不過是張之洞以來帶有華夏優越感的『中學為體，西學為用』這老論調的一種現代式翻版而已，仍突破不了泛道德主義的知識論框架，而創造地發展合乎新時代需求的儒家知識論出來」[67]。

　　所謂不認同性的批判，不是出於情感上拒斥，而是基於對現代新儒家基本理論的否定。這一批判的特點，鮮明地體現在李澤厚的批判裏。與余英時不同，李氏雖然沒有被「現代新儒學思潮研究」課題組判為現代新儒家第三代代表人物，但他自己卻以新傳統主義自居，樂意被劃歸現代新儒家陣營。李氏也不同於傅偉勳，傅氏雖然沒有以新儒家的傳人自居，但傅氏希望通過對牟宗三理論缺陷的批判以推進牟宗三的理路，可李氏雖然樂意做一個現代新儒家，但他並不認同現代新儒家的基本理論與基本觀點，更無意於在理論上推進現代新儒家的理路，祇是一味地從學術上批判現代新儒家的理論與學術失誤。其一，現代新儒家，尤其牟派，仿照佛教「判教」的做法，以是否

---

[65]　同上。

[66]　同注 55，頁 446-447。

[67]　同注 55，頁 448。

承續和護衛道統為標準，將儒學發展判為「三期」，以確立他們自己在儒學
發展史上的「第三期」地位。針對現代新儒家將儒學發展僅分為先秦、宋
明、現代三期，李氏尖銳地指出，這不是依據客觀標準，「是明顯的偏見」
[68]，因而「在表層上有兩大偏誤。一是以心性——道德理論來概括儒學，失
之片面。……『三期說』以心性道德的抽象理論作為儒學的根本，相當脫離
甚至背離了孔孟原典。第二，正因為此，『三期說』抹殺荀學，特別抹殺以
董仲舒為代表的漢代儒學」[69]。其二，在李氏看來，與「三期說」表層的偏
誤相比，牟派的現代新儒學更為重要的深層理論困難有兩點：一是「內聖開
外王」，另是「超越而內在」。「內聖開外王」說主張由完滿自足、至高無
上的道德理性，經過「良知」自我「坎陷」（否定），變為認識理性，從而
接受西方現代民主、科學而開出「新外王」。李氏認為，此說理論上「非常
晦澀而曲折」[70]，它的根本困難是無法解釋「坎陷」的動力和可能何在。他
反問道：既然「高懸道德心性作為至高無上的本體，宇宙秩序亦由此出發
（道德秩序即宇宙秩序），那又何需現代科學與民主（均與傳統道德基本無
關）來干預和參與呢？這不是理論上的附加累贅麼？」[71]這個理論困難，對
牟派現代新儒家來說，尚不是致命的，而「內在超越說」可以說是他們「致
命傷的理論困難」[72]。「內在超越說」一方面否定外在超驗的上帝，將內在
的心性（道德本體）作為宇宙的本體，另一方面模仿西方「兩個世界」的構
架，將人的「心性」說成是「超越」的，並強調此超越的「本體」又內在於
現象界。在李氏看來，這樣講「超越」，是荒唐的，「超越」本意就是指超
越經驗，超越的存在祇能是外在的上帝，而不可能是經驗範疇的人及其「心
性」。因此，「一方面強調中國傳統的『即人即天』，『性體』即『心

---

68 李澤厚撰：〈說儒學四期〉，該文見《己卯五說》（北京：中國電影出版社，1999
　　年）。

69 同上。

70 同上。

71 同上。

72 同上。

體』；另方面，又要將本不能脫離感性以及感情的『仁』、『惻隱之心』、『良知』，說成是內在的『超越』（transcendent）或『先驗』（transcendental），便不能不產生既超驗（與感性無關，超越）又經驗（與感性有關，內在），既神聖（上帝）又世俗（人間）的巨大矛盾」[73]。

---

[73] 同上。

現代新儒家的理想、困境與迷失

　　現代新儒家在 20 世紀為復興儒學所做的一切努力，都為尋求儒學現代化這個理想所驅使。為了這個理想的實現，他們費神地設定了種種實現儒學現代化的途徑。儘管如此，他們在推行儒學現代化運動的過程中，始終處於困境，難以消解現代民眾在情感上排斥儒學。對這個困境，現代新儒家雖然有清醒的認識，但他們並不想從情感上贏得現代民眾對儒學的認同。他們之所以不重視培養現代民眾認同儒學的特殊情感，是因為他們在認識上陷入了迷失。本文希望通過對現代新儒家理想、困境與迷失的揭示和分析，以說明決定儒學現代復興的關鍵在於現代民眾真正在情感上認同儒學。

一

　　現代新儒家被判為一個學派，主要不是根據所謂「門戶」，而是根據其思想上的「共性」。對於什麼是現代新儒家思想上的「共性」，研究者的認識不可能完全一致，因而對某個思想家該不該判為現代新儒家的爭論也就在所難免。這一爭論，在早期對於準確地確定研究對象、研究範圍，有著積極意義。但長期爭論下去，勢必要影響對根本問題的關注。或許是考慮到了這一點，成中英先生提出應區分「新儒學與新儒家」。按照成中英先生的解釋，兩者的區分在於：新儒學是「跳出固定的儒家傳統講」[1]，而新儒家是「接著一個儒家傳統講儒家」[2]。從這個解釋可以看出，成中英先生是以

---

[1]　成中英撰：〈當代新儒學與新儒家的自我超越——一個致廣大與盡精微的追求〉，載《新儒家評論》第二輯（北京：中國廣播電視出版社，1995 年），頁 17。

[2]　同上。

「新儒學」泛指整個現代（當代）的儒學研究，而以「新儒家」特指當代研究儒學的某個特定的群體。儘管這一區分未必能徹底解決已有的爭論，但我們認為他無疑提出了一個十分重要的觀點，即將是否預先認可儒學的現代價值作為判定是否屬於現代新儒家的標準。按照這個標準，當代學者希望通過研究對儒家學說「作出力圖公平而恰當的評價，以為個人理解、行為或公共政策改革的參考」[3]，就祇能納入「新儒學」；相反，當代學者若「在已經確認或堅信的價值基礎上發展和創立一套思想的體系或命題，倡議其普遍真理性和必要性」[4]，則應納入「新儒家」。

　　現代新儒家對儒學的現代價值的肯定既然是在他們詮釋儒學的現代性之前就預先設定了的，那麼，他們關於儒學現代價值、現代意義、現代走向的種種分析與說明，其實已不屬於理論上的「探索」，而屬於目的性很明確的一種演示或證明。因此，從根本上講，現代新儒家關於儒學現代價值、現代意義的不同見解[5]，並非出於不同的價值取向，祇不過是詮釋方式有所不同而已。儘管詮釋方式上的差異可以不斷深化對同一主題的認識，但在思想基礎相同、目的相同的前提下，其認識無論深化到什麼程度，也不至於造成背離其既定目標的結果。所以，雖然經過了幾代傳人的不懈努力，但在如何實現儒學的現代價值這個問題上，現代新儒家的認識至今仍未能有實質性的突破。

二

　　現代新儒家關於如何實現儒學現代價值的認識，雖然迄今仍未有實質性的突破，但他們對儒學走向現代、走向未來的說明在詮釋方式上卻呈現出多

3　同上。

4　同上。

5　如有人認為儒學的現代意義在於儒學有推進現代化的內在要求；有人卻認為儒學的現代價值在於它有適應現代要求的嶄新內容；有人則認為儒學的現代意義在於它可以拯救沒落的現代人文精神；有人認為儒學的現代意義在於它可以為現代人提供終極關懷。

樣性。在早期，現代新儒家對儒學現代意義的詮釋，往往以論證中國文化如何復興這一方式來表達，例如聲稱自己在學術上「除替釋迦孔子去發揮外更不作旁的事」[6]的梁漱溟，當年倡導復興儒學，就是藉論中國文化如何復興來談的。在梁漱溟看來，「世界未來文化」就是指「中國文化復興」；而「中國文化復興」，僅僅意味著「走孔子的路」[7]。當他把「中國文化復興」確定為「走孔子的路」時，他便認定儒學對現代中國社會乃至整個世界的未來都具有不可取代的指導價值。因此，他所要作的進一步論證，就不是為了提示「中國文化復興」為何要「走孔子的路」，而祇是為了揭示「世界未來文化」為何必然要「走孔子的路」。

　　根據《東西文化及其哲學》中的論述，我們得以清楚地瞭解：梁漱溟斷言「世界未來文化」必然要「走孔子的路」，是基於他對中西印三大文化系統的比較。他認為文化是「民族生活的樣法」[8]，而「生活就是沒盡的意欲」[9]。根據這個文化定義，他在進行中西印文化比較時，竭力證明中西印三大文化分別體現了人類生存「意欲」之發用的不同路向。人類生存「意欲」的發用，在他看來，祇能走「三個不同的路向」：「（一）向前面要求；（二）對於自己的意思變換、調和、持中；（三）轉身向後去要求」[10]，因而他也就很方便地把中西印三大文化的差異歸結為這三種生活態度的差異：西方文化體現了「第一條路向」，「以意欲向前要求為根本精神」；中國文化體現了「第二條路向」，「以意欲自為、調和、持中為其根本精神」；印度文化體現了「第三條路向」，「以意欲反身向後要求為其根本精神」[11]。這種差異，雖不足以表明中西印三大文化之間存在著所謂優劣高

---

[6]　中國文化書院學術委員會編：《梁漱溟全集》第 1 卷（濟南：山東人民出版社，1989年），頁 344。

[7]　同注 6，頁 498。

[8]　同注 6，頁 352。

[9]　同上。

[10]　同注 6，頁 382。

[11]　同注 6，頁 383。

低，但作為不同生活態度的體現，它們對於人類生活的「合宜不合宜」[12]，又確實隨時代的變化而變化。中西印三大文化不可能在同一時代裏同時都合宜。這顯然是就人類文化發展的常規而言的。因為由「第一路向」經「第二路向」走向「第三路向」，是任何民族的文化發展都不可違背的文化發展常規，所以，像中國人那樣，不待第一路走完，「便中途拐彎到第二路上來」[13]，屬於文化上的早熟，是不合時宜的；像印度人那樣，「不待第一路第二路走完而徑直拐到第三路上去」[14]，也屬於文化上的早熟，也不合時宜。

　　但是，對於解決近代人的生活問題不合時宜的中印文化，隨著時代的變化，總會有「機運到來」[15]，而根據人類文化發展的常規，印度文化之合時宜，或者說印度文化之復興，當出現在中國文化復興（意味著中國文化之合時宜）之後，所以，當人類想拋棄西方人所走的「第一路向」（因為此路向已走到極端，已弄得人類社會「病痛百出」）而轉向「第二路向」發展人類文化時，以前「不合時宜的中國態度遂達其真必要之會」[16]。中國人生活態度之合時宜，決定了世界未來文化發展必然要走中國所走的「第二路向」。而走「第二路向」，也就是走「孔子的路」，因為中國人的生活態度即孔子所認定的態度。但梁漱溟在如此論證世界未來文化為何必然要「走孔子的路」的同時，又強調指出，所謂「走孔子的路」，決不是指「孔家」思想的簡單「復古」，而是指「孔家」思想在現代歷史背景下的「復興」。問題是，通過什麼途徑才能復興？這個問題，用他自己的話來說，是這樣提的：「我們中國人現在應持的態度是怎樣才對呢？對於這三態度何取何捨呢？」[17]他的回答是：「第一，要排斥印度的態度，絲毫不能容留；第二，對於西方文化是全盤承受，而根本改過，就是對其態度要改一改；第三，批評的把

---

[12]　同注6，頁526。

[13]　同上。

[14]　同上。

[15]　同上。

[16]　同上。

[17]　同注6，頁528。

中國原來態度重新拿出來」[18]。這三條，可以視為他關於如何實現儒家思想的現代價值、如何實現中國文化現代復興的具體原則。

有人認為，既然梁漱溟主張在堅持中國人原有的生活態度的前提下全面地吸收西方文化成果，那麼他關於如何實現儒學現代化、如何實現中國文化現代復興的認識，在思想上就不可能超越「東西方文化融合」的思維模式。作為對梁漱溟思想實質的一種評論，此說或許不無道理，但它顯然忽視了梁漱溟本人的申明：他不贊成通過中西文化的調和和融通以實現中國文化的現代復興。梁漱溟之所以不贊成「將東西文化調和融通，另開一種局面作為世界的新文化」[19]這一主張，斥之為「祇能算是迷離含混的希望，而非明白確切的論斷」[20]，是因為他認為這兩種文化分別體現了東西方人不同的生活態度，在本質上具有不可調和性。

其實，即便梁漱溟未作這一申明，僅從他強調人類文化發展祇能走「三個不同的路向」這點加以理解，也不難體會梁漱溟的願望的確是想避免通過「東西方文化融合」的途徑以實現中國文化的現代復興。但值得深思的是，儘管他的「三路向」說在當時就引起了廣泛的重視，但現代新儒家其他代表人物在以後推行儒學現代化運動時，卻始終沒有理會梁漱溟的這一願望，總是重複地發表著通過「東西方文化融合」的途徑以實現中國文化現代復興的主張，儘管他們各有各的說法。

張君勱指出，儒學的復興，「有助於或者是中國現代化的先驅」[21]，因為它「並不與現代化的意思背道而馳，而是讓現代化在更穩固和更堅實的基礎上生根和建立的方法」[22]。但要復興儒學，必須「就儒家哲學與西方哲學

18　同上。

19　同注 6，頁 341-342。

20　同注 6，頁 342。

21　張君勱撰：〈中國現代化與儒家思想復興〉，載《當代新儒家》（北京：生活・讀書・新知三聯書店，1989 年）。

22　同上。

審查之比較之，以求更進一步之融會貫通」[23]，因為祇有通過中西哲學比較，才「可以看出中國哲學思想的缺點與優點」，「以新的方法來評價舊的哲學思想」[24]。

張君勱的主張，實質上是把能否確立評價儒學的「新方法」作為是否實現儒學復興的前提。這個認識，卻不為賀麟所首肯，因為他把儒學能否復興視為「儒化西洋文化是否可能」[25]，強調所謂「儒化西洋文化」，就是指在「歸本於儒家思想」[26]的前提下，通過「吸收、轉化、利用、陶熔西洋文化以形成新的儒家思想，新的民族文化」[27]。所謂「新的儒家思想」，當然是相對「舊的儒家思想」而言的。舊的儒家思想，在賀麟看來，包括三個方面，即關於「真」的理學、關於「善」的禮教、關於「美」的詩教，故他明確指出，要實現儒家思想的現代復興，或者說「儒家思想的新展開」，必須通過三條途徑：「第一，必須以西洋之哲學發揮儒家之理學」；「第二，須吸收基督教之精華以充實儒家之禮教」；「第三，須領略西洋的藝術以發揚儒家之詩教」[28]。

賀麟的思路，顯然可以納入「中體西用」的範疇。連他本人對此也不諱言，否則他不會強調：所謂「儒化西洋文化」，也就是「以中華民族精神為體以西洋文化為用」[29]。但「中體西用」之行不通，如同要牛體有馬用之行不通一般，早就被嚴復所駁斥。或許考慮到了這一點，馮友蘭在談中國文化如何實現現代化時，就力圖避免這一思路，而竭力論證中國文化的現代化必須通過轉變其文化類型來實現。他認為，「中國與西洋之不同乃由於其所屬

---

23 同上。

24 同上。

25 賀麟撰：〈儒家思想的新展開〉，收入《文化與人生》（北京：商務印書館，1988年），頁6。

26 同注25，頁7。

27 同上。

28 同注25，頁8-9。

29 同注25。

於之文化類不同」[30]。因此，中國文化的現代化，不能照「全盤西化論者」的主張辦，「將中國文化之一特殊底文化完全變為西洋文化之一特殊底文化」[31]，亦不能照「部分西化論者」的主張辦，取西方文化中的「部分以『化』中國文化」；還不能照「中國本位文化論者」的主張辦，僅僅關注所謂「存其所當存、去其所當去」和「可取而當取」[32]，而必須「從類的觀點」看文化，通過對中西文化類型差異性的分析與比較，「用一種文化來闡明另一種文化」[33]，以便改變中國文化類型，使「我們的文化，自一類轉入另一類」[34]。所謂「自一類轉入另一類」，具體地講，是指將中國文化由生產家庭化的文化轉為生產社會化的文化。馮友蘭並沒有深入說明這種轉變是以社會形態的根本改變為基礎的，他祇是明確指出：雖然這種轉變屬於整個文化結構的全面改變，但它既沒有放棄「中國本位論」的立場，亦沒有取消中國文化的特殊性，因為「各類文化本是公共底，任何國家和民族俱可有之，而仍不失為某國或某民族」[35]。

馮友蘭曾明確指出，他對中西文化進行比較研究，「並不是為了判斷孰是孰非」[36]，而是為了通過「東西文化的相互闡明」[37]，以實現中西文化之互補：「歐洲的哲學思想將由中國哲學的直覺和體會來予以補充，同時中國的哲學思想也由歐洲的邏輯和清晰的思想來予以闡明」[38]。就這一點而言，方東美的認識與馮友蘭的認識在本質上沒有什麼不同，因為方東美也認為中

---

[30] 馮友蘭撰：《新事論》第一篇，見《貞元六書》上（上海：華東師範大學出版社，1996 年），頁 221-232。

[31] 同上。

[32] 同上。

[33] 同上。

[34] 同上。

[35] 同上。

[36] 田文軍編：〈馮友蘭新儒學思想資料選輯〉，見《現代新儒家學案》（中）（北京：中國社會科學出版社，1995 年），頁 140-141。

[37] 同上。

[38] 同上。

國傳統文化的現代復興意味著中西文化通過「互補」而實現了「會通」。但方東美的講法，卻與馮友蘭大異。他不是從「轉變文化類型」展開論證，而是從「共命慧」立論。方東美認為文化歸根結底是一個民族的集體智慧的產物。所以，當他以「共命慧」稱謂民族集體智慧時，他顯然是想把東西文化的差異從根本上歸結為不同民族之「共命慧」的差異：古希臘人的「共命慧」曰「如實慧」，從而演出「契理文化」；近代歐洲人的「共命慧」曰「方便慧」，從而演出「尚能文化」；中國人的「共命慧」為「平等慧」，從而演出「妙性文化」。三種文化，均不能無弊，希臘之失在違情輕生，歐洲之失在馳情逞幻，中國之失在乖方敷理，矯正諸失，既需自救，更需他助。「希臘之輕率棄世，可救以歐洲之靈幻生奇；歐洲之誕妄行枉，可救以中國之厚重善生；中國之膚淺蹈空，又可救以希臘之質實妥帖與歐洲之善巧多方。」[39] 未來的「超人」文化，正是基於這三種文化的自救與互補。

　　當方東美主張通過「自救、他助」途徑以實現中國文化的現代復興時，他在思想上已認定惟有實現了中國文化的復興，才能克服中國文化精神在近現代日益衰落的嚴重危機。但這種視角[40]，不為他的學生唐君毅所認可，因為唐君毅認為中國文化精神「從未衰微，亦永不會衰微」，它「貫注於中國過去歷史中，表現於中國過去文化，亦貫注於中國當前之現實之歷史中，而必再表現於中國未來文化之形成」[41]。基於不承認中國文化精神在近代已經衰微這一認識，他強調，中國文化的現代復興，祇能通過「返本開新」的途徑來實現。「返本」，重在對中國文化作「正本清源」的工作，「重新肯定清以前之儒學精神」[42]；「開新」，乃是就「百年來中國人所感受之中西文

---

[39]　方東美撰：〈哲學三慧〉，收入《生生之德》（臺北：黎明文化事業股份有限公司，1985 年），頁 157。

[40]　指這樣的認識：在承認中國文化精神在近現代已經衰落的前提下，尋找中國文化現代復興的途徑。

[41]　唐君毅撰：《人文精神之重建》，轉引自《現代新儒家學案》（下）（北京：中國社會科學出版社，1995 年），頁 304-305。

[42]　同注 41，頁 309。

化之矛盾衝突，而在觀念上加以融解」[43]，以便對西方文化的長處「加以接受，欣賞，更超過之，轉化之，使西方來之科學技術、民主、宗教，人文化、禮樂化，以形成一莊嚴闊大之人文世界，禮樂世界」[44]。

　　唐君毅雖然強調「返本」與「開新」對於復興中國文化都是必要的，但他更看重「返本」，因為他認為「中國人文精神之返本，足為開新之根據」[45]。可是，「返本」何足以成為「開新」之根據呢？對這個在我們看來理應回答的問題，他除了老實地承認他未能將「返本與開新之道，皆說出」[46]之外，並沒有作出正面的回答。這一理論上的不足，從某種意義上講，由牟宗三的「坎陷」說給予彌補，因為「良知自我坎陷」說的提出正是從理論上說明儒家思想何以在保持儒家常道不變的前提下，開出新局面、求得新發展。牟宗三認為，儒家的學問原來講的是「內聖外王」，「內聖」屬於儒家常道所在，無新舊可言，是永恆的。既然是永恆的，當然也就沒有必要進行現代化，則儒學的現代化就祇能從「外王」方面講。所以，他有時徑直將儒學的現代化說成是「開這個時代所需要的外王，亦即開新的外王」[47]。所謂「開新外王」，按照其弟子蔡仁厚的簡要解釋，包括二方面的內容：「一行是『國家、政治、法律』，完成民主建國，一行是『邏輯、數學、科學』，開出知識之學。」[48]「新外王」的開出，並不意味著以現代的科學、民主精神改變儒家的「外王之學」，因為儒家原本就有重民主的傳統，祇是在後來的發展中，這個內在精神沒有充分的開出來，現在開出「新外王」，正是「順著內在目的（開物成務、利用厚生）而來的一步必然要求」[49]。問題是，此

43　同注 41，頁 308。

44　同注 41，頁 316。

45　同注 41，頁 308。

46　同上。

47　牟宗三撰：〈從儒家的當前使命說中國文化的現代意義〉，見《中國文化論文集》（二）（臺北：幼獅文化事業公司，1980 年），頁 11。

48　蔡仁厚撰：〈如何瞭解儒家的學問〉，見《中國文化論文集》（三）（臺北：幼獅文化事業公司，1981 年），頁 41。

49　牟宗三撰：《現象與物自身》，轉引自《現代新儒家學案》（下）（北京：中國社會

「內在目的」何以會必然向外開出「新外王」？這用牟宗三自己的話說，叫做「如何由明覺開知性？」。所謂「知體明覺」，既是「道德的實體，同時亦即是存有論的實體」[50]，它通常被牟宗三略稱之曰「良知」。「知體明覺」或曰「良知」所以能必然開「知性」，是因為「良知」能「自覺地坎陷其自己」：「知體明覺不能永停在明覺之感應中，它必須自覺地自我否定（亦曰自我坎陷），轉而為『知性』；此知性與物為對，始能使物成為『對象』，從而究知其曲折之相。它必須經這一步自我坎陷，它始能充分實現其自己，此即所謂辨證的開顯」[51]。

三

　　現代新儒家關於儒學如何現代化的種種論述，是有積極意義的，因為它客觀上促進了儒學由傳統走向現代，不但為我們立足現代來把握儒學的價值提供了現實的可能，也為我們更深入地瞭解東西方文化精神之同異提供了方便。但是，現代新儒家竭力闡述儒學的現代意義，並不是僅僅為了從理論上證明儒家精神的現代價值，為我們建設現代精神文化提供參考，而是為了實現他們的最終理想，即以儒學克服當代文化意義危機，進而構建以儒學為精神內核的人類未來的新型文化。

　　現代新儒家的這一理想是美好的，但要實現它，在我們看來，應首先具備一個前提，即現代民眾的確真誠地接受儒學，情願以儒家的價值觀作為他們精神生活的基本價值取向。但遺憾的是，在整個 20 世紀，普通民眾對儒學並未表現出積極認同的熱情，反倒對儒學普遍採取了冷漠的態度。這無須就全球舉例，僅就有儒家文化傳統地區來看，亦不難說明。在日本，對普通民眾影響較大的是佛教和神道，「而儒家幾無影響」[52]，在新加坡，「很多

科學出版社，1995 年），頁 451。

[50]　同注 49，頁 436。

[51]　同注 49，頁 452。

[52]　口雄溝三撰：〈沒有中國的中國學〉，載《讀書》1994 年第 4 期。

人對儒學有一種先天的排拒感」[53]；在儒學的故鄉中國，不僅就大陸而言，大家「對儒學很生疏，很隔膜」[54]，而且就臺灣來說，儒家所護衛的價值，已被整個社會日益商業化的風氣「沖淡到若有若無的地步」[55]。

　　從這些事例來看，現代民眾對儒學的冷漠與隔膜，在東亞地區是普遍存在的現象，這對儒學在現代的生存和發展是一個致命的危機，因為任何學說若不為廣大民眾認同和接受，它終究要歸於寂滅，儒學當然不能例外。從這個意義上講，儒學在現代所面臨的最大困境，與其說是它在進行理論轉化時所產生的傳統與現代的尖銳矛盾，不如說是它在傳播時遭到現代民眾普遍冷漠。

　　對儒學遭到現代民眾冷漠這一現實，現代新儒家也並非視而不見，避而不談，而是給予了應有的關注。否則，熱情提倡復興儒學的杜維明，就不會說出這麼悲涼的話：「今天我們根本一無所有，連最起碼的棲身之處都不易找到。在這樣艱難困苦的環境之中，哪裏能談廣度的影響。確實，基督有教堂，釋迦有廟宇，孔子連一個高三尺[56]的講臺都沒有。」[57]這番話，固然表達了杜維明為復興儒學「不懈陳辭」的決心，但也透露出了他對儒學現代處境的感受是多麼的悲涼。

　　現代新儒家既然能正視現代民眾對儒學的冷漠與隔膜，那麼，當他們推行儒學現代化運動時，就理應針對現代民眾「在感情上排斥儒家」這一現實，積極尋找切實可行的途徑以培養現代民眾對儒學的特殊感情。這一點，當年梁漱溟提倡復興儒學時，似乎有所體悟，因為他曾指出：要使人們接受儒家思想，就「不應當拿一個很難做到的態度」要求一般民眾，而應當以

---

[53] 杜維明撰：〈傳統文化與中國現實〉，轉引自《杜維明新儒學論著輯要》（北京：中國廣播電視出版社，1992年），頁97。

[54] 同注53，頁57。

[55] 劉述先撰：〈儒家思想的現代化〉，轉引自《劉述先新儒學論著輯要》（北京：中國廣播電視出版社，1992年），頁196-197。

[56] 「三尺」原為「三寸」，此係引者改。

[57] 杜維明撰：〈體驗邊緣的問題〉，轉引自《杜維明新儒學論著輯要》（北京：中國廣播電視出版社，1992年），頁28。

「非常粗淺、極其容易」的做法，調動民眾自身的「情感的動作」、使現代民眾對於儒學的接受「發於直接的感情」[58]。但是，對於梁漱溟的這一提醒，其他現代新儒家並沒有給予應有的重視，因為他們除了呼籲現代民眾於儒家以同情的理解外，從未覺得有必要尋找切實可行的途徑以培養現代民眾對儒學的特殊感情。這實際上成為現代新儒家的一個潛意識。在這個潛意識的驅使下，20 世紀後半葉的儒學復興運動，不是力求儒家精神的世俗化，而是力求儒家精神的超世俗化。這種以超世俗化為蘄向的儒學復興運動，使儒家原本十分明白易懂的世俗說教，變成了祇有少數知識分子才能體悟的「絕學」。「絕學」固然不同凡響，但對「『學不見道』的門外人構成了不可克服的理解上的困難」[59]，因而很難讓普通民眾接受。其結果，現代新儒家為復興儒學所開展的「種種運動，愈動而人愈困頓，愈動而人愈厭苦」，祇能導致儒學逐漸被世人忘卻。

四

就我們局外人來看，現代新儒家若不改變態度，以足夠的熱情和極大的努力去培養現代民眾對儒學的特殊情感，則要求得儒學在未來社會的長足發展，是不可能的。但現代新儒家迄今並不認為這個問題有重視之必要。那麼，現代新儒家為什麼偏偏忽視了這個本不應該忽視的問題呢？我認為這與現代新儒家認識上的幾個迷失有密切的關係。

其一，在現代新儒家看來，現代民眾冷漠儒學，並非意味著儒學面臨著生存危機，反倒證明了儒學在現代社會裏具有頑強的生命力。按照他們的邏輯，現代社會既然不重視人文價值，存在嚴重的道德危機，那麼必然要輕視重在提倡道德理想的儒學。既然如此，則儒學在現代社會所面臨的「認同危機」，恰好說明現代社會迫切需要靠儒學來克服日益嚴重的道德危機。

---

[58] 參見《梁漱溟全集》第 1 卷，頁 537-538。

[59] 余英時撰：〈錢穆與新儒家〉，載《現代儒學論》（上海：上海人民出版社，1998年），頁 205。

　　這個看法把儒學可以擔當現代使命的現實可能性最終歸於現代社會存在著嚴重的道德危機。事實上，即使現代社會迫切要求克服日益嚴重的道德危機，而儒學又旨在培養人的道德理想，但也不能因此貿然斷言儒學就一定能擔當起克服現代道德危機的使命。儒學要擔當起克服現代道德危機的使命，當然它首先要具備克服現代道德危機的功能。但儒家的道德理想是否具有這個功能，是一個尚有爭論、有待進一步論證的問題。這姑且不論。假定儒家倫理確實具有克服現代道德危機的功能，那麼可不可以說儒學必定能擔當起這一現代使命？

　　回答祇能是否定的。儒學是否具有克服現代道德危機的功能與儒學能否擔當起克服現代道德危機的使命，是在視角上存在差異的兩個問題，不能混為一談。這兩個問題之所以不能混同，是因為儒學能否擔當起克服現代道德危機的使命，不僅僅取決於它是否具有克服現代道德危機的功能，更取決於它是否被現代民眾普遍認同。而文化認同，不祇是理解問題，更重要的是情感問題。情感上不接受、不欣賞的東西，即使理解了也不可能認同。從這個意義上講，假如現代民眾對儒學缺乏特殊的親近感，他們就會以冷漠的態度對待它，那麼儒學即使具有高尚的道德理想也不可能起到改變現代民眾的價值觀念、指導現代民眾的精神生活的作用。可見，用心培養現代民眾對儒學的特殊情感，對儒學真正擔當起現代使命來說，並非無關緊要的事。

　　其二，現代新儒家認為，現代民眾因其生存困境而必然認同儒學。至於現代民眾何以會產生這一主動性的內在根源，在他們看來，是不難說明的。他們認為，儒家的道德理想，關涉普遍的人性，是隨時代而常新的生命精神。因此，祇要是人，終究會本其善性而認同儒學。

　　這個觀點也很難使人信服，因為它包含有現代新儒家難以自圓其說的難題：(1)既然人們祇有顯現其善良本性才有可能認同儒學，那麼現代民眾生疏儒學便表明他們不是本其善良本性行事，不是本其善性行事，便背離了善良本性。由此便可以推論出與現代新儒家的斷言相反的結論，即人之本性即使為善，人們也有可能背離善性，從而不認同儒學；(2)現代民眾冷漠儒學已經不是本其善良本性行事，那麼靠什麼力量使其迷途知返，自覺地按其善

性行事？如果說儒學具有這個功能，那麼在現代民眾迷失善性的情況下，儒學又怎麼可能與現代民眾的心態相契；(3)人性究竟是善還是惡，自古以來就爭論不休。但這種爭論顯然是就人之先天稟賦探討人性本質所發生的分歧，並不涉及後天行為動機這個層面，因此，根據抽象的性善論很難說明人之後天行為在動機上的複雜性。人的後天行為在動機上既然是複雜的，那麼當現代民眾進行文化選擇時，有可能出於情感需要，亦有可能出於功利目的，未必總是出於本性，這說明現代民眾即使恢復了所謂迷失的善性，如果他們覺得儒學不適合其現代情感和現代生活目的的話，他們也會不選擇儒學作為自己的精神支柱和行為準則。

其三，現代新儒家中的某些人，比方說杜維明先生，從儒學的現代命運「取決於它的聽眾」這一認識出發，強調儒學能否長足發展，「關鍵決定於儒家的學術思想到底有無見證者。」[60]這個觀點，我是贊成的，因為果真能產生一大批儒學的見證者，則必然會導致大家「對儒學很生疏、很隔膜」這一現狀的改變，但正如杜維明先生自己所認識到的，要大家都對儒學作同情的瞭解，並不是件很容易的事，因為這需要普通民眾在思想層次上達到古人的水準，而要在思想層次上達到古人水準，首先必須對古代文化有一個全面、正確地瞭解。這對於普通民眾來說，顯然是一個不現實的要求。所以，杜維明先生最終祇能從知識分子對儒學的態度去探索儒學的現代命運：「儒學今後將寄居何處？我說它將寄居在知識分子群體自我批判的意識之中。」[61]可見，從根本處講，杜維明先生認為儒學命運並不取決於現代普通民眾中是否產生儒學的見證者，而取決於現代知識分子群體中能否出現各種類型的儒學見證者。杜維明先生強調，祇要各類知識分子都能認同儒學，將儒學精神在「他們的生命中體現出來」[62]，儒學的現代發展就具備了現實可能性。

但杜維明先生同時強調，知識分子群體通過自我批判意識來發揚作為文

---

[60] 杜維明撰：〈儒家傳統的現代轉化〉，轉引自《杜維明新儒學論著輯要》（北京：中國廣播電視出版社，1992 年），頁 66。

[61] 同注 60，頁 67。

[62] 同上。

化認同的儒家價值，和讓大家來同心協力地清除封建遺毒，並不是兩碼事，而是同一個問題。這表明杜維明先生之所以強調「知識分子群體批判的自我意識的出現，將決定儒學的命運」[63]，並非說儒學的現代發展無需民眾的認同，而是說普通民眾對儒學的認同，可以通過知識分子的影響這個途徑來實現。換言之，在杜維明先生看來，祗要知識分子認同了儒學，通過他們的影響，現代普通民眾終究會認同儒學。

杜維明先生的這一認識，顯然是一種空想，因為他根本就沒有考慮知識分子社會地位的古今變化。就古代社會結構而言，儒家希望先直接影響「士」，再通過「士」的表率作用間接影響普通民眾，並非沒有可能。在古代社會結構中，「四民士為首」。這一社會結構決定了「四民以士為綱」，不但「士」被作為全社會的表率，而且「民」也自覺不自覺地按照「士」的道德準則規範自己的行為，因而儒學祗要能直接贏得「士」的認同[64]，就可以通過「士」的表率作用間接地影響全社會。但是，在現代社會中，如果仍然企圖通過這種途徑來實現儒學的現代使命，則祗能是不切實際的空想。在現代社會，知識分子祗是一個依附階層，已經失去了作為社會表率的社會地位，因而知識分子的言行不可能對社會其他階層產生實質性的影響。況且，由於自己經濟上、政治上的依附性，現代知識分子越來越認同世俗價值，「好名、好利、好色、好權、好勢，無一不好」[65]，非但不易做到以自己的道德價值[66]影響社會，反倒常常自覺不自覺地認同世俗價值而改變自己的道德理想。現代社會主導的價值傾向，向來不體現知識分子的道德理想。既然如此，要想在現代社會裏以知識分子的道德理想去左右整個社會的價值取向，豈非幻想？！

---

[63] 同上。

[64] 這並不難，因為儒學原本就是「士學」。

[65] 同注 55，頁 212。

[66] 姑且假定知識分子具有所謂不同於世俗價值認同的高尚的價值境界。

再論現代新儒家的理想、困境與迷失

　　在〈現代新儒家的理想、困境與迷失〉一文中，我指出：現代新儒家的理想是謀求儒學的現代化，但他們在推行儒學現代化過程中，一直難以消解現代民眾在情感上拒斥儒學，時時遭遇困境。照理說，欲走出這一困境，現代新儒家應積極尋求切實可行的途徑以培養現代民眾對儒學的特殊情感。可是，20 世紀後半葉現代新儒家為復興儒學所做的種種努力，在價值取向上都否認培養現代民眾認同儒學的特殊情感對於儒學的現代發展來說有著特殊意義。而現代新儒家之所以不重視培養現代民眾認同儒學的特殊情感，是因為他們在認識上陷入了三個迷失，以為(1)現代民眾冷漠儒學恰恰證明儒學在現代社會裏仍具有頑強的生命力；(2)現代民眾因其生存困境而必然認同儒學；(3)祇要知識分子認同了儒學，通過他們的影響，現代普通民眾終究會認同儒學。這一評論，為資料所限，沒能顧及後牟宗三時代的現代新儒家代表人物的一些重要論述。由於那些論述就儒學的現代處境與未來前途等重大問題提出了新見解，故有重新評論之必要，以促進關於儒學現代化問題的深入探討。既名之為「再論」，當然與前一個評論有內在的邏輯聯繫，但本文並不拘泥前一個評論所涉及的話題，而是側重探討現代新儒家在儒學現代化問題上所陷入的認識迷失。

一

　　現代新儒家清醒地認識到，要實現儒學的現代化，首先要找到儒學的現代出路；而且就他們一再強調要為復興儒學「不懈陳辭」來看，他們也清楚為儒學找什麼樣的現代出路取決於如何把握儒學的現代處境。但是，綜觀二

十世紀二十年代以來的儒學之現代復興思潮，不難發現一個令現代新儒家汗顏的現象：恰恰是在如何看待儒學現代處境問題上，現代新儒家的認識非但不及譚嗣同那般清醒，反倒一再陷入了認識上的混亂，從而再三變動關於儒學現代出路的設計，迄今也未能確定一個普遍認同的儒學現代化的途徑。為了說明這一點，下面不妨簡要地敘述現代新儒家三代代表人物的有關認識。

儒學復興思潮的出現，是對五·四徹底反傳統運動的反動，希望在儒學遭到激烈批判的背景下重新樹立儒學作為中國文化精神核心的地位和作用，從正面積極回應西方文化對中國文化的激烈衝擊與消解。但當馬一浮、梁漱溟他們反其[1]道而行之，在反孔批儒的浩蕩聲浪中提倡復興儒學時，他們未必覺得儒學有什麼現代困境，未必不堅信儒學完全能夠抵抗西方文化對中國文化的衝擊與消解。否則，像馬一浮那樣的信心，就很難得到合理的解釋。馬一浮不但以六藝歸納儒學，而且將人類一切文化歸於六藝，以至於滿懷信心地向世人宣告：「吾敢斷言：天地一日不毀，人心一日不滅，則六藝之道炳然常存，世界人類一切文化最後之歸宿，必歸於六藝，而有資格為此文化之領導者，則中國也」[2]。這豈不等於宣告儒學的生命力足以抗衡乃至取代世界任何文化，代表人類文化未來發展方向。既然儒學有如此頑強和巨大的生命力，則儒學的困境又從何談起？

儒學的困境既然無從談起，那麼復興儒學，在現代新儒家第一代代表人物看來，與其說是讓儒學走出困境，求得儒學的現代發展，不如說要努力使現代人都懂得何以必然要「走孔子的路」，以儒學作為自己人生的價值路標。梁漱溟在《東西文化及其哲學》中，對儒學現代意義所做的論證，無外乎確立這一論旨。他的論證，是依據文化發展「三路向」說展開的。他認為，文化是人的「意欲」的產物，而人的「意欲」從根本上分為向前、持中、向後三種類型，因而人類文化必然循著「三個不同的路向」發展，由「向前」型文化走向「持中」型文化最後歸宿於「向後」型文化。人類任何

---

[1] 代指激進主義、自由主義。

[2] 劉夢溪主編：《中國現代學術經典·馬一浮卷》（石家莊：河北教育出版社，1996年），頁22。

文化發展都不可能違背這個必然的趨勢，所以不同類型的文化之間不存在優劣之別，祇存在合不合時宜之分。以前合時宜的是西方文化，不合時宜的是中印文化。但對於解決近代人的生活問題不合時宜的中印文化，隨著時代的變化（「意欲」的轉變），總會「機運到來」，變得合乎時宜。根據人類文化發展的常規，印度文化之合時宜，或者說印度文化之復興，祇能出現在中國文化復興（意味著中國文化之合時宜）之後，所以，當人類想拋棄西方人所走的「第一路向」[3]而轉向「第二路向」發展人類文化時，以前「不合時宜的中國態度遂達其真必要之會」[4]。中國人生活態度之合時宜，決定了世界未來文化發展必然要走中國所走的「第二路向」。而走「第二路向」，也就是走「孔子的路」，因為中國人的生活態度即孔子所認定的態度。

　　像這樣思考儒學的現代復興，固然不可能走向對西方文化之根本性的認同，但也不可能走向對西方文化的徹底拒斥，而是很容易接受「中體西用」這一文化選擇模式，將部分的吸收西方文化作為使儒學在現代更合時宜的一種必要的補充，因為儒學不合時宜的早熟使之缺乏某些合乎現代時宜的內容。梁漱溟明確地談到了這一認識。他的論證固然旨在強調世界未來文化發展必然要「走孔子的路」，但他同時強調：所謂「走孔子的路」，決不是指「孔家」思想的簡單「復古」，而是指「孔家」思想在現代歷史背景下的「復興」。問題是，通過什麼途徑才能復興？這用他自己的話來問，就成為：「我們中國人現在應持的態度是怎樣才對呢？對於這三態度何取何捨呢？」他的回答是：「第一，要排斥印度的態度，絲毫不能容留；第二，對於西方文化是全盤承受，而根本改過，就是對其態度要改一改；第三，批評的把中國原來態度重新拿出來」[5]。這三條，可以視為梁漱溟關於如何實現儒家思想的現代價值、如何實現中國文化復興所構想的具體原則。其主旨同於賀麟所講的「儒化西洋文化」。賀麟所謂「儒化西洋文化」，就是指在

---

[3]　因為此路向已走到極端，已弄得人類社會「病痛百出」。

[4]　中國文化書院學術委員會編：《梁漱溟全集》第 1 卷（濟南：山東人民出版社，1989年），頁 526。

[5]　同注 4，頁 528。

「歸本於儒家思想」的前提下，通過「吸收、轉化、利用、陶熔西洋文化以形成新的儒家思想，新的民族文化」[6]。所謂「新的儒家思想」，當然是相對「舊的儒家思想」而言的。舊的儒家思想。在賀麟看來，包括三個方面，即關於「真」的理學、關於「善」的禮教、關於「美」的詩教，故他明確指出，要實現儒家思想的現代復興，或者說「儒家思想的新展開」，必須通過三條途徑：「第一，必須以西洋之哲學發揮儒家之理學」；「第二，須吸收基督教之精華以充實儒家之禮教」；「第三，須領略西洋之藝術以發揚儒家之詩教」[7]。

　　當他們幻想以「儒化西洋文化」的途徑來實現儒學的現代復興時，他們的目的很可能與明清之際以及晚清學人的目的相同，為的是回應西方文化對中國文化的衝擊，但他們不取「西學中源」說[8]，不是武斷地宣稱西方文化所長源自中國文化，以為中國人吸取西方文化所長實際上等於中國人自己在文化上返本歸源。這顯然是因為他們認為中國文化（儒學）畢竟隨時代變化而存在著不合時宜之處，則祇要去其不合時宜的內容、增加一些合時宜的內容，儒學的現代復興就指日可待。他們萬萬沒有料到，儘管他們按照這個路子為復興儒學不懈努力了幾十年，但成效甚微，儒學非但沒有像他們預期的那樣重新興旺起來，而且越來越走向衰微，越來越不合時宜，一再淪落為被批判的對象。他們為此而憂心忡忡，迫切希望找到遏止儒學進一步衰微的出路，確立儒學的現代價值。〈為中國文化敬告世界人士宣言〉就是在這樣的背景下產生的。在這份宣言中，四個[9]簽署者悲涼地宣稱，他們是「在四顧茫然，一無憑藉的心境情調之下」[10]陳述他們關於儒學現代價值與未來前途的共同見解。帶著這樣悲涼的心境為復興儒學不懈陳辭，是現代新儒家第二代代表人物不同於第一代代表人物的顯著之處。而他們之所以對儒學價值缺

6　賀麟撰：《文化與人生》（北京：商務印書館，1988 年），頁 4。

7　同注 6，頁 8-9。

8　明清之際以及晚清學人在回應西方文化對中國文化的衝擊時普遍採取的立論。

9　張君勱、徐復觀、牟宗三、唐君毅。

10　封祖盛編：《當代新儒家》（北京：生活・讀書・新知三聯書店，1989 年），頁 2。

乏第一代人物那樣的自信，是因為他們感受到了儒學的生存困境，不得不承認儒學花果飄零、儒門淡薄。他們不想將儒學的現代生存困境歸咎為儒學已過時，已不合時宜，於是他們就解釋說：儒學的困境就好比一個人「正在生病」，即便「病至生出許多奇形怪狀之贅疣，以致失去原形」[11]，但就像「病人仍有活的生命」[12]一樣，儒學在現代仍然不失其頑強的生命力。正是從這個意義上，他們強調儒學基本精神傳統的永恆價值與意義，以為世人祇要以敬重和同情的態度理解與認同儒學的基本精神，儒學就能擺脫困境，發揮現代作用。而儒學為了更好地贏得世人的敬重和同情，也要像病人通過治病以恢復自己健康的生命力那樣，以自我否定的方式革除不足，實現新發展。他們將這個方式稱為「返本開新」。「返本」就是指在復興儒學的過程中始終堅持儒學基於精神（道德理想）不動搖；「開新」就是指在堅持儒學基本精神的前提下開拓儒學的新內容、新局面。牟宗三將它具體化為「內聖開出新外王」。「內聖」事關儒家的常道，不能變，所以儒學的現代發展祇體現在「開出新外王」。「新外王」簡單地講，就是指近現代之民主與科學。他們為此而做的論證精彩與困窘並存。但無論是精彩還是困窘，都是因為他們要合理地說明由儒家所謂的道德本體如何必然地發展出現代的民主精神與知識理性，把儒學的現代出路問題僅僅看作如何在學理上分析儒學的意義，殊不知對於儒學的現代生存來說，爭取現代民眾對儒學之真誠的情感認同要遠比在學理上分析儒學的意義重要得多。

　　第二代新儒家代表人物在承認儒學現代困境前提下謀求儒學現代發展的思路，在很長的時間裏都左右著其後學對這個問題[13]的思考。但是，隨著時間的推移，他們的看法同其老師的看法相比，發生了不小的變化，以至於對儒學當前處境與未來前途越來越自信，以為儒學由早期的淡薄經過中期的「一陽來復」終於在九十年代迎來了儒學復興「熱」。事實是否果真如此，姑且不論。這裏要問的是，他們這樣判斷的根據何在？這顯然與兩種情況有

---

[11]　同注 10，頁 7。

[12]　同上。

[13]　指如何復興儒學。

關。杜維明先生斷言「到了現在，我認為儒家已經進入了『一陽來復』的階段。也就是說，它孤立、柔弱的時期已慢慢過去了，現在它有一個生機，快要重新振作起來了」[14]，杜維明先生這段談話登在 1984 年 3 月 5 日新加坡《聯合早報》上，這之前他應新加坡教育發展總署的邀請曾赴新加坡，與其他幾位學者一起為在新加坡中學推行儒家倫理教育制訂規劃，所以我們有理由認定，杜先生的這個判斷主要是基於新加坡試圖在中學推行儒家倫理教育這個事實而發的。但是，當他根據新加坡這一現象斷言儒學「一陽來復」、已經走出了困境時，他萬萬沒有想到，祇經歷了短短的幾年，新加坡政府就自動取消了這個計畫，聲明政府無意將儒家倫理強加於人民，甚至撤銷了協助實施這個計畫的學術機構「東亞哲學研究所」[15]，讓他們不得不承認新加坡現象祇是政府應對社會問題的政策使然，不能據以斷定儒學已「重新振作起來了」。杜先生之所以在九十年代以後仍一再申明要為儒學復興「不懈陳辭」，從某種意義上講，應歸結他通過對新加坡現象的反思而不敢像當年那樣堅信儒學復興時代已經到來。

在新加坡政府由推行儒家倫理教育計畫到放棄該計畫之際，關於「現代新儒家思潮」的學術研究卻在中國大陸展開，並迅速在學界產生了廣泛地影響，以至於批評者和贊成者都不約而同地斷言在中國大陸已出現了「儒學熱」。中國大陸是儒學的故鄉，但儒學的困境首先就表現在它在自己的故鄉不斷遭到來自自由主義和馬克思主義的批評。一個近代以來屢遭批評的思想，現在一下子被重視到「熱」的程度，這對為儒學生存困境而苦惱的現代新儒家來說，無疑是巨大的鼓舞，相比他們當年由新加坡現象所得到的鼓舞，這個鼓舞要大得多，使他們重新找回失落的信心，讓他們覺得儒學似乎已走出了困境，不再是冷淡經營的局面，而是經由「一陽來復」走向了全面復興。為這個感覺所鼓舞，他們果敢地斷言儒學復興「熱」已經到來。劉述先說：「20 世紀已近尾聲，儒家傳統不祇不像有些學者所預料的，成為博

---

[14] 郭齊勇、鄭文龍編：《杜維明文集》第 1 卷（武漢：武漢出版社，2002 年），頁 576。

[15] 杜維明先生曾明確說，對於儒學復興，這個研究所將起到重鎮的作用。

物館的古董，恰正相反，它還是一個極有活力的思潮」[16]；李明輝先論大陸學界以集體的力量從事現代新儒家思潮研究等於承認了現代新儒學在中國現代思潮中的地位，然後說：「儘管一個半世紀以來，儒家思想面臨前所未有的挑戰，但並非像列文森所說的那樣，已經完全喪失了生命力。相反的，儒家思想在這種嚴峻的挑戰中完成了一番徹底的轉化」[17]。

二

　　上面的敘述表明，現代新儒家第三代代表人物樂觀地看待儒學現代處境是以下面的判斷為依據的，即先從大陸學者重視研究儒學這一現象得出「儒學熱」已到來的判斷，然後從所謂「儒學熱」出現得出儒學的復興已成為事實的判斷，最後根據這一判斷斷言儒學已完成了自我轉化，獲得了影響現代社會的巨大生命力。從他們的立場出發，得出這樣的判斷是合乎邏輯的，沒有什麼不妥，但在我們看來，儒學能否實現現代復興，不可以這麼簡單地證明。由於目前在大陸參與儒學研究的學者畢竟少數，所以即便出現了「儒學研究熱」，那麼也祇能說明儒學在現代仍然有值得研究的學術價值，並不能由此證明儒學現代復興已經開始，已經顯示出它巨大的現代生命力。而所以不能從儒學研究「熱」推出儒學復興熱，更不能從所謂儒學復興「熱」推出儒學已獲得了現代生命力，是因為儒學屬於傳統學說。任何傳統的學說，要真正獲得現代的生命力，不是靠少數學者研究它、重視它就能實現的，祇有靠廣大民眾也認同它、並真誠地願意實踐它才能實現。從這個意義上講，儒學在現代有沒有生命力，就祇能通過大多數民眾的行為來證明，而不能以少數學者的行為來證明。沒有廣大民眾參與其事，不要說祇有少數學者參與其事，就是全體知識分子都參與其事，也不足以說明「儒學熱」已經出現，儒

---

[16] 劉述先撰：《儒家思想開拓的嘗試》（北京：中國社會科學出版社，2001 年），頁16。

[17] 李明輝撰：《當代儒學的自我轉化》（北京：中國社會科學出版社，2001 年），頁2。

學已開始復興。但是，當現代新儒家第三代代表人物依據所謂的儒學研究熱判定儒學復興已經開始時，他們恰恰忽視了儒學在當代仍然被廣大民眾所冷漠這一嚴峻的事實。

現代新儒家第三代代表人物之所以樂觀地看待儒學的現代處境，認為儒學研究熱的出現就意味著儒學復興的開始，從認識上講，很可能是因為他們既錯誤地認為部分知識分子重視儒學就意味著儒學見證人的出現，又錯誤地認為儒學見證人的出現就意味著儒學現代復興的開始。這樣判斷，並非出於我們的主觀臆斷，而是根據杜維明的這一論斷：各行各業出現儒學見證人之日，就是儒學復興到來之時。杜維明曾斷言，儒學今後的命運「寄居在知識分子群體自我批判的意識之中」[18]，「知識分子群體自我批判的意識的出現，將決定儒學的命運」[19]。正是基於這一考慮，杜維明強調儒學的復興「關鍵取決於儒家學術思想到底有無見證者，即在儒學的傳統中能否出現一些像樣的哲學家、文學家、藝術家，甚至政治家、企業家」[20]。從杜維明以上論斷不難推論，既然儒學現代復興取決於儒學見證人的出現，而有資格作為儒學見證人的又祇能是知識分子，那麼當一些知識分子熱中於研究儒學的現象出現時，也就沒有理由否認儒學現代復興已經開始。這個推論如果不誤的話，那麼為了正確地把握儒學的現代處境，不但要分析少數知識分子研究儒學未必意味著儒學見證人的出現，還要分析即便出現了所謂儒學見證人，其對於儒學的現代復興是否是最關鍵的，也就是說要進一步探討儒學見證人對儒學的現代復興的作用問題。而這個問題的探討，顯然有以下幾點需要注意：

首先，如何把握儒學的見證人。當杜維明強調儒學見證人對於儒學復興的意義時，他所謂的儒學見證人含義是模糊的，他在論述儒學何以能出現見證人時說：「士不是一種階級的觀念，士應從洞見、學養、意願來規定，所以士無恆產而有恆心。他雖然沒有經濟的基礎，卻有理想。他可殺而不可

---

[18] 鄭家棟編：《杜維明新儒學論著輯要》（北京：中國廣播電視出版社，1992 年），頁 67。

[19] 同上。

[20] 同注 18，頁 66。

辱。一旦這種人物能夠在文化界、思想界、財經界、政治界、文藝界、軍事界出現，那麼，儒家就已經邁向了有見證者的康莊大道了」[21]，這似乎是在主張凡知識分子必定會成為儒家見證人；但在許多場合，他又強調所謂儒學見證人，首先是那些公眾知識分子。而公眾知識分子有資格作為儒學的見證人，不僅在於他們敢於為民眾擔當責任，有使命感，更在於他們身體力行地實踐儒家的道德，為民眾樹立了儒家人格的榜樣。

這兩種標準從邏輯上講是矛盾的。依據後一個標準，見證人所以為見證人的最基本的特徵，不是對儒學知識的掌握為普通民眾所不及，而是在於他們身體力行地實踐儒家道德足以成為民眾的表率。如果按照這個標準來規範見證人的話，那麼前一個標準就不成立，因為從邏輯上講不能證明有學養有抱負的知識分子必須在情感上認同儒學，願意實踐儒家道德。在知識分子群體中，熱中研究儒學的知識分子畢竟是少數，所以即便這部分知識分子研究儒學的動機是純潔的，他們既不足以代表整個知識界，也不足以說明他們就是儒學的見證人。因為一個知識分子，完全可以在情感上不認同儒家價值的前提下，本著為學術而學術的目的去研究儒學。因此，當我們判斷一個研究儒學的知識分子是否有資格成為儒學的見證人時，重要的不是看他研究儒學是不是有足夠的熱情，而是看他是不是真誠地按照儒家道德行事，成為儒家道德堅定的實踐者。現代新儒家的判斷所以難以置信，正是因為他們不是從儒學研究者的道德實踐去把握他是否有資格成為儒學的見證人，而是從研究的熱情上去把握，將知識分子的學養與擔當意識當作他們有資格成為儒學的見證人的充足條件。但這顯然是混淆了問題，殊不知一個知識分子有學養有見識有志氣有抱負，這是他有成為儒學見證人之可能的條件，但他具備這些條件也不等於他就能成為儒學見證人，要成為儒學見證人，還必須真誠認同儒家價值，願意實踐儒家道德。正是在這個對於成為儒學見證人來說更為關鍵的問題上，現代新儒家第三代代表人物無法證明這一點：凡有學養有見識有志氣有抱負有使命感的知識分子，其行為必定遵循儒家道德。

---

[21] 同注 14，頁 585。

其次，能否從少數知識分子熱中於研究儒學推論出儒學見證人的確出現。按照儒學見證人所以為見證人的標準，要證明儒學見證人確已出現，就要用事實說明在現代已經出現了儒家理想人格所具備的內聖與外王、為學與做人高度一致的典型人物以及追隨其左右的一批以成聖成賢為理想的人物。事實上，非但沒有人去證明的確出現了這樣的人物，反倒有人不斷批評連現代新儒家祖師人物的人品也不見得圓滿。針對這樣的批評，現代新儒家的後學辯解說，在現代社會，要求以傳統儒家那樣以人品與學問高度一致來把握儒學在現代存在的合法性是沒有道理的，儒學的現代發展不可能也沒必要體現在造就大批人品與學問高度一致的傳統儒家人格，而在於在學理上為儒學開出現代的內容與形式，使儒學自我轉化為現代的學問。這個辯解的提出，不啻承認追隨儒家的現代知識分子不可能做到像傳統儒家那樣的人品與學問的高度一致。這也就是說，可以作為儒學復興的見證人者未必都是人品與學問高度一致的人物。儒學是「為己之學」，要求學問與人品的一致是儒家所以為儒家的起碼原則，連這個起碼的原則都可以拋棄的「儒學」，祇能有其名無其實。從這個意義上講，如果一個知識分子人品與學問悖反，他即便熱中於研究儒學，也不夠資格作為儒學的見證人。

既然不能證明有抱負的知識分子都必定遵循儒家道德行事，也就沒有理由斷定有抱負的知識分子都必定能成為儒學的見證人，那麼現代新儒家第三代代表人物關於知識分子必定成為儒學見證人的斷言就是一個認識失誤，應該糾正。可他們非但不去糾正，反而又極力說明，無論是信仰基督教還是信仰伊斯蘭教的知識分子，祇要認同儒學，就可以成為儒學的見證人。按照杜維明的解釋，這是儒學包容性之廣大的一個鮮明的例證，但在我們看來，這很可能是現代新儒家的一相情願，實際上根本不可能，因為在不改變信仰的前提下，持基督教或伊斯蘭教信仰的知識分子，他們即便認同儒學，也祇是將儒學視為其信仰的精神補充，決不能成為所謂的儒學見證人，徹底地以儒家道德行事。假如他們真的徹底地以儒家道德行事，便意味著他們改變了原先的信仰。然而一個持基督教或伊斯蘭教信仰的知識分子，能否改變信仰而成為儒學的見證人，這不是理論推證所能解決的問題，必須用事實去說明。

在沒有發現這樣人物時，僅憑有些持基督教或伊斯蘭教信仰的知識分子在研究儒學，並對儒家價值有所肯定這一點，就斷言說他們可以成為儒學的見證人，是不能令人信服的。

再次，即便承認出現了儒學見證人，那麼能否從少數儒學見證人的出現推論出儒學已開始復興？回答祇能是否定的。儒學是否復興，不是取決於有多少知識分子認同儒學，願意成為儒家道德的實踐者，而是取決於廣大的民眾認同儒學，真誠地願意成為儒家道德的實踐者。在廣大民眾冷漠儒學的情況下，儒學見證人的出現，充其量也祇能是少數人的獨善其身罷了，不可能贏得廣大民眾對儒學的真誠認同。少數儒學見證人的行為對現代民眾能否起到實質性的影響，不是取決於見證人作為表率的號召力，而取決於民眾效仿見證人的程度。這種效法，其可能性建立在兩點上，一是他們確是社會的「良心」，值得民眾效仿；二是認同他們作為社會的「良心」，願意效仿。從這兩方面看，在現代即便出現了一些人品與學問高度一致的儒學見證人，他們也未必能贏得現代民眾的認同，成為現代民眾當然的表率，因為知識分子古今地位截然不同，在古代封建社會裏，「四民士為首」，不但知識分子是民眾當然的道德表率，而且民眾也真誠地依此表率行事。在現代社會裏，知識分子已改變這一地位，不具有影響民眾的地位優勢，所以他們道德人格再高，也不能保證其一定能作為民眾的道德表率，對民眾道德生活發生實質性的影響。這是因為現代是一個價值多元的社會，見證人的道德理想再美好、再高尚，也未必就是民眾所期望的做人理想。

三

現代新儒家第三代代表人物對於儒學現代處境的樂觀估計，不但是因為他們過高地估計了所謂儒學見證人的作用，更是因為他們不切實際地估計了所謂民間儒學的作用。在他們看來，那種以為現代普通民眾普遍疏離、冷漠儒學的看法，是膚淺之見，事實上廣大民眾疏離、冷漠儒學祇是表面現象，僅僅意味著政治儒學、學術儒學的缺失，而決不意味著精神儒學的失落。雖

然政治儒學的缺失使儒學失去了制度上的保證；學術儒學的缺失意味著儒學
知識不為普通民眾所掌握，但精神儒學仍作為「文化心理沉澱」在民間發揮
著巨大影響作用，成為現代普通民眾實際的精神支柱。現代新儒家第三代代
表人物之所以熱中於劃分儒學，把儒學分為政治儒學、學術儒學、精神儒學
（或稱為民間儒學），就是為了通過這一劃分以說明儒學即便失去制度上的
保證，但其影響在民間一直未斷，始終支配著現代普通民眾的精神生活與行
為取向。

　　作為對質疑儒學現代性的一種回應，「民間儒學」的提出，對於說明儒
學何以具有現代意義的確有重要的理論意義，因為如果真能證明精神儒學已
變成「文化心理沉澱」對民眾發生潛移默化的影響，這確實能說明儒學在現
代何以有生命力、何以有價值。問題是，他們關於民間儒學何以存在的證
明，在我們看來，很難說明民間儒學的存在是一個具有本質意義的普遍現
象。這衹要具體分析他們如何證明民間儒學就不難明白。他們的證明，主要
是從兩個方面進行，一是從人類普遍存在的基本美德來證明民間儒學的存
在，二是從普通民眾恪守傳統美德來證明民間儒學的存在。在我們看來，這
兩方面的證明，無論就事實講還是就邏輯講都是值得商榷的。

　　首先，從人類普遍存在的基本美德來證明民間儒學的存在是否合理？回
答衹能是否定的。民間儒學，或謂民間儒家，就傳統的意義講，它相對於
政治儒學（作為國家意識形態的儒學）、精英儒學（作為士人安身立命之
本的儒學），是指由普通民眾的秉性、風俗、習慣、信仰所體現的儒家精
神認同。對此，劉述先先生做出了明確地界定：「民間的儒家（popular
Confucianism），這是在草根層面依然發生作用的信仰和習慣，重視家庭、
教育的價值，維持勤勞、節儉的生活方式，雜以道教、佛教的影響，乃至鬼
神的迷信」[22]。從劉述先這一界定可以看出，所謂精神儒學[23]，就是指殘留
在民眾心靈深處的傳統美德，衹不過這些傳統美德往往雜以佛道乃至鬼神迷

---

[22]　同注 16，頁 16。

[23]　就其作為民眾的秉性、風俗、習慣、信仰方式而言，又稱為民間儒學。

信的影響起作用罷了。既然他們這樣界定民間儒學，那麼我們有理由追問：將雜以佛道乃至鬼神迷信之影響而起作用的美德斷然歸於儒家美德，其理由是否充分？理由當然不充分，除非他們硬不承認作為一種傳統的習慣勢力，佛道乃至鬼神迷信對民眾的影響要比儒學的影響大得多。即便不顧及佛道乃至鬼神迷信的影響，僅就那些美德本身來談，也沒有充分的理由去證明那些美德的存在就意味著民間儒學的存在。像劉述先列舉的那些美德，顯然都是關涉人類普遍存在的基本美德，既然它們是人類普遍存在的美德，有什麼理由斷言他們就祇能屬於儒家美德。如果以為人類普遍存在的美德就等於儒家美德[24]，那麼要證明民間儒學的存在，就首先要證明在現代儒家通過什麼切實有效的方式使那些美德按照儒家特有的取向發揮影響。但遺憾的是，他們沒有做這樣的證明。因此，我們便有理由懷疑他們關於儒學現今仍在草根層面發生巨大作用的斷言。在我們看來，即便現代民眾普遍的重視家庭、教育的價值以及維持勤勞、節儉的生活方式，在沒有證明儒學確實以自己獨特的方式有效地影響著現代民眾的前提下，也不能貿然斷言現今儒學仍在民間發生巨大的作用。這可以從兩個方面來看。從儒學這個方面看，我們沒有理由硬說諸如重視家庭、教育、勤勞、節儉之類的道德思想，與儒學有必然的聯繫，祇能屬於儒學，而非其他學說所具有。假如此類道德思想為儒學所獨有，那麼如何解釋如下事實：馬克思·韋伯在分析新教倫理成為資本主義得以產生的根源時，他所講的新教倫理，主要就是指勤勞和節儉；而在中國，提倡勤勞和節儉的，並非儒家一家，從某種意義上講，墨家提倡勤勞和節儉要遠勝過儒家，例如儒家為「慎終」計而提倡厚葬，墨家出於節儉考慮而提倡薄葬。兩相比較，現代中國人的喪葬從簡，與其說受儒家節儉思想的影響，不如說自然地合乎墨家的節儉理念。從民眾這方面看，我們也沒有理由硬說民眾具有重視家庭、教育、勤勞、節儉之類的美德一定是源於儒學的影響，因為這類道德思想既然未必儒學所獨有，則民眾完全有可能從其他學說中獲得此類道德意識。世界上沒有儒家文化背景的國家居多，但並不能因此

---

[24] 這在他們是合理的推論，因為他們認為儒家美德就是關涉人類普遍本性的道德。

說世界上大多數國家的民眾都不重視家庭、教育價值，不維持勤勞、節儉的生活方式，因為事實表明世界上大多數國家的民眾都重視此類道德。既然如此，那麼將現代民眾具備此類德行歸於對儒家道德的認同，豈不有悖事實有悖道理。

其次，從普通民眾恪守傳統美德來證明民間儒學的存在是否合理？回答也祇能是否定的。世代恪守傳統美德是一個民族生命精神得以傳承久遠的根本所在，因此不能設想一個民族為了當下的生活而拋棄傳統美德。從這個意義上講，現代人為了本民族的生存與發展，註定會恪守傳統美德。問題是，當現代人恪守傳統美德時，他們做出那樣的價值選擇的根據是什麼？依據現代新儒家第三代代表人物的「民間儒家」說，這祇能有一個可能，即取決於對儒家倫理的真誠認同。這個解釋隱含著一個前提，即認為傳統美德等於儒家道德。可事實上傳統美德並不等於儒家道德，因為傳統美德作為中華民族求「善」之生命精神的凝結，決不是儒家一家道德所能囊括的，它本質上體現了各家各派最基本的道德蘄求。推一步說，即便假定傳統美德等於儒家道德，也不能輕率地斷言民眾所以遵循傳統美德是因為他們認同儒家道德，因為理性地思考一下就會明白還存在一個可能，即現代普通民眾對美德的恪守不是出於對儒家倫理的認同而是基於自身生活經驗的本能感悟。普通民眾對傳統美德的遵循，一個顯著的特點，就是他們對傳統美德的遵循往往是不自覺的、情感化的、非理性的，並不存在實踐理性所要求的那種自覺選擇。既然民眾恪守傳統美德是不自覺的行為，那麼斷言民眾恪守傳統美德是出於認同儒家倫理就顯得不合理，因為基於認同儒家倫理所做出的選擇當然是一種道德意識的自覺，它決不可能導致不自覺的道德行為。可見，當現代新儒家第三代代表人物將現代民眾不自覺地遵循傳統美德歸因於民眾認同儒家倫理時，他們顯然沒有發現其論斷所隱含的不合理性，更沒有認識到民眾遵循傳統美德很可能基於自身生活經驗的本能感悟。

從理論上論證民眾基於自身生活經驗的本能感悟而遵循傳統美德並不難，因為傳統美德既然都是關涉做人的最基本的準則，則民眾完全可以為了自己的生存需要而感悟到它的價值，未必需要先確定一個實踐理性（比如說

先認同儒家道德）才可能認識到它的價值。但相比較而言，這是一個更需要用事實說明的問題。所以，下面我們依據事例就這個問題做具體分析。

我們曾通過學生做過一個關於現代民眾認同儒學之現狀的問卷調查，問卷中有一題是問「父母健在卻不想住在父母身邊對不對？」統計時規定：凡勾「對」的視為答錯，凡勾「不對」的視為答對，統計結果顯示：對於這一題的回答，少年的錯答率（33.3%）要遠低於中年的錯答率（54.8%）。可怎麼解釋這一現象，難道這可以解釋少年比中年在情感上更認同孔子所提倡的「父母在，不遠遊」[25]？顯然不能。那麼，它祇能做這樣的解釋：少年和中年各根據自己的生活經驗感覺是否有必要住在父母身邊，也就是說中年人根據自己的生活經驗，認為人總住在父母的身邊，既沒有必要也沒有可能，而少年則基於自己的生活經驗在情感上更依賴父母，覺得很有必要住在父母身邊。無論是認為有必要住在父母身邊的少年還是認為沒必要住在父母身邊的中年，他們做出不同甚至相反的選擇，都未必出於對儒家這一倫理的選擇，而是出於生活經驗的感悟。

在那次問卷調查中，一個生活在農村的中年文盲女性，對屬於儒家知識的十九道題全答錯，而對於屬於儒家道德的十八道題卻答對了十五題。這個對儒學知識毫無瞭解的文盲為什麼能認同儒家的基本道德，這是很值得研究的問題。在強調民間儒學影響力的現代新儒家看來，這豈不是證明儒學即便失去制度保護仍然可以在草根層起大作用的絕好例證。但在我們看來，不瞭解儒學卻能認同儒家基本道德，祇能證明儒家的基本道德涉及做人的基本原則，因而可以為普通民眾所接受，而不足以證明民眾必定認同儒家道德，因為就像那位文盲女性的行為一樣，當他們認同那些道德時，他們未必出於對儒家道德的自覺認同，而很可能是基於自己做人的生活經驗。如果不是基於自己做人的生活經驗，那麼對於一個毫無儒學知識的文盲來說，她的那些道德意識來源何處？有學者可能回答說來源於民眾的潛意識。問題是，潛意識並不是毫無來由的心血來潮，它原本就是長期生活經驗的心理積澱。既然潛

---

[25]　楊伯峻撰：《論語譯注》（北京：中華書局，1998年），頁40。

意識不可能違背生活經驗而毫無理由地發作,那麼足以引起潛意識發作的動力當是人自身的情感取向,因為人之生活經驗之積累從根本上講不可能脫離情感貞定。所以,即便民眾出於潛意識認同那些符合儒家道德原理的道德準則,也祇能說民眾做人的情感取向與儒家所提倡的做人的道德準則恰好相吻合,決不能因此斷言民眾在潛意識裏一定執著儒學、一定在情感上傾向儒學。與其它的思想相比,比方說同佛教、基督教、伊斯蘭思想相比,儒學並不具有贏得現代民眾情感認同的絕對優勢,因此,沒有理由斷定現代民眾註定會認同儒學,情願實踐儒家倫理。所以,對儒學從業者來說,應放棄民眾天性認同儒學的種種空談,認真去思考儒學如何以切實可行的方式贏得現代民眾的情感認同。

那次問卷調查中的第 30 題是問「讓父母吃得好穿得好是不是孝敬父母?」這個題在設計時,本來是想瞭解一下現代民眾對儒家最根本的「孝」道德究竟有何種程度的認同,所以規定:凡勾「是」者視為答錯,凡勾「不是」者視為答對,統計結果顯示,各個年齡段的人錯答率都很高[26]。後來這個設計受到個別學者的批評,被斥為令人無法選擇,讓人陷入無論勾「是」還是勾「不是」都不對的困境。可我們經過認真分析,卻發現恰恰因為這一設計存在著這一不足,反倒使我們更有可能把握民眾對儒家倫理真實態度,也就是說讓我們明白:無論是勾對了還是勾錯了,都不足以反映他們是否認同儒家的孝道。勾對了,也僅僅表明在回答者看來為父母提供物質享受就是儒家所提倡的孝敬父母,仍很難看出回答者是不是真心認同儒家的孝道,因為儒家孝道更看重以真實的情感敬重父母,並不看重讓父母吃好穿好;如果勾錯了,那麼祇能說明回答者要麼對儒家的孝道缺乏基本覺悟,認為儒家孝道並不要求讓父母吃好穿好;要麼根本就不認同儒家的孝道,認為儒家孝道不足以反映和規範現代人的親情倫理。可見,無論是答對還是答錯,都真實地反映了一點,就是現代民眾所謂孝敬父母,往往是指贍養父母,向父母問

---

[26] 就年齡看,少年錯答占總數 50%,青年錯答占總數 48.1%,中年錯答占總數 41.9%,老年錯答占總數 57.1%;就文化程度看,小學文化者錯答占總數 45.4%,初中文化者錯答占總數 53.8%,高中文化者錯答占總數 35.7%,大學文化者錯答占總數 47.1%。

寒問暖，而忽視以真實情感呼應父母的情感需要。由此可見，現代人對「孝」的認同，恰恰證明他們對儒家孝道缺乏基本的瞭解，並不清楚儒家孝道更看重對父母的真誠的情感。所以，選對了的人，他們也祇是認為讓父母吃好穿好就是孝敬父母，是對的。這樣的認同，很可能是由於對自己的生活經驗（父母辛苦撫養自己，千方百計讓自己生活得好一點）有所感悟、覺悟而自然產生。更值得追問的是那些選對了的人的想法，他們認為讓父母吃好穿好不是孝敬父母，究竟出於什麼樣的道德意識？難道他們都正確地認識到了儒家的孝道更看重以真實情感對待父母？否則，他們從什麼意義上認為讓父母吃好穿好不是孝敬父母？顯然，當他們這麼選擇時，他們根本就不瞭解儒家所提倡的孝敬父母包括高低兩種境界，不清楚祇讓父母吃好穿好而不顧及父母的情感需要固然不是儒家孝道的最高境界，但讓父母吃不好穿不好也不符合儒家的孝道，因為讓父母吃好穿好[27]是儒家孝道所提倡的孝敬父母的最低境界（當然，這裏要解一個難解的糾葛，不能將不可為混同不為。無能力讓父母吃好穿好與有能力讓父母吃好穿好卻不讓父母吃好穿好，有本質的不同。前者屬於不可為，不能說不孝敬父母；後者屬於不為，已是十足的不孝敬父母。但是，即便無能力讓父母吃好穿好，也要盡可能讓父母享受其能力所能提供的物質生活。從這個意義上講，讓父母吃不好穿不好[28]，仍是儒家孝道絕對不能容許的）。可見，他們也不是認同了儒家孝道才認為讓父母吃好穿好是孝敬父母，他們這麼認為也很可能是出於對父母辛苦撫養自己、千方百計讓自己生活得好一點這一生活經驗的感悟、覺悟。既然選擇對錯都不足以證明現代人的親情道德產生於對儒家孝道的認同，反倒足以證明其親情道德很可能產生於其對自身生活經驗的感受與覺悟，那麼就沒有理由硬要將現代人的遵循親情道德歸於儒家的影響。既然如此，現代新儒家第三代代表人物以現代民眾也不能背離親情倫理、也要恪守親情倫理為理由來證明民間儒家的存在，也就難以令人信服。

---

[27] 這不是從絕對意義上講的，而是從相對意義上講的。

[28] 這是相對於子女實際享受的物質生活而言的。

現代新儒家建構形上本體的思路

　　哲學的發展，有自身的內在理路。中國哲學的發展，當然也不可能例外。就這個意義上講，現代新儒家在哲學上的理論創造，在思路上一定與其之前的中國哲學發展理路有著某種意義的聯繫。換言之，現代新儒家哲學，如果真的意味著中國哲學的現代發展，就必定是它之前的中國哲學的合理的揚棄。就線式歷史觀來看，現代新儒家所應揚棄的當是中國近代哲學[1]。但是，現代新儒家一再申明，中國哲學在乾嘉之後就已死亡[2]，他們的哲學要麼接著「宋明講」，要麼直接「孔孟講」，與中國近代哲學沒有任何關係。問題是，主觀的願望，不可能代替客觀規律，他們雖然主觀上否認其哲學與中國近代哲學有任何掛搭，但他們實際上根本就不可能否認這樣一個事實：在現代文化背景下，他們之所以仍在哲學上孜孜於建構形上本體，實際上正是為了彌補中國近代哲學在「本體論」理論建構上的不足，以圖為中國哲學建構一個完備的本體論理論形態。本文所以要探討現代新儒家建構形上本體的思路，直接的目的，就是為了回答這個問題。

―

　　西方哲學的發展，一度被視為哲學發展的常態。常態發展的西方哲學顯示，其哲學的發展，從古代到現代，實現了幾大轉向，先是由本體論轉向認識論、繼由認識論轉向語言學、再由語言學轉向價值論（人論），由此區分

---

[1]　本文所認同的「中國近代哲學」，是指自 1840 年鴉片戰爭至 1919 年五四運動這期間的中國哲學。

[2]　這也就是說他們認為在中國近代已無哲學可言。

出西方哲學之古代、近代、現代這三個既互為聯繫又各不相同的發展階段。同西方哲學相比，中國哲學可謂異態發展，它有一個顯著的特色，即當西方哲學在現代已經由認識論轉向語言學、價值論時，中國哲學從近代到現代仍一直沒有擺脫對本體論問題的關注與解決。

　　哲學的性質在於揭示世界本體，建構形上本體於是成為哲學一誕生就關注的問題。這就是西方的古代哲學又被稱為「本體論時代」的哲學的原因所在。而中國的古代哲學，決不能也一樣稱為「本體論時代」的哲學，因為中國的古代哲學就其常態而言不是特別關注形上本體的建構，反倒是明顯地忽視建構形上本體。這一忽視，就原始儒學、漢唐儒學看，十分明顯，但在宋明儒學那裏，有所改觀。宋明儒家，借用佛學「體用」理論建構起來的「天理」[3]，是從「所以然」的意義上為世界確立一個形上本體，的確有彌補原始儒家、漢唐儒家忽視建構形上本體之不足的貢獻。但他們有關「即體即用」的形而上思辨不是為了建立本體論，而是出於工夫論的考慮，也就是說是為了將「即體即用」的話題引向了工夫論，使它成為道德修養的理論基礎。就這個意義上講，儘管在宋明理學家那裏，不乏形而上的理論創建，但他們並沒有為中國古代哲學架構一個嚴格意義上的形而上本體論理論體系。

　　宋明理學在哲學上的這一不足，理應由清代哲學來彌補。問題是，清代哲學是否完成了這一使命？清代初中期的哲學，在形成王夫之「氣一元論」的精神高潮之後，主要是沿兩個精神方向展開。這兩個精神方向具體反映在戴震和龔自珍的哲學裏。那麼，能斷言戴震和龔自珍的哲學即意味著中國哲學之本體論問題的終結嗎？回答是否定的。這祇要分析清楚戴震和龔自珍理論建構的理路，就不難明白。

　　戴震以反宋明理學家「以理殺人」而著名。但他反理學，已不再拘於揭露理學家的道德說教與自身道德行為的悖反這一點，而是重在駁斥理學的哲學基礎，也就是說注重分析理學家所謂「理」的荒謬性。他認為理學家所謂「理」，有兩個理論錯誤，一是將「理」本體化，「以理為如有物焉，得於

---

[3]　簡稱「理」。

天而具於心」[4]；二是「截然分理欲為二」[5]，將「理」與「欲」截然對立起來，以為存理就是滅欲。基於這一認識，他始終反對離物以言理、離情以言理，堅持從「別物」與「適情」的視角來論述「理」，確立了他的新「理」。一方面，他從「適情」的視角，將「理」規定為欲望的滿足、認識的不謬、行為的得當；另一方面，他強調「理者，察之而幾微必區以別之名也」[6]，將「理」界說為使品物的類區別開來的「條理」。前一個方面講的是「道出於身」[7]，是從主體層面把握的；後一方面講的是「在物之質」[8]，是從客體方面把握的。它們的著眼點雖然不同，但都貫徹了一個基本的精神導向，即基於否定「無形無跡者為實有」[9]的經驗論的立場而否認「理」具有實體性質。這樣，他的自然哲學對於世界的認識就停留在「自然」而「必然」（當然）的層次上，不可能再進一步追究「當然」背後的「所以然」。他說：如果追究世界本原的話，祇能追究到「陰陽五行」，沒必要也不可能再進一步追究下去。「陰陽五行」亦即「氣化流行」，在戴震哲學裏屬於「自然」的層次，而他用來與「自然」構成對立統一關係的「必然」範疇，一是指事物之當然條理，所謂「實體實事，罔非自然，而歸於必然，天地、人物、事為之理得矣」[10]；另是指人之行為當然的準則，所謂「盡乎人之理非他，人倫日用盡乎其必然而已矣」[11]。「當然」祇涉及事物固然的本性，並不涉及事物本質之「所以然」。所以戴震才說：「歸於必然適全其自然，此之謂自然之極致」[12]。「必然」作為「自然之極致」，並不是指將「自然」的本質從根本上歸於「必然」，而是指「必然」祇是對「自然」本質的

4　戴震撰：《孟子字義疏證》卷上〈理〉。

5　同上書，卷下〈權〉。

6　同上書，卷上〈理〉。

7　戴震撰：《原善》卷下。

8　戴震撰：《孟子字義疏證》卷上〈理〉。

9　同上書，卷中〈天道〉。

10　同上書，卷上〈理〉。

11　同上。

12　戴震撰：《原善》卷上。

最完備的概括。因此，從「自然」推至「極至」所把握的「必然」不具有本體上的含義：「推而極於不可易之為必然，乃語其至，非原其本」[13]。

　　戴震避免在哲學上建立本體論固然有其理論上的原因，也具有反理學的積極一面，但畢竟把人的認識停留在「當然」的層次，限制了認識的深入發展，是個不小的缺失，這樣戴震就為他以後的哲人留下了一個難題：如果中國哲學的古代發展也像西方古代哲學似的難以超越本體論發展階段的話，那麼如何克服戴震哲學的缺陷而建構一個真正合邏輯的本體論呢？龔自珍作為嚴格意義上的中國古代最後一位思想家，他本應擔當起這個責任，可遺憾的是，由於他面對「萬馬齊喑」的衰敗社會而幻想「頹波難挽挽頹心」，非但對戴震所探索的「自然」而「必然」（當然）問題毫無興趣，而且完全改變了經驗論的致思方向，在哲學上轉向了「心力論」。龔自珍的「心力論」，先確立「人」對於世界的決定作用；其次以「我」揭示「人」之本質所在；再次以「心力」說明「我」的力量之所在；最後將「心力」歸於「大人之志」。從其理論展開所導致的最終結論來看，他強調決定世界的力量是聖人的意志，但其展開理論的出發點卻是抽象的「人」，所謂「天地，人所造，眾人自造」[14]。抽象的人應包含具體的聖人，可他將「我」作為人之本質時，實際上又將聖人排斥在「眾人」之外，這樣他勢必陷入困境：當他講人造天地時，他是在強調非聖人造天地、而是眾人造天地；當他講我造天地時，他是在強調非眾人造天地、而是聖人造天地。他最終又將人的本質（我）說成是根源於「性」，所謂「夫我也，則發於情，止於命而已矣」[15]。既然人之本質根源於「性」，那麼聖人之性與庶人之性應該是一樣的，但他為了突出「我」的力量，又強調「民我性不齊」[16]，並指出聖人與庶人在「性」上面的相同，祇體現在「知」上而不體現在「覺」上。「覺」屬於不學而知、不學而能的「神悟」，它是聖人固有的本性。由此看來，龔自珍

---

[13]　戴震撰：《孟子字義疏證》卷上〈理〉。

[14]　龔自珍撰：〈壬癸之際胎觀第一〉。

[15]　龔自珍撰：〈導命二〉。

[16]　龔自珍撰：〈壬癸之際胎觀第二〉。

的「心力」論，非但沒有從理論上克服戴震哲學的缺失，而且由於他自身固有的困境，又將中國哲學的近代展開之困難進一步加深，因為在戴震哲學內含的「個性」與「共性」衝突的缺失尚未克服的情況下，他的哲學又將「群體」（民）與「個體」（我＝聖人）尖銳對立的困境留待後人解決。

　　由以上分析可以得出這樣的結論：如果說戴震的「氣化流行」的自然哲學所體現的經驗論的致思方向，代表著 18 世紀中國思想界對於建立哲學本體的輕視的話，那麼龔自珍崇尚「心力」的歷史唯心論所體現的意志論的致思方向，則代表著 19 世紀初中國思想界已拒絕建立哲學本體論。

　　這個結論也就表明，一直到晚清，中國古代哲學都未能建構一個類似西方哲學範疇的本體論體系。

二

　　因為特殊歷史原因，中國的晚清社會，也就是中國的近代社會。產生於中國近代社會的哲學稱為中國近代哲學，它是中國古代哲學的繼承和超越。就繼承這方面講，中國近代哲學的理論建設，固然可以也應當吸取一切古代的思想資料，但若從超越這一方面講，中國近代哲學的理論建構所能把握的突破口，就祇能是中國古代哲學發展到最後階段所出現的缺失與困境。既然中國古代哲學最終在龔自珍的哲學裏走向了對建立哲學本體論的拒絕，那麼晚清（中國近代）哲學，是否意味著中國哲學在近代已成功地建立起本體論理論體系，走出了中國古代哲學所造成的困境？為說明這個問題，不妨取五位晚清思想家（康有為、譚嗣同、章太炎、嚴復、孫中山）的思想來分析，因為這五大家的致思方向典型地體現了中國近代哲學在本體論建構上的方向。

　　其一，從本體論的視角來看，康有為哲學的確體現了新形式與舊內容的奇妙結合。首先，康有為哲學在內容上無疑是古代的。這不但表現在他用來作為其哲學的最高範疇的「元」，如許多論者一致強調的那樣，「主要取自

董仲舒的哲學」[17]；還表現在他用來規定或揭示「元」的主要範疇，諸如「氣」、「太極」、「太一」、「道」、「仁」等，都屬於中國古代哲學範疇；更表現在他建構其哲學本體論的出發點，仍然是為了對中國古代哲學史上一向關注的「理」「氣」先後之爭問題作出自己的回答，而且他要駁斥的直接對象，仍然是朱熹的「理在氣先」說。在康有為哲學內，確實有許多來自西方的概念，如「以太」「電」「元素」「星雲」等。雖然這些概念，就內容上講，往往與「元」「氣」之類的概念完全重合，但正如有些論者所指出的，它們被採用，是被簡單的填進「元」「氣」概念之中的，是為了透徹地說明或準確地揭示「元」「氣」這類概念，而不是為了用它們來代替這些概念。儘管如此，仍不能因為其哲學內容上的古代性而將康有為「以元為本」的哲學本體論簡單地歸結為「氣本論」之古代意義上的豐富和發展，而應將它視為近代意義上的新發展，因為康有為在建構其哲學體系時吸取了西方的進化論。由於引進了進化論，他突破了中國古代「氣本論」固有的缺陷——將世界視為基於「氣」之聚散的循環過程，把世界看作不斷進化的過程。以「氣」作為「天地之本」這一立場並沒有改變，但世界的日新變化，不再被簡單地解釋為由於「氣」之聚散，而是被詳細地解釋為由於「氣」本身固有的「氣熱」（意味著引力和拒力的相互作用）而產生的由低級向高級發展的進化過程。

　　就哲學發展的實質在於形式上的更新而言，康有為哲學可以說突破了古代；但就其哲學內容上的古代性而言，他的哲學雖然是近代中國社會政治、文化的產物，然而在思想上受古代的牽絆勝於受近代的影響。更由於他在王夫之「氣一元論」的成熟體系形成之後，企圖跳過王夫之而徑直接續宋明理學的話題去建構他的哲學體系，使他在思想上完全忽視了推進戴震哲學，結果他的哲學本體論，就理論的深度講，仍然停留在戴震哲學的水準上，因為在康有為看來，萬物存在之「所以然之理」，歸根到「元」，就是指萬物

---

[17]　李澤厚語。

「皆運於氣」[18]，所謂「元者，氣之始」、「元即氣也」[19]。「元即氣」不僅是指「凡物皆始於氣」，也是指「生人生物者氣也」[20]。所以，為了強調「氣」之作為世界始「元」的意義，康有為使用了「太極」、「以太」概念對它加以限定：「太一者，太極也，太極以前，無得而言」[21]，反對將認識引向超越「以元為本」的更高層次，堅持以「氣」作為世界終極的真實存在。

其二，康有為自己並沒有徹底地貫徹這個原則[22]。從「以元為本」出發，他強調「以元統天」，將「天」同樣視為由「氣」所生。這應該說是合乎邏輯的展開。但由於他把「天」完全等同於「氣」，所以將「氣」運物的作用直接歸結為「天」生物。這使他由「理惟有陰陽」走向了「天下之理祇一生字」[23]，並因此而強調「天地生之本」[24]。那麼，這裏所講的「理必本於天」[25]與上面所講的「理」發於「氣」，正相悖。但是，在康有為看來，發於「氣」的「理」是「自然之理」[26]，而本於天的「理」是「天命之理」[27]。「天命之理」乃「氣」之上的鬼神[28]，它高於「自然之理」。所以他強調說：「天不深正其元則不能成其化」[29]，將「氣」生物從根本上說成是由於「天」之所「正」。這表明康有為最終以「天命論」取代了「以元為本」論。

其二，譚嗣同在哲學上最為關注的問題就是「本體」問題，而他的「以

---

[18] 康有為撰：《春秋董氏說》。

[19] 康有為撰：《萬木草堂口說》。

[20] 同上。

[21] 同上。

[22] 指反對超越「氣」去把握世界本體。

[23] 康有為撰：《萬木草堂口說》。

[24] 同上。

[25] 同上。

[26] 同上。

[27] 同上。

[28] 康有為撰《萬木草堂口說》有云：「氣所上即鬼神也」。

[29] 康有為撰：《春秋筆削大義微言考》卷一。

太說」，正是這一關注的產物。譚嗣同所謂「以太」，雖然是借用西方近代物理學既有的概念，但從他一再強調「以太」乃「通天地萬物人我為一身」[30]來斷，它已經不是物理學家所假設的自然界普遍存在的「介質」，而是哲學家所講的世界本體。他在強調「以太」是世界普遍存在的最終實體的同時，又規定「以太」的唯一特徵就是它的超經驗性，或者說「不可稱謂」性。則超經驗性應視為他對「以太」特徵的最基本的把握，是他進一步規定「以太」的出發點。經驗範圍的存在，都是有生有滅的，「以太」既然是超經驗的存在，則它「不生不滅」[31]；有生有滅在時間上才會有始終，「以太」既然「不生不滅」，則它在時間上「固無始終也」[32]。「無始終」的存在，當然是一個永恆的存在，所以他自問自答道：「以太亡乎？曰無亡也」[33]。

　　譚嗣同既然否認「以太」的經驗性，強調要基於「以太」去把握世界的統一性，那麼他對「以太」的把握，在認識論上也就自然地超過了戴震。他不是像戴震那樣，從具體的事物追溯到「陰陽五行」（氣）就停止，他認為「遍法界、虛空界、眾生界」這三界可以依據現象與本質的區分劃歸「有」「無」這一對範疇，都是「有對待」的存在。「有對待」的存在，無論是可觀的現象界，還是不可觀的本質界，都沒有超越經驗的範圍，而祇能屬於「自然則固然」[34]的層次，認識由「自然」進入「固然」，譬如由具體的動植物而追溯到其內在的分子（所謂六十四原質），尚未達到「本體」層次，因為「本體」作為「天地萬物自然而固然之真理」[35]，它不是「固然」意義上的事物「原質」，而是指超越「原質」的「原質之原」，所謂「至於原質

---

[30]　蔡尚思、方行編：《譚嗣同全集》下（北京：中華書局，1990 年），頁 312。

[31]　同注 30，頁 312。

[32]　同注 30，頁 331。

[33]　同注 30，頁 300。

[34]　同注 30，頁 316。

[35]　同上。

之原，則一以太而已矣」[36]。

　　譚嗣同對戴震哲學的超越，不但恰好彌補了康有為沒有推進戴震哲學的缺失，而且由於他在引進進化論的同時，又將「以太」這個近代的概念作為其哲學的最高範疇，並堅持以中國古代哲學範疇來說明「以太」，所以譚嗣同哲學無論就形式上還是就內容上講，較之康有為，都更具有近代性。但是，當譚嗣同建構其本體論時，似乎遇到了比康有為更大的困難。譚嗣同的「以太」，顯然擺脫了天命論的牽絆，不具有「天命之理」的成分。這樣他要用「以太」解釋世界所以存在和變化的原因，顯然已不能遵循「理本論」的路數，可再簡單地回到康有為講「以元為本」時所堅持的路數——將「氣」生物最終歸結為由於「氣熱」——就難以奏效，因為「氣」之作為實體其本質正體現在它自身聚散不止，而「以太」的本質卻體現在它不生不滅。顯然，「不生不滅」的「以太」怎樣產生有生有滅的世界這一問題，對譚嗣同來說，是無法回避的，除非他放棄自己的本體論建構。值得肯定的是他在解決這個問題時，沒有像康有為那樣，回到天命論，求助於上帝的「最初的一擊」，而是堅持從「以太」自身去找永恆與變化的內在聯繫。他在確立了「以太」為世界本體之後，先追問「不生不滅烏乎出」？回答說：「出於微生滅」，並強調此「乃以太中自有之微生滅」[37]；然後再追問「日新烏呼本」？回答說：「以太之動機而已矣」[38]。可見，在譚嗣同看來，世界之所以變化日新，是因為「不生不滅」的「以太」自有「微生滅」，而「以太」內含的「微生滅」就是事物日新變化的「動機」。這顯然不是從事物外部而是從事物內部尋找事物變化日新的原因。但是，「微生滅」終歸屬於「生滅」的範疇，則「不生不滅」內含「微生滅」，豈不矛盾？譚嗣同企圖以相對主義的詭辯來「克服」這一矛盾。然而「飛矢不動」之解答無濟於問題的解決，所以當他最後追問「微生滅烏乎始」時，他便背離了理性，祇能

---

[36]　同注 30，頁 306。

[37]　同注 30，頁 312-313。

[38]　同注 30，頁 319。

回答說：「是難言矣」[39]。但譚嗣同並沒有因此走向「不可知論」，將哲學變成宗教；而是硬要去解「難言」問題，把自己逼進了主觀唯心論的死胡同。他分析說，既然「微生滅」「方生方滅，息息生滅，實未嘗生滅」[40]，那麼「見（當讀作「現」）生滅者，適成唯識」[41]。「唯識」即「心生」，而「心之所生，必有緣，緣與所緣，相續不斷」[42]，故「微生滅」祇意味著「心」之識體的「緣與所緣，相續不斷」，終歸是「心力」之「無不可為」[43]。正因為他把「微生滅」歸於「心力」，所以他強調說：「以太者，亦唯識之相分，謂無以太可也」[44]。按照唯識宗的說法，認識的主體和認識的對象，區分為「能緣」與「所緣」。認識過程中，前者叫做「見分」，後者叫做「相分」。「見分」是指能認識的作用部分，「相分」是指被認識的形象部分，人的認識活動，就是識體自身的「見分」去變現自身的「相分」，或者「相分」引起「見分」。那麼，將「以太」說成是「唯識之相分」，就徹底地否認了「以太」的實體性質，當然也就「謂無以太可也」。

譚嗣同思想的悲劇性就在於他往往將思路推至極點之後又突然改變致思方向。這一點同樣適用於他的「心力」說。本來，以「唯識」泯滅「以太」，已經是「心」以「識」為體，但他偏偏又強調「慈悲為心力之實體」[45]，藉以將「仁」確立為本體。有論者認為譚氏既講「以太」為本又講「仁」為本，不免自相矛盾；有論者則強調在譚氏哲學裏「以太」與「仁」乃是完全等同的概念。其實，就邏輯上的先後秩序講，「仁」先是作為「通人我之謂」[46]，然後才是在主體與客體一體相通的意義上變成了「天地萬物

---

[39]　同注 30，頁 330。

[40]　同上。

[41]　同上。

[42]　同注 30，頁 330。

[43]　同注 30，頁 357。

[44]　同注 30，頁 331。

[45]　同注 30，頁 357。

[46]　同注 30，頁 292。

之源」[47]。這一轉變，與他在論「以太」為本時最終以「唯識」泯滅「以太」的做法，遵循的邏輯是相同的，就是說從「心力」出發，以「以太」為本與以「仁」為本，並不矛盾，因為所謂「仁為天地萬物之源，故唯心，故唯識」[48]，也就等於說「以太者，亦唯識之相分」。總之，無論是以「唯識」泯滅「以太」，還是將「心」以「識」為體變為以「仁」為體、再將「仁」為「心」之體變為「仁」為天地萬物之體，都表明譚嗣同哲學雖然帶有客觀唯心論的濃厚色彩，但畢竟屬於主觀唯心論。作為一種主觀唯心主義哲學體系，譚嗣同的以「通」為核心的「心力論」所必然包含的主客體一體相通（仁）、人我平等的內容，恰好克服了龔自珍「心力論」所必然存在的人我緊張、「民我性不齊」的理論缺失。從這個意義上講，譚嗣同的「心力論」又是龔自珍「心力論」在近代的發展與超越。

其三，章太炎也許算不上純粹的哲學家，但他關注本體問題的自覺程度，就中國近代哲學史來說，無人能超過。他曾明確指出：「言哲學創宗教者，無不建立一物以為本體」[49]，這說明他對哲學研究的特殊對象有準確的把握；他還強調說：「居今之世，欲建立宗教者，不得於萬有之中，而橫計其一為神，亦不得於萬有之上，而虛擬其一為神」[50]，這說明他對自己在近代文化背景下建構哲學本體論的致思方向有清醒的認識。

那麼，章太炎究竟循何種具體途徑去建構他的哲學本體論呢？他的這一建構，是從批駁唯神論、唯物論、唯我論開始。他對於唯神論、唯物論、唯我論的批駁，顯然貫徹了以下思想原則：一是反對將主觀和客觀、事物與意識打成二橛，主張意識為真實存在、意識才是世界的本源；二是否定在人的主觀意識之外還有不依賴於人的意識而獨立存在的實體，強調「阿賴耶識」才是世界的本體。作為方法論原則，他稱前者重在破「損減執」；而稱後者

---

[47] 同上。

[48] 同上。

[49] 上海人民出版社編：《章太炎全集》（第四冊）（上海：上海人民出版社，1985年），頁404。

[50] 同注49，頁409。

重在破「增益執」。破「損減執」，意在反對像康德那樣，將現象和主觀意識區別開來，以為範疇來自主觀意識，而現象來自「物自體」。破「增益執」，既為了破除誤把客觀事物當作實有的「法執」又是為了破除誤把主觀的「我」當作實有的「我執」。這也就是說，他把唯我論、唯物論、唯神論關於世界本原的認識都當作顛倒之見。而他之所以將唯我論、唯物論、唯神論之「本體」學說一概斥之為荒謬，為的是最終將「心」「識」確立為世界本體。因為「識之實性，即是真如」[51]，則在章太炎看來，以「心」「識」為世界本體，也就是以「真如」為世界本體。他強調說：「於概念中，立真如名，不立神名，非斤斤以符號之差殊，由其有執、無執異爾」[52]。在論及章太炎哲學特質時，論者或強調他的「依自不依他」說，或強調他的建立無神宗教論。其實，從他最終將「識」（真如）確立為世界本體來看，所謂的「依自不依他」，從哲學上講，就是旨在強調從人自身的意識去尋找一切存在的根源；而他立志要建立的無神的宗教祇不過是站在主觀唯心論的立場對法相唯識宗的認同。

　　本體是相對現象而言的，不處理本體與現象的關係，本體便無安立處，仍然算不上完備的體系。為了安立世界本體，章太炎便以佛教「三自性」理論來解釋宇宙的構成。他確立世界構成所必須遵循的邏輯秩序是：首先確立客觀世界由人的主觀意想安立為有，所謂「宇宙本非實有，要待意想安立為有」[53]；其次確立此安立世界為有的主觀要求乃起於認識事物、分別是非的「渴愛」，再次確立此「渴愛」依「末那識」而起，「末那識」在唯識八識中屬第七識，它的根本作用在於「恆審思量」即不停頓地思慮。確立主觀思慮為假有世界的本源後，必須再進一步確立此思慮是「阿賴耶識」根據先驗的原型觀念構畫世界的自身活動，所謂「此概念法塵，非由彼外故生，由此阿賴耶識原型觀念而生」[54]。由此可見，章太炎哲學強調的是：存在即是被

---

[51]　同注 49，頁 416。

[52]　同注 49，頁 410。

[53]　同注 49，頁 413。

[54]　同注 49，頁 410。

感知，而感知衹是先驗觀念的綜合。

　　章太炎在建立自己哲學體系時曾明確指出：「至於譚氏《仁學》之說，拉雜失倫，有同夢囈，則非所敢聞矣。」[55]這說明從表面看，章太炎哲學並不是對譚嗣同哲學的認同。然而，從哲學發展內在的進程來看，這並不足以改變章氏哲學實際上是沿著譚氏「心力論」的路線而發展了譚氏哲學這一事實。因為：如果說在譚氏那裏，心之本體仍然主要是指道德本體（所謂「慈悲」心懷），「心力」主要是指人的意志力的話，那麼在章太炎這裏，「心」真正以「識」為體，而「心」之意想被嚴格地規定為基於原型觀念的認識（思慮）過程。這一發展，足以說明：較之譚嗣同哲學，章太炎哲學更具有現代理論色彩。

　　其四，嚴復建構本體論的致思路向，與章太炎正相反。章氏積極地以理性精神建立先驗的本體，而嚴復則將認識限定在經驗範圍內，將積極的認識放在「實測」上，而將「本體」問題消極地歸於「不可知」。在嚴復看來，儘管外物是客觀存在的，並且是感官意識所由發生的原因，所謂「有外因，始生內因」[56]，但因果本身是否具有同一性，卻不可得知，所謂「因果同否，必不可知」[57]。既然因果的同一性問題本身都不可知，那麼去建構所謂「本體」，當然也就屬於「不可思議」的事情，因為建構「本體」的基本原則，就是要超越事物固有的因果關係，而去進一步追求其同一性——得以構成因果關係之所以然。正是基於因果同一性不可知這一認識，嚴復強調「理至見極，必將不可思議」[58]，否認認識上追究世界終極本體之可能性。有論者認為嚴復在哲學上屬不可知論。這種認識有片面性。其實，嚴復並非一般地主張具體事物的本質不可知，而是特意強調作為事物普遍存在的終極依據不可知，因為在他看來，具體事物的本質，尚未超越經驗的範圍，仍然可以通過實測會通獲得，衹有那事物普遍存在的世界本體，才由於「非實測之所

55　同注 49，頁 429。

56　嚴復撰：《天演論》卷下論九按語。

57　同上書，卷上導言二語。

58　嚴復撰：《穆勒名學》甲部中篇五。

會通」[59]而應歸於「不可知」，祇能存而不論。嚴復進而分析說，世界一切事物都是相對待而存在，那麼像基督教那樣，主張上帝為世界最後的絕對無待、獨立無二的本體，就陷入了自相矛盾。所以從邏輯上講，這種絕對獨立無二的本體，實際上也是不可思議的。正如有論者所強調的，在嚴復那裏，所謂不可思議，不是肯定有這種不可思議的本體，而是指宗教、哲學上講的本體，是不可認識的。他說：「大抵中外古今言理者不出二家，一出於教，一出於學。」[60]在哲學上確立世界本體，在他看來，就屬於「教」。「教」與屬於「學」的科學相對立，「謬於先神理之學而以物理之學為終」[61]，故為害學術極甚。因此，追究世界本體這種學問「雖不設，可也」[62]。即便有人去研究探討這種學問，也與人事無關，沒有用處。

嚴復站在經驗論的立場排斥本體論，則就中國近代哲學之本體論建構而言，他的致思方向，是將戴震所回避的本體問題歸於「不可知」，祇有負面的意義。有論者強調嚴復以「質力相推」揭示了宇宙本原。問題是，如何去把握「質力相推」。我認為，「質力相推」是講事物皆為物質與機械力的統一體，「質」是「力」的依據，「力」是「質」的表現，它所揭示的祇是具體事物「體」「用」一體性問題，並沒有涉及「體」與「用」一體性之所以然的問題，所以並不能籠統地講嚴復以「質力」解釋宇宙本原。

嚴復在解釋具體事物存在之本質時，遵循的是「體用」一體的思路：「體用者，即一物而言之也。有牛之體則有負重之用，有馬之體則有致遠之用，未聞以牛為體以馬為用者也」[63]。但當他強調世界本體不可知時，正如有論者所指出的，顯然因受康德二元論的影響而割裂了本質與現象的聯繫。嚴復的這一困境，正好從反面提示人們，在本體論的層面如何運用「體用不二」的邏輯來證明本質與現象同一性，是中國近代哲學之本體論建構不應該

---

[59] 嚴復撰：《穆勒名學》乙部按語。

[60] 嚴復撰：《天演論》卷下論十六按語。

[61] 嚴復撰：《原富》戊篇按語。

[62] 嚴復撰：《穆勒名學》甲部按語。

[63] 嚴復撰：〈與〈外交報〉主人書〉。

也無法回避的問題。然而，康（有為）、譚（嗣同）自不待說，即便就章太炎來講，他的哲學雖然以建構哲學意義上的本體為宗旨，也仍沒能真正解決這個問題。這是因為章氏在確立「識」（阿賴耶識）為世界終極本體時，是將世界視為「識」之變現的假像。這一變現，雖然被解釋為憑藉先驗的原型觀念綜合而成，但他並沒有將這一綜合上陞為「識」與「變相」構成對應關係之體用範型。而且，他之所以將世界視為「識」之變現，正是因為他認為事物及事物內在功用之無自性與作為事物「種子」的本體（識）之有自性恰好背離。這說明章太炎反對將客觀事物與主觀意識截然分開，實質在於以「體」取代「用」、以「體」吞併「用」，並沒有真正克服嚴復割裂本質與現象的缺失，在本體論上徹底貫徹「體用不二」的原則。

其五，嚴復、章太炎沒能解決的難題，自然有待孫中山來解決。但孫中山作為中國革命的先行者，他的一切理論建設都必然地服務於他的革命實踐活動。從這個現實的目的出發，他很自然地將自己哲學建設的重心放在認識論方面，認識論因而成為孫中山哲學中最光彩的部分。孫中山認識論的基本內容體現在「知難行易」說。正如李澤厚所概括的，「這一學說的基本要點，簡單說來是：(1)行在先；(2)能行便能知，可知論；(3)知比行難，認識、理論重要；(4)知是為了行；(5)行來核證知」[64]。從這些要點來看，孫中山的「知難行易」說，既是對崇揚主觀精神力量——如譚嗣同講「貴知不貴行」、章太炎講「依自不依他」——這一近代思想傳統的繼承和發展，也是對譚、章衹強調「貴其心」所存在的缺陷的克服，更在一定程度上克服了嚴復「不可知論」的缺失，體現了中國哲學精神之近代發展的水準。

但孫中山的本體論較之他的認識論卻遜色得多。如果說他的認識論是對康譚嚴章諸家認識論的發展的話，那麼他的本體論從基本立場上講則是由他們開拓的道路向後倒退。他的本體論既沒有推進譚嗣同、章太炎的唯心論路線，也沒有推進嚴復的經驗論路線，而是在中國近代哲學經歷康譚嚴章精神發展歷程之後，又回歸到「氣本論」的立場。他依據進化論的理論，先將整

---

[64] 李澤厚撰：《中國近代思想史論》（北京：人民出版社，1979年），頁371。

個世界的進化分為三個時期，即物質進化時期、物種進化時期、人類進化時期，然後分別確立不同進化時期的世界存在之根據，將物質進化歸原於「太極」，所謂「元始之時，太極（此用以譯西名以太也）動而生電子，電子凝而成元素，元素合而成物質，物質聚而成地球，此世界進化之第一時期也」[65]；將物種進化歸原於「生元」（細胞），所謂「由生元之始生而至於成人，則為第二期進化。物種由微而顯，由簡而繁，本物進天擇之原則，經幾許優勝劣敗，生存淘汰，新陳代謝，而人類乃成」[66]；將人類進化歸因於「互助原則」，所謂「人類初生之時，亦與禽獸無異。再經幾許萬年之進化，而始長成人性，而人類之進化，於是乎起源。此期之進化原則，則與物種的進化原則不同，物種以競爭為原則，人類則以互助為原則」[67]。雖然孫中山對三者之間的同一性缺乏具體的說明，但因為物質進化是整個世界進化的「第一時期」，所以祇要追溯進化的始源，則自然就會將世界的終極根源歸於「太極」即「以太」。「以太」按照西方近代物理學家的斷言，乃宇宙普遍存在的「介質」，而它自身「同樣地是由非連續性的粒子所組成」[68]。將這樣一個物理學概念拿來作為哲學最高範疇，對孫中山來說，既不同於譚嗣同（將「以太」視為內含「微生滅」的不生不滅的絕對實體），也不同於康有為（將「以太」僅視為一種原始的物質元素），而是重在說明「以太」作為原始的物質，其形態表現為「氣體」，或者叫做「星雲」，所謂「地球本來是氣體，和太陽是一體的。始初太陽和氣體都是在空中，成一團星雲，到太陽收縮的時候，分開許多氣體，日久凝結成液體，再由液體固結成石頭」[69]。這說明孫中山雖然將「以太」譯作「太極」，並徑直以「太極」來規定宇宙本原，而不是像譚嗣同那樣直接以「以太」來規定宇宙本原，正是為了強調「氣」作為宇宙本原並不足以模糊其本身的物質實在性。傳統的

---

[65] 孫中山撰：《孫文學說》。

[66] 同上。

[67] 同上。

[68] 恩格斯語。

[69] 孫中山撰：《民權主義》第一講。

「氣論」，所強調的是「氣」本身即意味著聚而散、散而聚的循環變化，對「氣」本身是否存在不生不滅的實體缺乏應有的說明。雖然「氣一元論」旨在否認存在所謂有別於「氣」本身的氣之實體，但並不足以消除對這個問題缺乏說明的缺陷。康有為之所以基於「歸」（鬼）與「伸」（神）這一考慮，由「以元（氣）為本」走向了「氣所上即鬼神」[70]，與他沒有能夠正確地把握「氣」之實體即意味著「氣」自身的體用圓融不無關係。由此看來，孫中山把宇宙本原歸於「氣」的同時，又強調「氣」之物質實在性正體現在它是「氣體」的存在，應該說是對傳統「氣論」的重大發展，因為「氣」之表現形態就是「氣」因自身的運動形成的星雲氣團這一說明，有力地否定了尋找所謂有別於氣之本身的氣之實體的可能性。這也許就是孫中山在重返「氣本論」立場時，能夠避免康有為的失誤，沒有最終走向「天命論」的認識根源。

　　孫中山的「太極」（氣體、以太）本體論，正如有論者所指出的，仍然沒能將唯物論進行到底，這是因為他在論述「生元」說時，陷入了「二元論」。照理講，「生元」（細胞）作為生命的起源，它應該是作為宇宙之本原的「太極」的合乎邏輯的延伸，並不具有和人相同的精神意志。但是，孫中山認為，儘管生命產生之前的物質沒有精神，然而生命一旦產生就有了精神。所以他強調「生物之原子」即「細胞」（生元），具有知覺、意志和思想，並且將「生元」所具有的精神意志作用比擬為孟子所謂人的先驗的良知良能。他說：「生元者，何物也？曰：其為物也，精矣、微矣、神矣、妙矣，不可思議者也！按今日科學所能窺者，則生元之為物也，乃有知覺靈明者，乃有主意計畫者也」[71]；又說：「孟子所謂良知良能者非他，即生元之知，生元之能而已」[72]，都是旨在強調「生元」具有與人同樣的精神意志。「生元」既然有「知覺靈明」、有「主意計畫」，那麼「生元」構成生物也就很自然地被說成是「生元」有意識地創造生物，就好比人有目的、按計劃

---

[70]　康有為撰：《萬木草堂口說》。

[71]　孫中山撰：《孫文學說》。

[72]　同上。

製造器物一樣，所謂「生元之構造人類及萬物也，亦猶乎人類之構造屋宇、舟車、城市、橋樑等物也」[73]。

很顯然，世界始元在於「太極」（氣體）與「生元構造人類及萬物」，是背離的，一個是把世界本原歸於物質，一個是把世界本原歸於精神。問題是，孫中山似乎並不覺得兩者有什麼衝突。在他看來，說世界本原在於物質，是從世界尚無生命現象，祇有無生命的物質這層意義上講的，而生命一旦產生，隨著精神現象的出現，物質和精神便都成為世界本原，這時，物質和精神就無所謂誰是第一性：「總括宇宙現象，要不外物質與精神二者，精神雖為物質之對，然實相輔為用」[74]。所謂物質和精神相輔為用，正如有論者所指出的，就是強調精神和物質是同樣根本、互相補充的兩個獨立實體。

孫中山陷入二元論，從認識根源講，在於他在本體問題上簡單地運用二分法來劃分物質和精神的界限：「簡括言之，第知凡非物質者，即為精神可也」[75]。依據這個標準，無生命的無機物既然歸於物質範疇，那麼有生命的細胞（生元）就應當歸於精神範疇。這表明他沒有在本體問題上運用「體用不二」邏輯，將精神與物質的同一性，視為精神（用）是物質（體）的派生。他雖然有時用「體」「用」說明物質和精神關係，把物質說成是「體」，把精神說成是「用」，但他所強調的「人者有精神之用，非專恃物質之體」[76]，仍然是堅持體用二者對峙、二元並列的思維格式。

就五大家哲學精神發展歷程而言，孫中山哲學關於世界本原的把握，就其強調世界始元在於「太極」（以太）來看，它是康、譚強調「以太」即世界本體的認識的繼續；就其強調「夫心也者，萬事之本源也」[77]來看，它又是譚、章「貴其心」的認識的繼續；就其強調物質精神並重、體用對峙來看，它還是嚴復不可知論割裂本質與現象聯繫的認識的繼續。這樣看來，孫

---

[73] 同上。

[74] 孫中山撰：《軍人精神教育》。

[75] 同上。

[76] 同上。

[77] 孫中山撰：《孫文學說》。

中山「二元論」在理論上所陷入的困境（體用二元對峙），一定程度地反映了中國近代哲學之本體論建構所存在的缺失。因此，如何運用「體用不二」的邏輯，在哲學上建立一個旨在創立主體與客體真正圓融無礙——時空統一、天人和諧、人我交融——的形而上體系，就成為中國近代哲學留待中國現代哲學解決的理論難題。

三

　　問題是，中國現代哲學之理論建設，似乎並沒有注意中國近代哲學所遺留下來的難題。中國現代思潮所反映的精神導向，就現代對於傳統之超越（較之現代，近代便也屬於傳統）來講，除了游離於社會思潮之外的純學術研究，大體上可以劃分為三條路線，即馬克思主義中國化的精神導向，自由主義的全盤西化的精神導向，以現代新儒家為主要代表的文化保守主義的精神導向。馬克思主義中國化的精神導向，雖然如毛澤東所強調的，亦提倡繼承從孔夫子到孫中山一切優秀文化傳統，但其在思想上所注重的是如何運用馬克思主義的普遍原理解決中國革命和建設的實際問題。這就決定了其哲學上的理論創立主要體現在革命的、能動的實踐論，而不是體現在沿著中國近代哲學所展示的方向重新建立形而上本體論。自由主義的全盤西化的精神導向，是依據西方現代哲學的尺度，從根本上否認中國近代有哲學，自然也就談不上去解決中國近代哲學的難題、推進中國近代哲學的精神發展。文化保守主義的精神導向，是以深深眷戀傳統作為標幟的，但其對於傳統的深深眷戀，正起因於對近現代社會現實的深度不信任、對近現代價值的極度不認同。所以無論是在東方文化派、本位的中國文化派那裏，還是在現代新儒家那裏，其所謂的回歸傳統、重建中國文化的價值本體，主觀上都不是為了克服中國近代哲學的理論缺失，推進和發展中國近代哲學的精神。這樣看來，中國現代哲學同中國近代哲學之間似乎斷裂了聯繫。那麼，就現代哲學絕不可能輕易地繞過近代哲學來講，我們究竟如何把握中國哲學的現代出路與中國哲學之近代困境之間的聯繫？要討論這個問題，以現代新儒家的哲學作為

典型來分析，不失為簡便而有效的途徑，因為：正如劉述先所指出的，「當代新儒學的哲學，最有成就的無疑是在形上境界的重新解釋和體證」[78]。從這個意義上講，現代新儒家關於「本體」的「種種殊異之詮釋」[79]，說到底，就是為了解決中國近代哲學留待中國現代哲學解決的理論難題。

勿庸諱言，現代新儒家重構哲學上的本體，並非著眼於去克服中國近代哲學的困境。豈止是沒有著眼於近代，所謂重新建構形而上本體，對他們來說，正在於跨越近代而直接上續古代。這不難從他們的申明中瞭解，因為無論是牟宗三所強調的「儒學第三期」發端於宋明儒學第二期，馮友蘭講的「接著宋明講」，還是方東美強調的復興原始儒家、原始道家、原始墨家精神，說法雖不盡相同，但主旨（回歸古代）卻驚人的一致。他們如此一致地在價值上認同古代，實際上反映了他們這樣一個共識：在近現代，中國文化遭到西方文化的猛烈衝擊，而面對這一嚴竣的現實，我們自己卻在文化選擇的導向上出現了價值偏差，致使中國哲學精神非但沒有在近代進一步高揚，反倒日益失落。因此，他們的使命，不在於推進意味著中國哲學精神已經死亡的中國近代哲學，而在於重新確立在近代已經失落的中國哲學的傳統精神。

但是，哲學的發展畢竟有自身的內在規律。從其內在規律所決定的哲學發展的內在趨勢來看，現代新儒家重建形而上本體，不但客觀上合乎中國哲學在西方哲學已進入認識論時代卻仍繼續推進本體論這一趨勢，而且他們建構形而上本體所遵循的思路，正好彌補了中國近代諸大家在本體論上所存在的缺失。

現代新儒家，除了少數例外，大多自覺以重建形而上本體為己任。這在熊十力奠定現代新儒學理論基礎時，就已明確地被確立了下來。熊十力認為，「哲學上的根本問題，就是本體與現象」[80]。因此，「立意不承認有本

---

[78]　劉述先撰：《中國哲學與現代化》。

[79]　方東美語。

[80]　熊十力撰：《新唯識論》（北京：中華書局，1985 年），頁 465。

體，而衹是在知識論上鑽來鑽去」[81]，就是脫離哲學的立場。要堅定哲學的立場，使哲學站得住腳，不被科學奪去所有領域，就必須「貴在見體」，注重建立本體論。像熊十力這樣，在西方現代哲學已超越認識論時代而走向語言學（意味著拒斥形上學）時代，仍強調認識論衹是「證體」的認識工具[82]，最能客觀地體現中國現代哲學與中國近代哲學的內在邏輯聯繫。熊十力認為「萬物本原與吾人真性非有二」[83]。所以他反對離心向外求索世界本體，把「證體」視為衹是覺悟人的真性。個人的真性，即「吾人的本心」，是指人的道德心，所謂「仁」。人的真性與萬物本原既然並無異義，則人的本心亦即人與天地萬物共具的本體。在熊十力確立「本心」為世界本體之前，梁漱溟已經提出了宇宙本體即生生不息的「大生命」這一本體論的基本構想。而在他之後，現代新儒家其他大家更把本體論的探討進一步落實在實有、存在、生命、價值等各個層面，不但開出了直續熊十力思路的「道德的形上學」（牟宗三），「心靈生命」論（唐君毅），而且開出了「理世界」即「真際」的所謂「真正的形上學」（馮友蘭），更開出了以「普遍生命」為世界本原的「究極本體論」（方東美）。

　　牟宗三的「道德的形上學」，雖然與熊十力一樣，也是把人的內在道德真性超越為宇宙終極實體，但他也有不同於熊十力的地方。他不是衹信守直覺，卻反對憑「量智」去求「本體」，而是費心去證明「智知」與「識知」對應「本體」的作用。他將「智知」與「識知」從方法論上區分為「無執」與「有執」，以分別對應「本體界的存有」與「現象界的存有」。之所以要這樣來對應，實質在於把「現象界的存有」與「本體界的存有」的差別從認識論上歸結為人之「本心」是否有「執」。因為是否有「執」，衹是「本心」自身的「觀法」不一，所以「兩層存有」的差異，最終被歸於「本心」的「一機之轉」：「物之有限性無限性，有時空性無時空性，有流變相無流變相，衹在一機之轉：對無限心之無執而言，它即有無限性，無時空性，無

---

[81] 同注 70，頁 251。

[82] 熊十力在《新唯識論》中強調說：「我們正以未得證體，才研究知識論」。

[83] 同注 70，頁 251。

流變象，它即是如；對有限心之執而言，它即決定是有限的，有時空性的，有流變相的，乃至有概念所決定的種種相的；它即是不如。如與不如，相與無相，可相即而得。即不如而如，無限心之朗照也；即如而不如，有限心之執取也。」[84]

　　與牟宗三將本體論區分為本體界的存有論與現象界的存有論在形式上相似，方東美也把本體分為具體的本體與超越的本體（又謂「究極的本體」），但他不是將兩者的差異歸於心體的「一機之轉」，而是將兩者的不同表述為價值層次上高低不一。因為在他看來，「究極的本體」祇是意味著對具體的本體（事物存在的具體根源）在價值上的超越，而決不是獨立於具體的本體。所以他強調不斷超越並不是一個直線地走向絕對存在境界就宣告超越終止的過程，而是「既超越又內在」。所謂「既超越又內在」，既是說生命精神不斷超越到達最高的價值境界之後再回向低一層次的價值境界，又是說生命精神之回向下界亦即逐次向下落實在具體的價值領域。生命精神之向上提升，謂之「上回向」；生命精神到達最高價值境界後再向下逐次貫注於具體的價值領域，謂之「下回向」。生命精神通過上下雙回向途徑所實現的價值上的圓滿（既超越又內在），其所體現的就是「普遍生命」所涵蓋的廣大和諧的宇宙精神。

　　像方東美這樣，將本體對於現象的超越歸結為生命精神自身的價值超越，畢竟太玄妙。與這種玄妙的構思比較起來，馮友蘭關於「真際」超越「實際」的縝密的分析，就更接近人們的哲學知識。在馮友蘭那裏，「真際」超越「實際」，被解釋為「理世界在邏輯上先於實際世界」[85]。他認為世界的存在都體現了實際的事物、實際、真際三者的內有關聯。就是說實際的事物蘊涵實際，實際蘊涵真際。這種蘊涵關係，在他看來，即意味著「屬於實際中也屬於真際，屬於真際則不必屬於實際」[86]，因為實際的事物所依

---

[84] 牟宗三撰：《現象與物自身》（長春：吉林出版集團有限責任公司，2010 年），頁96。

[85] 馮友蘭撰：《新原道》第十章〈新統〉。

[86] 田文軍語。

的理都在真際中，但真際中的理並不一定都實現於實際之中。這反映了一類事物之理（共名）與事物普遍共有之理（大共名）的不同。既然有實際必有真際，有真際不必有實際，那麼從邏輯上講「真際」就在先，「真際」比「實際」更根本，「真際」可以獨立於「實際」。

　　現代新儒家關於「本體」的「種種殊異之詮釋」，儘管顯示了各家的差異，但他們各具特色的詮釋，顯然又都貫徹了相同的方法原則。在他們看來，西方哲學關於本體建構，在方法上一個顯著的缺陷，就是把本體與現象截然分開。熊十力稱之為「分作兩片說」；牟宗三斥之為沒有將「應然」與「實然」統一起來；方東美評其為將形而上形而下打成兩橛。因此，當他們為了把生命理想安立在最高價值境界而重建形而上本體時，他們就普遍認同了儒家「天人合一」模式，孜孜不倦地按這一模式構造貫通人與神、人與自然、人與人的具體途徑。各家所確立的具體方法，雖然不盡相同，但若從其共同的特徵來把握，又可以說都沒有背離熊十力的「以體用不二立宗」，因為熊十力所確立的這一原則，對現代新儒家構造本體論體系，的確或明或暗地產生過巨大影響。若對此作縱觀評析，不勝其贅，姑且以唐君毅為例對此作典型揭示：從認識論開出本體論的意義上講，他若不遵循這一原則，也就構不成他的體系。唐君毅所建構的「心靈生命」之精神結構，體現在「生命心靈九境說」。所謂「生命心靈九境」，先是將生命心靈活動區分順觀、橫觀、縱觀三方向（又謂三道路、三意向、三志向），再將生命心靈所觀之境區分客觀境、主觀境、超主客觀境三類；然後按照體、相、用區分每一類，這樣，以生命心靈的三觀對應三境的不同的體、相、用，就展開為生命心靈之九境，即前三境：(1)萬物散殊境，(2)依類成化境，(3)功能序運境；中三境：(4)感覺互攝境，(5)觀照凌虛境，(6)道德實踐境；後三境：(7)歸向一神境，(8)我法二空境，(9)天德流行境。

　　從現代新儒家重建形而上本體及建構其本體的方法來看，中國現代哲學所展示的中國近代哲學的出路，不但體現在其克服了中國近代哲學在本體論上所存在的缺陷（如二元論、不可知論、體用對峙），而且體現在它以認識論開出本體論，用現代的邏輯方法來建構本體論體系；更體現在它將本體論

從傳統的實在、存在領域推進到生命、價值及文化領域。當然，這祇是個大概的把握，對於如何具體地分析現代新儒家客觀上推進了中國近代哲學精神的發展，仍然是一個有待於我們花大氣力才能研究清楚的課題。

儒學世俗化何以必要
——關於儒學當代發展的新思考

　　近十幾年來，我一直倡導儒學通過世俗化途徑謀求其現代發展，實現其現代化。在我看來，儒學的當代發展，根本就是謀求儒學的現代化，而儒學的現代化則離不開儒學的大眾化；可儒學的大眾化，又離不開儒學的普世化。儒學普世化是指儒學成為當代社會各階層人群、尤其是廣大普通民眾的普遍認同。但問題是，當代社會，價值多元，而且以實用的、功利的價值取向為主流的、主導的價值取向。這種價值取向，與儒學所倡導的觀念的、理想的價值取向是相悖反的。既然如此，儒學如何贏得當代民眾的普遍認同？儒學世俗化主張正是為了解決這一儒學當代發展之時代難題而提出的，它在理論上，內在的包含這麼三個層次：(1)何謂世俗化？(2)依世俗化標準，儒學是否有必要世俗化？(3)儒學如何實現世俗化。本文依次闡述這三個問題。

一

　　「世俗」這個詞，在漢語文獻裏，或如《史記‧循吏列傳》所示：「上下和合，世俗盛美」，意指伴隨特定社會而流行的風俗習慣；或如《莊子‧天地》所示：「無為復樸，體性抱神，以遊世俗之間者」意指塵世；或如《莊子‧天下》所示：「不遺是非，而與世俗處」，意指俗人、普通人；或如韓愈〈王公墓誌銘〉所示：「公所為文章，無世俗氣」，意指庸俗，皆不具有我們將要討論的「世俗化」含義。

　　我們這裏要討論的「世俗化」，英文是：secularization。在這個英文詞的釋義中，就有「使財產變為非教會所有」一項。有學者的研究也認為，這個詞最早是法律用語，是指依法將原本屬於教會的資產判決給他人。但多數研究者以為這個詞是伴隨著宗教鬥爭、宗教變革而出現的，它應當是宗教社會學範疇。作為宗教社會學範疇，它在不同的語境裏，語義各異，或表示被教會控制的領土或財產從教會手裏轉移；或表示教職人員回歸世俗社會；或表示現代人脫離教會保護而獲得自由；或被教職人員用作「異教化」、「非基督教化」的代名詞。

　　與「世俗化」語義不確定相似，「世俗化」的定義也異說紛呈，難以統一。但在種種「世俗化」定義中，美國學者拉里·席納爾（Shiner, Larry）的定義，被多數學者認為是最全面的。拉里·席納爾的定義概括了「世俗化」的六種含義：(1)宗教的衰落，即指宗教思想、宗教行為、宗教組織失去其社會意義；(2)宗教影響的減弱，宗教團體的價值取向從彼世轉向此世，使宗教從內容到形式都變得適合現代社會的市場經濟；(3)宗教出現多元的並存或分裂，表示宗教與社會的分離，宗教失去其公共性與社會職能，變成純私人的事務；(4)宗教從其他社會制度中分化分離出來，表示信仰和行為的轉變，即在宗教世俗化過程中，各種主義發揮了過去由宗教團體承擔的職能，扮演了宗教代理人的角色；(5)宗教跟周圍社會文化的張力降低，表示世界漸漸擺脫其神聖特徵，社會的超自然成分減少，神秘性減退；(6)宗教從神聖轉變為庸俗，表示「神聖」社會向「世俗」社會的變化、宗教從出世轉變為入世。[1]

　　對這六種含義，有的學者甚至加以區分，以為其中的前五種，是「世俗化」這個詞在國際學術界通用的含義，後一種則是它在中國語境中出現的特別含義。這種觀點似乎認為，將「世俗化」理解為「表示『神聖』社會向『世俗』社會的變化」，意味著「神聖轉變為庸俗」，並不是拉里·席納爾的原話，而是中國學者對他的有關說法的引申。實情究竟如何，有待專家去

---

[1]　此係借用網上關於拉里·席納爾定義的概括。

研究。在這裏，我所要強調的是，我所理解和採用的「世俗化」理論，主要就是指這第六種含義。這在我研究「儒學世俗化」的早期文章中，就有反映，例如在《世俗化：儒學當代發展的基本路向》中，就已經明確指出：「『世俗化』被解釋為『又稱還俗、變成世俗的或從一種（聖禮的）神聖狀態中移出的過程』[2]。從這個解釋可以看出，世俗化乃相對於神聖化而言，是指通過對神聖化的『去魅』回歸世俗社會、世俗生活與世俗價值。世俗化的過程，實際上也就是人掙脫神聖偶像的束縛、自己掌握自己命運的過程。早期的世俗化意味大膽藐視作為最高、終極價值的神，以後逐漸固定為一種世俗的價值追求，即將尊重人格、理解人的情感、重視人的日常世俗生活視為合乎人之本性的價值訴求。一言以蔽之，世俗化就是將人由神聖之奴僕變為自由主體的同時，完全承認人的世俗願望與世俗追求的合法性。」[3]後來我雖然將「去魅」具體解釋為「去精神貴族化」，但我迄今沒有改變關於「世俗化」的以上理解。

如果說我關於「世俗化」的理解還有一點新意的話，那就在於：我不贊成將去「神聖化」的「世俗化」與庸俗化劃等號。我的思考很簡單：如果「世俗化」等於庸俗化，那麼禪宗的世俗化，勢必造成整個禪宗在修行方式上的庸俗化，但事實卻證明：世俗化了的禪宗，其修行仍然是注重精神世界的信仰培養，一點也不庸俗。正是這一簡單思考促使我深思「世俗化」與「庸俗化」的關係，最後得以確定「世俗化」與「庸俗化」的基本區別：「庸俗化」作為一種生活方式，從某種意義上講，也是以追求世俗價值為生活的意義，但它之所以不能同「世俗化」混淆，是因為「庸俗化」消解了人作為自由主體的積極意義，在否定人是神（聖）之奴僕的同時，將人變成了「物」的奴僕，使人因過度膨脹的物質欲望而喪失了自我。一個（世俗化）意味著人從世俗層面貞定自我價值，一個（庸俗化）意味著人在世俗追求中

---

[2]　覃光廣等主編：《文化學辭典》（北京：中央民族學院出版社，1988 年），頁 234。

[3]　參見拙作〈世俗化：儒學當代發展的基本路向〉，發表於《儒林》第 2 輯（濟南：山東大學出版社，2006 年）；此文又收於拙著《儒學縱橫論》（合肥：安徽人民出版社，2013 年）。

喪失自我價值，這就是「世俗化」與「庸俗化」的根本區別。

　　將「庸俗化」與「世俗化」區別開來，對我確切地闡述「儒學世俗化」主張來說，是至關重要的，它一方面化解了對我之主張的誤解，使大家清楚，我所主張的「儒學世俗化」，並非旨在提倡讓儒學迎合民眾的低俗趣味、不良習氣、不健康的情感與醜陋的生活方式，而是旨在提倡讓儒學貼近民眾的情感世界，贏得民眾的情感認同；另一方面規範了我的思考，使我的思考不至於陷入迷失，不自覺地將「世俗化」與「庸俗化」混同。我之所以能始終從現代民眾之情感認同與價值取向的層面來論證「儒學世俗化」之必要性，而不是從民眾低俗的生活方式層面來論證這一必要性，應該說與我思想上始終未陷入此迷失有密切的關係。

二

　　就我所認同的「世俗化」而論，儒學當下何以必須世俗化？對這個問題，最簡單然而也是最明白的回答就是：儒學要謀求當代[4]發展，實現現代化，就必須世俗化，因為儒學不經由「世俗化」，就難以貼近當代民眾的情感世界，贏得民眾真誠的認同；而儒學如果不能贏得廣大民眾的真誠認同，其所謂當代發展、其所謂現代化，就祇能是空說、空想，不具有現實意義。但要真正信服這個簡單的回答，還必須弄清楚三個關係，即儒學與當代的關係、儒學與當代民眾的關係、儒學處境與儒學變革的關係。我對這三個關係的研究還有待深入，下面祇能談談初步認識。

　　要談儒學與當代的關係，首先得清楚，當代是什麼性質的時代。可要問「當代」、尤其是要問中國的「當代」是什麼性質的時代，恐怕難以一言以蔽之。「當代」的難以界定，主要不是因為 modern 這個詞的歧義性[5]，而是因為「當代」本身的不確定性。「當代」就其本義講，是指「當下生活的時

---

[4]　我一直就「當代」指「當下生活的時代」的意義上使用這個詞，而不是從「當代」有悖於「現代」的意義上使用這個詞。

[5]　既指現代又指當代。

代」，因而人類的每個時期，無論是古代、近代、現代還是後現代（將來），對活在那個時期之當下的人來說，又都是他們的「當代」。這也就是說，每個時期的人，都有其「當代」，比方說，古代人有古代人的「當代」，近代人有近代人的「當代」、現代人有現代人的「當代」，將來的人（後現代的人）有將來的人之「當代」。「當代」的這一不確定性，既使得作為狹義歷史範疇的「當代」在時間上變得模糊，讓人難以把握其具體的時間段；也使得作為文化範疇的「當代」在價值上難以琢磨，令人難以確切把握其價值取向。於是就出現了一個奇怪的現象，每個時期的「當代」人，其價值取向其實都不具有「當代性」，反倒是要麼具有「古代性」，要麼具有「現代性」，或者「古代性」與「現代性」兼有。所以，對於人類來說，就必然遭遇固有的窘境，一方面任何活著的人都不能不生活在「當代」，另一方面任何活在「當代」的人又決不能「唯當代」的生活，必須在古代價值與現代價值中作出選擇；而調和性的選擇，即希望兼顧古代與現代價值，其實是人類無法從根本上徹底擺脫古今矛盾與衝突的無奈之舉。

　　既然「當代人」在價值認同上不確定，那麼要討論儒學的當代發展，首先要弄清儒學在當代謀求發展所希望實現的「當代性」是什麼。有些現代新儒家說，它就是要求從儒學開出民主與科學，藉儒學以促進中國文化的現代化。但是，不論如何限定「現代性」內涵，民主與科學，都是構成「現代性」的核心內容。這樣說來，如果照有些現代新儒家所主張的那樣，將儒學的當代發展，具體化為開出民主與科學，那麼勢必將儒學的當代發展引向歧途，因為既然連「當代性」與「現代性」本身都糾纏不清，未清楚地區別開來，那麼其所謂的儒學當代發展，究竟是「現代性」的發展還是「當代性」的發展呢？有的學者則說，當發揮其批判作用，以儒家的道德理想拯救當代社會之道德危機、存在危機。但是，儒學對當代社會的批判性，具體體現在以古代價值批判現代價值，所以，儒學即便具有批判現代價值之意義，但其批判現代價值之有效性，也未必對批判當代社會有效，因為當代社會與現代社會雖然在價值認同上有千絲萬縷的聯繫，但畢竟有區別，因而一定有價值認同上的差異；還有學者說，當發揮其超越性，以儒家的終極關切彌補當代

人的終極理想缺失。但是，當代人超越理想之缺失，未必是儒家成賢成聖理想所能彌補的，因為當代人之缺失超越理想，恰恰由於其切身體悟出成賢成聖並非其人生意義之必有與當有。

更有學者，不贊成上述關於「儒學與當代關係」的正面思考，轉而否定性地思考「儒學與當代」關係問題，指出：儒學在當代，不具有「現代性」意義與價值，祇有在後現代，它才能發揮其拯救社會墮落的現實意義。這種認識，正如我在〈關於儒學當代意義的新思考〉一文[6]中所指出的，其誤有三：首先是對當代社會之價值取向的多元特性缺乏全面把握與深刻認識，殊不知當代社會固然價值多元但並不簡單地排斥任何價值。不排斥任何價值，反過來說，也就意謂可以選擇任何價值。其選擇的唯一標準，就是實用理性（這是當代社會的本質體現），看它在當下對社會的穩定與健全是不是有正合時宜與事宜的作用。從這個意義上講，儒學有無當代意義，不是取決於它是否以道德關切為重，而是取決於當代社會需要不需要以道德關切為重，即關切道德重於關切利益；其次是對世俗價值關切與道德關切的辯證關係缺乏應有的認識，將兩者截然對立，以為關切世俗、實用價值，就一定會排斥道德關切，殊不知當代社會固然以世俗價值、實用價值為崇尚，但當代社會正因為這一崇尚而使得當代社會更需要道德關切；再次是對儒學精神實質缺乏全面而深刻的認識，以為儒學崇尚道德，提倡道德優先就絕對排斥一切世俗價值，殊不知儒學固然崇尚道德，提倡道德優先，但優先不等於取代、更不是取消，而是強調在諸因素中，道德的因素是第一位的，任何選擇在考慮利弊時，首先要考慮道德；在諸種價值中，道德價值是最高的。

關於「儒學與當代」關係之上述正反兩方面思考，都是基於儒學的價值來考量它有無「當代性」。這種考慮，預設了一個前提，即祇要儒學有價值，它就定能實現其「當代性」，殊不知儒學的價值即便是普世的，其當代性的實現，也不取決於儒學本身，而是取決於當代社會對它的要求，或者說它能不能適應當代社會的要求，轉化為當代人之自覺的價值認同。就儒學之

6　見《學術界》2014 年第 11 期。

當代能否發展取決於當代社會對它有沒有要求來說，要探討「儒學與當代」的關係，不應以儒家價值來衡量當代人之價值認同的合理性，而應該以當代人的價值認同來衡量儒家價值的現實意義。這樣的衡量，無非就是基於「當代性」來考量儒學有無當代價值。一旦以「當代性」作為指標來衡量儒學在當代的現實意義，就不難理解：儒學「世俗化」對於儒學實現其當代意義來說，不是可有可無，無關緊要；而是事關根本，不可或缺，因為所謂「當代性」從根本上講，就是指「世俗性」。這樣說，當然不是否定古代社會、現代社會同樣存在所謂「世俗性」，它祇是強調：當代社會比任何社會都更看重世俗價值，將世俗價值認同視同終極關切。在古代社會裏，世俗價值與超越價值（神聖價值）的對立，是十分明晰的，人們往往以超越價值壓制世俗價值；待到現代社會，為了反對以神聖價值（超越價值）打壓世俗價值這一古代傾向，又過度地凸顯世俗價值，以至於以世俗價值取代神聖價值，將人的生命精神歸結為人的世俗性。當代社會，在文化上意味著對古代社會的超越，理應對現代社會之過度的世俗價值崇尚予以糾正，以求得世俗價值與神聖價值的平衡，但在現實的層面，當代社會不但未能實現這一平衡，卻為「實現現代化」之迫切的事業所逼，自覺地放棄了對超越價值的追求，而將生命精神的追求全落實在世俗價值。這就難怪當代人缺乏起碼的敬畏之心，以神聖為嘲諷之對象，於是乎，貶低祖宗、污蔑英雄、謾罵聖人、喝彩邪惡、鼓吹霸道，一時竟成風氣！在這樣的風氣下，任何神聖、超越的說教，遭遇被諷刺、被拒斥的命運，就是必然的趨勢。由此也就反證出儒學世俗化對於儒學當代發展的必要性。

　　其次，談儒學當代發展，還要進一步討論「儒學與當代民眾」的關係，因為儒學當代性的實現，亦即儒學的當代發展，歸根結底就是指當代民眾的儒學認同。可為什麼說當代民眾是否認同儒學從根本上決定了儒學能否獲得當代發展呢？要正確認識這個問題，需探討二點，一點是若民眾不認同儒學，儒學就不可能發展；另一點是當代民眾的儒學認同，當不同於古代民眾、現代民眾的儒學認同。

　　學術發展，並不僅僅意味著學術本身之合邏輯的推演，更因為有根本性

的動力：社會需要。由於社會的主體是民眾，所以社會需要其實也就是民眾
的需要。從這個意義上說，任何學術，如果不為民眾所需要，就一定會喪失
其現實價值而難以生存和發展。儒學既是一種學術，其欲獲得發展，當然也
不能例外。既然儒學當代發展亦取決於民眾的需要，那麼民眾需要什麼就是
我們探討「儒學與民眾」關係首先要弄清楚的問題。就人生哲學來講，人的
需要不是單一的，而是多方面的，且分層次的；但對於普通民眾來說，他們
不像學者那樣，需要高深的知識與精緻的思辨；也不像聖賢那樣，需要超越
理想與神聖境界，其需要是十分具體的，可以從根本上歸結為兩方面：精神
上的需要就是希望做個好人，物質上的需要就是希望過上好生活。這兩個需
要是民眾價值認同的情感基礎，一切有悖於民眾這兩個需要的學術都將難以
為民眾的情感所接受，從而被民眾拒斥或唾棄。因此，儒學欲贏得民眾的情
感，就要貼近民眾的需要；儒學要貼近民眾的需要，就要一方面將儒學中體
現士人希望、體現聖賢理想的那些內容淡化，另一方面將合乎民眾需要的那
些內容凸顯或充實。這兩方面的變革，都有賴於儒學的世俗化，因為不進行
世俗化儒學將一如既往循著「士希賢、賢希聖、聖希天」[7]的超越的路向發
展，而且其發展也祇能是學者所看重的學理上的拓展、完備與周洽，它非但
不能讓儒學貼近民眾的需要，反倒讓儒學與民眾的切實需要大相徑庭。

　　在當代討論「儒學與民眾」的關係，還必須注意一個問題，即古今民眾
的儒學認同其實不盡相同，甚至完全相左。古代民眾的儒學認同，不是基於
對儒學切合其生命精神的深切體悟而發出的自覺、主動的認同，而是不自覺
的被動的認同。這也就是說，古代民眾的儒學認同，其實就是把士人當作道
德榜樣，以士人的是非為是非。由於士人乃「以孔子之是非為是非」[8]，所
以古代民眾以士人之是非為是非歸根結蒂也就是「以孔子之是非為是非」。
但這種形式之儒學認同，畢竟不是直接自覺主動的認同，而是間接不自覺被
動的認同。在「四民士為首」，「士」因而成為其他「民」之當然道德榜樣

7　宋儒周敦頤語，見其著《通書》。

8　儒家異端李贄語。

的古代社會，這種形式的儒學認同，是完全可能的。然而在現代社會，因為社會階級結構的變化，士（知識分子）不再居於社會階級結構的頂層，失去了作為民眾當然的道德榜樣的社會地位，那麼像古代似的被動形式的儒學認同，就變得完全不可能。現代民眾之所以不能像古代民眾那樣，不自覺地、被動地認同儒學，就因為現代民眾普遍以理性的態度對待儒學；而且由於西學的影響，其所看重的理性又無非是批判理性。從批判理性出發的儒學認知，當然不能導致對儒學的正面認同，卻必然造成對儒學的徹底否定。對儒學的徹底否定，在上個世紀，一再掀起「反孔批儒」運動，給儒學的現代生存與發展造成了極大的困境。

歷史的教訓必須記取。自儒學之現代困境出發以思考儒學的當代發展，則不難認識化解儒學現代困境乃儒學當代發展之根本所在。一旦瞭解這一點，也就自然明白：儒學的當代發展，既然無法像古代那樣，讓民眾被動的認同儒學；也不能像現代那樣，讓民眾以理性的態度徹底否定儒學，就應該循世俗化的發展道路以變革儒學，因為祇有世俗化，儒學才能貼近民眾的情感世界，使民眾的儒學認同能夠獲得其情感上的支撐，從而既避免了民眾之盲目的被動認同之，也避免了民眾之理性的主動批判、否定之，因而在根本上確立了儒學當代發展的現實基礎。

再次，情感認同就是基於兩情相悅的感情之交感溝通。人與人之間的情感認同，表現為各自對對方產生好感。而人對於一種學術、一種文化的情感認同，是相對於知性認同而言的，是指不以知性為主導而是以情感為主導的價值取向。就這種取向而論，要回答民眾所以能在情感上與儒學發生交感關係，說起來很簡單：祇要民眾切實地感悟到儒學貼近其情感需要，民眾的情感就與儒學發生了交感，或者說民眾與古代聖賢的情感發生了交感，因為儒學歸根到底無非聖賢的精神世界，情感世界。

交感是相互的關係，唯單方構不成交感，則要使民眾與儒學發生交感，民眾與儒學雙方都要調適自己，以利於雙方的交感。對於民眾來說，與儒學的交感，不應拘泥於自己的自然的、感性的生命精神，而應將儒家生命精神與自己的生命精神融合貫通，化儒家的生命精神為自己的生命精神；而對儒

學來說，不應拘泥於理想的、聖賢的生命精神，而應該化解聖賢生命精神與普通民眾生命精神的對立[9]，以尊重民眾的自然的、感性的生命，理解民眾感性生命訴求的正當性、合理性。

儒學當代發展的可能性，祇能建立在民眾與儒學雙方各自如此調適上。民眾能不能自我調適，動力來自他們的生活期盼與困境；也就是說，民眾祇要在生活上有期盼、或切身感受到生活的困境，他們就會自我調適，以求實現其期盼、改變其困境。而儒學能不能自我調適，則取決於儒學從業者是不是真切地認識到這一調適的必要性。遺憾的是，長期以來，絕大多數的儒學從業者，都以為儒學無作這方面調適之必要。這是由於在這些儒學從業者看來，儒學如果作適應民眾情感的調適，就會喪失其作用；而他們這樣認為，又因為他們難以放棄一個根深蒂固的觀念：儒學的社會作用恰恰在於批判民眾的庸俗情感，以引導民眾追求高尚的生命境界。

正因為這一觀念所造成的迷失，使儒學從業者所推動的所謂儒學發展，一直祇限於學術意義上的推衍與延展，未能導致以下結果：儒學通過自身的調適以適用民眾的情感需要。由於儒學不能適用民眾的情感需要，所以儒學在現、當代社會才遭遇巨大生存困境。而且儒學的生存困境，不是個別現象，而是普遍的現象。這是儒家文化圈內的有識學者的共識，否則，他們不會一個個公開表達其對儒學現實生存狀況的擔憂。溝口雄三指出，在日本，對普通民眾影響較大的是佛教和神道，「而儒教幾無影響」[10]；杜維明說，在新加坡，「很多人對儒學有一種『先天的』排斥感」[11]；杜維明還說，在中國大陸，大家「對儒學很生疏、很隔膜」[12]；劉述先則說，在中國臺灣，

---

[9]　泰州學派儒學民間化的嘗試，為我們思考這一問題提供了歷史啟迪。詳見〈消解「百姓之道」與「聖人之道」的對立——泰州學派對陽明哲學的超越〉，該文發表於《石河子大學學報》2013 年第 2 期。

[10]　溝口雄三撰：《沒有中國的中國學》，見《讀書》1994 年第 4 期。

[11]　杜維明撰：《儒家傳統的現代轉化》（北京：中國廣播電視出版社，1992 年），頁 97。

[12]　同注 11，頁 57。

儒家所護衛的價值，已被整個社會日益商業化的風氣沖得「越來越淡薄」
[13]。照理說，由於這一擔憂，儒學從業者應當走向「世俗化」的儒學自身變
革道路，努力消解民眾對儒學的隔膜與排拒；但由於擔心「世俗化」會導致
儒學庸俗化，使大多數儒學從業者不但不敢提倡儒學自身的「世俗化」變
革，反倒積極提倡與這一變革相抵觸的心性儒學，即精神超越性的儒學。

　　當代社會是高度世俗化的社會，任何神聖的價值，在世俗化的社會風氣
下，不是被排斥，就是被淡化或消解，因而企圖以精神超越性的儒學來批判
和扭轉世俗風氣，註定是徒勞的。要使儒學產生移風易俗的作用，首先要使
儒學隨順社會風氣[14]，以便引導它轉向，否則，難以奏效。要使儒學隨順社
會風氣以便扭轉社會風氣，儒學就必須先實行「世俗化」變革，以消除神聖
化、貴族化的精神內容，從而做到與民眾之世俗情感相吻合，以贏得民眾之
真誠的情感認同。

<h1 style="text-align:center">三</h1>

　　儒學之當代生存之所以處於困境，如上所論，是因為儒學未能自我實行
「世俗化」變革。既然如此，那麼為了消除儒學生存困境，推動儒學的當代
發展，當如何進行儒學的「世俗化」變革？以往，就這個問題，我側重強調
的是：儒學欲「世俗化」，當實現三個改變，即：

　　(1)改變立場，由重「士」轉向重「民」。儒學本為「士」學，重視以
「士」之道德榜樣的影響來營造全社會講道德、守倫理的風氣，是儒家的一
貫的立場。在古代，「士」是民眾當然的道德榜樣，故以這一立場維繫與發
展儒學，當然行得通。可在當代社會，如仍然堅持以這一立場發展儒學，則
會將儒學推向絕路，因為在當代知識分子（士）已失去了「社會良心」的地

---

[13] 劉述先撰：《儒家思想開拓的嘗試》（北京：中國社會科學出版社，2001 年），頁
　　21。
[14] 道理很簡單，如不順隨社會風氣，儒學就難以接觸當代社會，連當代社會、當代民眾
　　都難以接觸，又何談以儒學改變社會風氣。

位，非但不足以作為民眾的道德榜樣，反倒時常受民眾世俗風氣的影響。因此，在當代社會，儒學祇有改變立場，變重「士」為重「民」，儒學才能走上健康發展的道路。以「民」為重，儒學就不能以「民」的教主身分來教訓「民」，而要改變輕視民眾的態度，尊重民眾，予當代民眾的生活方式、世俗情懷、世俗欲望以及價值觀念、價值理想以同情的理解。

(2)改變觀念，由不能容忍世俗價值轉向重視民眾的世俗願望與世俗要求。儒學本來強調「道德優先」，以為道德不但是一切事情得以成功的根本保證，也是做任何事情首先要考慮、要預設的行為原則。這對儒家來說，就是按「經」行事，是不能改變的。但在當代社會，重視和講究的是效率、實效和利益，「道德優先」主義已失去市場，仍一味地堅持儒家的常道不能變，以道德的原則約束與限制民眾的經濟活動與日常生活，那麼儒學勢必不能容忍民眾的世俗願望與世俗要求，因而與民眾的願望形成正面的衝突，使自己陷入生存困境。儒學欲避免這一衝突，就要放棄道德理想主義，以世俗眼光看世界，將自己的生命精神蘄向，由追求超越的形上世界轉向世俗的形下世界，從而在價值觀上正面肯定世俗價值的正當性、合理性、積極性，得以與民眾在情感上保持一致。

(3)改變導向，由專注正面指導人生轉向積極關注人生的負面問題。儒學作為一種人生哲學，就是專注於從正面指導人生，要人們相信：堂堂正正做人、積極勤奮做事，是人的本分，亦是人實現其人生價值之所在；而缺乏對人之負面人生問題的關注，從未告訴人們：人生困惑、人生苦難、人生醜惡何以有以及如何認識、怎樣消除。儒學如果不改變這一導向，彌補這一缺失，它就很難取得當代民眾的認同，因為當代民眾的積極人生，是靠現代價值觀念來支撐與維繫的，不是儒學所提倡的傳統價值觀念所能左右的。同時，由於生存困境與人格異化，當代民眾又迫切需要一種人生哲學，以揭示其人生負面之真相，解答其人生困惑，滿足其消除人生困境的強烈願意，這卻是儒學所不能辦到的，因為儒學的嚴重缺陷正恰恰在於對人生的負面問題缺乏起碼的瞭解與應有的關注。儒學有的，民眾未必需要；民眾需要的，儒學又沒有，這兩方面都尖銳地提醒儒學從業者：儒學如不改變導向，對人生

負面問題一如既往地忽視下去，儒學就難以在當代社會裏與專門解答人生困惑、解脫人生苦難的佛道哲學甚至基督教哲學相抗衡，就會徹底喪失左右當代民眾心靈的作用。儒學若不能把握當代民眾的心靈，以全面地指導當代民眾的精神生活，則儒學要求得當代發展、實現現代化，便失去了現實的可能性，成為空想。

　　經過十來年，現在我對如何進行儒學「世俗化」有了進一步認識，以為要落實「三個改變」先要做到「三個轉變」，即：

　　(1)由推崇超越性的儒學轉變為推崇世俗性儒學。這裏所謂「超越性的儒學」，是指以「心性」思辨為主旨、以形上架構為特色、以超越理想為目的的儒學理論體系，其典型的體現為宋明理學；這裏所謂的世俗性儒學，是指不玄談天理、性體，祇闡發平實的做人道理的儒學理論體系，其典型體現是原始儒學。就社會影響而論，超越性的儒學為知識分子所歡迎，而世俗性儒學則容易為民眾所接受。既然如此，要推進儒學的當代發展，就應該將「超越性儒學」關在書齋，以杜絕其對普通民眾之精神世界的干擾與影響。但正如馮友蘭所強調的「接著宋明講」，長期以來，大多數儒學從業者，非但不重視「世俗性儒學」如何化為民眾的關切，反而高度重視「超越性儒學」如何走出書齋而為廣大民眾所欣賞，成為民眾的生命關切。所以造成如此悖反，是因為其認識上的迷失，即總以為「超越性儒學」既然意味著對「世俗性儒學」的超越，則它的價值更優、它的作用更大，殊不知即便「超越性儒學」在學術上、在理論上優於「世俗性儒學」，但由於其與民眾情感的隔閡和疏離，它不易為民眾所接受而難以發生積極的影響，就是註定的事。不對民眾發生實質性影響的所謂儒學的當代發展[15]，充其量祇是知識分子書齋中的學理拓展及其形式架構，不能等同於儒學的當代發展，因為儒學當代發展之根本體現在於其對當代社會、當代民眾發生正面積極的影響。為了使儒學更好地發揮其影響當代民眾的正面積極的作用，儒學從業者應克服其迷失，轉變其過度重視超越性儒學的觀念，真正在感情上重視世俗性儒

---

[15] 指「接著宋明講」，或曰「儒學的第三期發展」。

學。一旦樹立起這樣的重視，儒學從業者自然就會放棄宋明儒學的路數，直接回歸原始儒學以求儒學當代意義的實現，使儒學的當代發展，亦即儒學的世俗化走向正途。

(2)由理性認知取向轉變為情感喜好取向。對於儒學的認識，大致分的話，不外乎兩類，或基於理性立場認知之，或基於情感立場認同之。理性的立場與情感的立場的根本區別在於：一個（理性的立場）根據客觀的邏輯認知與操作能力來判斷與認知，一個（感情的立場）根據主觀的好惡取向與取捨權衡能力來判斷與認同。情感認同，即便不排斥理智，但其理智發用，決不是邏輯的，即不運用概念推理，而是直接地直覺感應。直覺感應之情感認同，是直接以心理上的喜好認同之。由於心理上的好惡，不必以是非認識為依據與保證，而是直覺到對象之好壞就立即好惡之，所以情感認同很自然的就為民眾所取，成為他們之價值判斷與選擇的基本範式。為這一範式所限，民眾對儒學的認同，祇能建立在情感認同的基礎之上，而不會建立在理性認知的基礎之上。從這個事實出發，為促進儒學的當代發展，本來應該重在培養民眾對儒學的情感，但長期以來，大多數儒學從業者卻反其道而行之，偏偏看重向民眾灌輸儒學知識，錯誤地認為民眾祇要能認知儒學就定能認同儒學，殊不知認同以情感上的喜好為基礎，情感上不喜好的，無論認知到什麼程度，都不可能發生真正的認同。大多數儒學從業者的這一迷失，使儒學的現代變革一直循理性路數推行，不但沒有贏得民眾的真誠的認同，反倒愈發拉遠了儒學走向民眾之情感世界的距離，造成了儒學與民眾情感之更為嚴重的疏離。由儒學現代變革的這一教訓，不難體悟，當代的儒學發展，應扭轉偏向理性認知的立場及其導向，注重對民眾喜好儒學之情感的培養。

(3)由堅持「天然認同」說轉變為堅持「現實需要」說。這裏所謂「天然認同」說，是對此類認識的概括：不必擔心民眾不認同儒學，更無必要刻意培養民眾對儒學的特殊情感，因為儒學就是華夏民族生命精神的體現，是民眾日用而不知的常道，已成為華人的生命基因，所以祇要是華人，無論何時何地都會天然地認同儒學；而這裏所謂「現實需要」，正是針對民眾「天然認同」儒學說，以強調：且不說別國民眾，即便就我國民眾來說，他們對

儒學的認同與否，決不是由他們的血緣認同和民族認同決定的，而是由他們對儒學有無「現實需要」決定的。較之前說，後說的合理性，在邏輯上不難證明：假如民眾天然的認同儒學，則民眾何以疏離、甚至拒斥儒學；而由民眾疏離儒學的事實，就不難推斷民眾非天然的認同儒學，其欲認同儒學，當有其生活上的、精神上的現實需要。後說的提出，目的當然在於取代前說，以消除「天然認同」說的消極影響——祇停留在無意義的空說上，從不涉及儒學當代發展的現實可能，將儒學當代發展之思考引向現實可能層面，從而真正找到消除民眾疏離儒學之切實可行的辦法。從民眾的「現實需要」考慮民眾認同儒學的可能性，具體的做法是：首先要反對以儒家的道德理想否定民眾世俗需要的正當性、合理性；其次要以儒學解答民眾生活上困境問題；再次要以儒學作為民眾之精神世界的基本因素和主導機制，而要真正做到這三點，又都有賴於儒學的世俗化。歸納以上所論，不難把握其內在邏輯：儒學從業者，如不放棄民眾「天然認同」儒學說，就不可能從民眾「現實需要」層面去探討儒學世俗化問題，而儒學如不進行世俗化，也就無法滿足當代民眾的現實需要。

以上論述的是：就儒學如何「世俗化」問題，我所產生的認識，先是「改變」說後是「轉變」說。那麼，兩說同時存在的必要性何在？其必要性就在於它們的視角不同，各自切入問題的著眼點相異。「三個改變」，說的是：儒學如何從精神上由「士學」（主要體現知識分子的價值認同）變革為「民學」（主要體現普通民眾的價值認同）；而「三個轉變」，說的是：儒學從業者如何改變自己的固有觀念，使自己在認識上、在情感上變得更容易接受、理解民眾的情感，從而樂於從事和推動有助於實現儒學世俗化的「三個轉變」。換言之，祇有儒學從業者在認識上完成了那「三個轉變」，儒學從業者才能自覺推動儒學的那「三個改變」，從而實現儒學的世俗化。「三個改變」，是從儒學自身如何變革以適應民眾的需要來說的，而「三個轉變」是從儒學從業者如何轉變自己的認識以推動儒學的「三個改變」來說的，它們雖然關係密切，但因所說主旨相異，則不能混同。不能混同，就足以證明兩說同時存在的必要性。

附　錄

一、蔣國保簡介

　　蔣國保，男，生於 1951 年 6 月，安徽省無為縣人。1972 年 5 月至 1975 年 8 月在北京大學哲學系學習；1979 年 8 月至 1982 年 9 月在武漢大學哲學系（現改為哲學學院）攻讀中國哲學，畢業時獲哲學碩士學位。自畢業至 1982 年 12 月，在安徽省社會科學院哲學研究所從事中國哲學研究。1987 年破格評為副研究員，1992 年評為研究員。曾任安徽省社會科學院哲學研究所副所長，曾兼任安徽省社科系列高級職稱評審委員會、安徽省第三屆古籍叢書編審委員會委員。1998 年 12 月調入蘇州大學哲學系，從事中國哲學教學與研究，曾任蘇州大學哲學系系主任、蘇州大學宗教研究所副所長。現為蘇州大學哲學系教授、博士生導師。2020 年 11 月，受聘安徽大學方以智研究中心，任首席專家、學術委員會主任。兼任國際儒學聯合會及中國哲學史學會理事、中華孔子學會常務理事、江蘇省儒學會副會長。於 1992 年獲國家特殊津貼。出版《方以智哲學思想研究》、《清代哲學》（第二作者）、《晚清哲學》（第一作者）、《方東美思想研究》（第一作者）、《方以智與明清哲學》、《儒學縱橫論》、《方東美與現代新儒學》、《化士學為民學》等學術著作 15 種（包括編著與譯著），並在海內外刊物發表論文 180 餘篇（包括譯文及書評）。專著《清代哲學》，被翻譯為韓文在韓國出版；論文〈中國傳統文化的現代出路〉在《哲學研究》發表後，被美國學者譯成英文發表於美國《*Chinese Studies in Philosophy*》1990-1991 年 22 卷第 2 期。研究成果獲省級哲學社會科學優秀成果獎一等獎一次、二等獎二次、三等獎二次。

二、蔣國保新儒學研究論著目錄

一、專著

1.　《生命理想與文化類型——方東美新儒學論著輯要》（編著，第一作者），北京：中國廣播電視出版社，1992。

2.　《方東美學案》（第一作者），收入《現代新儒家學案》下冊，北京：中國社會科學出版社，1995。

3.　《方東美思想研究》（第一作者），天津：天津人民出版社，2004。

4.　《方東美哲學思想研究》（第一作者），北京：北京大學出版社，2012。

二、論著

1.　《儒學縱橫論》，合肥：安徽人民出版社，2013。

2.　《方東美與現代新儒學》，合肥：安徽人民出版社，2013。

3.　《化士學為民學》，貴陽：孔學堂書局，2015。

三、論文

1.　〈儒學的現代走向——讀現代新儒家有關論著札記〉，收入《現代新儒家研究論集》第一輯，中國社會科學出版社（1989），頁 105-127。

2.　〈中國傳統文化的現代走向——方東美論著抉奧〉，《哲學研究》第 9 期（1989），頁 21-30。

3.　〈方東美的儒學觀〉，臺灣《中國文化月刊》第 127 期（1990），頁 53-71。

4.　〈公允地評價馮友蘭哲學——評介〈馮友蘭新理學研究〉〉，《哲學研究》第 5 期（1991），頁 76-80。

5.　〈道家精神與中國文化傳統——方東美論著抉奧之三〉，《哲學研究》第 4 期（1993），頁 36-44。

6.　〈宗教：詩化的哲學——方東美宗教思想抉奧〉，臺灣《哲學與文化月刊》第 250 期（1995），頁 250-262。

7.　〈方東美中國佛學觀抉奧〉，收入《新儒家評論》第二輯，中國廣播電視出版社（1995），頁 246-263。

8.　〈王廷相「氣本」論的內在理路〉，《江淮論壇》第 2 期（1996），頁 79-86。

9.　〈王陽明「知行合一」說的思辨邏輯〉，《江淮論壇》第 3 期（1998），頁 72-79。

10.　〈方東美研究中國哲學的方法〉，《哲學研究》增刊（1998），頁 98-101。

11.　〈儒學的現代困境與未來發展〉，臺灣《哲學與文化月刊》第 312 期（2000），頁 456-466。

12.　〈儒學世俗化的現代意義〉，《孔子研究》第 1 期（2000），頁 26-35。

13.　〈現代新儒家的理想、困境與迷失〉，《江海學刊》第 2 期（2001），頁 103-109。

14.　〈方東美哲學思想的儒家精神〉，《中國哲學史》第 2 期（2001），頁 107-113。

15.　〈實踐儒家倫理的現代取向〉，臺灣《孔孟月刊》第 465 期（2001），頁 1-8。

16.　〈方東美論中國哲學的現代走向〉，《學術界》第 1 期（2002），頁 196-204。

17.　〈從比較哲學看傅偉勳詮釋中國哲學的新思路〉，《東吳哲學》2002 年卷，安徽人民出版社（2003），頁 186-195。

18.　〈儒學普世化的基本路向〉，《中國哲學史》第 3 期（2003），頁 5-12。

19.　〈多元價值審視中的現代新儒學〉，《學術界》第 6 期（2003），頁 91-103。

20.　〈場有哲學與現代新儒學〉，《社會科學戰線》第 2 期（2003），頁 16-21。

21. 〈「機體主義」與「二分對立」的精神悖反〉，《學術探索》第 2 期（2003），頁 11-15。

22. 〈評方東美對胡適的批評〉，《安徽史學》第 4 期（2004），頁 85-89。

23. 〈再論現代新儒家的理想、困境與迷失〉，《齊魯學刊》第 2 期（2005），頁 16-23。

24. 〈朱熹〈大學〉研究之創見與迷失〉，《蘇州市職業大學學報》第 2 期（2006），頁 5-12。

25. 〈評方東美對熊十力的批評〉，臺灣《哲學與文化月刊》第 378 期（2005），頁 167-180。

26. 〈傅偉勳堪當現代新儒家論〉，《現代哲學》第 6 期（2006），頁 85-91。

27. 〈儒家倫理的普世價值〉，《社會科學戰線》第 3 期（2007），頁 12-18。

28. 〈儒學的民間化與世俗化〉，《南京大學學報》第 6 期（2007），頁 95-102。

29. 〈讓儒學的活水流向世界——杜維明「文明對話」說抉奧〉，《蘇州教育學院學報》第 1 期（2009），頁 18-24。

30. 〈馬一浮楷定「國學是六藝之學」的現代意義〉，人大複印資料《中國哲學》第 11 期（2009），頁 87-93。

31. 〈方東美論儒釋道會通〉，《中國社會科學院研究生院學報》第 3 期（2010），頁 52-58。

32. 〈儒家倫理之普世價值的再思考〉，《社會科學戰線》第 4 期（2010），頁 39-46。

33. 〈論儒家倫理的普世取向〉，收入《儒學的當代使命》卷一，九州出版社（2010），頁 484-494。

34. 〈「性即理」與「心即理」本義辨析〉，《江南大學學報》第 5 期（2011），頁 23-30。

35. 〈論儒學與專制沒有必然的聯繫〉，《學術界》第 1 期（2011），頁 21-29。

36. 〈牟宗三論儒學現代使命之新審視〉，《杭州師範學院學報》第 6 期（2012），頁 84-88。

37. 〈從現代新儒家哲學重在架構形上本體看中國哲學的未來走向〉，《華東師範大學學報》第 2 期（2013），頁 46-51。

38. 〈儒學的當代復興及其路向〉，《江西師範大學學報》第 1 期（2013），頁 42-48。

39. 〈儒學三次復興的當代啟示〉，《孔子研究》第 3 期（2013），頁 4-16。

40. 〈消解「百姓之道」與「聖人之道」的對立——王艮儒學民間化蘄向之新探索〉，《石河子大學學報》第 2 期（2013），頁 36-41。

41. 〈論馬一浮《宜山會語》之主旨及其展開理路與意義〉，《江蘇行政學院學報》第 6 期（2013），頁 19-23。

42. 〈馬一浮國學觀散論〉，《江南大學學報》第 2 期（2014），頁 5-11。

43. 〈關於儒學當代意義的新思考——以異于諸時賢之論域的視角立說〉，《學術界》第 11 期（2014），頁 52-60。

44. 〈陸世儀孟子觀散論〉，《中國社會科學院研究生院學報》第 1 期，（2015），頁 18-29。

45. 〈論〈大學問〉乃陽明哲學綱要〉，《教育文化論壇》第 1 期（2015），頁 2-8。

46. 〈王陽明「〈大學〉古本」說生成考〉，《貴陽學院學報》第 4 期（2015），頁 2-5。

47. 〈王陽明經學思想散論〉，《浙江社會科學》第 5 期（2015），頁 119-125。

48. 〈王陽明「〈大學〉古本」說散論〉，《陽明學研究》創刊號，中華書局（2015），頁 84-93。

49. 〈方東美論中國文化精神述評〉，《北大中國文化研究》總第四輯，社會科學文獻出版社（2015），頁 195-210。

50. 〈儒家的生活智慧〉，《孔學堂》第 4 期（2016），頁 71-81。

51. 〈儒學世俗化何以必要——關於儒學當代發展的新思考〉，《湘學研究》總第七輯，中國社會科學出版社（2016），頁 1-11。

52. 〈儒家君子人格的當代意義——以孔孟「君子」說為論域〉，《道德與文明》第 6 期，頁 83-88。

53. 〈方東美論中國原始宗教〉，《中國社會科學院研究生院學報》第 2 期（2017），頁 15-20。

54. 〈周敦頤與儒學的第二次轉型——兼論周敦頤係宋明理學之理論奠基人〉，《船山學報》第 1 期（2018），頁 59-68。

後　記

　　我的學術生命，與儒學息息相關。儒學研究，於我，起先是由研究方以智哲學而拓展為研究明清儒學，後來則由研究方東美思想而拓展為研究現代新儒學。我發表第一篇現代新儒學研究論文，時在 1989 年。從那時起，除了出版《方東美思想研究》（第一作者）、《方東美哲學思想研究》（係《方東美思想研究》修訂本；第一作者）、《方東美學案》（第一作者）等著作之外，我發表了六十多篇現代新儒學論文。本書所收的二十二篇，我認為是其中較重要者，足以反映我之現代新儒學研究全貌。為客觀地反映我研究現代新儒學之認識及其過程，本書在編輯時，注意貫徹以下原則：祇變動註釋樣式，不改變觀點與論證，即便有個別自相矛盾之處（例如先以傅偉勳為現代新儒家之局外人，後則強調他堪當現代新儒家），也決不為求前後思想一致而特意修改；極少文字的改動，祇涉及語法以及格式，未改變原意；凡就今日看來不妥者（例如將現代新儒家歷史斷為八十多年），祇加注說明，並不逕直改動以求妥當。本書得以出版，首先衷心感謝郭齊勇、高柏園先生的信任，沒有他們的推薦，本書無緣列入叢書出版計劃；其次衷心感謝學生書局本其一貫的促進學術之發展的精神傳統接受本書；最後衷心感謝陳蕙文先生為本書的出版所付出的編輯辛勞。人間諸事過眼雲，唯有情誼駐心田。我將銘記本書的出版所帶給我的感動與感激！

蔣國保

2020 年 11 月 28 日

國家圖書館出版品預行編目資料

蔣國保新儒學論文精選集

蔣國保著. – 初版. – 臺北市：臺灣學生，2021.08
面；公分. – (當代新儒學叢書)
ISBN 978-957-15-1870-1 (平裝)

1. 新儒學 2. 文集

128.07   110013731

蔣國保新儒學論文精選集

主　編　者　郭齊勇、高柏園
著　作　者　蔣國保
出　版　者　臺灣學生書局有限公司
發　行　人　楊雲龍
發　行　所　臺灣學生書局有限公司
地　　　址　臺北市和平東路一段 75 巷 11 號
劃 撥 帳 號　00024668
電　　　話　(02)23928185
傳　　　眞　(02)23928105
E - m a i l　student.book@msa.hinet.net
網　　　址　www.studentbook.com.tw
登記證字號　行政院新聞局局版北市業字第玖捌壹號
定　　　價　新臺幣六〇〇元
出 版 日 期　二〇二一年八月初版
I S B N　978-957-15-1870-1

12855